불평등
트라우마

THE INNER LEVEL

Original English Language edition first published by Penguin Books Ltd, London
Text copyright ⓒ Richard Wilkinson, Kate Pickett 2018
The author has asserted her moral rights
All rights reserved

Korean translation copyright ⓒ 2019 by SAENGGAKIEUM BOOKS
Korean translation right arranged with PENGUIN BOOKS LTD
through EYA(Eric Yang Agency).

이 책의 한국어판 저작권은 EYA(Eric Yang Agency)를 통한
PENGUIN BOOKS LTD사와의 독점계약으로
'생각이음'이 소유합니다.
저작권법에 의하여 한국 내에서 보호를 받는 저작물이므로
무단 전재 및 복제를 금합니다.

소득 격차와 사회적 지위의 심리적 영향력과 그 이유

불평등 트라우마

리처드 윌킨슨·케이트 피킷 지음
이은경 옮김·이강국 감수

생각이음

일러두기

이 책에 표기된 외래어는 원칙적으로 국립 국어원 외래어 표기법에 따라 표기했으며, 주요 인물이나 작품, 논문 등은 처음 언급될 때 한글 표기 뒤에 원어를 병기했다.
독자의 이해를 돕기 위해 옮긴이가 본문에 추가한 내용은 괄호( )로 묶고 '옮긴이'를 표기했다.
단행본은 《 》, 신문·영화·다큐멘터리·논문·보고서·동화는 〈 〉로 표기했다.
전세계적, 전지구적 같은 관형어+관형어는 띄어쓰기를 하지 않았다.
원어에서 이탤릭체로 강조한 용어는 작은 따옴표(' ')를 사용해서 표기했다.

차 례

추천사 불평등에 맞서는 모든 이들에게 —이강국_8
한국어판 서문_12
머리말 이 책의 배경_15

서론

사회적 불안_32 증가하는 정신질환과 스트레스_35 고립되는 사람들_40 우정과 건강_44 불안과 사회적 비교_49 평등주의 기원_51 지위 서열_53 정착 공동체의 소멸_55 사회적 이동성_57 소득 불평등_58 평등을 다시 상상하다_63

제1부 마음 속 불평등

1장 자기회의

불안 전염병_75 우리 모두 우울해지고 있는가?_78 낙인과 경계_81 왜 어떤 집단은 특히 취약한가?_83 지배와 종속_85 종속의 고착_89 남에게 뒤지지 않으려 애쓰는, 사회적 비교의 늪_99 불평등과 정신질환의 연관성을 말하는 수많은 증거들_102

2장 과대망상

과대평가_115 '워비곤 호수 효과'_117 자존감이 의미하는 것은?_120 자기도취의 어두운 면_123 자기도취 전염병_126 재구성되는 자아_129 '특별하다'는 기분_132 최정상의 사이코패스_134 부자는 정말로 다른가, 불평등과 특권의식_140 좋은 리더십을 능가하는 자기도취_145 공감, 사회는 어떻게 틈새를 메우는가_147

3장 가짜 해결책, 중독

자아 탈출_160 사람을 물건으로 대체하다_162 사전장전, 사전 음주_163 소득 불평등과 문제성 행동_164 쇼핑 중독_169 소비에 숨은 비밀_172 VIP가 되는 법_175 꿈을 팔다_177 물질주의와 아동 행복_179 딱 적당한 만큼의, 라곰 생활_184

제2부 인간 본성, 능력주의, 계급이라는 신화

4장 인간의 조건

사회적인 뇌_197 친구인가 경쟁자인가_200 평등과 불평등, 그 기원_203 심리적 유산_213 불평등의 각인_218 친사회적 행동 전략의 선택_222 사회적 환경과 후생유전학_225 사회적 지위, 후생적 변화_229 불평등과 빈곤, 상대적 박탈감, 자기혐오, 수치심_231 사회적 불안의 두 근원_235 학습된 문화와 사회적 불안_241 사회적 불안 줄이기_243 행복, 물질적 불평등 수준의 감소_244

5장 능력주의에 대한 오해

생존에 유리한 유전자 공유_256 똑똑해지는 인류_257 쌍둥이 연구의 맹점_259 인간의 유연한 뇌_265 서로 다른 환경_267 교사에게도 영향을 미치는 불평등_272 고정관념의 위협_274

'불평등할수록 나빠지는것은'_279 사다리 오르기_285 불평등은 어떻게 가정생활에 침투하는가_287 구급차와 절벽_290 플레이크와 콘플레이크_296

6장 계급 행동

예의와 문명화_301 예의와 사회적 구별_308 계급 부활_313 예술과 문화_318 개인의 가치_324 계급 없는 사회?_331 유전학적 차이?_333

제3부 앞으로 나아갈 길, 대전환, 왜 지금인가?

7장 지속가능한 미래?

성장의 한계_345 새로운 경제를 요구하는 기후변화_350 변화하는 삶의 토대_354 불평등과 지속가능성_359

8장 더 나은 세상, 대전환, 왜 지금인가?

불평등으로 인한 다섯 가지 문제들_370 적정 수준의 불평등은 존재하는가?_374 불평등의 변화 추세_376 흔들리는 정치_382 경제 민주주의_386 왜 지금인가?_395 대전환_399 새로운 사회 창조_408

감사의 말_415
부록_419
참고문헌_424
찾아보기_454

추천사

불평등에 맞서는 모든 이들에게

이강국, 리쓰메이칸대학교 경제학부 교수

2018년 한국의 1인당 국민소득은 3만 달러를 돌파했다. 그러나 소득이 계속 증가하고 있는 것에 비해 많은 사람들의 삶은 여전히 팍팍하며 더 행복해진 것 같지 않다. 자신이 중산층이라고 대답하는 비율은 과거보다 크게 줄었고 과도한 경쟁의 압력 속에서 삶의 불안은 높아지고 있다.

그 중요한 배경은 누가 뭐래도 불평등이다. 한국의 불평등은 1997년 외환금융위기 이후 계속 심화되어 불평등과 저성장의 악순환이 우려되고 있다. 특히 상위 10%의 소득집중도는 선진국들 중 미국 다음으로 높아서 세계적으로도 불평등이 심각한 수준이다. 또한 정부의 소득 재분배 역할이 미미하여 시장소득과 달리 가처분소득의 불평등은 다른 선진국들에 비해 상대적으로 높다. 이제 불평등의 문제를 인식하고 그와 맞서기 위한 우리 모두의 노력이 필요한 때다.

이러한 현실을 고려할 때 윌킨슨 교수와 피킷 교수의 신작 번역과 출판은 매우 반가운 일이다. 이 책은 불평등이 어떻게 개인과 사회를 병들게 만들고 여러 사회문제를 일으키는지 생생하게 보여준다. 저자들은 글로벌 금융위기 직후인 2009년 'The Spirit Level (평등이 답이다)'이라는 책에서 불평등이 온갖 사회문제들을 일으킨다고 주장하여 세계적인 반향을 불러일으켰다. 후속편격인 이 책에서 그들은 사회역학, 진화심리학, 사회학 그리고 경제학 등 최신의 연구들을 집대성하여 불평등이 일으키는 문제들을 고발하고 그에 맞서기 위한 노력을 촉구한다.

이 책은 먼저 불평등이 사람들의 정신건강에 미치는 효과를 개인 수준에서 더욱 깊이 분석한다. 불평등은 사회적 평가에 대한 위협을 강화시켜 지위 불안과 스트레스를 심화시키고 사람들을 우울하게 만든다. 불평등한 나라일수록 사람들이 자신을 과대평가하거나 술에 빠지고 도박이나 쇼핑에 더 많이 중독되는 이유다. 불평등은 개인만의 문제가 아니다. 불평등한 사회일수록 사람들은 사회적인 만남과 상호작용을 더욱 피곤하게 생각하고, 따라서 공동체 활동과 신뢰가 낮아져 사회적 통합이 저해된다. 평등한 사회에서는 사람들은 서로 믿고 돕지만 불평등하면 그 반대가 되어 사람들은 불안에 시달리게 된다.

결국 불평등은 개인과 사회의 잠재력과 성과 모두에 악영향을 미친다. 실제로 불평등이 심각하면 사회적 이동성이 낮아지고 부모의 소득에 의해 아이들의 미래가 결정된다. 소위 고정관념 위협을 생각하면 능력이 지위를 결정한다는 능력주의도 불평등한 세상에서는 환상에 가깝다. 여러 경제학 연구들도 심각한 불평등은 사회적 갈등을 심화시키고 교육과 생산성 상승을 가로막아 경제성장에 악영향을 미친다고 보고한다.

이제 불평등은 환경을 포함한 사회의 지속가능성을 해치고 사람들이 행복해지는 것도 가로막고 있다. 따라서 현재는 우리가 불평등으로 인한 불안과 위계를 더욱 강화할지 아니면 불평등을 극복하여 사회적 협조와 행복을 추구할지 선택해야 하는 전환기다. 저자들은 불평등에 맞서기 위해 노동조합과 소득재분배의 강화와 같은 정치적 노력이 중요하다고 지적한다. 특히 장기적으로 노동자들의 기업경영과 소유를 확대하는 기업 차원의 경제 민주주의가 핵심적인 수단이라고 강조한다. 이렇게 불평등을 이겨내야 우리는 사회적 불안을 줄이고 생산성 상승으로 더 많은 여가시간을 가지며 노동의 질과 건강 등 삶의 질이 높아지고 환경의 지속가능성도 높아지는 더 나은 사회를 만들 수 있다는 것이다.

온갖 사회문제들의 근원으로 불평등을 제시하는 이 책의 주장에 관해서는 물론 더 많은 연구가 발전되어야 할 것이다. 사회문제에 영향을 미치는 다른 요인들을 고려해야 하며 인과관계를 둘러싸고도 보다 세심한 분석이 요구되고 있다. 그럼에도 방대한 연구에 기초하여 불평등을 단지 경제적 문제가 아니라 건강을 포함한 여러 사회문제들과 연관시키는 이 책은 불평등에 대한 싸움을 시작하는 전세계의 모든 이들에게 지침이 될 만하다.

글로벌 금융위기 이후 많은 선진국들에서는 불평등에 맞서야 한다는 목소리는 높았지만 행동과 실천은 크게 부족했다. 이제 불평등의 심화와 포퓰리즘의 대두를 배경으로 새로운 변화가 나타나고 있다. 영국의 노동당 등은 노동자의 기업경영 참여를 보장하고 기업의 주식 일부를 기금으로 만들어 노동자들에게 이윤을 지급하자는 공약을 제시하고 있다. 또한 미국의 진보적 정치인들은 초고소득 구간에 대한 70%의 최고 소득세율이나 엄청난 자산에 대해 매기는 부유세의 도입을 제안하고 있다.

 이 책은 한국사회에도 커다란 울림을 준다. 문재인 정부는 최저임금의 인상 등 소득주도 성장을 추진해 왔지만, 최근 빈부 격차는 오히려 심화되고 있다. 무엇보다도 상위 소득층의 소득과 부동산 등 자산에 대한 증세와 빈곤층을 위한 사회복지의 확대를 위한 노력이 부족했다. 또한 대기업과 중소기업 간에 공정한 경제를 만들고 노동시장에서의 격차를 줄이기 위해서도 더 많은 노력이 필요하다. 불평등으로 이어지는 지대추구를 막기 위해 산업의 경쟁을 촉진하고, 공공부문과 재벌대기업 노조의 기득권도 줄여야 할 것이다.

 그렇다면 무엇을 할 것인가. 저자들도 지적하듯이 언제나 어디서나 불평등에 맞서기 위한 싸움은 결국 정치의 변화에서 시작될 것이다. 그리고 정치 변화의 출발점은 우리 모두의 관심과 참여일 것이다. 이 책이 더 많은 사람들이 불평등 문제를 인식하고 그 해결을 위해 행동하는데 도움이 되기를 희망해 본다. 모두가 행복해지는 더 나은 사회를 만들기 위해 불평등에 맞서고자 하는 모든 이에게 이 책을 권한다.

한국어판 서문

우리 저자들은 2018년 말에 '대전환, 불평등, 새로운 상상과 만나다'라는 주제로 서울에서 개최된 제9회 아시아 미래포럼에 초청받는 행운을 누렸다. 한국 방문은 우리 두 사람 모두 처음이었고, 그래서 어떤 기대를 해야 할지도 잘 몰랐다. 막상 한국에 도착하고 보니 현대적인 서울에 비하면 영국 국민인 우리는 산업화를 일찍 이뤘기 때문에 발생하는 불편을 겪고 있었다는 사실을 알게 됐다. 런던에 지하철이 생긴 지는 서울보다 100년 이상 오래됐기 때문이다. 우리는 포럼은 물론, 우리가 받은 환대와 서울의 건축물을 비롯한 수많은 측면에 깊은 감명을 받았다.

우리가 한국에 가기 직전에 옥스팜과 국제개발금융은 '불평등 개선 노력지수'에 초점을 맞춘 보고서를 발표했다. 불평등 개선 노력지수는 전 세계 157개국의 불평등 수준뿐만 아니라 불평등을 줄이려는 정책 구상까지 비교하는 척도다. 이번에 발표한 보고서에서 지난 한 해 동안 불평등을 줄이려는 가장 강한 정책 의지를 드러낸 국가로 한국이 꼽혔다. 문재인 대통령이 이끄는 한국 정부가 진전을 이루기 시작했다는 점은 고무적인 현상이다. 하지만 한국사회가 여전히 크나큰 불평등을 극복해야 한다는 점 역시 분명한 사실이다. 한국의 소득 불평등 양상 중 눈에 띄는 특징은 한국의 소득 불평등이 대체로 시장 소득의 불평등을 반영하고 있으며, 다른 선진국들에서 흔히 볼 수 있는 조세 및 보조금 정책을 통한 소득 재분배가 크게 부족하다는 점이다. 이런 경우 노년층과 편부모처럼 충분한 시장 소득을 얻지 못하는 집단은 심각한 문제를 겪을 수밖에 없다. 반면에 빈부 간 대규모 소득 격차가 건강과 사회에 미치는 악영향에 관한 우리 저자들의 연구결과에 비춰볼 때, 한국은 소득 불평등 정도가 심각한데도 놀랄 만큼 기대수명이 길다는 이례적인 특징을 나타낸다.

우리는 건강과 가까운 가족관계가 서로 관련이 있다는 사실을 잘 안다. 한국은 대단히 빠르게 경제성장을 이룬 덕분에 여러모로 과거의 문화를 간직하고 있다. 성인이 되어서도 가족과 함께 사는 경우가 흔하고 여전히 가족이 노인을 부양하는 경향이 있다. 또 편부모 가정이 비교적 적다. 이렇게 강한 가족문화가 언제까지 계속될지는 불확실하다. 소득이 증가하고 시장경제가 발달하면 대개 지리적 이동성이 증가하는데, 이는 가족관계의 약화와 도덕적 가치관의 변화로 이어지기 쉽다. 만약 한국이 먼저 발전을 이룬 선진국들의 선례를 따라가게 된다면 누진 과세를 바탕으로 하는 재분배 수당과 사회보장제도를 확대해야 할 것이다.

그렇다면 어떤 의미에서 한국은 현재 근대적 측면과 전근대적 측면의 결합으로 혜택을 받고 있는 것일 수 있다. 그러나 가정사 대부분을 떠맡고 있을 뿐만 아니라 이로 인해 일정 부분 남성보다 경제적 기회 획득에서 뒤처지는 여성이 여기에 따르는 비용을 과도하게 많이 짊어지는 듯하다.

다른 국가들보다 나중에 발전을 이룸으로써 얻을 수 있는 확실한 장점은 아마도 훨씬 이전에 산업화를 이룬 국가들이 저지른 실수를 되풀이하지 않을 수 있다는 사실일 것이다. 이런 장점은 사회정책을 결정하고 불평등이 미치는 악영향을 예방할 때뿐만 아니라 환경 훼손을 줄이는 생활방식으로 나아가는 전략을 찾을 때도 적용된다. 우리는 한국처럼 활력 있는 사회들이 지구라는 제약 속에서 인간의 욕구를 충족하는 방법을 제시할 수 있는 개발 해법을 찾아내기를 기원한다.

머리말

이 책의 배경

2009년에 출간된 《평등이 답이다The Spirit Level》에서는 빈부 간 소득 격차가 큰 사회에 사는 사람이 비교적 평등한 사회에 사는 사람보다 각종 건강문제와 사회문제에서 고통을 받을 가능성이 훨씬 크다는 사실을 보여줬다.[1] 우리가 이 책에서 제시한 증거들은 불평등이 심리적으로 중대한 영향력을 발휘하며, 또한 사회적인 스트레스를 증가시켜 수많은 건강문제와 사회문제를 유발한다는 사실을 강하게 시사한다.

새롭게 내놓은 이번 책에서는 불평등이 미치는 이런 심리적 영향력과 사회적 스트레스의 정체를 탐구한다. 불평등이 사람들의 마음속에 어떻게 자리 잡고 불안 수준을 높이는지, 다양한 정신질환과 정서적 장애에 사람들이 어떻게 반응하며 그 결과는 무엇인지, 요컨대 불평등한 사회에 산다는 경험은 인간의 사고와 감정은 물론 서로 관계 맺는 방식을 어떻게 바꾸는지 살펴본다. 이 책에서 주장하는 내용은 일부분 우리 저자들의 연구지만 대부분은 세계 각지의 학계에서 실시한 방대한 조사결과에 기초하고 있다. 이렇게 수집된 증거는 불평등한 사회가 어떤 이유로 제대로 작동하지 않는지 밝힐 뿐만 아니라 사회적 상호작용을 개선시키고 모든 사람의 건강과 행복을 증진시키는 변화를 발견하는 데 도움이 된다.

이번 책은 《평등이 답이다》에서 출발했으므로 이 책을 읽지 않은 독자들이 참고할 수 있도록 그 내용을 간략히 소개하고자 한다. 앞서 나온 이 책은 소득 격차가 큰 사회에 사는 사람일수록 건강상태가 더 나쁜 경향이 있음을 보여줬다. 기대수명은 짧은 반면 영아 사망률, 정신질환, 불법적인 약물 사용과 비만 인구의 비율이 더 높았다. 불평등이 커질수록 사회관계에도 악영향을 끼친다. 불평등한 사회일수록 폭력사건(살인율로 측정)이 많고 수감률이 높을 뿐만 아니라, 사람들 간에 신뢰도가 낮아 공동체 생활이 빈약하다. 또 불평등은 아동의 삶 기회도 앗아간다. 불평등한 사회일수록 아동의 행복 수준과 교육 성취도가 낮고, 10대 출산이 빈번하며, 사회적 이동성도 적어진다.

부유한 국가를 대상으로 국가 간의 소득 불평등 정도를 살펴봤을 때와 미국 50개 주에 관한 데이터를 분석했을 때 모두 불평등 정도와 사회문제 사이에는 뚜렷한 같은 현상이 나타났다. 양쪽 모두에서 소득 격차가 클수록 더 나쁜 결과와 밀접하게 연관됐다.

이런 양상은 매우 분명하고 일관성 있게 나타난다. 미국을 예로 들어보자. 다른 부유한 국가들과 비교할 때 미국은 부자와 빈자 사이에 소득 격차가 가장 크게 나타나고 살인율과 정신질환자 비율, 10대 출산율이 가장 높은 반면, 기대수명은 가장 낮고 아동의 행복 수준과 수학 성취도 및 문해력 역시 낮다. 우리 저자들이 연구한 기간에 부유한 국가 중 미국 다음으로 가장 불평등한 영국과 포르투갈도 이런 지표에서 매우 좋지 않은 결과를 나타냈다. 이에 반해 북유럽 국가와 일본 같이 비교적 평등한 국가는 바람직한 결과를 보였다. 그림 1은 부유한 국가들을 대상으로 한 연구결과를 간략하게 보여준다.

이런 패턴은 우리 저자들이 직접 실시한 연구에만 머물지 않고 여러 국가에서 다양한 학문 분야에 종사하는 수많은 연구자들이 찾아낸 연구성과를 반영한 결과다. 1970년대 동료 평가 저널peer-rivewed에 실린 초기 연구물들은 소득 격차가 큰 나라일수록 폭력사건이 더 자주 발생하고 건강상태가 나쁘다는 사실을 보여줬다. 이후 연구 수가 계속적으로 증가해서 현재는 세계 각지에서 불평등과 관련된 건강 및 살인율을 연구한 논문 수만 300건을 훨씬 웃돈다. 연구는 선진국과 개발도상국 모두에서 실시됐다. 특정 시점에서 관계를 살펴보는 연구가 있고, 시간에 따른 변화에 주목하는 논문도 있다. 많은 연구에서 평균 소득과 빈곤의 차이는 물론 공공 서비스 지출과 같은 여러 요인을 고려했다. 대다수의 연구가 불평등한 사회일수록 결과들이 더 악화되고 있다는 일관된 경향을 보여준다.[2] 불평등이 심각할수록 어떻게 사회에 더 큰 피해를 입히고 사람들의 건강과 행복에 해악을 끼치는지 보여주는 증거

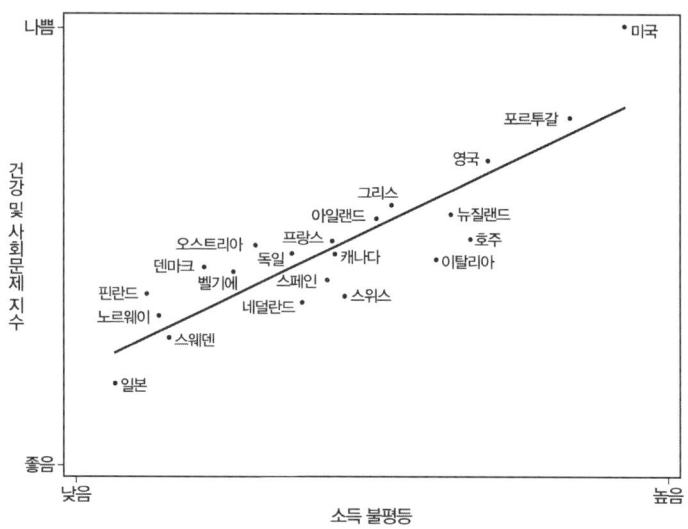

그림 1: 불평등한 국가일수록 건강 및 사회문제가 더 흔하다.*[1]

는 많다. 따라서 이제 소득 불평등과 건강문제 및 사회문제 간의 상관관계를 인과관계로 간주해야 한다.[3]

상관관계에서 인과관계를 나타내는 증거로 나아가는 단계는 분명히 중요하다. 왜 우리는 소득 불평등과 건강 및 사회문제 간의 상관관계를 인과관계로 볼 수 있다고 확신했을까? 역학은 질병원인을 식별하는 통계적 수치로 나타낸 증거에 지대한 관심을 기울여 왔다. 그 결과 관계에 인과성이 있는지 판단하는 기준을 개발했다. 이 기준은 원인이 결과에 선행해야 한다는 명백한 척도는 물론이고, 관계의 강도 역시 포함한다. 관계의 강도는 불평등 수

* 건강 및 사회문제 지수는 기대수명, 신뢰도, 정신질환(약물 및 알코올 중독 포함), 비만, 영아 사망률, 아동 수학성취도 및 문해력, 수감률, 살인율, 10대 출산, 사회적 이동성을 측정한다.

준이 높을수록 더 나쁜 결과로 이어진다는 '용량 반응dose-response'의 관계가 있는지, 관계가 생물학적으로 타당한지, 다른 그럴듯한 설명이 있는지, 조사 결과가 일관성 있는 양상을 나타내는지 여부로 판단한다. 이런 기준으로 판단해보면 수백 건에 이르는 조사연구에서 수집한 증거는 소득 격차가 클수록 건강문제와 사회문제가 악화되는 현상 사이에 분명히 인과관계가 있음을 암시한다.[3]

이런 증거는 과학철학자 칼 포퍼Karl Popper가 제시한 다소 다른 기준도 충족한다. 포퍼는 좋은 이론을 판단하는 중요한 기준은 후속 연구가 확증할 새롭고 검증 가능한 예측을 할 수 있는지 여부라고 역설했다. 경제적 불평등이 사회에 해로운 결과를 초래한다는 이론을 토대로 결과와 인과 기제를 비롯한 수많은 검증 가능한 예측이 제기됐으며, 여러 연구에서 이런 예측을 확실히 입증했다.[3, 4]

《평등이 답이다》가 '만물 이론'이라는 평을 받은 적이 있었다. 칭찬하는 의도로 한 말이었지만, 이는 사실이 아니다. 이 책은 사회적 기울기social gradient가 나타나는 문제, 다시 말해 낮은 사회계층으로 내려갈수록 더 흔하게 발생하는 문제와 관련된다. 질병, 폭력, 아동 행복, 수감률, 정신질환, 약물 중독을 비롯한 수많은 문제에 사회적 기울기가 나타난다는 것은 이미 오래전부터 알려져 있었다. 부유한 지역과 가난한 지역, 상류층과 하류층, 고학력자와 저학력자를 비교해 보면, 이런 문제는 모든 사회계층이 한 단계씩 내려갈 때마다 점점 더 많이 발생한다. 사실 이 책이 보여줬던 것은 단순하다. 겉으로는 서로 별개처럼 보이나 실제로는 사회 내에서 사회적 지위(소득, 교육, 직업으로 평가한)*와 관련 있다고 알려진 많은 문제들이 소득 격차의 확대로 지위 격차가 더 크고 중요해질 때 악화된다는 사실이다. 집단의 서열 내 위치와 지위 격차의 정도, 즉 불평등은 사회적 기울기가 나타나는 문제에서 인과관계를 유발한다.

더 놀라운 발견은 불평등이 가난한 소수의 사람들뿐만이 아니라 '전체 인구 대다수에 영향을 미친다'라는 사실이었다. 물론 가장 혹독하게 영향을 받는 계층은 사회 최하층에 가까운 사람들이지만 인구 대다수가 적게나마 영향을 받는다. 이는 좋은 직업에 종사하면서 높은 임금을 받는 고학력자가 좀더 평등한 사회에서 좋은 직업과 높은 수입을 유지하며 산다고 가정할 때, 오래 살 가능성이 높고 폭력 사건에 희생될 가능성이 낮아진다는 뜻이다. 자녀들의 학업 성취도 역시 다소 높아질 수 있고, 10대에 부모가 되거나 심각한 약물 중독으로 문제를 일으킬 가능성도 낮아진다. 따라서 불평등한 국가에 가난한 사람이 더 많은지 여부가 중요하다기보다는 사회 전반에 나타나는 커다란 소득 격차가 모든 구성원을 지위 경쟁과 불안이라는 사안에 어떻게 더 깊숙이 빠뜨리는지가 관건이다.

---

* 여기에서 '사회적 지위social status'라는 용어는 사회 통념으로 널리 인정되는 일상적인 의미로 사용했으며 '사회적 위치social position'나 어떤 사회계층에 속하는지와 동일한 뜻이다. 건강 불평등을 조사한 역학자들은 소득, 학력, 직업, 거주지역 중 최선의 척도가 무엇인지 한동안 논의했다. 과거에 영국 정부가 발표한 통계는 '일반적인 사회적 신분'을 다소 주관적으로 판단해서 직업을 사회계급으로 분류했다. 완벽한 척도는 없을뿐더러 사실 이상적인 척도가 무엇인지 제대로 아는 사람도 없다. 이 책에서 나중에 밝히겠지만 우리 저자들은 사회적 지위 판단이 선행인류가 서열체계에서 지배와 종속을 어떻게 판단했는지까지 거슬러 올라가는 진화심리 성향에 여전히 영향 받고 있다고 생각한다.

이런 사실은 불평등이 대다수 사람들에게 영향을 미치기 때문에 평등한 사회와 불평등한 사회 간의 건강과 사회문제의 비율 차이가 실제로 매우 크고 빈번하게 나타난다는 의미다. 불평등한 국가에서는 정신질환 비율과 영아 사망률이 2배에서 3배 정도 높게 나타난다.[1] 10대 출산율과 수감률을 비롯해 일부 분석에서는 살인율도 불평등한 사회에서 최대 10배까지 더 높게 나타난다.[1]

상류층에 비해 하류층에서 그토록 많은 문제가 더 흔하게 발생하는 이유는 결국 어떤 부류의 사람이 각 계층에 속하게 되는지 반영한다는 믿음, 즉 유능하고 강직한 사람은 위로 올라가는 반면 그렇지 않은 사람은 빈곤과 궁핍에 빠지게 된다는 생각이 널리 퍼져 있기 때문이다. 불평등의 영향력을 밝히는 증거들은 이런 시각에 근본적으로 이의를 제기한다. 사회가 적격자를 위로 올리고 부적격자를 아래로 내리는 분류체계로 작동하는 한, 불평등은 사회 최하층에 가까울수록 건강 악화를 비롯한 다양한 문제들이 더 많이 나타나는 원인임에 분명하다. 그렇지만 사회계층에서 일어나는 수직이동 그 자체가 어떤 특징을 지닌 사람의 전체 수를 바꿔놓지는 않는다. 예를 들어 사회적 이동성이 머리카락 색깔에 따라 구성원을 분류한다면 머리카락 색에서 사회적 기울기가 발생하겠지만 머리카락 색깔이 밝은 사람과 어두운 사람의 전체 비율은 바뀌지 않을 것이다. 사람을 질병에 대한 취약성이나 폭력 성향에 따라 분류한다고 해도 마찬가지다.

그러나 한 사회에서 불평등 정도가 바뀌면 정확히 사회적 기울기가 나타나는 거의 모든 문제에 전반적으로 상당한 영향을 끼친다. 소득 격차가 커지면 그 문제만 악화시키는 게 아니다. 더 큰 소득 격차는 부유층보다 빈곤층에 더 큰 영향을 미치기 때문에 서로 다른 문제의 사회적 기울기를 더 가파르게 만든다. 여러 척도 중에서도 특히 건강, 폭력사건 발생률, 아동의 수학 성취도와 문해력의 사회적 기울기는 단순히 사회적 분류과정에서 비롯된 결과가 아닐 가능성이 높다. 이면에 다른 원인이 분명히 있을 것이다. 우리 저자들은 이런 문제가 사회적 지위 격차 그 자체에서 비롯된 스트레스, 즉 사회 하위계층으로 내려가고 지위 격차가 커질수록 심각한 스트레스를 유발한다고 설명한다. 실제로 소득 격차가 클수록 지위 격차는 더 강력한 영향력을 발휘한다.

소득과 사회적 위치는 그 중요도가 증가하고 격차가 뚜렷해지면서 그 어느 때보다 개인의 가치를 뚜렷하게 나타내는 지표로서 거의 척도처럼 간주된다. 사람들이 점점 더 지위로 서로를 판단하게 되면서 지위 계층구조의 각 단계는 한층 더 중요해졌다. 지위 격차가 커지면서 사회 내에서 사회적 지위에 민감한 문제들이 악화되는 현상은 놀라운 일이 아니다.

이상은 거의 10년 전 우리 저자들이 수집한 증거로 내린 결론을 최대한 간단하게 요약한 내용이다. 우리는 2007년에 《평등이 답이다》를 써서 세계금융위기가 진행되고 있었던 2008년에 출판사에 보냈다. 2009년 초에 책이 나왔고, 2010년에는 비판에 대응하고 일부 정보를 수정해서 추가로 증보판을 내놨다. 이후 세계는 경제위기와 정치의 양극화, 포퓰리즘, 이념 갈등, 전세계적으로 발생한 난민과 경제적인 집단적 이민에 요동치며 변화했다. 이 모든 문제에 불평등은 적지 않은 영향을 미쳤고, 기후변화를 방지해야 할 필요도 그 어느 때보다도 긴박해졌다. 이와 동시에 심리학, 경제학, 환경과학을 비롯한 다양한 학문 분야의 연구자들이 불평등의 영향력을 증명하는 새로운 증거들을 풍부하게 확보했다. 그 결과 이제는 불평등이 인간의 가치와 자존감, 사람들이 서로에게 감정을 느끼는 방식, 나아가 정신건강에 어떤 영향을 미치는지 좀더 확실하게 알 수 있다.

  이 책은 불평등이 인간의 사고와 정신에 어떤 영향을 미치는지 설명하면서 더 많은 건강문제와 사회문제로 이어지는 인과관계의 과정도 밝힌다. 이 책은 인류와 지구가 지속가능한 행복에 중점을 둔 공동체와 경제 및 사회를 어떻게 이룩할 수 있는지 미래상을 수립하고자 새로운 연구와 증거를 한데 모았다. 우리가 살펴본 많은 사회에 불평등이 뿌리 깊게 자리하고 있었지만, 현재의 수준은 부득이하지도, 돌이킬 수 없지도 않다. 지난 10년 동안 수많은 문제가 발생했지만, 여전히 세상은 더 나아질 수 있다.

서론

평온하고 사교적인 사람들은 대개 '남들이 자기를 어떻게 생각하는지'에 자신이 관심을 기울인다는 사실을 자각하지 못한다. 그리고 이런 관심이 자기가 어떤 사람이며 어떻게 행동할지를 좌우하는 중요한 요소라는 점을 극구 부정할 것이다. 하지만 이는 착각이다. 만약 실패나 치욕을 경험하면, 예전과 달리 자신을 대하는 사람들의 얼굴에서 친절과 경의 대신 냉담이나 멸시가 드러난다면, 단단한 땅이 우리를 어떻게 떠받치고 있는지를 의식하지 않은 채 매일 땅 위를 걷듯이 부지불식간에 남들의 마음속에서 살아가고 있었다는 사실을 충격과 공포, 따돌림과 무력감 속에서 지각하게 될 것이다.

찰스 쿨리Charles Cooley, 《인간성과 사회 질서Human Nature and the Social Order》, 1902, 207쪽[5]

오프라 윈프리Oprah Winfrey의 '스타일 코치' 마사 베크Martha Beck는 윈프리가 발행하는 〈오매거진O Magazine〉 기사에서 '파티 불안party anxiety'에 얽힌 경험담을 이야기한다.[6] 베크는 다른 사람을 만날 때 "진짜 적(敵)은 수치심과 두려움, 잔인한 평가"라고 말한다. 베크는 자신이 "파티에 대한 불안 장애와 대화를 두려워하는 사회공포증 환자 중 한 사람"이며 "선망하는 사교의 대가가 아니라 어리숙한 나를 낱낱이 드러내고 멍청한 말을 할까 봐 두려워하는" 사람이라고 말한다. 나아가 "파티에서 살아남으려면 재치와 매력적인 육체, 친분 관계, 재산과 같은 휘황찬란한 무기로 완전히 무장해야 하며, 의상의 선택부터 담소에 이르기까지 모든 행동이 두려움에 떨면서 비난에 맞서는 방어"처럼 느꼈다고 말한다.

사람들은 수줍음과 자기회의self-doubt, 그리고 타인과 있을 때 자주 느끼는 어색함을 개인의 심리적인 약점이거나 타고난 정서적 기질로 여기는 까닭에 스스로 최선을 다해 대처해야 하는 결점이라고 생각한다. 대개는 이런 불안한 감정을 상대에게 숨기려고 하므로 타인에게서는 이 감정을 보지 못한다. 하지만 앞으로 살펴볼 연구들은 이런 불안감이 매우 광범위하게 퍼져 있어 자신감에 찬 극소수를 제외하면 거의 모든 사람들이 이 감정에서 벗어날 수 없다는 사실을 시사한다.

20세기 초 프로이트가 이끄는 학회에서 탈퇴한 정신분석학자 알프레드 아들러Alfred Adler는 불안감을 인간의 근본적인 기질로 보았다. 그리고 '열등 콤플렉스inferiority complex'라는 개념을 수립하고 "인간다움이란 열등감을 느낀다는 것을 의미"한다고 주장했다. 또 사람들은 이런 불안감에 수줍음과 낮은 자존감, 사회공포증을 느끼거나 자만과 거드름, 자기애, 속물근성을 내보이며 불안을 감춘다고 말했다. 이는 현재 통계로 증명된 사실이다. 아들러는 사람들이 내면에 잠재된 열등감에 맞서는 방어기제로 우월감을 드러내고 잠재된 열등감이 강할수록 방어 수준도 강해진다고 말하면서 다음과 같이 주장했다. "자신이 남들보다 우월하다는 듯이 행동하는 모든 사람의 이면에는 은폐 시도가 각별히 필요한 열등감이 존재한다고 의심할 수 있다. 열등감이 클수록 정복욕이 강해지고 정서적 동요가 격렬해진다."[7] 당연히 이런 '은폐 시도'는 효과적이기 때문에 사람들은 불안감이 얼마나 널리 퍼져 있는지 과소평가하고 자신만이 느끼는 고통이라고 착각한다.

당시 아들러는 환자들을 진료하면서 이런 열등감과 다양한 은폐

형태가 실제로 어떤 사회에서 특히 더 흔하게 발생한다는 사실을 파악하지 못했다. 하지만 이제는 현대 통계학에 힘입어 문제를 개선하거나 악화시키는 강력한 외부요인의 실체를 발견할 수 있다.

역학자는 질병의 분포와 결정요인을 연구하기 위해 부단이 노력한다. 이를테면 역학자는 천식과 기관지염 같은 질병이 대기오염으로 어느 정도까지 악화되는지 파악하려고 애쓴다. 마찬가지로 수줍음과 자기회의, 사회적 불안을 유발한다거나 적어도 악화시킨다고 가정했을 때, 이런 감정들이 얼마나 자주 나타나는지 분석하면 그 원인들을 파악할 수 있다. 신체적인 질병을 낮추려면 주변의 오염원과 발암 물질을 반드시 줄여야 한다는 생각에는 우리 모두가 익숙해져 있다. 하지만 해로운 정서적 환경이나 심리적 환경에 맞서 싸워야 한다는 생각은 비교적 생소하다. 사회적 불안이 사회생활과 행복에 심각한 악영향을 끼치는 원인이라면, 이것도 우리가 숨 쉬는 공기만큼 정치인과 대중의 관심을 받을 만한 가치가 충분하다.

우리는 사회적 동물이라 상대의 기분을 상하게 할 수 있는 민감한 행동을 피하고, 이걸 아는 것이 반드시 필요하다고 생각한다. 그러나 요즘은 주변 사람들에 대한 평범하고 유익한 민감성이 일상생활에서 지나치게 빈번하고 강하게 유발되어 극도로 비생산적 반응이 되고 마는 경우가 많다. 사람들이 느끼는 불안감이 너무 커서 사소한 비판에도 자주 방어적으로 반응한다. 심지어 사회적 상호작용에 신경을 곤두세운 나머지 스스로 고립을 택하기도 한다. 불안감을 숨기려고 지위를 과시하는 욕망의 징후들도 끊임없이 나타난다. 만연한 불안감과 자신감의 부족은 행복 수준과 삶의 질을 어쩌면 가장 결정적으로 제한하는 심각한 수위에 이르렀는지도 모른다. 해답은 앞으로 살펴보겠지만 우리 모두가 최대한 둔감해지는 법을 배우는 것이 아니라 사회에 악영향을 끼치는 요인을 파악하고 해결해 나가는 것이다.

수줍음과 자의식의 과잉과 관련해서 내부요인과 외부요인의 차이를 이해하려면 장애물 경주를 상상해 보라. 다른 선수보다 장애물을 더 많이 넘어뜨리는 이유를 알고 싶다면 연령, 체력, 신장 등 선수들 간의 개인차를 살펴봐야 한다. 반면 특정 대회에서 장애물이 더 많이 넘어지는 이유를 알고 싶다면 대회별 장애물의 높이부터 살펴봐야 할 것이다. 마찬가지로 암산을 잘하거나 잘하지 못하는 이유를 알고 싶다면 산수 능력과 숙련도의 개인차에 주목해야겠지만 어떤 문제가 다른 문제보다 정답률이 높은 이유를 알고 싶다면 문제의 난이도 차이를 검토해야만 한다.

이 책은 자기계발서가 아니므로 자신감과 수줍음의 개인차를 유발하는 개인적인 원인은 깊이 논하지 않을 것이다. 대신 사회적 억제(social inhibition, 어떤 상황이나 사회적 상호작용을 의식적으로나 무의식적으로 회피하는 현상·옮긴이)가 손쉽게 촉발되는 이유를 파악해서 모든 사람의 행복 증진에 기여할 수 있기를 바란다. 이 책은 기본적으로 사회의 '수직적 불평등'에 초점을 맞춘다. 물질적 차이가 상류층부터 하류층까지, 그리고 사회적 위계 및 지위에 영향을 미쳐 사람들에게 각기 다른 가치를 매기도록 유도하고 자신감이나 자기회의와 같은 개인적 감정까지 좌우하는 현상을 집중적으로 다룬다. 성별, 민족,

계층, 장애, 종교, 언어 또는 문화로 규정되는 모든 집단들 사이에 존재하는 이른바 '수평적 불평등'은 우월과 열등이라는 똑같은 쟁점을 수반한다는 점에서 중요한 불공평의 경험이다. 이 책은 이런 특정한 집단 간의 차이에 집중하기보다는 모든 불평등의 경험에서 핵심이 되는 지배와 종속 과정을 살펴보고자 한다. 일단 지배와 종속 과정의 일반적인 취약성에 대한 논의로 시작할 것이다. 사실 고통을 유발하는 구조적 원인을 파악하려면 먼저 사회적 고통을 감지하는 장치the receptors부터 이해해야 한다.

현재 부유한 선진국은 남들이 자신을 어떻게 보고 판단할까라는 걱정, 심리학 용어로 '사회적 평가 위협social evaluative threat'이라는 문제가 개인들의 삶의 질과 인생 경험에 대단히 심각한 부담을 주는 사회다. 이로 인한 비용은 스트레스와 불안, 그리고 우울증의 증가뿐만 아니라 신체 건강의 악화, 불안감을 조절하기 위한 잦은 음주와 약물 남용, 수많은 사람들에게 고립감과 고독감을 느끼게 하는 친밀한 공동체 생활의 상실이라는 측면에서 측정할 수 있다. 그럼에도 이런 기준은 삶의 질을 측정할 때 거의 고려되지 않거나 전혀 고려되지 않는다.

이 책에서는 개인들에게 취약한 부분이 될 수 있는 유전적 차이나 유아기 경험, 학교에서 받았던 대우가 각 개인마다 어떻게 다른지 논의하는 대신, 이를 공공 보건의 문제로 다룬다. 공공 보건은 하수도 공급과 대기오염 방지법부터 차량 배기가스 배출을 둘러싼 최근 논쟁에 이르기까지 언제나 대단히 강한 정치색을 띠었다. 19세기 독일 병리학자 루돌프 피르호Rudolf Virchow가 말했듯이 "의학은 사회과학이며 정치는 대규모 의료에 불과"하다. 이 책은 이런 전통에 따른다.

사회적 불안

수줍음은 타인이 나를 어떻게 보는지를 의식한 취약점으로 아주 흔한 징후다. 스탠퍼드 수줍음 조사Stanford Shyness Survey는 가장 널리 언급되는 수줍음 연구다. 이 조사에서 80퍼센트가 넘는 사람들이 현재도, 과거에도, 혹은 항상 수줍음을 탄다고 응답했다. 3분의 1은 적어도 삶의 절반 이상 수줍음을 탔으며, 수줍음을 타는 상황이 그렇지 않은 상황보다 많았다고 답변했다.[8] 약 4분의 1은 고질적으로 수줍음을 탄다고 말했다. 수줍음을 타지 않는다고 답변한 사람은 20퍼센트 미만에 그쳤다. 심지어 이 집단에 속하는 사람도 대부분 얼굴이 붉어지거나 심장이 쿵쾅거리고 '안절부절못하는' 수줍음 증상들이 나타난 경험이 있었다고 답했다. 이런 사람들은 특별한 경우에만 수줍음을 느끼기 때문에 스스로 수줍음을 타는 성격이라고 여기지 않는 듯했다. 조사 대상자 7퍼센트만이 수줍음을 느낀 적이 없다고 답했다.

2001년부터 2004년에 걸쳐 13세에서 18세까지의 청소년 1만 명 이상을 대상으로 실시한 미국의 대규모 역학조사(미국병존질환조사 청소년 보충판(National Comorbidity Survey Adolescent Supplement, NCS-A)에서는 '잘 모르는 또래 사람들과 있을 때 느끼는 수줍음 정도를 평가'하라는 질문에 조사 대상자 거의 절반이 수줍음을 탄다고 응답했다. 조사 대상자 60퍼센트 이상의 부모들도 자녀가 수줍음을 탄다고 말했다.[9]

수줍음을 탄다는 말은 자의식의 상승과 더불어 타인과의 관계에서 어색함과 불안, 사교 능력에서 자신감의 부족을 느낀다는 뜻이다. 이는 사고 과정을 방해하는 수준의 스트레스를 유발한다. 다른 사람과 서로 어울리고 즐기는 것이 힘들어지고 명확한 사고와 표현이 어려워지므로 결국 직장과 사회생활에 손상을 초래하는 경우도 흔하다. 심각할 정도로 수줍음을 타는 사람은 사회공포증, 사회적 불안 또는 사회적 불안 장애로 분류할 수 있다. 이런 질환으로 분류하는 임상기준은 상태가 매우 극심한 경우만 포착하도록 설계한다. 두려움과 불안이 '실제 상황과 극도로 어울리지 않을' 때에만 '사회적 불안 장애'를 앓고 있다고 분류하며, 따라서 당연히 정상으로 간주되는 수준과 대부분 무척 비슷하다.

극소수의 사람들은 자신감의 부족으로 제약을 느끼고 사회생활에 고통을 느껴 최대한 타인과의 만남을 회피한다. 불안으로 인한 괴로움 때문에 다른 사람을 만나면서 느끼는 스트레스가 즐거움을 훨씬 뛰어넘는 경우가 흔하다. 이후에 소개하는 사례는 서로 다른 네 명의 이야기이며 정서문제를 공유할 수 있도록 만든 웹사이트 '경험 프로젝트Experience Project'에서 인용했다.

다른 사람과 만나는 상황이 되면 나는 얼어붙어서 어색하게 행동해요.

사람들이 나를 이리저리 재고 좋아하지 않을까 봐 겁이 나서 저절로 거리를 두게 됩니다. 웃음소리가 들리면 곧바로 나를 비웃고 있다는 생각이 들어요. 멍청한 생각인 줄은 알지만 어쩔 수 없네요. 오랫동안 고독한 생활방식을 받아들이는 법을 배웠어요.

때로는 남들이 날 재단한다는 생각에 견딜 수가 없어서 누구든 다 피하곤 해요.

월마트에서 계산하는 것처럼 간단한 일에도 공황 발작을 일으킬 것 같아요. 누구와도 말을 섞지 않아도 되는 셀프 계산대를 이용합니다.

아는 사람과 있을 때나 모르는 사람과 있을 때나 나는 지독하게 수줍음을 타요. 수줍은 성격이 일상생활을 방해해서 사람들은 내가 둘러댄다고 생각할 정도죠. 친구도 한 명 없어요. 어디 나가기도 힘들어요. 나는 물건을 살 때 꼭 낮에 갑니다. 그래야 선글라스나 모자를 쓸 수 있거든요. 선글라스나 모자가 있어야 불안감을 견딜 수 있어요. 혀가 말을 듣지 않고 진땀이 흐르면서 마치 사람들이 날 무슨 괴물처럼 보는 것 같은 기분이 들어요! 매일 같이 생지옥을 견디며 살아가고 있죠.

자진해서 고립을 선택하는 이런 이야기를 보면 사회적 불안을 겪는 사람들이 얼마나 큰 고통을 느끼는지, 이들이 왜 평범한 일상을 보낼 수 없는지 분명히 알 수 있다. 심각한 수준의 불안을 경험하는 사람들은 대개 본인이 정신질환을 앓고 있다고 생각한다. 전문가에게 진료를 받아서 항불안제(불안을 완화하는 약물)를 비롯한 향정신성 의약품을 처방받는 경우도 흔하다. 사회적 불안은 1980년부터 미국정신의학협회American Psychiatric Association에서 발간하는 정신질환진단 및 통계편람(Diagnostic and Statistical Manual of Mental Disorder, DSM)에 수록되었다. 평범한 수준의 수줍음과 달리, 사회적 불안 유병률은 오랫동안 철저히 측정해온 사안이다. 미국에서 사회적 불안 장애에 시달리는 사람 수는 지난 30년 동안 전체 인구의 2퍼센트에서 12퍼센트로 증가했다.[10-12]

증가하는 정신질환과 스트레스

근래 부유한 선진국에서 정신질환이 빠르게 증가하고 있다. 비교적 정밀한 조사에서는 심각한 장애를 초래하는 질환만 집계하고, 의료계나 일반 대중의 정신질환에 대한 인식 수준의 변화를 그대로 반영하지 않도록 세심한 주의를 기울인다. 정신질환의 심각성을 평가할 때는 가벼운 정신적인 혼란과 감정적인 동요를 제외하도록 설계한 엄격한 기준을 적용한다.

가장 널리 인정받고 자주 인용되는 미국병존질환조사(National Comorbidity Survey Replication, NCS-R)에서는 2001년부터 2003년 사이 미국에서 발생한 정신질환의 발생 빈도를 측정했다. 이 조사는 숙련된 조사원이 거의 1만 명에 이르고 참여자의 자택에서 한 시간 동안 면담했다.[13] 18세에서 75세까지의 참가자 46퍼센트가 진단기준을 충족하는 한 가지 이상의 정신질환 증상을 나타낸 적이 있다고 응답했다. 이는 증상 자체뿐만 아니라 지속 기간과 해당 문제가 초래하는 장애 수준까지 고려한 결과다.

이런 통계의 가장 큰 단점은 그 통계가 대부분 기억에 의존한다는 데 있다. 기억에 의존하는 회고조사와 일정기간 동안 동일한 인물을 수차례 면담한 조사를 비교한 연구에서는 사람들이 과거에 일어난 정신질환을 잊어버리거나 언급하기를 주저하는 경향이 있다. 이는 앞에서 언급한 46퍼센트를 포함해 자주 인용되는 수치들이 문제의 규모를 상당히 과소평가한 값일 가능성이 매우 크다는 뜻이다.

정신질환이 증가하고 있다는 증거는 연령 집단별 경험을 비교한 연구에서도 찾아볼 수 있다. 회고조사에서 젊은 세대는 노년 세대에 비해 정신질환을 앓는 비율이 더 높았다. 이런 결과는 노년층의 기억력이 나쁘기 때문만은 아니다. 오랫동안 학생과 어린이를 연속표집(successive sample, 여러 시기에 거쳐 표본을 선별하면서 일부 표본은 이전 시기의 표본과 겹치도록 선정하는 표본 추출방식·옮긴이)으로 추출해 불안 수준을 비교한 연구결과를 보더라도 기억력 감퇴가 원인일 가능성은 확실히 배제할 수 있다.

한 연구는 1952년부터 1993년까지 미국 전역에서 뽑은 표본을 비교했다. 40여 년 간 학생 및 성인 집단 모두에서 불안 수준이 급격하게 증가하자, 보고서 작성자는 "1980년대를 살아간 평범한 미국 어린이는 1950년대에 정신질환을 앓은 어린이보다도 더 높은 불안 수준을 나타냈다"라고 기술할 정도였다.[14] 영국 킹스칼리지 런던King's College London의 연구자들은 2006년 10대 청소년들이 불과 20년 전 청소년들에 비해 훨씬 힘겨운 문제를 안고 있으며, 특히 심각한 정서적 장애를 경험하고 있다는 사실을 발견했다.[15] 이같은 정신질환의 증가세는 성별, 편부모 가정과 부모의 재혼 여부, 빈곤 여부와 무관하게 나타났다.

미국심리학회American Psychological Association가 2017년 실시한 조사에서 미국인 80퍼센트가 중압감이나 우울감, 신경 과민, 불안감 같은 스트레스 증상을 한 가지 이상 경험하고 있다고 응답했다. 자신이 느끼는 스트레스 수준이 얼마나 심각한지 1점(스트레스가 거의 없는)에서 10점(스트레스가 극심한)까지로 표시하라고 했을 때 8점, 9점, 10점이라고 답한 응답자가 20퍼센트에 달했다.[16]

불안과 우울 장애가 가장 흔한 문제지만 다른 감정 장애를 포함하며 충동 조절과 약물 남용 장애와 같은 주요 정신건강 문제도 증가했다. 이런 현상은 그 이면에 공통 원인이 있다고 추측할 수 있다. 불안은 분명히 그 원인 중 하나일 수 있다.

수줍음과 사회적 불안이 정신질환에 어떤 영향을 미치는지 평가하기는 어렵다. 정신질환의 분류체계는 거의 예외 없이 원인이 아니라 증상에 따라 범주를 나눈다. 사람은 똑같이 불안을 느끼더라도 매우 다른 방식으로 반응할 수 있다. 똑같이 사회적 불안을 느끼더라도 외출했을 때 공황 상태에 빠지는 사람은 광장 공포증 환자로 분류될 수 있다. 우울해지는 사람은 우울증 진단을 받을 것이다. 수년 간 신경을 안정시키려는 시도가 알코올 의존으로 발전하면 알코올 중독 그 자체가 정신질환으로 분류된다. 타인이 자신을 어떻게 평가할지 걱정하는 사람은 항상 관심을 끌려고 하거나 외모에 지나친 관심을 쏟는다. 여기에 다른 몇 가지 요인까지 더하면 자기애성 성격장애로 진단받을 수도 있다.

심장 질환의 위험이 운동 부족, 잘못된 식습관, 흡연, 스트레스, 당뇨병, 비만, 고혈압 등 매우 다양한 원인으로 증가할 수 있듯이, 각각의 정신질환을 유발하는 요인도 매우 다양하다. 또 대다수 신체적 질환과 정신질환의 발병 원인이 다양한 만큼 대다수 원인도 다양한 질병을 일으킨다. 말하자면 '폭넓은 영역'에서의 원인이 '다양한 질병을 유발'한다. 예를 들어 흡연은 폐기종, 만성 기관지염, 천식 발작, 폐암을 비롯하여 적어도 10종류 이상의 암, 뇌졸중, 당뇨병, 심장 질환 외에도 수많은 각종 질병을 일으킨다.

사회적 불안 장애에 시달리는 인구 거의 3분의 2가 양극성 장애에서 섭식 장애와 약물 의존에 이르기까지 다른 동반 질환을 앓고 있다는 증거는 다양한 정신질환의 증가와 불안을 상승시키는 수줍음이 서로 무관하다는 생각이 틀렸다고 경고한다. 다른 사람과 함께 있을 때 지나치게 자의식을 느끼고 스트레스를 받으면서 불편함을 느끼면 때때로 자존감에 걷잡을 수 없는 의구심이 들고 혼란에 빠져 사회적 존재라는 핵심마저 흔들린다. 타인과의 관계와 자신에 대한 감정을 동시에 무너뜨리는 상황만큼 심리적으로도 상처를 받는다고는 생각하기 어려울 것이다.

경제성장으로 전례 없이 사치와 안락을 누리게 됐지만, 역설적이게도 세월이 흐르는 동안 불안 수준은 감소하기는커녕 오히려 증가하는 경향을 보인다. 이전 세대보다 풍요로운 현 세대는 윗세대보다 혹은 생활수준이 아직 크게 나아지지 않는 나라의 사람들보다 걱정거리가 분명히 적을 것이다. 그러나 세계보건기구(WHO)가 국제적 비교분석을 뒷받침하고자 집계한 조사 수치에 따르면 정신질환을 앓는 인구비율은 부유한 국가가 가난한 국가에 비해 현저히 높았다.[13] 세계보건기구가 21세기 초에 실시한 조사에서 밝힌 정신질환의 평생 유병률(lifetime prevalence, 평생에 한 번 이상 어떤 질병에 걸리는 비율·옮긴이)은 미국이 55퍼센트, 뉴질랜드가 49퍼센트, 독일이 33퍼센트, 네덜란드가 43퍼센트인데 비해 나이지리아와 중국은 각각 20퍼센트와 18퍼센트에 그쳤다.

  생활수준이 높아졌음에도 불안이 증가했다면 원인을 규명하기 위한 시도의 초점은 물질적 궁핍에서 사회생활로 이동해야 한다. 수줍음과 사회적 불안을 비롯한 자의식의 과잉 감정이 두드러지게 나타나는 현상이 전반적으로 불안 증세의 증가를 유발하는 중요한 요인일 수 있다. 그러나 물질적인 생활수준은 인간이 자신을 표현할 때 대단히 중요한 역할을 수행하므로 여전히 불안의 중심에 놓여있다. 당장 연명할 걱정을 하는 대신 그 중심축이 바뀐 것이다. 200년 전에는 생각지도 못했던 생활수준에 도달한 지금은 사람들이 타인과 비교하고 사회규범과 사회 내 지위 수준과 관련해서 자신이 어떤 위치에 있는지를 훨씬 많이 걱정한다.

  생활수준에 관한 우려는 앞에서 언급한 자존감과 사회적 비교(social comparison, 자신의 신념, 능력, 태도를 타인과 비교해 평가하는 행위·옮긴이)에서 오는 불안과 밀접한 관계가 있다. 예를 들어 본인의 급여에 대한 만족도는 그 급여가 자신의 필요를 충족하는지 여부가 아니라 타인과 비교했을 때 어떤지에 결정된다는 조사는 수없이 많다.[17][18] 사람들이 타인과 비교하지 않았던 시절이 있었다고 주장하려는 게 아니라 예전보다 사회적 비교가 자존감에 더 큰 영향력을 미친다는 뜻이다.

타인이 자신을 어떻게 생각할지에 대한 걱정은 흔히 사회적 지위에 대한 판단과 불안감이 서로 강하게 연관되어 있다는 데 있다. 이는 그런 걱정이 시험, 일자리, 돈과 승진에 대한 불안부터 자녀가 공공장소에서 어떻게 행동할지에 대한 근심에 이르기까지, 사회적 지위에 영향을 미치는 수많은 요인에 좌우되는 것으로 보일 수 있다는 뜻이다.

고립되는 사람들

언론은 불안과 정신질환이 증가하고 있다는 연구보고서를 근거로 '걱정의 전염The Epidemic of Worry',[19] '미쳐가는 미국The Maddening of America',[20] '영국을 휩쓴 불안 전염병The Anxiety Epidemic Sweeping Britain'[21] 처럼 우려스러운 기사제목을 줄줄이 달아서 보도한다. 논평자들은 "미국이 반박할 수 없는 지구상 최고의 걱정 챔피언 자리에 올랐다"[22]거나 "미국에서 심각한 잠재성 정신질환이 급격하게 증가했다"[23]고 평한다. '1980년 불안과 연관된 정신장애를 앓는 미국인은 전체 인구의 4퍼센트였는데, 현재는 절반에 이른다'[24]는 정신질환의 증가 규모를 조사한 데이터도 기사제목 만큼이나 극적이다. 만연하는 불안 증세가 820만 명의 영국인에게도 영향을 끼치고 있다.[21] 1987년에서 2007년 사이에 생활 보조금이나 사회보장 장애보험의 자격을 얻을 만큼 심각한 정신장애에 시달리는 사람들이 2.5배 가까이 증가했다. 같은 기간 이에 해당하는 아동 수는 35배 증가했다.[25]

거의 모든 타인과의 만남에서 스트레스를 받아 일상생활에 심각한 지장을 초래하는 사람과, 인구 대부분이 일반적으로 느끼는 수준의 수줍음을 경험하는 사람을 구분하는 명확한 기준은 없다. 앞에서 소개한 사례처럼 일상생활이 불가능할 정도의 불안감을 온라인에서 공유하는 사람 중에는 여성과 남성, 젊은이, 부모, 군인이 있다. 심지어 최소한의 사회적 교류와 성과를 내야 하는 일로 힘겨워하는 사람도 있다. 사회적 불안이 파고들지 않은 사회분야는 거의 없다. 마사 베크가 느낀 '파티 불안'은 그의 독자 중 상당수가 이미 그 사실을 알아차렸을 것이다.[7] 야외에서의 생존기술과 강인함, 어떤 극한에도 대처하는 능력으로 유명한 베어 그릴스Bear Grylls의 생활방식도 마사 베크와 크게 다르지 않다. 그는 기후 변화를 다룬 텔레비전 프로그램에 전 미국 대통령 버락 오바마Barack Obama와 출연했을 때 가장 두려운 대상이 뱀이나 독거미가 아니라 칵테일 파티라고 말했다.

이런 불안은 특히 공개 석상에 모습을 드러낼 때 더 커진다. 일간지 〈가디언Guardian〉에 실린 '나의 준비 방식How I Get Ready'이라는 토요 칼럼에서는 유명인들이 어떻게 공개 석상에 나설 준비를 하는지 설명했다. 이 과정은 대개 몇 시간이 걸리고 때로는 전날부터 준비하기도 한다. 남녀를 불문하고 헤어, 네일, 메이크업, 의상에 만반의 주의를 기울여도 조바심이 나고 신경 안정제를 대신해 술을 마시는 것도 준비의 일환으로 여긴다. '기분이 내키지 않으면' 출연 계약을 취소하기도 한다.

공개 석상에 모습을 드러낼 일이 거의 없는 사람들도 어떤 면에서는 자신의 부족함을 느낀다. 집에 손님이 올 예정일 때 대부분은 (가사 도우미를 고용한 사람은 제외) 손님이 도착하기 전에 청소기를 돌리고 집안을 정돈한다. 심지어 우리는 친구에게도 평소 어떻게 사는지 숨기려고 한다. 물론 가식을 떨기에는 이미 나를 너무 잘 아는 사람은 예외다. 그런 사람들은 내가 어떻게 사는지 이미 아는 만큼 나를 있는 그대로 인정해주기를 바랄 뿐이다. 하지만 나머지 사람들, 특히 친인척에게는 실제보다 더 있는 것처럼 내보이려 한다.

사람들은 손님이 오기 전에 집을 치우고 청소하지만 대부분 이를 비밀로 한다. 누구나 인정할 만한 일인데도 손님이 문 앞에 도착하기 직전에야 겨우 정리 정돈을 마쳤다는 말은 하지 않는다. 벼락치기 청소는 너무 흔한 일이라서 손님이 오기 전에 집을 정리하는 가장 빠른 방법과 가장 짧은 시간 내에 가장 큰 차이를 만드는 비법을 조언하는 웹사이트가 있을 정도다. 한 조사에 따르면 사람들은 손님맞이 청소에 평균 28분을 쓴다고 한다.[26] 조사 대상자 4분의 1이 손님이 집에 들어와서 어질러진 모습을 보지 못하도록 막으려 애쓴다고 인정했다는 사실에서 사람들이 살림살이를 얼마나 부끄럽게 여기는지 알 수 있다. 바빠 정리하느라 서두를 때는 세탁기나 건조기, 빨래 바구니에 물건을 숨긴다. 조사대상 15퍼센트는 설거지 감을 오븐에 숨긴다고 시인했다.[26]

사람들은 '손님이 계시는 동안 편안하게 집을 말끔히 정리하는 게 좋다고 생각할 뿐이야'와 같은 말을 하면서 이런 행동의 동기를 심지어 자기 자신에게조차 숨기려고 한다. 하지만 이런 사람이 나중에는 "내가 얼마나 게으를 수 있는지 남이 알 필요는 없어. 물론 게으름뱅이라는 점이 자랑스럽지는 않아. 하지만 한편으로는 불안감이나 비난없이 어질러진 평상시 집안으로 사람을 들일 수 있다면 좋을 것 같아"라고 털어놓는 모습에서 죄책감을 숨길 필요성을 느끼는 현실이 드러난다. 이 사람은 그렇게 하면 "무척 해방되는" 기분이 들 것 같다고도 덧붙였다.[27]

대외적으로 드러나는 자신의 모습을 우려하는 징후는 어디서나 찾아볼 수 있다. 마치 우리 모두는 자신이 어떤 사람인지 내보이기 두려워하면서 타인에게 호감도가 깎일 수 있는 외모, 무지, 노화, 실업, 낮은 연봉, 알코올 의존증, 유머 감각, 말주변의 부족과 같은 끔찍한 진실을 감춰야만 인정받을 수 있는 것 같다.

대부분은 이런 감정을 그리 심각하게 여기지 않지만 어쨌든 생활 전반에서 사소하게나마 스트레스를 유발하는 요인이다. 그로 인해 취약한 부분에서는 어려움이 더 증가한다. 예를 들어 신경이 무뎌지도록 적정 수준 이상으로 술을 마시는 버릇이 생기거나 다른 사람이 하는 말에 지나치게 예민하게 반응하면 '신경과민'처럼 보일 수 있다. 긴장하면 한층 더 움츠러들 수 있다. 실패감에 우울해지는 사람도 있다. 사람들과 편안하고 즐겁게 교감하지 못하면 피해망상에 사로잡히기 쉽다. 이런 어려움이 쌓이다 보면 건강이 좋지 않은 척하며 며칠씩 일을 쉬기 십상이다. 음식에서 위안을 찾거나 담배 끊기가 어려워질 수도 있다. 이런 행동 자체가 남에게 숨겨야 할 비밀이 되거나 타인과의 만남을 아예 피하는 이유가 되며 결국 사회에서 더 고립된다.

우정과 건강

고도의 사회적 불안으로 서로 단절되는 상황은 심각한 해악을 유발한다. 지난 30~40년 동안 친밀한 교우관계와 탄탄한 인맥으로 타인과 어울리는 행위가 건강에 매우 큰 도움이 된다는 연구가 쏟아졌다. 불안은 건강에 직격탄을 날리는 동시에 질병과 기대수명의 감소에도 심각한 악영향을 끼친다. 이는 불안이 교우관계를 줄이고 공동체 생활을 저해하는 한편 사회로부터 고립을 증폭시키기 때문이다.

총 30만이 넘는 대상자의 개인 데이터를 수집해서 거의 150편의 피어 리뷰 연구논문 데이터를 통합한 2010년의 한 연구보고서는 교우관계가 건강에 좋은 영향을 끼친다는 증거를 잘 요약하고 있다.[28] 이 보고서는 친구가 많고 인맥이 탄탄하며 남들과 잘 어울리는 것이 단지 매력적인 느낌에 그치지 않고 금연만큼이나 건강과 수명에 중요하다는 결론을 내렸다. 오랫동안 아파서 친구관계가 끊길 수도 있지만, 연구들에 따르면 친구가 적은 사람이 건강 상태도 더 나쁜 경우가 많았다.

우정과 건강을 다룬 연구는 상당수가 관찰조사 방식으로 이루어졌다. 우선 건강한 사람에게 교우관계의 패턴을 물은 다음 비슷한 집단끼리 비교할 수 있도록 교육, 수입, 계급 등을 고려해 그들을 장기간 추적·관찰했다. 또 실험연구도 찾아볼 수 있다. 한 실험에서는 자원자의 팔에 수포를 만들었다. 실험 결과에서 사람들과 적대적인 관계를 맺고 있는 사람은 상처가 아무는 데도 더 오랜 시간이 걸렸다.[29] 감기 바이러스를 넣은 점액을 자원자 콧속에 떨어뜨리는 실험에서는 동일한 정도로 감염에 노출된 이후 친구가 적은 사람의 경우 최초 항체 수준과 다른 여러 가지 요인을 고려하더라도 감기에 걸릴 확률이 4배나 더 높았다.[30]

인구 데이터에서 가장 눈에 띄는 건강과 질병의 원인은 적어도 일부 사람들에게 넘치거나 부족한 요소일 가능성이 크다. 예를 들어 많은 사람이 영양소 부족일 때 비타민 결핍에 의한 영향이 가장 뚜렷하게 나타난다. 신선한 과일과 채소가 부족하기 쉬운 먼 거리의 항해에서는 괴혈병을 간과할 수 없다. 하지만 영양 상태가 좋은 집단 내에서 특정 영양소가 건강에 중요하다는 증거는 훨씬 알아보기 어렵다. 우정의 경우에도 마찬가지다. 연구들이 비교에 의존하고 있다는 점을 고려할 때, 모집단에서 무작위로 추출한 대규모 표본을 다룬 수많은 연구에서 우정과 사회 연결망이 건강을 보호한다는 증거가 나오려면 각 표본이 바람직한 사회 연결망을 구축하고 있는 사람들뿐만 아니라 연결망 상태가 적정 수준 이하인 사람들도 다수 포함하고 있어야 한다.

사람들은 모여 살지만 떨어져 있다는 이상한 역설은 인구밀도가 높은 현대 도시사회에서 우정과 바람직한 인맥이 부족하다는 사실을 반영한다. 사회적 유대가 건강에 얼마나 중요한지 알아본 독일인들은 '관계'를 의미하는 독일어 'Beziehungen'에서 가져와 사회유대를 '비타민 B'라고도 부른다. 영어권에서는 우정 friendship이 건강에 미치는 이득을 기억하기 쉽게 비타민 F라고 불러도 좋을 것이다.

우정이 건강에 미치는 바람직한 영향력은 상당부분 스트레스 감소와 사회적 안락social ease의 증가에서 비롯될 가능성이 높다. 사회적 안락의 증가란 '교제를 피해 혼자 지내는' 경향이 줄어드는 현상을 의미한다. 사교적인 사람과 그렇지 않은 사람의 건강 차이는 애초에 만남을 반기거나 꺼리는 스트레스와 불안의 차이를 어느 정도 반영할 것이다. 수줍음이나 자의식의 과잉을 경미한 정도로만 경험하는 사람이라도 때로는 사회적 만남에 너무 많은 수고가 필요하다고 느껴 밖에 나가는 대신 집에 있는 편을 택하곤 한다. 사회적 불안에 좀더 민감한 사람들은 모임에서 느끼는 스트레스가 너무 커서 가능하면 피하고 싶은 시련이라고 여길 것이다.

스트레스가 장기간 지속되면 건강에 해를 끼친다. 스트레스는 면역계와 심혈관계를 비롯한 다양한 생리과정에 지장을 초래한다. 더 오래 지속되면 스트레스의 영향력은 조기 노화와 비슷하다. 장기간 스트레스에 노출되지 않은 경우에 비해 퇴행성 질환과

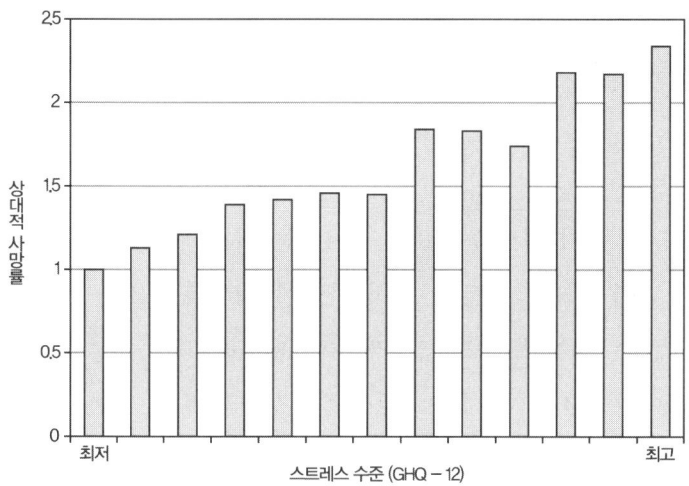

그림 2: 스트레스를 많이 경험할수록 사망률도 높다. 영국에 사는 35세 이상 인구 75,936명을 대상으로 불안과 우울, 사회적 장애, 자신감 상실을 척도로 사용해 고충 수준을 조사했으며 그중 사망자는 총 8,365명이었다.[31]

사망 위험을 비롯한 노화의 영향에 더 일찍 취약해진다. 비교적 낮은 수준의 스트레스라도 몇 달에서 몇 년 동안 지속되면 사망률이 올라가고 수명이 줄어든다는 증거(그림2)가 있다.[31]

친구 수가 사회적인 만남에서 얼마나 스트레스를 받는지 보여주는 지표로도 사용되지만, 이것이 우정과 건강을 연관 짓는 유일한 이유는 아니다. 그 본질은 남이 나를 좋아하거나 싫어한다는 느낌, 중요하게 여기거나 하찮게 여긴다는 느낌이다. 나를 소중하게 여기는 친구가 있으면 긍정적 자아를 형성하고 자신감이 상승하는 반면 소외감과 반기지 않는 느낌은 정반대의 효과를 유발한다. 우정은 쌍방의 노력이 필요한 관계다. 친구의 유무는 사회적 만남을 얼마나 편안하게 여기는지 혹은 어렵게 여기는지를 어느 정도 반영하기도 하지만 친구가 있으면 자기효능감과 자신감이 증가한다.[32, 33] 결국 소외감을 느낀다면 자신감을 유지하기란 거의 불가능하다.

친구와 수다 떨고 농담하면서 보내는 시간만큼 즐거운 일은 드물며 교우관계와 같은 사회적 만남이 행복을 느끼는 비결임에 틀림없다. 경제학자 리처드 레이어드Richard Layard는 《행복의 함정 Happiness: Lessons From a New Science》에서 결혼생활과 우정, 공동체 생활의 참여, 자원봉사가 모두 어떻게 행복에 크게 기여하는지 보여주는 증거를 제시한다.[34] 좀더 최근인 2014년 한 연구에서는 유럽 25개국에 거주하는 약 5만 명의 자료를 분석하고 사회적 상호작용과 남을 믿을 수 있다는 느낌이 행복에 중요하게 기여한다는 점이 사실임을 보여줬다.[35]

인간은 일반적으로 인식하는 정도보다 훨씬 더 근본적으로 사회적 동물이지만 편안하게 사회적 만남을 즐기는 기쁨을 간과하는 경우가 너무 많다. 더 많은 돈과 다른 사람들과 더 많은 사회적 만남 중 하나를 선택해야 할 때, 자료에 의하면 다른 사람과 더 자주 어울리는 행위가 한 해 소득이 8만 5,000파운드(약 1억 2,200만 원) 증가하는 것과 맞먹는 행복을 가져다준다고 한다.[36] 이를 기준으로 행복을 판매한다면 구매할 수 있는 사람은 극소수에 불과할 듯하다.

불안과 사회적 비교

오늘날 선진국에 나타나는 높은 사회적 불안 수준은 인간사회가 중대한 난제에 직면하고 있다는 뜻이다. 건강하고 행복하려면 우정과 바람직한 사회적 만남이 반드시 필요하지만 사람들은 서로 자주 만나기를 꺼린다.

이 문제를 해결한다면 사회적 불안을 가장 극심하게 경험하는 사람들뿐만 아니라 그로 인해 영향을 별로 받지 않는 대다수 시민의 삶의 질까지 개선될 것이다. 다행히 문제의 근원과 해결의 실마리가 점점 명확해지고 있다. 많은 연구에서 빈부 간 소득 격차가 큰 사회일수록 공동체 생활이 빈약해지고 있다는 사실이 드러났다. 각종 조사에서 소득 격차가 비교적 작은 사회가 더 화합한다는 결과를 보여준다. 비교적 평등한 사회에 사는 사람들이 지역공동체, 자원봉사, 시민단체에 참여할 가능성도 크다.[37] 또 서로 신뢰한다는 느낌을 줄 가능성이 크고 기꺼이 돕고자 하며 폭력 발생률(살인율로 측정)이 한결 낮다.[38-40] 비교적 평등한 사회에서는 사람들이 서로 더 잘 어울린다.

불평등이 분열을 초래하고 사회를 좀먹는다는 생각은 프랑스혁명 이전부터 널리 퍼져 있었다.[41] 빈부 간 소득 격차를 측정하고 비교한 각국의 불평등 데이터를 충분히 확보한 지금, 이런 직관은 상상했던 것보다 훨씬 더 정확하다는 사실이 명확해졌다. 이는 단순히 개인적 직감을 넘어 이제는 수많은 연구로 입증된 객관적 진실이 됐다.[2, 3] 다음 장에 소개할 그림 1.7은 소득 불평등과 지역조직 및 단체에 참여하는 것과의 연관성을 국가별로 보여준다. 《평등이 답이다》에서는 불평등과 신뢰의 정도 사이에 유사한 관계가 있음을 밝혔다.

비교적 평등한 사회의 공동체가 더 공고한 이유를 밝히는 가장 그럴듯한 설명은 이런 사회에서 사람들이 서로 편안하게 어울린다는 점이 아닐까 싶다. 사회가 더 평등하다는 것이 개인의 가치 인식에 차이가 적다는 뜻이라면 사람들은 평등도가 높을 때 더욱 평등한 사회에서 서로 더 쉽게 어울릴 수 있을 것이다. 어쨌든 사람들은 대개 자기와 가장 비슷한 사람을 친구로 사귀기 쉽다. 이는 분명 사실이지만 인과관계는 그렇게 단순하지가 않다. 사회적 불안은 자기보다 더 부유한 사람들과 있을 때에만 영향을 미치지 않는다. 인간은 자기와 대등한 사람들끼리 있을 때도 좋은 인상을 심어주지 못할까봐 걱정한다.

이것이 시사하는 바는(그리고 증거가 보여주는 최선의 설명은) 위계가 뚜렷한 사회일수록 가치나 유용성이 타고난 차이에 따라 사람들의 서열이 매겨진다는 생각이 더 강하고 자존감에 대한 불안감이 더 크다는 사실이다. 5장과 그림 5.7에서 살펴볼 수 있듯이 불평등한 국가일수록 사회적 이동성이 낮다는 사실에도 불구하고, 이는 사실이다. 이런 국가에서는 개인의 기술과 능력 차이와 상관없이 사회적 위치가 인간의 가치를 한층 더 뚜렷하게 우월하다거나 열등하다고 표시하는 지표로 받아들여진다. 이는 필연적으로 '사회적 평가 위협'과 사람들이 느끼는 지위 불안을 악화시킨다. 사회적 비교가 더욱 만연할수록 자신의 존재 가치에 대한 불안감이 증가한다.

불안과 사회적 비교는 지위문제를 전통적인 관점에서 이해하는 데 머무르지 않고 긍정적으로도 부정적으로도 볼 수 있는 모든 개인별 특성을 포괄한다. 신체적 매력과 지성, 여가 활동, 피부색, 미적 취향과 소비지출에 이르기까지 모든 것이 계급과 가치라는 면에서 더 큰 사회적 의미를 지닌다. 사회적 비교가 동물의 서열체계에서 상대적인 힘을 겨루는 습성에 진화적 뿌리를 두고 있다면, 인간사회에서는 한층 더 다면적이고 다차원적인 양상을 띠게 되었던 것이다.

앞으로는 인간의 자존감과 자신이 타인보다 선천적으로 우월하다거나 열등하다는 신념이 본인이 속한 사회적 속성의 다양한 구조적 변화에서 어떻게 영향을 받을 수 있는지 간략하게 설명하고자 한다. 이런 쟁점은 사회적 불안을 경험하고 있는 사람들뿐만 아니라 처음에 소개한 찰스 쿨리의 글이 밝히고 있듯이 타인들이 자신을 어떻게 생각하는지로부터 영향을 받는 우리 모두에게 대단히 중요하다.

평등주의 기원

불평등은 사람들이 서로에게 부여하는 차등적 가치와 타인이 나를 어떻게 평가할까라는 걱정이 핵심이지만, 불평등이 인간사회에 발생하기 시작한 시기는 비교적 최근인 농경시대 초반이었다. 완전히 계층화된 계급제도가 자리잡은 때는 훨씬 더 최근이다. 이런 현상은 약 5,500년 전 티그리스강과 유프라테스강 유역에서 발달한 비교적 인구가 밀집한 농경사회에서 나타나기 시작했다. 세계 대부분 지역에서 농경은 이보다도 훨씬 더 최근에 생겨났다.[42, 43]

농경이 발달하기 전 인류는 놀라울 만큼 평등한 공동체에서 수렵·채집인으로 생활했다. 소규모로 무리를 지어 사냥과 채집으로 모을 수 있는 음식에 의존하는 삶은 거의 동물같은 생존방식처럼 보이기도 했다. 하지만 초기 인류사회는 많은 종류의 동물에서 나타나는 가장 힘이 센 개체가 먼저 먹이를 먹고 우두머리 수컷이 암컷들을 독점하는 서열구조를 회피했다. 4장에서 살펴보겠지만, 인간사회에서는 인류가 '해부학적으로 현대적 인간'(즉, 뇌 용량과 외양이 현재 인류와 같은)이었던 시기의 90퍼센트가 넘는 기간 동안 평등이 표준이었다. 인류학적 증거에 의하면, 초기 인간사회는 '반지배 전략'으로 평등이 유지되었다. 이는 집단 구성원들이 자치를 유지하기 위해 그 집단을 지배하려고 하는 사람을 무시하거나 놀리고 배척하며 매우 조직적으로 외면하는 것을 말한다.[44]

최근 수렵·채집사회를 다룬 현대 인류학 연구에 따르면 평등한 공동체에 속한다고 해서 구성원들이 개인의 기술과 지식, 능력 차이를 인식하지 못하거나 가치 있게 여기지 않았다는 것은 아니다. 재능이 뛰어난 사람들은 존경받고 높은 평가를 받았다. 하지만 그렇다고 해서 타인을 지배할 권력은 얻지 못했다. 지위 서열과 개인의 가치에 따라 부유해지거나 가난해지고 안락하게 살거나 어렵게 사는 사회체계에 대한 의식은 없었다.

지위 서열

거의 모든 위계적인 사회에서는 사람들 사이에 알아가고 관계를 맺는 방식이 인간마다 개인적 가치가 다르다는 생각뿐만 아니라 그 가치에 따라 맨 위에서 가장 아래, 가장 유능한 사람부터 가장 무능한 사람, 가장 존경받는 사람부터 가장 멸시받는 사람 순으로 순위가 매겨져 있다는 가정이 만연해 있다. 아래쪽 서열에 속할수록 낙인도 강하게 느끼기 쉽다. 승자와 패자, 재미있는 사람과 지루한 사람, 똑똑한 사람과 멍청한 사람, 유식한 사람과 무식한 사람 중에 어느 쪽으로 보일지 불안한 마음을 키우는 데는 계급으로 순위를 매기는 것보다 더 안성맞춤인 방법은 없을 것이다.

 타인이 나를 어떻게 생각하는지는 개인의 가치를 나누는 등급에서 자기 자신이 어디쯤에 있을까라는 기대와 두려움, 긴장감에서 영향을 받는다. 6장에서 살펴보겠지만 미적 취향, 발음, 식사 예절, 예술에 대한 조예와 같은 개인적 선호와 행동의 다양한 측면은 마치 방심하는 사람에게 덫을 놓아 폭로하려고 설계된 것처럼 지위를 드러내는 표시 역할을 한다. 수많은 사람이 고민하는 외모와 체중 문제도 같은 범주에 들어간다. 외모와 체중이 일자리와 결혼에 영향을 미치고 매력적인 사람이 사회적 사다리를 올라갈 가능성이 더 높다는 것을 모두가 알기 때문이다.[45, 46]

그러나 계급의 구별은 사회마다 다르게 작용한다. 영국 더비셔에 있는 해던 홀Haddon Hall은 12세기에 지어졌다. 해던 홀은 '요새로 지은 중세시대 영주 저택 중 현존하는 가장 멋진 건축물'로 널리 알려져 있다. 방문객이 메인 홀에 들어가면 제일 먼저 해던 홀을 소유했던 귀족 가문의 일원과 하인들이 전부 이 커다란 방 하나에서 생활하고 잠을 잤다(대개 바닥에서)는 설명을 듣는다. 약 50명 정도 되는 사람들이 지금 가정에서도 경험하기 어려운 수준의 친밀감을 공유했다. 이 시기에는 평범한 일이었지만, 서로 다른 계급이 이 정도로 섞여서 노출되는 일은 시간이 흐르면서 용납할 수 없는 일이 됐다. 몇 세기가 지난 뒤 해던 홀을 소유한 일가는 사생활을 누릴 수 있는 벽을 세워 공간을 분리했다. 이는 상층계급과 하층계급 사이의 사회적 구분에 관한 의식을 강화시켰다.

19세기에 이르자 사회 전반에서 사회계급의 구분 정도가 한층 더 뚜렷해졌다. 거의 모든 중상위층 가정에는 입주 하인이 있었지만 서로 간 만남을 최소화하려고 애썼다. 하인들은 집 꼭대기에 있는 좁은 다락방에서 자고 도시주택의 지하나 1층에 있는 주방과 부엌방에서 일했다. 이런 집에는 하인들이 다락방에서 지하까지 가는 동안 고용주를 마주치지 않도록 중앙 계단과 별도로 더 좁은 하인용 계단이 있었다. 서로 다른 계급이 같은 집에 거주하면서도 상호 교류를 최소화할 수 있도록 하려는 목적이었다. 같은 이유로 정문과 별도로 하인과 상인들이 드나드는 출입구가 있었다. 당연하게도 이런 사회적 구분에는 낮은 사회계급에 속한 사람들은 교양이 없거나 '천박'한 본성을 가진 반면, 상류층은 좋은 가문의 가정교육과 품위를 갖추고 있다는 관념이 함께 존재했다.

정착 공동체의 소멸

타인이 나를 어떻게 생각하는지에 관해 불안감이 증가하는 현상은 이제 사람들이 정착 공동체 안에서 평생 자기를 알아온 사람들과 더이상 살지 않는다는 사실을 반영한다. 현대인은 일상생활의 대부분을 비교적 낯선 사람들에게 둘러싸여 있다. 예전에는 평생 동안 서로를 보면서 상대가 어떤 사람인지를 규정했고, 이는 쉽게 바뀌지 않았다. 하지만 오늘날에는 내가 어떤 사람인지, 타인이 나를 어떻게 보는지가 좀더 유동적이고 끊임없이 재평가를 받는 느낌이 든다. 낯선 사람들로 구성된 현대사회에서는 외모와 첫인상이 더욱 중요해진다.

자신이 속한 공동체 밖 사람을 만날 일이 거의 없다는 사실은 다른 면에서도 자의식이 과하지 않은 문화를 만드는데 일조했다. 구성원끼리 밀접한 관계를 맺고 있는 공동체에서 찾아볼 수 있는 비교적 안정적인 정체성과 사회적 지위에 대한 불안의 부재는 이방인이라도 금방 확실히 알 수 있다. 이는 우리 저자 중 한 명(리처드 윌킨슨)이 한 세대 전에 알게 된 프랑스의 어느 소작농 농가들에서도 분명히 나타났다. 그곳 사람들은 가식이나 꾸밈이 거의 없고 남의 눈을 신경쓰지 않으며 실용적이었다. 허세를 부려야 할 외부인이 없으니 농가 안에는 그저 남에게 보여줄 목적으로 들이거나 진열한 물건이 거의 없었다. 이런 모습은 비좁은 거처임에도 불구하고 손님 접대용 '거실'을 마련하려고 애쓰는 도시의 가정문화와 대조를 이룬다.

그렇다고 현대적 교통수단이 없고 지리적 이동성도 낮은 정착 공동체에서 평생을 보내는 삶에 한계가 없다는 뜻은 아니다. 기회에 제한이 있을 뿐만 아니라 사람들이 자기를 바라보는 관점을 바꾸거나 자기 자신을 재발견하기도 낙인에서 벗어나기도 훨씬 힘들다. 평생 작은 공동체에서 똑같은 사람들과 알고 지내는 삶이 어떤지 프랑스 마을 농부 한 명에게 묻자, 그는 잠시 생각하더니 비꼬는 투로 "남의 단점을 알게 되죠"라고 말했다.

지리적 이동성이 높은 현대사회에서는 좋든 싫든 타인이 평생 축적한 나에 관한 지식이 나의 정체성을 결정하거나 유지하거나 인정하지도 않는다. 남이 나를 어떻게 보는지가 여전히 중요하지만 단지 타인의 뇌리에 불안정하게 새겨질 뿐이다. 가까운 몇몇 친구와 가족의 마음에만 확실히 자리 잡고 있어 언제나 의문의 여지는 있다. 그 결과, 우리의 자아상은 자리를 잘 잡지 못하고 기복이 심하며 일시적인 기분에 휘둘리기 쉽다. 공동체 사람들의 뇌리에 안정적으로 자리 잡은 정체성의 효과를 누리지 못하는 현대인은 사람을 만날 때마다 상대방의 마음속에 긍정적 이미지의 자기 모습을 심으려고 노력해야 할 것만 같다. 상대방에게 나는 그저 모르는 사람일 뿐이며 좋은 인상을 줄지 나쁜 인상을 줄지는 내가 하기 나름이다.

사회적 이동성

사회에서 남보다 우월하거나 열등한 위치를 어떻게 이해하고 경험하는지는, 사람들이 주로 자신(또한 가까운 조상들)이 태어났을 때 속한 계급이나 신분에 그대로 머무르는지 아니면 사회적 위치가 바뀔 수 있는지에 따라서도 달라진다. 이것이 사회학자들이 말하는 '생득적ascribed' 그리고 '성취적achieved' 사회계급을 구별하는 차이다. 사회적 이동성이 낮거나 아예 없는 사회에서 계급이란 그저 타고난 팔자에 지나지 않으며, 자신이 속한 계급이나 신분이 열등하게 여겨진다 하더라도 사회적 지위가 낮은 과실이 개인에게 있다는 의식은 거의 없다. 타고난 혈통을 탓할 수 없기 때문이다. 반면 개인의 능력과 노력 여하에 따라 사회계층이 오르락내리락할 수 있는 사회에서 지위란 개인의 능력이나 미덕의 반영으로 간주되기 쉽고, 따라서 사회적 지위가 낮으면 대부분 그 개인이 실패한 증거로 여기기 십상이다.

현대의 시장민주주의 사회는 '능력주의'사회다. 따라서 계급 위치가 능력을 반영한다는 믿음은 신분 차이가 정당화되는 사회가 어떤 의미에서 공정하다는 생각을 갖게한다. 그 결과 낮은 사회적 지위는 한층 더 개인의 무능과 실패를 의미하는 표식처럼 간주된다. 이는 사회적 위치를 근거로 사람의 능력과 지성을 판단함으로써 낮은 사회적 지위를 더욱더 비하하는 광범위한 경향을 강화시킨다. 더욱이 이런 경향은 타인을 어떻게 판단하는지에 국한되지 않는다. 자기 자신의 지성과 능력에 대한 믿음을 강화하거나 꺾기도 한다.

사회적 지위가 개인의 가치를 반영한다는 믿음은 학창 시절에 다른 사람과 비교되는 점수로 능력을 매기도록 고안한 시험과 평가를 경험하면서 고착되고 강화된다. 이 과정에서 누군가의 마음속에는 영원히 사라지지 않는 흉터가 남고 누군가는 우월감을 느낀다. 이후에도 대학 진학과 진학한 대학이 얼마나 명문인지, 어느 학위까지 땄는지가 전부 개인의 가치를 반영하는 지표로 여겨지곤 한다. 성인으로 살아가는 내내 공공연한 사회적 비교의 과정이 수많은 면접과 평가라는 형태로 이어진다. 은퇴의 장점 중 하나는 공식적으로 평가받고 남과 비교해 순위가 매겨지는 과정을 다시는 겪지 않아도 된다는 사실이다. 하지만 사람들이 서열 내에서 서로의 위치를 평가하는 비공식적인 과정은 그대로 지속된다.

소득 불평등

소득과 자산 격차의 정도는 한 사회에서 지위와 계급 차별의 부가적 요소가 아니라 사회적 지위를 나타내는 가장 중요한 틀이다. 실제로 소득 격차가 클수록 사회적 피라미드는 더 높고 가팔라진다. 프랑스 사회학자 피에르 부르디외Pierre Bourdieu는《구별짓기 Distinction》에서 주택, 자동차, 옷, 책, 음식점, 음악처럼 '취향'을 드러내는 선택을 통해 지위를 표현하는 데 사람들이 얼마나 많은 소득을 지출하는지 보여줬다.[47] 이런 경향은 소득 격차가 클수록 지위 격차가 더 두드러지고 극심해진다는 것을 의미한다. 이와 함께 부유할수록 남보다 우월하고 뛰어나다고 여기는 경향도 나타난다.(4장에서는 이런 연관성이 생기는 원인을 진화심리학 관점에서 논의할 것이다.) 불평등이 커질수록 돈이 지위를 얻는 핵심 요소이자 자신의 '가치'를 표현하는 방법으로 더욱 중요해진다.

《평등이 답이다》에서는 소득 격차로 계급과 지위가 더 강력한 힘을 갖게 된다는 사실을 보여줬다.[1] 나쁜 건강상태, 폭력, 낮은 교육 성취도 등 사회적 지위와 관련된 문제들이 모두 낮은 사회계층일수록 더 빈번하게 발생하며 동시에 소득 격차가 큰 사회일수록 악화된다. 소득 격차가 클수록 계급 위치로 표현되는 라이프스타일의 차이가 커지며, 따라서 열등한 지위는 더 도드라지고 부당하게 느껴진다.

거의 모든 사회에서 물질적 차이는 지위를 결정하는 가장 중요한 요인이다. 서열체계는 근본적으로 자원 접근권을 배분하는 장치다. 이는 현대사회에서 돈의 중요성을 논할 때나 봉건사회에서 토지 소유를 언급할 때도 마찬가지다. 심지어 우두머리 동물이 먼저 먹이를 먹는 방식을 말할 때도 똑같이 적용된다. 권력이 중요한 이유는 권력이 모든 필수품과 쾌락, 생활 편의 시설을 언제든지 누릴 수 있도록 보장하는 데 있다. 지위에 따른 과시적 요소가 그 본질과 헷갈리기 쉽지만 재산을 모으거나 잃으면, 이는 결국 사회적 위치에 영향을 미친다.

계급을 어떤 집안에서 태어났느냐 하는 문제로 생각했던 19세기에도 술이나 도박으로 재산을 날리면 한 세대 정도는 '고상한 가난뱅이'라고 생각할지 몰라도 그 다음 세대는 그냥 가난뱅이였다. 마찬가지로 갑자기 돈을 많이 벌면 처음에는 '졸부'로 여겨지겠지만 그 사람의 자녀와 손자들은 상류층 문화를 조금이나마 몸에 익히면서 같은 부유층 일원으로 인식된다. 사회적 이동으로 계층이 새로운 계급에 융화되는 과정을 식별하거나 측정하기는 어렵다. 하지만 적어도 부유한 국가들 사이에서는 지난 세기 동안 그 과정이 더욱 가속화된 듯하다. 따라서 이제는 한 사회의 소득과 자산 격차의 정도가 계층사회를 나타내는 피라미드에서 빈부 간 사회적 거리가 멀고 가파른 형태인지, 아니면 사람들 간 사회적 격차가 비교적 작고 넓은 완만한 형태인지 가르는 결정적 요인이라고 예전보다 더 확실히 말할 수 있다.

오늘날 부유한 시장사회에서는 내가 어떻게 보이는지, 다른 사람이 나를 어떻게 판단하는지에 영향을 미치려고 할 때 돈이 얼마나 중요한 역할을 하는지 굳이 숨기려 하지 않는다. 집과 자동차, 휴가, 의류 및 전자제품 브랜드에 이르기까지 지위를 나타내는 명백한 표지 중 지출과 무관한 것은 거의 없다. 또 그런 표지는 비싸 보일수록 그 목적에 잘 부합한다.

미국 경제학자이자 사회학자인 소스타인 베블런Thorstein Veblen은 사람들이 사회적 지위를 과시하고자 구매품을 어떻게 이용하는지에 관심을 집중시키고자 1899년 '과시적 소비conspicuous consumption'라는 개념을 처음으로 제시했다.[48] 근래에 실시한 연구에서는 사람들이 부유해질수록 지위를 드러내고 남들에게 내보일 수 있는 재화와 서비스에 집중적으로 지출을 늘린다는 사실을 명확히 보여준다. 부자일수록 사람들은 집안 장식보다 고급 휴대전화, 혈통이 좋은 개, 시계, 보석, 자동차처럼 남에게 내보일 수 있는 대상에 소비를 늘린다. 지위를 다투는 과정에서 남에게 잘 보이지 않는 물건은 중요도가 떨어지기 때문이다.[49]

베블런이 살았던 시기는 이른바 '도금시대Gilded Age'였다. 이 시대에는 빈부 간 소득과 부의 격차가 막대했고, 앤드루 카네기Andrew Carnegie와 존 록펠러John D. Rockefeller 같은 사람들이 부를 축적했다. 소득 격차는 1929년 베블런 사망 이후 장기간 감소하기 시작했고 1970년대 말까지 계속해서 줄어들었다. 하지만 그때 이후 소득 격차는 거의 끊임없이 벌어졌고 지금은 베블런이 살던 시절 이후 전례 없는 불평등 수준으로 돌아갔다. 이렇게 장기간에 걸친 소득 불평등의 변화과정은 마지막 장에서 소개할 그림 8.1에서 볼 수 있다.

1920년대 말부터 1970년대 말까지 이룩한 평등은 모두 물거품이 됐으며, 수많은 은행가와 회사 CEO들은 엄청난 연봉과 상여금을 챙겨 자손 대대로 불로소득으로 살 수 있는 새로운 왕조를 이룩했다. 베블런이 살던 시절 극심한 빈부 격차가 과시적 소비로 이어졌듯이 1970년대 말 이후 계속해서 심화된 불평등으로 현대

사회에서도 지위 경쟁과 소비주의가 격렬해졌다.

저소득은 가난한 사람이 구매할 수 있는 대상을 제한하는 한편, 낮은 사회적 지위라는 낙인에서 벗어나고 싶다는 열망으로 높은 지위를 향한 야심을 줄이기보다 오히려 강화하기도 한다. 2011년 여름 영국 곳곳에서 동시다발적으로 폭동을 일으킨 젊은이들이 훔친 물건이 특히 명품 의류와 고급 전자제품이었던 이유는 바로 여기에 있다.[50]

사회적 위계에 영향을 받는 정도는 빈부 간 소득 격차의 정도뿐만 아니라 지위를 표현하는 데 사용될 수 있는 재화의 다양성에 의해서도 증가하거나 감소한다. 이 두 가지 요소가 모두 소득과 지위 격차를 더욱 뚜렷하게 한다. 겉으로 드러나는 부는 마치 내면의 가치를 재는 척도로 보는 경우가 많다. 불평등이 증가할수록 사회적 위치는 더욱 눈에 띄고 사람들은 더욱더 서로를 지위로 판단하게 된다. 사회적 평가에 대한 불안이 심해질수록 자존감 문제와 함께 자신감의 과잉과 지위 불안이 더 격렬해진다.

현재 수많은 다국적 기업의 CEO들은 같은 회사에 근무하는 가장 낮은 정규직 사원보다 300배에서 400배 정도 많은 연봉을 받는다. 상대 소득이 지위를 규정하는 사회에서 같은 회사의 임원 급여 0.25퍼센트를 사원 월급으로 지급하는 처사는 대다수 사람을 싸잡아 무가치하다고 공언하는 가장 확실한 방법이다. 가난한 사람은 자존감이 부족하고 그것이 환경의 영향이 아니라 원인이라는 듯이 말하는 어느 평론가의 의견은 소득과 지위 사이에 얼마나 강한 연관성이 있는지를 강조한다.

평등을 다시 상상하다

사람들은 인류가 줄곧 서열사회에서 살아왔다고 생각하기 때문인지 계급과 지위 구분에 따른 불안이 거의 없는 평등한 공동체에 속하는 삶이 어떨지 상상조차 하지 않는다. 부족한 자신감과 사회적 안락을 되찾을 유일한 방법은 자신의 지위를 높이거나 학벌을 쌓거나 재산을 불리고 성공하거나 더 흥미진진하고 부러움을 살 만한 생활을 하는 것이라고 여긴다.

평등한 공동체에서 살면 인간관계와 스트레스 수준에 본질적인 차이가 발생한다는 흥미로운 지표가 있다. 최근 실시한 몇몇 연구는 전통적인 농촌문화에서 도시사회로 바뀌는 '현대화'가 유발한 생리학적 영향을 밝혔다. 혈압 상승의 경우 스트레스에 자주 노출되는 사람들 사이에서 나타난다는 경향은 잘 알려져 있다.[51, 52] 이런 결과로 선진국에서는 나이가 들면 혈압이 상승하는 경향을 지극히 정상이라고 본다. 하지만 정착 농업을 하지 않고 서열이 없는 부족사회의 일원을 조사한 연구에서는 나이가 들어도 혈압 상승이 나타나지 않았다.[53-55] 32개국 1만 명의 혈압을 측정한 인터솔트 연구(Intersalt study, 소금 섭취량이 혈압에 미치는 영향을 밝힌 관찰 연구·옮긴이)에서는 선진국 표본의 평균 혈압이 60세가 20세에 비해 거의 예외 없이 12포인트에서 25포인트(밀리미터 수은주로 측정한 수축기 혈압 기준) 더 높았다. 나이가 들어도 혈압이 증가하는 경향이 나타나지 않는 사례는 아마존 우림에서 수렵·채집생활을 하는 싱구Xingu족과 야노마미Yanomami족뿐이었다.[54] 식단, 염분 섭취, 비만도 같은 요소가 혈압에 미치는 영향을 고려해서 비교해도 결과는 마찬가지였다.

싱구족과 야노마미족이 오두막에서 거의 나체로 사적 영역 없이 생활한다는 사실은 현대인이라면 매우 불편하다고 느낄만한 수준으로 서로를 드러내고 친근하게 지낸다는 것을 나타낸다. 만약 부족 대부분이 서로에게 사생활의 상당 부분을 숨기고 싶다는 강한 욕구를 느꼈다면, 해던 홀을 소유한 일가가 공동 수면실부터 사적 영역을 분리하려고 했듯이 사생활을 보호하기 위해 내벽이나 칸막이를 세웠을 것이다. 선진국 시민들이 보기에 이들 부족의 삶의 방식이 얼마나 놀라운지는 가장 개인적인 수준에서조차 인간관계의 본질이 얼마나 근본적으로 변화했는지 나타내는 척도다.

이탈리아의 한 폐쇄적인 수도회에 속한 수녀들의 혈압 변화를 기록한 연구는 다른 관점을 보여준다. 수녀들은 지역 주민들과 식습관이 거의 비슷했지만 20년에 걸친 추적과 조사기간 동안 혈압 상승을 나타내지 않았다. 해당 연구자들은 그 원인이 "침묵, 명상, 바깥 사회로부터 격리라는 특징을 지닌" 스트레스 없는 폐쇄적인 수도원 환경에서 생활한 데 있다고 보았다.[56]

이토록 다양한 환경과 사회 내에서 인간의 심리가 어떨지 추측하기란 어렵다. 어쩌면 수렵·채집시대의 우리 조상은 매력이 떨어지는 특성을 감춰야만 타인이 자신을 높이 평가하고 인정할 것이라는 사실을 느끼지 않았을지도 모른다. 한 가지 확실한 점은 사생활이 법적 권리라는 현대인의 믿음이 그들에게는 생소했을 것이라는 사실이다. 여기에서 이런 쟁점을 제기하는 이유는 그저 과거에는 어떠했을지 엿보는데 그치려는 게 아니다. 이보다는 우리 모두가 직면하고 있는 심각한 사회적 평가 위협이 얼마나 파괴적인지, 그것이 어떻게 현재의 사회문제와 심리문제를 유발하는지, 그리고 이런 문제들을 어떻게 줄일 수 있는지 이해하기 위한 것이다. 사생활 영역의 확대는 남들이 내가 숨기고 있는 것을 어떻게 생각할지에 대한 불안감에 시달릴 가능성을 높인다. 왜냐면 정직성은 언제나 '공명정대하고' '공공연하게' '누가 봐도 알 수 있는' 일과 관련되기 때문이며, 따라서 불신과 피해망상으로까지 확대되기도 한다.

앞으로의 장에서는 이런 문제를 분석하고 해결 방안으로 나아갈 것이다. 1장에서는 빈부 간 소득 격차가 큰 국가에 사는 사람일수록 지위 불안을 겪기 쉽다는 사실을 보여줄 것이다. 개인의 소득 수준과 무관하게 불평등한 사회에 사는 사람일수록 남들이 자기를 어떻게 보고 판단할지 더 많이 걱정하게 된다. 또 이런 불안이 스트레스 호르몬 수준에 특히 강력한 영향을 미친다는 내용 조사도 소개할 것이다. 불평등이 클수록 최상층에 있는 사람은 대단히 중요하고 최하층에 가까운 사람은 거의 무가치하다고 여기는 경향이 거의 필연적으로 증가한다. 그 결과 지위로 상대를 판단하는 경우가 늘고 타인이 내가 어느 계층에 속한다고 생각할지를 더 많이 걱정하게 된다.

　사람들은 불평등이 '사회적 평가 위협'을 증가시키는 방식에 대해 두 가지 상반된 반응을 보인다. 사회적 불안 수준이 높을 때 어떤 사람은 사회생활이란 낮은 자존감과 싸우는 끊임없는 전투라고 느낀다. 자신감이 부족하고 극심한 수줍음에 지친 이런 사람들은 사회생활을 그만 두고 자주 우울해지는 경향을 보인다. 1장에서는 불평등한 사회일수록 이런 반응이 널리 퍼져 있다는 증거를 제시할 것이다. 또 소득 격차가 큰 사회일수록 우월감이나 열등감을 느끼는 등 일반적 범주에 속하는 몇몇 정신질환이 더 흔하게 발생한다는 증거도 제시한다.

다른 흔한 반응은 이와 거의 정반대다. 2장에서는 지위 불안과 남이 나를 어떻게 보는지에 대한 우려 때문에 사회생활을 그만두고 그 대신 자기회의를 숨기려는 명백한 의도로 자기 자신을 과도하게 긍정적으로 보는 경우를 살펴볼 것이다. 개인의 능력과 성취에 대한 겸손은 자기애와 자기고양self-enhancement 혹은 자기홍보self-promotion로 대체되기 쉽다. 이 두 번째 전략을 쓰는 사람은 대부분 태연한 척하고 되도록 좋은 인상을 주려고 애쓰며 불안을 숨기려 한다. 그러나 이중에는 낯이 두껍고 자기가 우월하게 타고났다고 생각하며 안심하는 둔감하기 짝이 없는 사람도 있을 것이다. 2장에서는 자기애와 자기강화self-aggrandizement 경향이 불평등과 함께 증가한다는 증거를 제시한다.

앞에서 언급했듯이 20세기 초 알프레드 아들러는 통계적 증거 없이도 사회적 불안에 대한 반응과 이해에 중대한 발전을 이룩했다. 낮은 자존감에 절망하든 자기애라는 가면 뒤에 숨든, 사회적 불안 수준이 높다는 말은 사람들이 안심하거나 자신감을 북돋우거나 자의식의 과잉을 억제하기 위해 다양한 버팀목을 필요로 한다는 뜻이다. 높은 불안 수준에 대처하고자 사람들은 술과 마약,

각종 처방 향정신성 의약품에 의존한다. 소비주의도 사회적 불안과 지위 불안을 저지하는 방어벽 역할을 하는 경우가 많다. 사회적 평가 위협이 고조된다는 말은 외모가 더 중요해진다는 뜻이므로 긍정적인 인상을 꾸며내기 위해 소비에 빠져들게 된다. 이런 반응은 자신감을 북돋우는 여러 버팀목과 함께 3장에서 살펴볼 것이다.

4장에서는 인간의 마음에서 차지하고 있는 사회적 불안의 강력한 위치와 진화적 기원을 살펴본다. 4장의 논의는 서로에 대한 취약성과 바람직한 사회적 관계가 어느 정도로 인간의 행복을 결정하는 요인이었는지에 초점을 맞출 것이다. 더불어 타인이 나를 어떻게 보고 반응하는지를 무시하는 것은 언제나 중대한 실수임을 밝힌다. 행복하려면 타인이 나에게 어떻게 반응하는지를 주의 깊게 살펴야 한다. 타인은 각종 도움과 협력, 자원을 제공하는 크나큰 원천이 될 수도 있는 반면, 각종 생활필수품을 두고 다투는 무시무시한 적수이자 경쟁자가 될 수도 있는 잠재력을 지니고 있기 때문이다.

5장에서는 우리가 분석하는 사회적 서열이나 위계를 타고난 능력을 기준으로 가장 유능한 사람부터 가장 무능한 사람 순으로 차례대로 줄 세우는 능력주의로 생각하는 것이 왜 잘못된 것인지 그 이유를 밝힌다. 사람은 유전적으로 지능과 능력에 상당한 차이를 지니고 있으며 이 차이가 사회적 서열을 결정한다는 믿음은 진실과 거의 정반대다. 뇌 영상 기술이 발달하고 인간의 뇌 유연성에 관한 지식이 쌓이면서 가장 중요한 능력 차이가 지위를 결정하기보다 사회 서열 내에 있는 개인의 위치로 '부터' 비롯된다는 사실이 분명해졌다.

6장에서는 막연한 소득과 부의 격차를 구체화하거나 감추는 지위의 문화적 표지가 뚜렷한 계급 차이를 유지하기 위해 어떻게 발달했는지 살펴본다. 계급 간 문화적 차이라는 특징은 주로 지위를 판별하기 위해, 오로지 누구를 비하하고 배제할 수 있는지 확인할 목적으로 존재하는 것처럼 보인다.

이런 쟁점을 이해하려는 노력의 핵심은 이를 바꾸기 위해 무엇을 할 수 있을지 생각하는 것이다. 마지막 7장과 8장에서는 소득과 계급, 권력 측면에서 근본적인 평등주의를 촉진하고 불안과 자기회의라는 격하고 비생산적인 감정을 더는 만들어내지 않는 사회로 나아갈 수 있는 방법을 제시한다. 7장에서 논의하겠지만 이제는 환경적 측면에서 지속가능한 사회가 되어야 한다는 절실한 필요를 고려하지 않으면 우리 사회가 발전할 근본적인 개혁 방법을 제안하기란 불가능하다.

앞으로의 과제는 불평등의 혁신적인 감소와 환경적으로 지속가능한 삶의 방식을 향해 나아가는 것을 결합하는 것이다. 다행히도 우리는 불평등이 지속가능성에 해롭다는 것을 아는 것처럼 보다 많은 평등이 지구 행성에서 생존하기 위한 전제조건이라는 사실을 잘 안다. 그렇다고 허리띠를 졸라매고 삶의 질적 저하를 감수해야 한다는 말은 아니다. 관건은 행복의 원천으로 간주된 물질중심주의를 인간의 사회성과 좀더 본질적으로 일치시키는 삶의 방식으로 대체하는 것이다. 우리 저자들은 모두를 위해 삶의 질을 높이는 평등하고 지속가능한 사회를 이룩할 수 있다고 믿는다. 8장에서는 단순히 약간의 소득 재분배가 아니라 우리 모두에게 더 높은 삶의 질을 창출하는 사회관계의 구조 속으로 깊숙이 평등을 새겨 넣음으로써 이 목적을 달성할 수 있다는 사실을 보여줄 것이다.

제 1 부

마음 속 불평등

1장　자기 회의

2장　과대망상

3장　가짜 해결책, 중독

1장

자기회의

"남들도 이런 기분을 느끼나요? 아니면 내가 정말 이상한 걸까요? 진짜 나를 사람들에게 숨기고 있다는 기분이 들어요."

2012년 인터넷 채팅 사이트 '그냥 혼자 남고 싶어I Just Want To Be Left Alone'에 올라온 글

불안 전염병

사회학자 리처드 레이트Richard Layte와 크리스토퍼 웰런Christopher Whelan은 정말로 소득불평등으로 인해 사람들이 지위와 남의 시선에 더 불안해하는지를 확인하고자 불평등 정도가 다른 여러 국가의 지위 불안 수준을 조사했다. 두 학자는 2007년 유럽인 삶의 질 조사European Quality of Life Survey에 참여한 31개국(유럽연합 회원국 27개국과 노르웨이, 크로아티아, 마케도니아, 터키) 성인 35,634명 데이터를 활용했다.[57]

설문 참여자들은 '나의 고용 상황이나 소득 때문에 나를 무시하는 사람들이 있다'라는 질문에 어느 정도로 동의하는지로 응답했다. 이 질문은 다양한 사회에서 사람들이 사회적 지위와 지위 경쟁에 얼마나 관심을 기울이는지 알아보기에 적당한 수단이라 할 수 있다. 조사 결과, 이 질문에 동의하거나 강하게 동의한 응답자 비율은 국가별로 크게 달랐다. 모든 국가에서 소득 순위가 낮아질

수록 지위 불안은 증가했다. 또 예상대로 소득 서열이 가장 높은 집단은 가장 낮은 집단에 비해 일관되게 지위 불안 수준이 낮았다. 그러나 불평등이 심한 국가일수록 '모든 소득 수준'에서 지위 불안이 더 높았다. 예측했던 대로 소득 격차가 클수록 모든 사회 구성원의 사회적 평가에 대한 불안이 증가하고 있다. 불평등한 사회에서는 모두가 남이 나를 어떻게 평가하는지와 지위에 관해 더 많이 걱정하고 있는 것이다.

그림 1.1에서 상단 실선은 불평등 정도가 높은 국가의 지위 불안 수준을 나타낸다. 가로축 왼쪽이 소득 10분위 중 최하위, 오른쪽이 최상위다. 가운데 선은 불평등 정도가 중간인 국가의 지위 불안 수준을 나타내며 하단 점선은 가장 평등한 국가의 지위 불안 수준이다. 소득 수준이 가장 높은 집단에 속하든, 가장 낮은 집단에 속하든 불평등한 국가에 살수록 지위 불안에 시달릴 가능성이 높다. 조사대상 국가 중 루마니아, 폴란드, 리투아니아, 라트비아, 포르투갈, 마케도니아처럼 불평등이 심한 나라에서 지위 불안이 가장 높게 나타났고 체코, 덴마크, 노르웨이, 스웨덴, 슬로베니아, 몰타처럼 비교적 평등한 국가에서는 지위 불안이 가장 낮게 나타났다. 나머지 서유럽 국가 대부분은 불평등이 중간 수준에 속했다.

모든 사회에서 불평등이 지위 불안을 증가시키는 이유로 가장 그럴듯한 설명은 아마도 불평등이 사회계층 맨 위에 속한 사람은 대단히 중요하고 가장 아래에 속한 사람은 무가치하다는 의식을 강화한다는 데서 찾아볼 수 있을 것이다. 또 돈이 인간의 가치를 재는 척도로 더욱 공고히 자리 잡으면서 사회적 위계에서 자신이

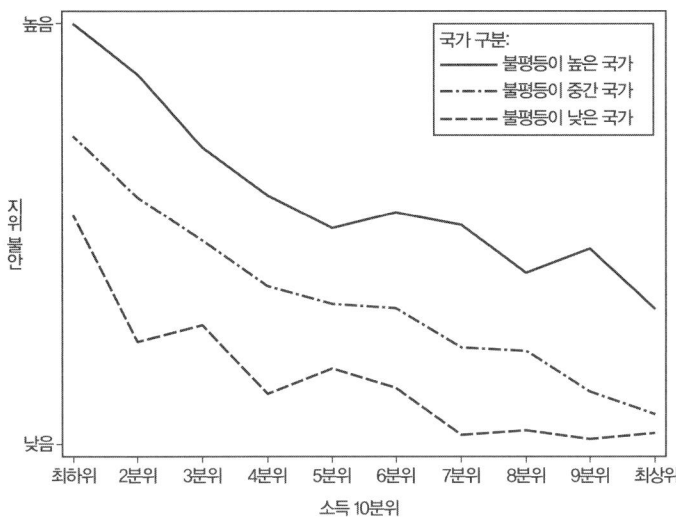

그림 1.1: 불평등한 국가일수록 모든 소득 수준에서 지위 불안이 더 높게 나타난다.[57]

어디에 속하는지 더 많이 걱정하게 되었다는 점을 꼽을 수 있다.

지위 불안의 차이는 중요하다. 사회적 평가에 대한 불안은 특히 강력한 스트레스의 원인으로 알려져 있다. 수많은 연구에서 스트레스가 심한 일을 해야 할 때 스트레스 호르몬 수치가 어떻게 반응하는지 조사했다. 이런 연구에서는 대개 스트레스가 심한 과제를 수행하기 전과 수행하는 도중, 수행한 후에 지원자 혈액이나 침에서 코르티솔(대표적인 스트레스 호르몬) 수치를 측정한다. 사람들이 스트레스를 느끼도록 많은 연구에서 다양한 활동이 활용되었다. 실험 지원자에게 수학 문제를 풀게 하는 연구도 있었고, 때로는 직접 점수를 공개해서 무안함을 주기도 했다. 예전에 겪은 불쾌한 경험을 적으라고 시키거나 언어적인 상호작용을 수반하는 동영상

촬영 과제를 내기도 하고, 커다란 소음을 참아내야 하는 과제를 주기도 했다.

여러 연구에서 수많은 과제들이 스트레스 요인으로 사용됐던 까닭에 캘리포니아대 심리학과 샐리 디커슨Sally Dickerson과 마거릿 케메니Margaret Kemeny는 이런 데이터를 살펴보면서 어떤 과제가 코르티솔 수치를 가장 확실하게 상승시키는지 찾을 수 있었다.[58] 디커슨과 케메니는 관련 연구 208건의 결과를 분석해 '사회적 평가 위협이 따르는 과제 중 남이 내 성과를 부정적으로 평가할 수 있는 경우'가 스트레스 호르몬을 가장 급격하게 증가시킨다는 사실을 발견했다. 사회적 평가 위협을 포함하는 과제는 그렇지 않은 과제에 비해 코르티솔 증가가 3배 이상 높게 나타났다. 디커슨과 케메니는 이러한 과제에서 중요한 현안은 남이 내 가치를 어떻게 인식하는지에 기초하고 있는 지위와 존경심, 나의 사회적 가치를 중요하게 말하는 사회적(신체와 구분되는 의미에서) 자기보호라고 주장한다.

결과적으로, 그림 1.1에 나타난 모든 소득 집단에게 지위 불안 수준이 높다는 뜻은 불평등한 국가일수록 인구 전체에 상당한 스트레스 증가가 있었다는 거의 확실한 지표라 할 수 있다.

우리 모두 우울해지고 있는가?

2010년 우리 저자들은 〈영국정신의학저널British Journal of Psychiatry〉에

적어도 데이터를 구할 수 있는 부유한 국가에서 소득 불평등 크기가 정신질환 비율과 관련이 있음을 증명하는 논문을 게재했다.[59] 소득 불평등이 심한 나라는 비교적 평등한 나라에 비해 정신질환 비율이 3배까지 높았다. 예를 들어 일본과 독일에서는 과거에 어떤 종류든 정신질환을 겪은 사람이 10명 중 1명 미만이었다. 호주와 영국에서는 5명 중 1명 이상이었고, 미국에서는 4명 중 1명 이상이었다. 이 데이터는 그림 1.2에 나타나 있다.

2017년 발표한 최근 연구에서는 독립된 연구 27건의 데이터를 결합해서 소득 격차가 큰 사회일수록 정신질환 비율이 실제로 더 높다는 결론을 내렸다.[60] 그런데 이에 대해 한 상담 정신과 의사는 격분한 반응을 보였다.[61] 불만의 대상은 우리 저자들이 아니었다. 그는 불평등과 정신건강 사이의 상관관계에는 의문을 제기하지 않았다. 문제는 우리가 사용했던 데이터에 나타난 높은 정신질환 비율이었다. 그는 그렇게 터무니없는 수치를 어떻게 액면 그대로 받아들일 수 있는지 물었다. 영국 초등학생 100만 명이 정신질환을 앓고 있다고? 미국의 성인 인구 4분의 1 이상이 비정상이라고? 그는 의사이자 시민 입장에서 보기에 그런 수치는 '말도 안 되며' 일상생활을 치료대상으로 보고 고충과 불편, 힘겨운 감정을 질병으로 낙인찍는 경향이 반영되었다고 말했다.

우리가 사용한 데이터는 세계보건기구의 세계정신건강조사협회와 이와 유사한 정신질환 역학조사에서 수집한 것이었다.[62-65] 이런 조사에서 가장 흔히 보고되는 정신질환은 우울증과 불안이다. 현재 세계보건기구는 전세계적으로 우울증을 앓고 있는 사람

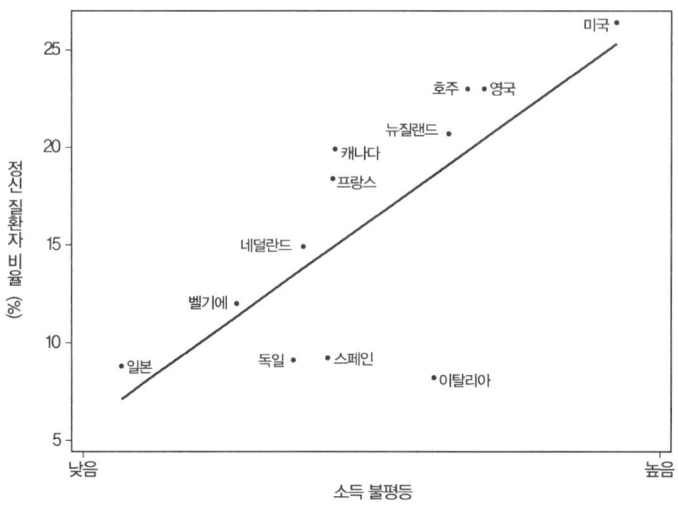

그림 1.2 불평등한 국가일수록 정신질환 유병률이 높다.[59]

수만 해도 3억 5,000만 명에 이를 것으로 추산한다.

우울증은 자기 자신을 돌보고 그날그날 해야 할 일을 수행하는 능력에 악영향을 미칠 수 있다는 점에서 무력감을 유발하는 주된 원인이다. 특히 여성이 우울증을 앓는 경우가 많다. 우울증은 부유한 국가와 가난한 국가를 막론하고 여성이 질병의 부담을 지게 되는 제일 흔한 원인이며 그 뒤를 잇는 원인으로 알려진 후천성면역결핍증후군과 결핵보다 훨씬 더 널리 퍼져 있다. 대부분의 신체적 질병과 달리 우울증은 젊은 나이에 발병하는 경우가 많다. 아주 상태가 극심한 경우 우울증은 자살로 이어질 수 있다. 매년 100만 명이 스스로 목숨을 끊는다. 자살은 18세에서 30세 사이의 인구에서 사망 원인 1위를 차지하고 있으며, 중년 미국인 사망률 증가에도 일조하고 있다.[66, 67]

그렇다면 누가 옳은가? 정신질환이 엄청난 부담을 주고 있다는 조사들일까? 아니면 평범한 인간의 감정에 질병 딱지를 붙이는 요즘 경향을 개탄하는 격분한 정신과 의사일까? 전 세계가 견딜 수 없는 질병 부담에 시달리고 있는 걸까, 아니면 우리가 단지 귀중한 인간의 감정과 반응에 질병이라는 잘못된 딱지를 붙이고 슬픔과 불안을 병이라고 칭하면서 일상 체험을 의료문제로 둔갑시키고 있을 뿐일까?

그 상담 정신과 의사가 신중하게 구성한 과학적 조사에서 나온 증거를 믿지 못한 이유는 그 결과가 제시한 정신질환 비율이 너무 높아서 깜짝 놀란 데 있다. 수치들은 충격적이다. 그러나 가족과 친구, 지인들을 둘러보면 우울증, 불안, 자해, 섭식 장애, 중독, 양극성 장애를 비롯해 조사 데이터와 광범위하게 일치하는 수많은 정신질환 사례를 쉽게 찾아볼 수 있다. 앞으로 보게 되겠지만 불평등이 정신질환 비율에 영향을 미치는 방식은 사람들이 자신의 고통을 감추고 이를 자기 탓으로 돌리려는 것incentives과 밀접한 관련이 있다. 어쩌면 정신질환이 실제보다 흔하지 않다고 여기는 이유가 여기에 있을지도 모른다.

낙인과 경계

불평등이 어떻게 우울증과 불안을 야기하는지 살펴보기 전에 우리가 신뢰하고 있는 통계가 서로 다른 집단 간에 정신질환 수준을 비교하기에 타당하고 적절한지 확인해야 한다. 정신질환의 입원 비율이나 외래환자의 치료 비율을 비교할 수 있는 보건의료 체계 및 데이터를 갖추고 있는 국가는 거의 없다. 게다가 이런 척도는 의료에 접근하는 다양한 방식과 서로 다른 문화권과 사회에서 정신질환에 대한 인식 정도에 따라 왜곡된다. 같은 이유로 설문조사를 통해 정신질환의 진단과 치료를 받은 경험의 유무를 물어볼 수도 없다.

어떤 특정 '개인'이 정신질환을 앓고 있는지 알고 싶다면, 그 사람을 정신과 의사에게 맡겨서 철저한(동시에 길고 비싼) 진단 면담을 받게 할 수 있다. 담당 정신과 의사는 정신질환 분류체계에 비추어 환자에 대한 본인의 평가내용을 숙고할 것이다. 그러나 특정 개인이 아니라 전체 '인구'의 우울증 수준을 알고 싶다거나 시간이 경과함에 따라 우울증의 추이를 조사하고 여러 국가를 비교하고 싶다면 최적 표준의 정신의학적 면담the gold-standard psychiatric interview보다 빠르고 저렴하면서도 정확하게 믿을 수 있는 방법이 필요하다. 이런 목적으로 연구자들은 1970년대 후반 미국에서 정신질환 대규모 조사용으로 개발된 '진단학적 면접기준diagnostic interview schedule, DIS'을 활용한다. 이 도구는 면담자가 물어야 하는 질문을 아주 면밀하게 배치한 매우 정교한 면담 목록으로 각 정신질환 증상과 관련된 질문을 상당수 포함하고 있다. 면접 대상자가 모든 질문에 답하면 그 답변을 점수로 환산해서 한 가지 혹은 그 이상의 정신장애 기준을 충족하는지 확인할 수 있다. 상당히 긴 설문

지임에도 불구하고 이런 진단학적 면접기준을 대규모 조사에 사용할 수 있는 이유는 임상의가 아닌 최소한의 훈련을 받은 면접자라도 저렴한 비용으로 실시할 수 있다는 데 있다.

수많은 연구에서 이 같은 진단학적 면접기준이 최적 표준의 정신의학적 평가와 어떻게 비교될 수 있는지 평가했고, 그에 따라 진단학적 면접기준이 점차 개선되고 세밀해졌다. 학계의 정신의학 문헌에서 바라보는 전반적인 평가는 진단학적 면접기준이 정신질환의 '임상' 수준을 다소 과대평가할 수는 있으나 서로 다른 시대와 사회 간에 나타나는 정신질환의 정도를 신뢰할 만한 수준으로 비교할 수 있다고 본다. 이 기법을 비판하는 사람들은 대개 '모든 정신건강 상태가 연속적으로 존재함에도 너무 많은 사람들에게 질병이라는 낙인을 찍지는 않은가'라는 의구심으로 경계에 관심을 기울인다.[68] 심각하게 우울한 사람도 있고, 중간 정도로 우울한 사람도 있고, 약간 우울한 사람도 있을 뿐만 아니라 장기간에 걸쳐 우울증을 앓는 사람이 있는가 하면, 잠깐 우울하다가 마는 사람도 있다. 과연 어떤 상태를 경계로 삼아야 할까?

왜 어떤 집단은 특히 취약한가?

경계와 낙인이라는 문제는 어떻게 보면 논점을 흐리는 지적이다. 조사가 믿을 만하고 상당히 정확하다는 전문가들의 공감대를 일단 받아들이면, 정신질환을 앓고 있는 영국의 성인비율이 20퍼센트가 아니라 23퍼센트라거나 어떤 특정한 점수이면 일반적인 우울증이 아니라 중증 우울증으로 분류해야 한다는 세세한 부분은 큰 문제가 되지 않는다. 오히려 왜 어떤 사회는 다른 사회에 비해 정신질환, 특히 우울증과 불안을 앓는 사람의 비율이 훨씬 높은지, 왜 이런 수준이 시대에 따라 변화하는지가 관건이다.

어떤 국가에서는 전체 인구 약 4분의 1이 매년 정신적인 고충을 경험한다. 4명 중 1명이 슬픔, 불행, 피로, 자살 충동, 트라우마, 죄책감, 고독, 불안, 긴장, 자신감 부족 등을 느낀다면, 과연 환경이나 사회의 어떤 측면이 이런 감정을 유발하는 것일까? 또 인간은 어째서 가족도 멀리하고 일도 할 수 없으며 친구와 공동체에 참여할 수 없도록 만드는 이런 감정에 그렇게 취약할까?

이런 질문에 직면하면 패턴을 찾아야 한다. 정신질환과 사회계층 간의 관계를 살펴봄으로써 해답을 향해 나아갈 수 있다. 다른 수많은 건강문제와 사회문제에서 그렇듯이 하층계급에 속한 사람들이 상층계급에 속한 사람들보다 정신질환에 걸리기 쉽다. 즉 정신질환은 사회적 기울기가 나타나는 문제, 다시 말해 소득이 낮아질수록 더욱 심각해지는 문제다.

2007년 영국에서 전국적으로 실시한 정신질환 조사에 따르면 가계 소득이 하위 20퍼센트에 속하는 사람은 상위 20퍼센트에 속하는 사람에 비해 '일반적인 정신장애'를 앓을 가능성이 더 높았고, 이런 패턴은 남성에게 특히 뚜렷하게 나타났다.[69] 연령을 고려했을 때 소득 최하위 집단에 속한 남성은 소득 상위 집단에 속한 남

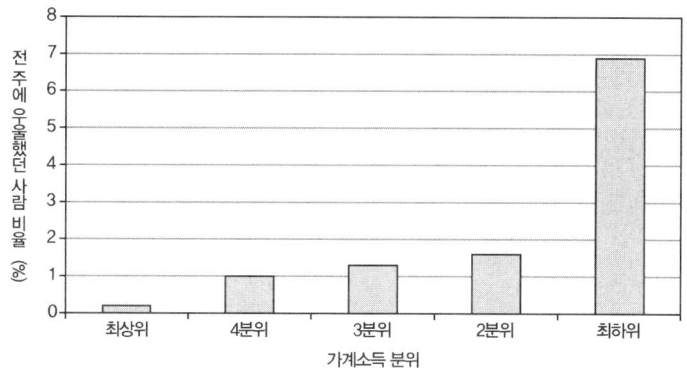

그림 1.3: 우울증에는 사회적 기울기가 존재한다.[69]

성보다 정신건강에 문제가 있을 가능성이 3배 더 높았다. 특히 우울증에서 가장 극심한 차이를 나타냈다. 소득 최하위 집단에 속한 남성은 최상위에 속한 남성에 비해 우울증을 앓을 가능성이 35배나 더 높았다(그림 1.3). 그러나 다른 수많은 건강문제와 사회문제에서 그렇듯이 정신질환은 가장 가난한 집단에만 국한된 문제가 아니다. 소득이 두 번째로 높은 집단에 속한 남성조차도 가장 높은 집단에 속한 남성에 비하면 우울증을 앓을 가능성이 상당히 높았다.

지배와 종속

최근 들어 심리학자들은 일상 환경의 특성과 상호 작용하면서 규칙적인 반응을 만들어내는 과정에서 진화와 경험 모두가 수행하는 역할을 밝혀내고 있다. 개중에는 인간과 동물 모두에게서 발견되는 행동반응체계도 있다. 그중 하나인 '지배행동체계(Dominance Behavioural System, DBS)'는 정신질환을 이해하는데 중요한 것을 알려준다.[70] 지배와 종속이라는 쟁점은 서열체계가 있는 모든 종의 동물들이 사회생활과 처신을 결정하는 핵심이므로, 뇌는 이 쟁점을 이해하고 서열을 판단해서 적절한 행동 반응을 내놓을 수 있는 진화된 체계를 갖추고 있다.

캘리포니아대 버클리 캠퍼스 심리학과 교수 셰리 존슨Sheri Johnson과 동료 연구자들은 지배행동체계를 "지배 동기, 지배 및 종속 행동, 권력과 종속 개념에 대한 반응을 유도하는 생물기반 체계로 개념화"할 수 있다고 말한다.[70] 지배행동체계는 인간이 우월한 사람과 열등한 사람에게 반응하는 방식에 영향을 미치며 자기 자신의 위치를 확실히 자각하도록 이끈다. 사회적 상호작용에서 아주 중요한 지배행동체계는 이길 수 없는 충돌과 패배를 피하는 동시에 자신의 욕구를 충족시키는 최선의 사회적 전략을 배우는 데도 도움이 된다. 경쟁이 잘못된 공격으로 이어지면 개인과 집단 모두에게 엄청난 비용이 발생할 수 있으므로, 인간사회에서는 서열을 판단해 지배적 역할이나 종속적 역할을 수행해야 할 때를 결정하는 능력이 진화했다.

지배행동체계는 오랜 진화역사의 체계지만 환경과 경험으로 형성된다. 인간은 어린 시절 권력과 무력감을 경험으로 배우고 권력과 관련된 생각과 감정, 행동을 이루는 실전모형을 개발한다. 이를테면 다른 아이들에게 공격적 태도를 취하고 갖고 싶던 장난감을 빼앗을 수도 있지만, 이 과정에서 갈등을 빚게 될 가능성이 높

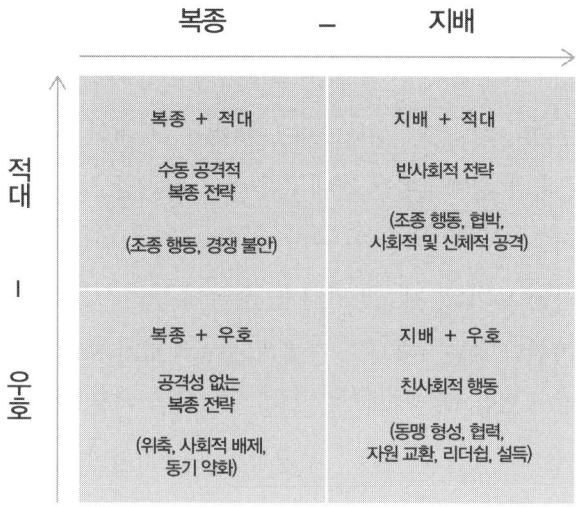

그림 1.4: 인간은 지배/종속, 우호/적대라는 두 종류의 행동 차원에 따라 행동한다.

고 결국에는 나와 놀아줄 친구가 아무도 없게 된다는 사실을 배운다. 내가 먼저 장난감을 친구와 같이 가지고 놀면 나중에는 친구들이 내게 장난감을 빌려줄 수도 있다는 점도 배운다.

인간은 과거의 성공과 실패에서 배운다. 어떤 사람은 강력한 지배욕을 느낀다. 반면 이를 피하려는 사람도 있다. 지배욕이 강한 사람은 남들보다 공격적으로 행동하거나 권위를 과시하거나 자신의 능력이나 의견에 과도한 자신감을 내보인다. 혹은 스스로 남에게 맞추거나 권위나 권력을 가진 사람의 환심을 사서 우위를 차지하려고 애쓰기도 한다. 심리학 연구자들은 위에 소개하는 모형(그림 1.4)으로 이런 복잡한 특성을 파악하고자 노력했다. 인간은 모두 지배와 복종 사이에서 행동하지만 목적을 달성하기 위해서는 사회적(우호적)

으로도 반사회적(적대적)으로도 행동한다.

현대인은 이제 대부분 부족한 식량이나 보금자리를 확보하려고 애쓰지 않는다(물론 짝짓기 상대는 여전히 갈구한다). 그 대신 문화적이든 정치적이든 혹은 경제적이든 간에 존중받고 칭찬받고 주목받으며 존경과 권력을 얻고자 애쓴다. 권력*이 있을 때 사람들은 더욱 긍정적인 감정을 느끼고, 자신만만하며, 생각이 빨라지고, 행동에 거리낌이 적어진다. 이는 때때로 남에게 둔감해지기 쉽다는 뜻이다.[70] 반면 권력이 없을 때는 상처 받기 쉽고 억눌린 기분과 위협을 민감하게 느끼며 미움을 받거나 거부당할까봐 두려워한다. 지배행동체계는 인간의 감정, 특히 자부심과 수치심을 느끼는 자의식과 관련이 있다. 사람들은 남들이 보기에 잘하고 있을 때, 남의 존경과 관심을 받을 때 자부심을 느낀다. 남이 나를 깎아내린다고 느낄 때, 내가 열등하고 매력이 없다고 느낄 때, 자신감이 낮을 때 수치심을 느낀다. 사람들이 수치심에 맞서 자신을 방어하려고 할 때 체면 손상과 망신이라는 경험은 종종 폭력을 촉발하는 계기가 된다.

지배 동기와 지배 행동, 권력, 자부심, 수치심 등 인간의 지배행동체계의 다양한 양상은 측정이 가능하다는 특성이 있다. 이는 지배행동체계가 정신질환 그리고 불평등과 어떻게 관련되는지 알 수 있다는 뜻이다. 미취학 아동처럼 어린아이들이라도 서로 어떻게 교류하는지 평가하고 갈등이나 사건이 있을 때 공격적으로 행

---

*   지배행동체계를 연구하는 조사자들은 여기에서 권력을 물질과 사회 자원을 통제하는 능력으로 규정하며 그 권력을 공격적 전략이나 강제적 전략, 친사회적 전략 등 어떤 전략을 사용해서 성취했는지는 따지지 않는다.

동하는지 순종적인 태도를 보이는지를 관찰해서 지배행동체계의 양상을 판단할 수 있다. 또 침이나 혈액 내 테스토스테론 수치와 같은 생물학적 측정법도 지배 동기와 행동의 다른 측정법과 유용하게 연관될 수 있다.

 수감자 약 700명을 대상으로 실시한 연구 사례에서는 폭력 전과가 있는 수감자가 재산 범죄 전과가 있는 수감자보다 높은 테스토스테론 수치를 보였다.[71] 심리학 실험에서 테스토스테론 수치가 낮은 사람이 임시로 높은 지위에 올랐을 때 괴로워하는 징후를 나타냈다는 연구는 테스토스테론 수치와 지배 사이에 있는 이런 연관성을 강화시킨다. 인간의 정서적 보상체계 및 스트레스 반응과 밀접한 관계를 맺고 있는 도파민, 세로토닌, 코르티솔과 같은 호르몬 역시 권력과 연결되고 수치심을 유발하는 모든 종류의 대립에서 손해를 가져오는 사회적 패배와 관련이 있다.

종속의 고착

지배행동체계는 어떤 식으로 정신질환과 연관이 있을까? 셰리 존슨Sheri Johnson은 동료 두 명과 함께 정신질환을 실험과 관찰, 생물학적 그리고 자기보고적 측면에서 다룬 주목할 만한 심리학 연구논문 수백 건을 검토한 결과 수많은 정신질환과 성격장애가 지배행동체계와 관련이 있다는 증거를 찾아냈다.[70]

광범위한 연구에서 외현적 장애, 조증 성향, 자기애성 기질이 과도한 지배 동기 및 행동과 관련이 있다고 시사한다. 또한 조증과 자기애성 기질은 자기가 실제보다 더 큰 권력을 지니고 있다고 인식하는 경향과도 관련이 있는 듯하다. 불안과 우울증은 종속을 회피하려는 욕구뿐만 아니라 종속 및 복종과도 관련 있다.

외현적 장애는 분열성 행동 장애를 특징적으로 수반한다. 조증은 기분이 고양되고 각성 상태가 지속되는 증상으로 양극성 장애와 우울증, 정신병적 기분 장애와 조현병에서 나타난다.

이 논문을 쓴 당시인 2012년 저자들은 지배행동체계와 관련된 지배종속 문제를 유발하는 사회계급 피라미드 규모가 대부분의 사회에서 비슷비슷하다고 가정했다. 그러나 지금은 저자들이 주목했던 상태가 불평등한 국가일수록 더 흔하게 발생한다는 사실이 명백해졌다. 이번 장과 다음 장에서는 우울증, 정신병적 증상, 조현병, 자기애성 기질이 모두 불평등한 사회일수록 더 빈번하고 유의미하게 발생한다는 사실을 살펴볼 것이다. 이런 장애 진단을 받은 사람은 비슷한 증상을 겪고 있는 훨씬 많은 사람 중에서 특히 증세가 심각한 일부일 뿐이다. 이 점을 감안하면 극심한 불평등 때문에 수많은 사람이 시달리고 개인적으로 고뇌한다는 점에서 전체 인구가 대단히 큰 비용을 치르고 있다고 할 수 있다. 지배행동체계가 이런 정신병리학과 관계있고, 불평등이 지배행동체계를 더 강력히 지배와 종속의 문제를 고착시킨다는 결론을 피하기는 어렵다.

비교적 평등한 사회에서 정신질환의 부담이 낮은 이유는 불평등이 인간의 심리에 미치는 영향력과는 무관하고 질병예방 및 치료에 도움을 줄 수 있는 서비스에 투자하는 공공지출이 높기 때문이라는 의견도 있다.[72] 한 연구는 유럽 30개국 3만 5,000명 이상에 관한 데이터를 사용해 이 가설을 검증하고자 특별히 설계되었다. 그 결과 공공지출과 관련된 설명을 뒷받침하는 증거는 발견하지 못했으나 '심리사회적 가설'을 지지하는 증거를 찾았다.[72] 이 연구에서 연구자가 말한 심리사회적 가설이란 비교적 평등한 국가에 사는 사람들은 지위에 대한 불안감이 상대적으로 낮고 호혜와 신뢰, 협력을 기반으로 하는 사회적 네트워크에 더 많이 참여하므로 정신적인 건강상태가 양호하다는 것이다. 불평등이 높을수록 폭력 수준도 높다는 상관관계에 공공지출 부족이 영향을 미치는지 살펴본 비슷한 연구에서도 마찬가지로 공공지출은 영향을 미치지 않는다는 결론을 얻었다.[73]

그렇다면 불평등이 정신건강을 해치는 이유는 국가가 보건의료 체계에 지출하는 액수가 아니라 불평등이 사람들의 감정과 사회관계의 본질에 영향을 미친다는 데 있다. 따라서 불평등과 관련된 지배 및 종속 관련 문제에 계속해서 주의를 기울여야 한다. 이번 장에서는 먼저 불평등에서 지위 불안, 우울증, 불안으로 이어지는 '복종과 종속' 관련 경로를 집중해서 살펴볼 것이다. 다음 장에서는 불평등이 '지배' 행동을 강화할 때 어떤 일이 일어나는지 검토하고자 한다.

학계에서는 강제적인 종속과 복종이 우울증으로 이어지는 통로라고 여기는 의견이 증가하고 있다. 복종에는 패배를 인정하는 몸짓이 따른다. 이는 과거 인간이 진화하는 과정에서 신체 부상, 나아가 죽음까지도 피하는 방법이었다. 복종 행동은 우월한 상대와 싸움을 끝내고 향후 충돌을 방지하는 역할을 했다. 몸으로 하는 경쟁이나 공격이 아닐 때도 복종 행동은 여전히 타당할 수 있다. 복종 행동은 계속되는 충돌을 모면하거나 남의 도움을 유발하는 데 유용할 수 있다.

피브리노겐fibrinogen이라고 하는 혈액응고 인자 수치를 조사한 연구에서 종속에 대한 스트레스 반응이 물리적 충돌을 두려워하는 감정을 반영한다는 사실을 밝혔다. 피브리노겐 수치는 부상을 입었을 때 혈액이 더 빨리 응고되도록 스트레스에 대응해서 증가한다. 영국 공무원으로 근무하는 중년 남녀 3,300여명을 대상으로 실시한 연구에서 피브리노겐 수치는 공무원 직급이 낮아질수록 남녀 모두에서 더 높게 나타났다.[74] 하위 공무원의 혈액은 마치 서열이 낮은 개코원숭이가 우두머리에게 당할 수 있는 위협과도 같은 공격에 대비하고 있는 듯했다.

우울증을 복종 및 종속과 연결 짓는 이론은 우울증이 복종해야 하는 상황 혹은 패배를 멈추거나 그로부터 벗어나지 못하는 무능력에서 기인한다고 본다. 이런 견해를 지지하는 연구는 점점 늘어나고 있다. 20건이 넘는 연구조사에서 우울증을 앓고 있는 사람은 열등감을 느끼거나 수치심을 경험한다고 말할 가능성이 높다는 사실을 발견했다.[70] 낮은 테스토스테론 수치가 우울증 및 우울 증상과 관련이 있다고 밝힌 연구도 23건에 달한다. 남성에게 테스토스테론 수치를 낮추는 약물을 투여한 실험에서 10퍼센트가 우울 증세를 보인 반면 플라시보 약물을 투여한 집단에서는 아무도 우울 증세를 나타내지 않았다. 다른 한 실험에서는 우울증을 앓고 있지 않은 사람에게 항우울제를 투여하자 피실험자와 같이 살고 있는 사람은 피실험자가 덜 고분고분해졌다고 평가했다. 심리학 실험실에서 모르는 사람과 교류했을 때 피실험자는 더 지배적으로 행동했다.

 불안과 우울증은 동시에 발생하는 경우가 많으며, 그중에서 불안은 무기력, 통제력 결여, 종속, 사회적 실패와도 밀접한 관련이 있다. 거절과 유년기에 불안정한 애착을 경험한 사람은 특히 사회적 불안에 시달리기 쉬우며 사회적 비교에 유난히 민감한 반응을 나타내고 배척과 악의적인 관심을 회피하려고 애쓴다. 불안에 시달리는 사람은 끊임없이 사회계급을 관찰하고 창피를 두려워하며 스스로 힘이 부족하다고 인식한다. 불안도 우울증의 경우와 마찬가지로 수치심 및 복종과 관련이 있는 것으로 연구를 통해 밝혀졌다. 불안에 시달리는 사람은 타인과 자신을 비교하면서 자기 자신을 깎아내리는 성향을 드러낸다. 몇몇 연구에서는 불안이 지배 동기 수준이 높고 사회 권력의 위협을 경험하는 사람에게 가장 흔하게 나타난다고 주장한다. 이는 충돌을 회피하려는 동기가 강한 우울증과는 다소 다른 상황이다. 그러나 전반적으로 군림하려는 사람들에 비해 불안에 시달리는 사람들 사이에서 열등감을 회피하려는 욕구가 더 강하게 나타나는 것처럼 보인다. 심리학자들이 적대감이나 지배를 나타내는 강력한 사회적 신호로 간주하는 화난

표정의 사진을 보여줬을 때, 사회적 불안 장애를 앓고 있는 사람은 그렇지 않은 이보다 더 강한 반응을 나타낸다.[75]

지배행동체계와 자의식 감정(우울증 및 불안 증세나 임상 진단은 물론 사회적 위협에 대한 민감성과 낮은 자존감까지 포함) 사이에 관계가 있다는 대규모 연구 증거는 불평등과 타인이 나를 어떻게 평가할까라는 걱정과 정신질환 사이의 연결고리를 명확하게 밝힌다. 인간은 반드시 의식하지는 못하지만 지배 전술이나 복종 전술, 혹은 양자 사이에서 균형을 취해야 하는 상황에 대처하기 위한 전략을 타고난다.

더비 대학에서 임상연구 심리학을 선도하고 있는 폴 길버트Paul Gilbert 교수는 이런 행동 패턴과 그런 행동의 진화적 근거 및 정신질환과의 연결고리를 광범위하게 연구해 왔다. 길버트는《동정심 The Compassionate Mind》[76]에서 인간은 유아기와 아동기에 보살핌을 받아야 한다고 설명한다. 오랜 인류의 진화 과정에서 모성애는 포식자로부터 우리를 보호하고 음식과 위안을 제공하며 우리가 속상할 때나 불안할 때 위로했다. 유아나 아동이 이런 보살핌을 받지 못하면 도움과 보호, 지원을 끌어내고자 울거나 괴로움을 호소해서 항의한다. 그러나 도움을 주는 사람이나 어머니가 빨리 돌아오지 않으면 이런 신호는 오히려 위험을 유발할 수 있다. 소음은 위험을 야기할 수 있으므로 차라리 조용히 하는 편이 낫다. 길버트는 절망을 가리켜 "항의해도 아무런 소용이 없을 때 일어나는 행동의 비활성화deactivation 현상이다. 긍정적인 감정과 자신감, 탐사하고 수색하고 찾아내려는 욕구를 누그러뜨려야 한다"고 설명한다.

인생에서 패배와 좌절, 억눌림, 괴롭힘, 거절과 같은 '비활성화'

전략을 유발할 수 있는 사건이나 상황은 수없이 일어난다. 처음에는 방어하려는 대응이었지만 점차 감정이 무뎌지거나 아예 무감각해지고 부정적인 감정은 물론 긍정적인 감정에도 주의를 기울이지 않게 된다. 결국 어떤 이들은 비활성화가 아무런 도움이 되지 않을 때도 이 '대처' 전략을 포기하지 못하고 고착 상태에 빠진다. 고립감을 느끼면서 끊임없이 생각을 거듭하는 악순환에 빠질 수 있고 패배자가 된 것 같은 기분이 드는 이유를 알아내려고 애쓰면서 자기 자신을 더 깊은 우울로 몰아가게 된다.

거절과 패배에서 우울로 이어지는 일련의 사건은 현대사회에서 마치 전염병처럼 활발하게 번지고 있는 듯하다. 앞에서 언급했듯이 세계보건기구는 우울증이 전세계적으로 장애를 유발하는 주요 원인이라고 지목했다.[77] 현대인은 학교나 직장 혹은 가정에서 괴롭힘을 당하거나 무시당하거나 열등감을 느끼게 되는 상황에 갇혀 있다. 직장이 싫지만 돈이 필요하기 때문에 매일 스트레스를 받는 상황에서 벗어나지 못한다. 우리는 진퇴양난에 빠져있다. 복종적이거나 종속적 반응을 보일 수밖에 없는 덫이 바로 우울증의 근원이다. 다음 글은 모두 인터넷 채팅 사이트 '그냥 혼자 남고 싶어'에 올라온 내용이다.

내가 항상 숨으려는 사람이었다고는 생각하지 않는다. 아마도 내가 왠지 수치심을 느끼는 사람이라서 그랬던 것 같다. 나는 내 삶에서 일어난 모든 잘못에 책임이 있다. 내게 부당한 일이 일어나도 어찌 된 일인지 분명히 내가 자초한 일이라고 생각한다. (2009년 게시)

남들이 어떤 생각을 하는지 너무 신경이 쓰인다. 남들이 나를 마음에 들어 하지 않을까 봐 걱정되기도 하고 남의 의견에 너무 신경이 쓰여서 아예 숨어 버린다. (2008년 게시)

내가 내보이려는 내 머릿속의 진짜 인물은 조용하지도 지루하지도 않고 온갖 사소한 일까지 항상 신경을 쓰고 불안해하지 않는다. 수줍음이 내 삶을 망치고 있다. 나는 사람을 좋아하지만 친구가 되기까지 사람들과 어떻게 어울려야 할지 도저히 모르겠다. (2009년 게시)

심리학자들은 인간이 종속에 얼마나 민감한지 측정하는 '열등감 회피 분투지표 striving to avoid inferiority scale'라는 척도를 개발했다.[78] 이 지표는 거절당하거나 남에게 '뒤처진다'고 비판받을까봐 두려워하는 마음, 즉 열등함을 모면하고자 경쟁하는 압박감을 측정한다. 연구자들은 거절당하거나 무시당하거나 실패할지 모른다는 두려움으로 이른바 '불안정한 분투 insecure striving'를 나타내는 사람들이 있으며, 이는 인정 욕구와 열등감, 수치심, 나아가 스트레스 증가, 우울증, 불안, 자해와 같은 복종 행동을 나타내는 경향으로 이어진다는 사실을 발견했다.[79]

자해는 아마도 낮은 자존감과 통제력 부족 인식이 어떻게 건강 문제로 나타날 수 있는지 명백하게 보여주는 가장 충격적인 사례일 것이다. 자해는 믿기 어려울 정도로 빈번하게 발생한다. 영국 학교에서 시험 상황으로 실시한 건강행동에 관한 대표 조사에 따르면, 15세 학생 중 22퍼센트가 적어도 한 번은 자해를 한 적이 있고 그중 43퍼센트는 한 달에 한 번 꼴로 자해를 한다고 응답했다.[24, 80] 호주에서 전화면담 방식으로 진행한 연구에서는 12명 중 1명(200만 명)이 살면서 언젠가 자해를 한 적이 있다는 결과가 나왔다.[81] 게다가 이 전화 면담에서는 부모들이 18세 이하 자녀가 면담에 응하도록 허락하지 않은 경우가 많아서 응답률이 낮았기 때문에,(38퍼센트) 이 수치는 실제보다 훨씬 적을 가능성이 높다. 미국과 캐나다에서 실시한 조사에서는 초등학생 13퍼센트에서 24퍼센트에 해당하는 어린이가 자해를 한다는 결과가 지속적으로 나오고 있다.[82] 심지어 일곱 살밖에 안 된 어린이가 자기 몸에 자상, 찰과상, 화상을 입히고 머리카락을 뽑는가 하면 타박상을 입히고 고의로 골절을 유발한다.

삶이 너무 고통스러워서 신체에 고통을 가하는 행위에서 해방감을 느끼고 아주 일시적으로나마 통제감을 느끼게 되는 정신적 고뇌를 상상하기란 어렵지만 수많은 청소년과 성인이 지속적으로 이런 감정을 느낀다고 말한다. 자해는 극도로 자기비판이 심하고 수치심을 느끼는 사람에게 흔하게 나타난다. 당연하게도 어릴 때 당한 학대나 트라우마, 방치가 원인이 될 수 있다. 하지만 최근 자해가 전염병처럼 급증하는 상황으로 미루어 볼 때 사회에서 이 문제를 악화시키는 일이 일어나고 있다고 추측할 수 있다.[83]

어쩌면 '사회적으로 바람직한 목표나 자아상'에 도달하지 못한 사람에게 따라오는 수치심이 분노와 자해로 변질되는 것일 수 있다. 사회적 고통에 대응하는 자해는 신체적 고통과 사회적 고통 사이에 존재하는 밀접한 관계를 반영한다고도 볼 수 있는 것이다.

남에게 따돌림을 당할 때 느끼는 고통은 신체적 고통을 느낄 때와 똑같이 뇌 영역을 활성화한다는 사실이 뇌 스캔으로 증명되었다.[84] 사회적 고통과 신체적 고통은 매우 깊게 연결되어 아세트아미노펜(파라세타몰이라고도 하며 타이레놀의 주성분) 같은 일반적인 진통제를 복용하면, 진통제를 통상적으로 사용하는 신체적 통증 및 고통뿐만 아니라 거절을 경험했을 경우에 겪게 되는 감정의 기복과 불안을 감소시키는 데에 효과를 볼 수 있다.[85]

그림 1.3을 되돌아보면 부유층에서 빈곤층으로 갈수록 우울증의 기울기가 급격하게 상승하는 것을 볼 수 있다. 이런 현상은 하위 계층일수록 심한 스트레스 상황이라는 덫에서 벗어날 수 있는 행동의 자유가 적다는 사실을 반영한다는 결론을 피하기 어렵다. 다음으로 그림 1.1의 패턴을 보면 불평등한 사회일수록 모든 구성원에게 이런 위협이 증가한다는 사실도 명확히 알 수 있다. 전염병처럼 번지는 현대사회의 우울증과 불안을 이해하려면 상처 입기 쉬운 개인에 대한 이해와 전체 사회나 문화에 악영향을 미치는 특성을 연결시킬 수 있어야 한다.

우울증과 불안은 인류의 발달 과정의 일부이자 진화적 유산의 일부이기 때문에 결코 떨쳐버릴 수 없는 타고난 반응처럼 느껴진다. 지배행동체계를 이해하면 인간이 타인의 평가에 왜 그토록 민감한지, 계급과 지위에 왜 익숙한지, 유아기의 빈약한 애착이나 청소년기의 거부와 따돌림, 주변 사람들에게 가치를 인정받지 못한다는 느낌과 같은 개인 경험이 왜 일부 사람들에게 복종과 종속을 유발할 수 있는지를 설명하는데 도움이 된다.

남에게 뒤지지 않으려 애쓰는, 사회적 비교의 늪

서열이 정말 중요하고 사람들이 타인과 자신을 비교하는 경향이 강하며 남달리 경쟁이 치열하고 불평등하고 물질만능주의에 물든 사회에서는, 남들이 보기에 잘나가고 성공을 나타내는 모든 과시적 요소와 특징을 갖추는 것이 성취를 꿈꾸는 가장 큰 의미가 된다.

지배행동체계는 인간이 어떻게 사회적 위협의 상황에 민감하도록 진화했는지 이해하는 데 도움을 준다. 이를 바탕으로 인간은 사회적 지위가 높다고 생각하면 자기가 인생의 주도권을 쥐고 있고 주변 사람들로부터 인정을 받는다고 느껴 우울증과 불안이 감소할 것이며, 사회적 지위가 낮아지는 위협을 느끼면 마음대로 되는 일이 없다고 느껴 우울증과 불안이 증가할 것이라는 가설을 세울 수 있다.

일반적으로 남을 이끄는 지도적 위치에 올라서고 점점 더 많은 요구사항과 책임에 직면하게 되면 더 극심한 스트레스를 경험하게 될 것이라고 생각한다. 그러나 높은 지위에 오른 결과로 통제력이 함께 증가한다면 실제로는 리더십을 스트레스 '감소'와 연관 지어야 할 것이다.

하버드대 경영자 교육 프로그램에 등록한 사람들을 대상으로 실시한 한 연구는 지도자(관리직으로 규정)와 비지도자를 비교했다.[86] 연령, 성별, 학력, 소득, 기분을 참작한 결과 비지도자 집단에 비해 지도자 집단에서 스트레스 호르몬인 코르티솔 수치가 더 낮게 나타났고 불안 수준도 더 낮았다. 그런 다음, 이 연구에서는 지도자 집단만을 대상으로 리더십과 통제력, 스트레스 간의 상호작용을 조사했다. 고위직 리더십(관리하는 사람 수가 많고 직접 보고하는 사람이 많으며 권한이 역시 더 많음)일수록 더 낮은 코르티솔 수치 및 불안 수준과 연관이 있었다. 높은 리더십은 더 많은 통제력을 발휘할 수 있을 것으로 예상했고, 이것은 차례로 더 낮은 코르티솔 수치와 더 낮은 불안 수준을 예측하도록 했다. 높은 지위에 오르고 권력 및 통제력이 증가할수록 스트레스도 더 적었다.

스털링대학 심리학자 알렉스 우드Alex Wood와 동료 연구자들은 더 나아가 서열의 중요성에 관한 통찰을 보여준다.[87] 우드 연구팀은 사회 서열이 정신건강에 중요하다면 소득이 서열을 나타내는 대용물이나 지표로 작용하여 정신건강과 관련을 나타낼 것이며, 소득 '금액'은 주로 사회적 위계에서 '차지하는 위치'를 결정하기 때문에 중요하다고 주장한다.

영국에서 3만 명에 달하는 대규모 표본을 추출한 우드 연구팀은 '절대적인' 소득 수준과 소득 '순위'의 영향을 서로 비교할 수 있는 통계 모형을 이용했다. 그 결과 연령, 성별, 학력, 결혼 여부, 주택 소유를 비롯한 여러 요소를 참작하더라도 소득 순위가 절대적 소득보다 정신적 고충에 더 큰 영향을 미친다는 사실을 발견했다. 또한 특정 시기에 한 개인의 소득 순위는 그 시기의 정신 상태와 무관하게 다음 해 정신적 고충의 변화와 관계가 있음을 증명할 수 있었다. 마찬가지로 자살을 생각하거나 시도하는 사람의 경우도 소득 분포 내 순위를 실제 소득보다 더 중요하게 여겼다.[88] 미국에서 실시한 연구에서도 같은 패턴이 나타났다. 절대적인 소득 그 자체보다 사회적 비교 집단 내에서 정해지는 소득 수준이 우울 증상의 발현 여부를 더 잘 예측했다.[89]

소득 순위는 정신적 고충, 우울 증상, 자살 충동을 넘어서 인체에 물리적인 흔적을 남긴다. 우드 연구팀은 소득 순위가 절대적인 소득보다 콜레스테롤 수치, 혈압, 체지방, 혈당 조절 등 질병을 나타내는 생물학적 표지를 더 잘 예측한다는 사실을 밝혔다.[90]

8개국 청소년 4만 8,000명 이상을 대상으로 심리적 증상(예를 들어 기운이 없거나 초조)과 신체적 증상(예를 들어 두통) 데이터를 분석한 유사 연구도 있다. 이 연구에서는 청소년 사이에서 나타나는 증상의 빈도가 실제 가계소득의 영향을 가장 많이 받는지, 아니면 같은 학교에 다니는 친구들의 가족이나 같은 지역에 사는 다른 가정의 소득과 비교했을 때 가계 소득 순위에 영향을 가장 많이 받는지 살펴봤다. 이 연구에서도 절대적 기준에서 집안이 풍족하거나 부족한지보다 주변 가정과 비교했을 때 본인 가정의 소득 순위가 어떠한지가 청소년의 증상에 더 강한 영향을 미쳤다.[91] 영국에서 11세 아동들을 대상으로 실시한 연구도 이런 결과를 뒷받침한다. 이 연구에서는 예상대로 가계소득이 높은 가정의 어린이가 더 자존감이 높고 생활 만족도 역시 높았다. 또 친구들 집보다 자기 집이 더 가난하다고 여기는 아이들은 실제로는 가계소득이 똑같더라도 덜 행복하다고 느낄 가능성이 높았다.[92]

지금까지 살펴봤듯이, 남을 이끄는 지도적 위치에 있는 사람들이 스트레스를 비교적 적게 받으며 어느 사회계층에 속하는지가 실제 소유재산보다 정신건강과 신체건강 모두에 더 중요한 것으로 보인다. 소득이 중요한 이유가 사회 위계상 위치를 결정하기 때문이라고 해서 불평등 수준의 차이가 중요하지 않다는 뜻은 아니다. 어떤 사회에서든 소득 순위가 바뀌지 않더라도 소득 격차는 벌어지거나 줄어들 수 있다. 그러나 실제로 소득 격차가 정말로 아주 작아진다면 사람들은 격차를 거의 의식하지 않고 누구나가 비슷한 지위에 있는 듯 보이고 그렇게 느낄 것이다. 그러나 소득 격차가 매우 크다면 그 격차를 무시할 수 없을 것이다. 다른 사람과 비교했을 때 각자의 지위가 아주 극명하게 드러날 것이고 지위 격차가 명확해질 것이다. 따라서 소득 격차의 크기에 따라 소득 순위나 사회적 위치 혹은 지위가 더욱 중요해질 수도 있고 덜 중요해질 수도 있다.

불평등과 정신질환의 연관성을 말하는 수많은 증거들

우리는 이번 장을 시작하면서 여러 사회에 소득 불평등과 지위 불안 수준 및 정신질환 사이에 강력한 상관관계가 있다는 사실을 보여줬다. 불평등이 사회적 평가 위협의 중요성을 어떻게 증가시키고 이것이 지배행동체계를 어떻게 활성화시키는지를 정확히 이해하면 불평등이 정신질환에 미치는 영향력을 이해할 수 있다. 셰리 존슨 연구 팀이 발견한 지배행동체계와 관련된 장애들이 실제로 불평등한 사회일수록 더욱 흔하게 나타난다는 사실을 증명하는

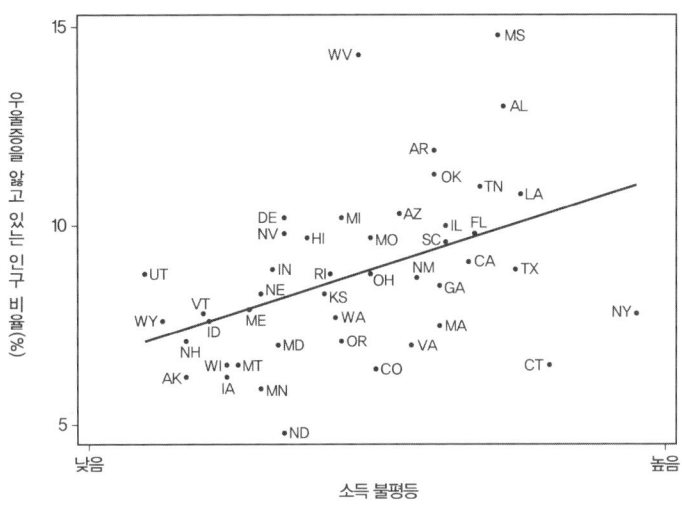

그림 1.5: 미국 45개 주의 소득 불평등과 우울증 유병률[96]

몇몇 연구들이 존재한다.

　미주개발은행Inter-American Development Bank 연구자들은 2007년에 실시한 갤럽여론조사에 응답한 93개국 8만 명 이상의 데이터를 분석했다.[93] 이 연구는 자기보고 방식에만 의존해 우울증을 측정했다는 한계점이 있기는 하지만 여전히 시사하는 바가 크다. 전체적으로 봤을 때 응답자 거의 15퍼센트가 설문조사 전날 우울하다고 느꼈다고 대답했다. 특히 중요한 부분은 어떤 국가들은 그 비율이 훨씬 낮은 반면 다른 어떤 국가들은 특히 높았다는 점이다. 이런 차이는 평균 소득과는 무관했으나 소득 불평등과는 밀접한 관련이 있었다. 시골에 거주하는 사람들에 비해 도시인들이 불평등의 영향을 더 예민하게 느끼는 듯하다.

특정 인구집단을 살펴본 연구도 있다. 고소득, 중소득, 저소득 국가 23개국 대학생 17,348명을 대상으로 가계자산을 비롯한 여러 요소를 통제하고 조사한 결과는 소득 불평등이 높을수록 우울증 지수도 높았다.[94] 세계보건기구가 2002년에서 2003년까지 조사한 65개국 251,158명을 대상으로 2008년 실시한 연구에서 소득 불평등이 고소득 국가에서는 우울증과 연관되었지만 중소득 국가와 저소득 국가에서는 무관했다.[95] 미국 45개주를 대상으로 실시한 연구[96]에서는 소득 불평등과 높은 우울증의 비율 사이에 명확한 관계가 나타났고(그림 1.5 참조), 에이미 팬Amy Fan이 동료들과 함께 실시한 연구[97]와 노인층의 우울증을 다룬 연구[98]도 이 관계를 증명했다. 사회적 지위 격차를 더 과장해서 판단하는 유럽사회에서 우울증이 더 흔하다는 연구도 있다.[99]

그림 1.5에 나타난 우울증 유병률을 파악하고자 사용한 질문은 대부분 양극성 장애 사례를 포함했을 것으로 보인다. 2013년 정신질환 공식분류 개정판이 도입되기 이전에는 양극성 장애를 우울증의 하위개념으로 분류했다. 예전에는 '조울증'이라고 부르기도 했던 양극성 장애의 가장 큰 특징은 급격한 감정 기복이다. 며칠에서 몇 달에 이르는 기간에 걸쳐 우울증을 겪던 사람이 아주 긍정적인 기분, 심지어 도취 경지까지 이르렀다가 다시 우울로 빠질 수 있다.

존슨Johnson과 카버Carver는 조증기에 들어선 사람은 수많은 지배 동기의 징후를 드러내고 지배와 명망 측면에서 모두 자신의 힘을 높게 평가한다는 사실을 발견한 일련의 실험결과를 소개했다.[100]

또 조증기에는 자만심과 자부심을 의미하는 징후도 나타났다. 이런 특성이 지나치게 긍정적인 사회적 비교와 높은 자존감, 때로는 과대망상을 수반하기 쉽다는 연구결과도 있다. 동시에 양극성 장애는 자해, 약물 남용, 자살과도 연관이 있다. 지배행동체계에 대한 이해도가 높아진다면 양극성 장애의 울증기와 조증기를 모두 분명히 밝힐 수 있을지도 모른다.

소득 격차가 큰 사회에서 조현병이 더 흔하다는 경향을 증명한 연구들도 있다. 그중 가장 큰 대규모 연구에서는 26개국의 조현병 발병 사례 107건을 수집해 불평등한 국가일수록 조현병 발병률이 높다는 사실을 발견했다.[101] 논문 저자들은 불평등한 사회일수록 사회 응집성이 감소하고 계층 비교가 증가한다는 점에서 착안해서 이 상관관계를 설명하고자 했다.

한 대규모 다국적 연구에서는 세계보건기구 데이터 50개국 대표 표본(총 약 25만 명)과 진단학적 면담을 실시해 정신질환의 증상과 관련된 데이터를 분석했다.[102] 대상 증상에는 환청, 사람들이 '나에게 너무 관심이 많은' 듯하다거나 나를 해하려고 음모를 꾸미는 것 같은 느낌, 타인이나 미지의 세력이 내 생각을 조종하고 있다는 느낌 등의 증상을 포함했다. 억압적인 정부일수록 박해를 받는다거나 통제받는다는 두려움이 증가할 수 있기 때문에, 해당 연구에서는 각 국가마다 민주정부가 통치한 기간을 고려했다. 그 결과 이런 증상들이 50개국 중에서 불평등한 국가일수록 더 흔한 경향으로 확실하게 나타났다. 각국에서 소득 상위 1퍼센트 인구가 차지하는 소득의 비중이 증가할수록 환각, 망상 심리, 사고 조종 망상

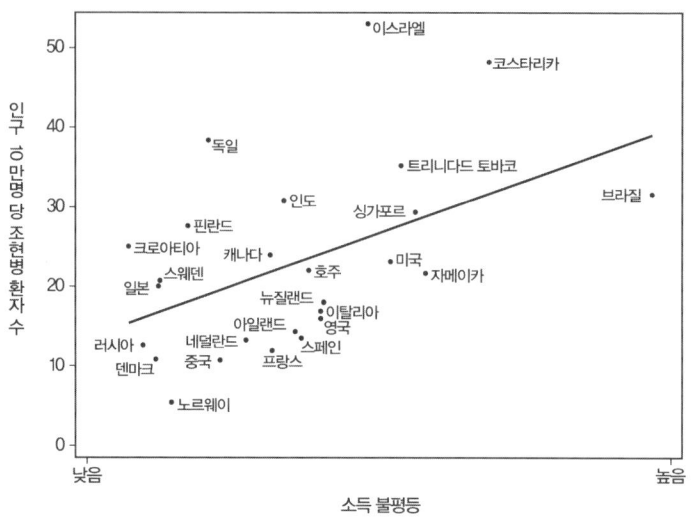

그림 1.6: 소득 불평등과 조현병 유병률, 1975–2001.[101]

을 경험하는 인구가 증가하고 사람들이 앓고 있는 이런 증상의 총계도 증가했다.

　타인이나 외부세력이 내 생각을 조종하고 있다는 느낌은 심리학자들이 말하는 '외적통제 소재external locus of control'에서 '내적통제 소재internal locus of control'로 이어지는 연속 범위의 극단으로 볼 수 있을 것이다. 사람마다 자기에게 일어난 일과 인생이 어떻게 풀릴지를 어디까지 운과 운명, 타인(외부요소)의 책임으로 보고 어디까지 본인의 행동과 선택, 노력(내적요소) 때문이라고 보는지가 다르다. 심리학자들은 50년 이상 사람들이 생각하는 내적통제 소재와 외적통제 소재 범위가 어디까지인지 연구해 왔다.

　이런 연구는 '불운은 자기가 한 실수에서 비롯된다'와 '삶에서 일어나는 불행한 일은 대부분 운이 나빠서 생긴다'처럼 서로 대조를 이루는 진술 23쌍에 응답한 결과를 근거로 측정한다. 진 트웬지Jean Twenge는 1960년부터 2002년까지 미국 아동(9세부터 14세)과 대학생 표본을 대상으로 내적통제 소재와 외적통제 소재의 측정 데이터를 가능한 한 전부 수집했다.[103] 트웬지는 아동 41명과 대학생 97명 표본에서 측정값을 모았다. 시간에 따른 변화를 살펴보던 트웬지는 젊은이들이 인생에서 느끼는 통제감이 큰 폭으로 하락하는 경험을 한다는 사실을 발견했다. 트웬지는 "외적통제 소재가 증가하면 거의 한결같이 부정적인 영향을 끼친다"라고 주장한다. 외적통제 소재자는 불안 성향이 강하고 우울하다고 느낄 가능성이 높으며 학교 성적도 저조한 편이다. 트웬지는 외적통제 소재의 측정값 증가가 냉소주의와 불신, 소외감 확산을 반영한다고 말한다.

1960년대 후반부터 트웬지가 연구를 마친 후까지 계속적으로 미국의 소득 격차가 확대되는 양상은 불평등의 증가가 이런 외적통제 소재를 느끼는 추세를 초래했을 수도 있다는 생각과 적어도 어긋나지 않는다. 통제 소재와 불평등 사이에 관계가 있는지를 살펴본 연구는 한 건이 유일했다. 이 연구는 43개국 데이터를 분석하여 불평등한 국가에 사는 사람일수록 자신의 인생을 마음대로 할 수 없다는 느낌을 더 많이 받는다는 예상대로의 결과를 내놓았다.[104] 또 같은 연구에서는 소득 수준이 한 단계 내려갈수록 외적통제 소재가 증가해서 가장 부유한 계층의 통제감이 가장 높고 가장 가난한 계층의 통제감이 가장 낮다는 사실을 보여주었다.

불평등은 그것에 우리가 어떤 이름을 붙이는지와 상관없이 실질적인 고통을 유발한다. 불평등이 커질수록 사회적 위협과 지위 불안이 커지고 위축과 복종, 종속 본능으로 이어지는 수치심을 유발한다. 사회적 피라미드가 더 높고 가팔라지면서 지위 불안이 증가하고 심리적 비용이 광범위하게 발생한다. 지위 경쟁과 불안이 증가하면 사람들은 상냥함과 이타심을 잃어가고 남을 폄훼하는 경향이 증가한다.

이 과정에서 그저 일부 개인이 아니라 전체 사회가 각양각색으로 피해를 입는다는 사실이 계속되는 연구로 밝혀지고 있다. 뒤쳐지지 않으려고 애쓰는 동안 사람들은 괴로움을 느낄 뿐만 아니라 서로를 배려하는 마음도 잃어가는 듯하다. 불평등 확대가 사회적 결속력에 가하는 해악은 대단히 중요한 문제다. 켄트대학 사회학과 교수 로버트 드 브리스Robert de Vries는 동료 연구자들과 함께 인터넷 성격조사에 참여한 대규모 지원자 표본을 이용해 불평등이 경쟁심을 부추기고 결속력을 저하하는 사회환경을 조성한다는 가설을 시험했다.[105] 드 브리스 연구팀은 사람들이 '상냥함' 척도에서 몇 점을 받는지 측정했다. 상냥함 척도란 남에게 무례하게 굴거나 냉담하거나 싸움을 거는 대신 기꺼이 도움을 제공하고 배려하며 신뢰하는 태도와 행동을 측정하는 기준이다. 연구팀은 불평등한 사회에 사는 사람들이 더욱 위계적인 구조에 반응하여 상냥함 척도에서 더 낮은 점수를 기록하는지를 살펴봤다. 그들은 정확하게 그런 결과를 발견했는데, 연령, 성별, 학력, 도시화, 평균 소득, 소수 민족에 속하는 인구 비율을 고려한 뒤에도 결과는 예측한 그대로였다. 미국에서 상대적으로 불평등한 주에 사는 사람들

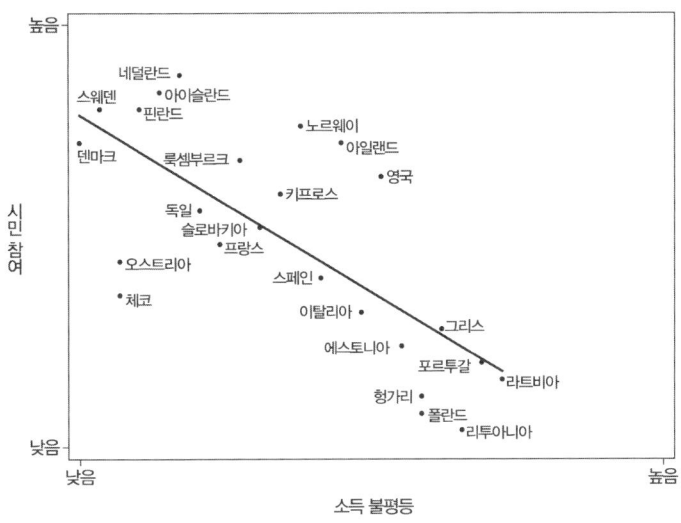

그림 1.7: 불평등한 유럽 국가일수록 시민 참여가 감소한다(소득 불평등은 지니 계수로 측정).[37]

은 상대적으로 평등한 주에 사는 사람들에 비해 상냥함 척도에서 현저히 낮은 점수를 기록했다.

옥스퍼드대 사회학과 마리이 파스코프Marii Paskov의 연구결과도 이 결론과 일치한다. 파스코프는 비교적 불평등한 유럽 국가들에서는 빈자와 부자 모두 이웃과 노인, 이민자, 환자와 장애인을 도우려는 의지가 약하다는 사실을 발견했다.[39] 또한 파스코프 연구팀은 불평등한 국가의 국민들은 높은 지위를 얻고자 더 열심히 애쓰기보다 자신의 앞길을 막고 있는 불평등이라는 거대한 장애물에 좌절한 것처럼 보인다는 사실도 발견했다.[106] 유럽 24개국 데이터를 분석한 더 상세한 연구는 불평등한 국가일수록 시민 참여(여가, 정치, 자선, 종교, 전문가 단체를 비롯한 집단이나 동호회, 조직에 소속)가 현

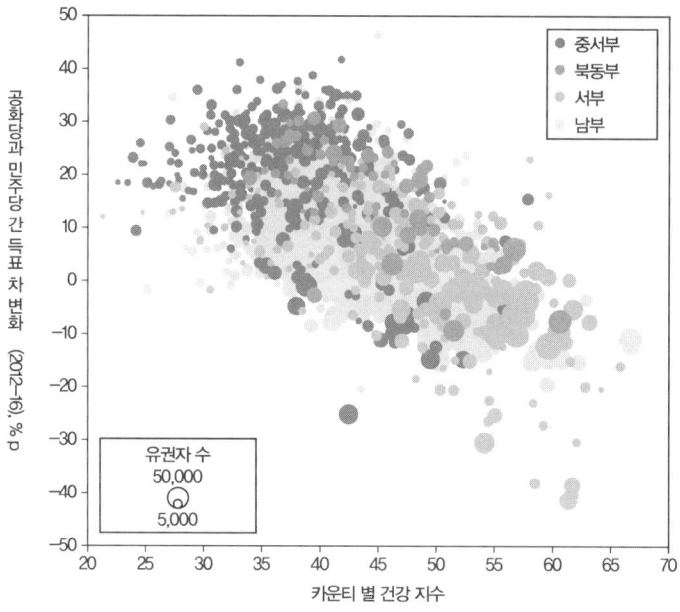

그림 1.8: 건강 상태가 나쁜 지역일수록 도널드 트럼프에 투표하는 방향으로 선회한 인구가 더 많았다.[108]

저하게 낮다는 점을 밝혔다(그림 1.7 참조). 불평등한 사회일수록 신뢰 수준이 낮다는 점은 예전부터 이미 알려져 있다.[107] 불평등한 사회에서 사회적 결속력은 확실하게 감소한다.

 소득 불평등의 증가와 함께 공동체 생활의 참여가 감소하는 가장 결정적인 이유는 사회적 평가 위협의 증가에 있을 가능성이 높다. 사람들이 사회생활에서 점점 더 큰 스트레스를 받아 결국 그만 두게 되는 것이다. 사회적 거리가 증가함에 따라 불평등한 사회는 더욱 분열된다. 사람들은 더욱 내향적으로 변하고 이웃과 왕래가 줄어드는 한편 외모와 나쁜 인상을 줄까봐 걱정이 늘면서 '교제를 피해 혼자 지내는' 편을 선호한다. 소외받고 위협을 느끼는 사람들이 있을 때 그런 수많은 개인들의 심신에 영향을 미치는 바로 그 과정이 또한 정치적 과정에도 영향을 미친다.

한 트위터 계정주가 2016년 미국 대통령 선거에서 카운티 단위별로 도널드 트럼프Donald Trump로의 지지 선회를 예측하는 요인을 찾아보라고 촉구하자 〈이코노미스트The Economist〉는 이에 대한 응답으로 그림 1.8을 실었다. 소득 불평등에 의해 악화되는 요인으로 비만, 당뇨병, 과음, 운동 부족, 짧은 기대수명을 결합한 척도가 〈이코노미스트〉가 내놓은 최선의 척도였다. 유럽경제의 싱크탱크 브뤼겔Bruegel 소속 경제학자들이 이를 재차 확인했다. 도널드 트럼프는 소득 불평등이 심각한 주에서 더 높은 지지를 얻었다.[109]

2장

과대망상

"할아버지, 셀카와 소셜미디어가 없던 시절에는 다들 어떻게 자기를 알렸어요?"

"나는 기회주의자이고 사람들에게 애착을 느끼지 않아. 나는 나를 위해 살고 어떤 일을 하더라도 '이 행사/사람/물건이 내게 어떤 소용이 있을까?'라는 관점에서 보지."

"존경받고 싶어. 정당하게 존경받기에 재능도, 미모도, 능력도 부족하다면 다른 방법으로라도 싸울 거야. 내가 아는 무기라고는 거짓말과 속임수, 고통, 고문뿐이지."

2012년 인터넷 포럼 〈나는 자기도취자다I Am A Narcissist〉에 올라온 글

과대평가

수년 전 여러 국가에서 소득 불평등을 건강 수준과 비교한 새로운 학계 연구를 검색하던 중에 우연히 흥미로운 현상을 발견했다. 최근 부유한 선진국에서 실시한 관련 연구는 9건이었다. 이 중에서 사망률이나 기대수명처럼 객관적인 척도를 사용한 연구 7건에서 불평등한 사회일수록 건강상태가 나쁘다는 사실을 확인했다.[1] 나머지 2건의 연구는 자신의 건강상태가 '아주 좋음'부터 '나쁨'까지의 척도로 평가하도록 묻는 조사를 바탕으로 소득 불평등과 '건강 인식률self-rated health' 사이의 관계를 살펴보았는데, 상이한 결론을 얻었다.

우리 저자들은 이 점에 즉각적인 호기심이 생겼다. 죽음과 질병

을 객관적으로 측정하는 척도가 소득 불평등과 연관이 있는데, 어째서 건강 인식률의 척도는 비슷한 상관관계를 나타내지 않을까? 지리학자 애나 바포드Anna Barford 박사와 대니 돌링Danny Dorling 교수는 기대수명이 짧은 국가에서 건강 인식률의 평균점수가 실제로 더 높다는 직관에 어긋나는 결과를 발견했다.[110]

예컨대, 상대적으로 평등한 일본에서는 자신의 건강상태가 양호하다고 평가한 사람이 54퍼센트에 그쳤으나 미국에서는 80퍼센트에 달했다. 그러나 일본이 세계에서 기대수명이 거의 가장 긴 나라(모나코에만 약간 뒤진다) 중 하나로 2005년에 82세였던 반면, 미국은 평균 77세로 부유한 국가 중에서는 기대수명이 가장 짧은 축에 속한다. 불평등한 국가의 국민일수록 자신의 건강을 좀더 긍정적으로 바라보려고 애쓰며, 상대적으로 평등한 사회의 일원은 겸손하거나 결함을 기꺼이 인정하는 듯하다.

분명히 사람들이 자신의 건강상태를 인식하고 설명하는 관점은 실제로 질병에 걸리거나 사망할 위험과 무관하며 문화에 따라 차이를 나타낸다. 그러나 우리 저자들이 발견했던 상관관계로 보면 건강 인식률과 소득 불평등 사이에는 연관성이 있었다. 단지 예측 방향만 달랐을 뿐이다. 그런 데이터는 지위 경쟁이 더 치열하고 불평등한 사회일수록 강인하고 자립적으로 보이는 것이 더 중요하다는 함의를 지닌다. 어쩌면 자신의 건강상태가 매우 좋다는 주장은 경쟁이 치열한 환경에서 긍정적인 자아상을 유지하려는 전략의 일환일지도 모른다.

비교적 평등한 사회에서는 사람들이 좀더 겸손하고 구태여 자기 자신에게 가장 높은 점수를 매기려고 하지 않는다. 이런 현상은 건강에만 국한되지 않는다. 삶에 만족하고 행복하다고 말하는 것이 당연하게 여겨지는 미국과 달리, 일본에서는 삶에 만족한다거나 행복하다고 답하는 경우가 훨씬 드물다.[34, 111] 우리 저자들은 비교적 평등한 사회에서 성장한 사람은 자기가 '최고'라거나 '탁월'하다고 주장할 가능성이 낮은 것은 아닐지 궁금해졌다.

'워비곤 호수 효과'

2011년 호주 심리학자 스티브 러프넌Steve Loughnan은 동료들과 함께 실시한 연구에서 이 직관을 입증했다.[112] 러프넌 연구팀은 심리학에서 '자기고양적 편견self-enhancement bias' 혹은 '기만적 우월감illusory superiority'이라고 하는 효과를 연구했다. 이는 자신의 바람직한 자질을 다른 사람들과 비교해 강조하거나 과장하는 경향을 일컫는다. 거의 모든 사람이 평균보다 운전을 잘한다고 믿는 현상도 자기고양적 편견을 보여주는 일례다.

같은 현상을 가리켜 '워비곤 호수 효과Lake Wobegon effect'라고 말한다. 워비곤 호수는 미국의 풍자작가 게리슨 케일러Garrison Keillor가 지어낸 가상의 마을로 '모든 아이가 평균 이상'인 곳이다. 자기고양적 편견은 다양한 직업분야에서 반복적으로 입증된 잘 알려진 효과다. 예를 들어 한 대학 교수진 70퍼센트 정도가 본인의 교수 능력이 상위 25퍼센트에 들어간다고 평가했고[113] 25퍼센트의 미국 학생들은 본인의 사교성이 상위 1퍼센트에 속한다고 자평했다.[114]

자기고양적 편견은 전 세계 어디에서나 온갖 특성 및 능력과 관련해서 나타나지만 자신의 능력을 과장하는 정도는 문화권에 따라 다르다. 자신이 평균보다 운전을 잘한다고 생각하는 비율은 미국의 경우 90퍼센트를 웃돌지만, 스웨덴의 경우는 70퍼센트를 밑돈다.[115]

이런 차이는 대다수가 개인주의와 집단주의 개념에 초점을 맞춰 설명한다. 이는 개인의 자율성과 독립성, 적극성을 강조하는 문화권이 있는 반면 가족과 공동체, 직장과 같은 집단의 필요와 관계를 강조하는 문화권이 있다는 데 착안한 해석이다. 서양문화는 동양문화보다 개인주의 성향이 강하고 자기고양적 편견이 심하게 나타난다.

러프넌 박사는 실력 있는 다국적 팀원 18명과 함께 자기고양이 불평등과 관련이 있는지 여부를 검증했다.[112] 러프넌 박사는 "불평등한 사회에서 개인은 남보다 우월하다고 주장하고 싶은 강력한 동기를 지닌다. 이런 욕망의 표출이 자기고양적 편견이 두드러지는 형태로 나타날 수 있다. 경제적으로 비교적 평등한 사회에서는 우월한 지위로 인한 혜택이 감소하고 스스로 평균보다 뛰어나다고 평가하려는 경향도 약해질 것이다"라고 추론했다. 15개국을 대상으로 실시한 연구에서 러프넌 연구팀은 자기고양이 소득 불평등과 강한 상관관계를 지닌다는 사실을 보여준다.

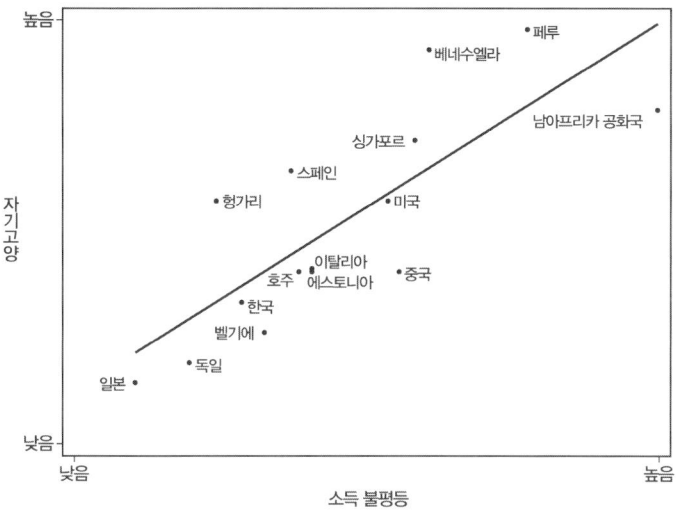

그림 2.1: 소득 불평등이 높을수록 자기고양적 편향 수준도 높게 나타난다.[112]

연구팀은 이 15개국에서 개인주의 대 집단주의 척도보다 소득 불평등이 자기고양적 편견을 훨씬 더 잘 예측하는 변수라는 사실을 발견했다(그림 2.1).

불평등한 국가일수록 자기고양적 편견이 증가하는 현상과 실제 사망률이 높은 국가일수록 건강 인식률 수치가 높게 나타난다는 역설적인 경향은 모두 사회적 평가 위협의 증가와 이에 대한 반응을 반영한다는 사실이 심리학 연구에서 밝혀졌다. 거대한 사회적 평가 위협에 직면할 때 자기고양적 편견이 증가한다는 증거는 수없이 많다.[116-118]

한 전형적인 심리학 실험에서는 피실험자에게 동기 학생들 가운데 자신에게 호감을 느끼는 사람의 비율이 높거나 낮다고 이야기를 한 다음, 피실험자에게 인색하거나 질투가 심하거나 지저분하거나 으스대는지와 같은 다양한 특성에 대해 또래와 비교해서 자신을 평가하라고 말했다. 다른 유사 실험과 마찬가지로 동기들 사이에서 호감도가 낮다는 말을 들은 학생이 자신을 더 긍정적으로 평가했다. 연구논문에서는 이러한 현상을 대개 자기 방어의 일종으로 보지만 한편으로는 위협을 받았을 때 개가 목털을 빳빳하게 세우거나 다른 동물들이 몸집을 부풀리는 방식과 유사하다고도 볼 수 있다.

1장(그림 1.1)에서 우리는 지위 불안이 불평등과 비례한다는 사실을 살펴봤다. 불평등한 사회에서 자기고양이 증가한다는 증거에서 불평등이 정말로 사회적 평가 위협을 높인다는 사실을 다시 한 번 확인할 수 있다. 그 결과 사람들은 자화자찬을 늘어놓는다.

자존감이 의미하는 것은?

이와 같이 자기고양적 성향은 허풍스러운 미국인과 진지한 일본인을 놀려먹을 때 써먹을 흥미로운 문화 간의 차이에 불과할까? 아니면 개인의 행복과 사회적 결속력을 무너뜨리는 한층 더 위험하고 은밀히 확산되는 불평등의 영향을 반영하고 있을까? 사람들이 긍정적 자아관을 지니고 자신의 능력을 믿으며 강한 자존감을 가진다면 바람직한 현상은 아닐까?

현대의 대중 심리학은 자존감이라는 개념을 높이 평가한다. 자신에 대한 좋은 감정은 성취와 성공을 달성하기 위해 꼭 필요한 토대이자 정신건강과 행복을 이끌어내는 기반이다. 마치 자신이 특별하다고 믿으면 특별해지는 것처럼 자신의 잠재력이 실제로 이루어질 수 있다는 확신을 준다. 과연 그럴까?

이제는 사람들이 생각하는 자존감이 자존감 척도로 측정하는 자존감과 일치하지 않는 듯하다. 예전부터 심리학자들은 자존감이 상승하는 추세에 불안이 동반 증가하는 역설적인 경향이 있다고 생각했다. 1950년대 미국의 10대 청소년들이 자신이 매우 중요한 사람이라고 생각하는 비율은 12퍼센트에 불과했다. 1980년대에는 본인이 매우 중요하다고 확신하는 비율이 80퍼센트에 달했다.[119] 동시에 불안 수준도 급격히 증가했다.

지난 수십 년 간 자존감을 측정하는 표준 척도는 로젠버그 지수 Rosenberg scale였다. 로젠버그 지수는 '나는 내가 가치 있는 사람이라고 느낀다', '자꾸 내가 실패자라고 생각하게 된다', '나 자신을 좀 더 존중할 수 있다면 좋겠다', '나는 스스로에게 긍정적인 태도를 취한다'와 같은 10개의 문장에 동의 여부를 묻는다. 그러나 이 지수는 본인의 효능감과 능력을 현실적으로 평가한 결과에 근거한 '확고한 자존감'과 자기방어나 보호를 목적으로 하는 자기고양, 다시 말해 실제로는 괜찮지 않으면서도 괜찮다고 말하는 '불안정한 자존감'을 구분하지 못했다. 따라서 우리는 불안 수준이 증가함과 동시에 자존감 또한 상승한다는 명백한 모순에 맞닥뜨린다.

같은 맥락에서 일반적으로 자존감에 상처를 입히는 요소로 간주되는 낮은 사회적 지위와 차별, 편견을 더 많이 경험한 집단에게서 자존감이 높게 나타난다는 사실도 이해할 수 있을 것이다. 장기간 실시된 여러 연구들은 미국의 흑인 남성이 백인 남성보다 자존감이 높다는 사실을 밝혔다(여성의 경우도 마찬가지지만 그 차이는 남성에 비해 그리 두드러지지 않는다). 2011년 〈워싱턴포스트Washington Post〉와 카이저 가족재단Kaiser Family Foundation이 공동으로 주관한 여론조사에서 흑인 남성 72퍼센트가 높은 자존감 수준을 나타낸 반면, 백인 남성은 59퍼센트에 그쳤다.[120] 심지어 같은 조사에서는 흑인 남성이 백인 남성에 비해 실직, 청구서 금액, 건강관리, 후천성면역결핍증 감염, 폭력범죄 피해 가능성, 차별 피해 가능성, 자녀의 교육문제를 훨씬 더 많이 걱정한다는 결과가 나왔다.

이런 괴리는 존경과 관련된 설문조사가 질문한 답에서 설명할 단서를 찾을 수 있다.[120] 남에게 존경받는 것이 매우 중요하다고 답한 비율이 백인 남성의 경우 55퍼센트에 그친 데 반해 흑인 남성의 경우는 72퍼센트에 달했다. 그러나 다른 사람보다 존중받지 못하고 식당과 상점에서 남보다 나쁜 응대를 받고 무시나 멸시를 경험했다고 대답한 비율은 흑인이 훨씬 높았다. 아프리카계 미국인 28퍼센트는 응답 당시가 미국에서 흑인 남성으로 살기에 나쁜 시기라고 대답했다.

물론 낮은 사회적 지위와 존중의 결여, 차별과 편견을 경험하고 있는 집단이 최대한 자존심을 유지하고 자기회의와 불안에 빠져들지 않도록 최선을 다하는 선택은 자연스럽고 심리학적으로도 합리적이라고 할 것이다. 불평등이 증가할수록 더 격렬해지는 지위 경쟁과 남이 나를 어떻게 볼까라는 우려에 직면해서 자신의 가치를 지키려는 욕구가 점점 커지는 것 같다. 아마도 불평등은 이같은 방어적 자존감을 높이면서도 진짜 자존감은 높이지 못하는 듯하다.

자기도취의 어두운 면

자존감이라는 용어를 우리가 생각하는 의미대로 사용하려면 이제는 '자존감'을 애매하게 측정하는 척도를 버리고 현실적인 자신감과 자기평가, 그리고 방어적이고 자기도취에 빠진 자아 표출방식을 분리할 측정 방법을 찾아야 한다. 다양한 상황에서 긍정적이고 매우 정확하게 자신의 강점을 파악하는 사람이 높은 점수를 받는 지수가 필요하며, 이와 별도로 자기도취증에 대한 진단 척도가 필요하다.

현실적이고 함께 공감하며 타인과 좋은 관계를 유지할 수 있다면 자신이 가치 있는 사람이라고 느끼는 자신감은 분명 좋은 것이다. 그러나 공감이 결여되거나, 자신의 약점을 인정하지 않고 부정하거나, 비판에 부적절하게 반응하거나, 지나치게 자기 자신에 나아가 성공과 남의 눈에 비치는 본인의 이미지나 외모에 집착하는 자존심은 위험하다.

언뜻 보기에 자존감이 높아 보이는 이런 병적이고 불건전한 유형은 바로 자기도취증이다. 자기도취증의 특징으로는 관심 끌기, 비판에 대한 부적절한 반응, 자만, 자신의 재능과 업적을 과장하는 경향, 공감 능력의 결여, 남을 기꺼이 이용하려는 의향을 들 수 있다.

자기애성 성격검사(Narcissistic Personality Inventory, NPI)는 1980년대 캘리포니아대 버클리 캠퍼스의 심리학자들이 개발했다. 사람들에게 짝을 이루는 두 문장 40쌍을 주고 어떤 문장이 가장 자신을 잘 표현하고 있는지 선택하라고 하고, 이 검사가 자기도취증 정도를 측정한다는 말은 하지 않는다. 이를테면, 피검자는 다음과 같은 두 문장 중에서 하나를 선택해야 한다.

A. 나는 대부분의 사람보다 더 낫거나 못하지 않다.
또는
B. 나는 내가 특별한 사람이라고 생각한다.

그리고,

A. 나는 사람들과 어울리는 것을 선호한다.
또는
B. 나는 관심의 중심에 있고 싶다.

개중에는 두 문장 모두 적절하지 않은 듯한 이상한 선택지를 제공하는 쌍도 있다. 예를 들어 '나는 거울 속 내 모습을 즐겨 본다'와 '나는 거울 속 내 모습을 들여다보는 일에 딱히 관심이 없다'라는 문장은 둘 다 거울에 대한 감정을 제대로 설명하고 있지 않다고 느끼는 사람이 많을 것이다. 멋진 옷을 입었거나 머리 손질이 잘 됐거나 돋보이게 하는 조명을 받을 때는 거울을 자꾸 보게 되지만 다른 수많은 상황에서는 딱히 들여다보고 싶지 않을 것이다. 또한 '우리가 세상을 다스린다면 세상은 훨씬 좋은(혹은 적어도 조금은 나은) 곳이 될 것이다'라는 문장에 동의하는 동시에 '세상을 다스린다는 생각을 하면 몹시 두렵다'라는 문장에 동의한다고 하더라도 딱히 부끄럽지는 않을 것이다.

위에서 설명한 두 종류의 자존감을 구별하기란 분명히 어려울 수도 있지만 일단 트집은 제쳐두자. 자기도취증 연구의 대부분은 자기애성 성격검사를 사용하고 있으며, 이는 자기도취증 특유의 태도와 가치, 행동을 측정하는 유효한 척도이자 불안정한 자존감을 식별할 수 있는 도구로 입증됐다. 자기애성 성격검사는 정신질환이 '아니라' 성격 기질의 단계적 차이를 측정한다.(정신과 의사가 진단 내리는 자기애성 성격 '장애'는 자기중심주의, 자만, 공감 능력의 결여의 집합체에 해당하는 병적인 장기 진단이다.) 대부분의 사람이 때때로 자기도취 성향을 드러낼 수 있지만 1장에서 설명했던 진단학적 면접수준과 마찬가지로 전체 집단에서 자기도취증 정도를 측정하는 데 활용할 수 있다는 점에서 자기애성 성격검사는 가치 있는 도구다. 이는 특정한 사회와 문화에서 다른 사회와 문화보다 자기도취증 성향이 더 많이 나타나는지, 자기도취증의 정도가 시간에 따라 변화하는지, 그 이유는 무엇인지 가늠할 수 있다는 의미다.

자기도취 전염병

진 트웬지와 키스 캠벨Keith Campbell은 자존감과 자기도취증을 연구하는 심리학자다. 서론에서 우울증 비율의 급격한 증가를 보여주는 트웬지의 연구결과를 언급한 바 있다. 2009년 트웬지와 캠벨은 그들의 저서 《나는 왜 나를 사랑하는가The Narcissism Epidemic: Living in the Age of Entitlement》에서 우려스러운 수준으로 증가하고 있는 미국의 자기도취증 실태를 소개한다.[119] 이 책에는 자신의 모습을 본떠 결혼식용 케이크를 만든 신부부터 가짜 파파라치 사진사를 고용해 따라다니면서 사진을 찍고 이름을 외치는 서비스를 제공하는 회사 셀렙포어데이Celeb4ADay에 이르기까지 자존감이 정신 이상으로 변질된 수많은 사례가 등장한다. 허영심, 관계문제, 반사회적 행동을 다룬 장에서는 미국사회에 자기도취증이 어느 정도까지 퍼져 있는지 보여준다. 저자들은 "공공의 이익을 추구했던 1960년대 투쟁이 1980년대에는 자기 자신만의 이익을 생각하게 되었다"라고 주장한다.

트웬지와 캠벨 연구팀은 1982년부터 2006년까지 미국인을 대상으로 추출한 인구 표본에 자기애성 성격검사를 적용한 85건의 연구를 수집해 살펴보았다.[121] 그 결과 이 기간에 자기도취증이 급격한 증가세를 보였다는 사실을 발견했다. 자기도취적 성향을 나타내는 사람이 1982년에 비해 2006년에는 30퍼센트 증가했다. 우리 저자들은 자기고양과 불평등의 관계 및 방어적인 자존감이 자기도취증을 유발한다는 증거에서 자기도취증이 불평등 수준의

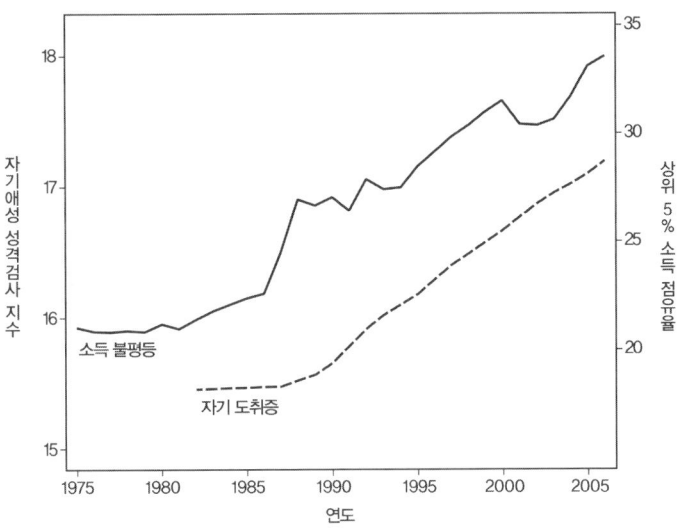

그림 2.2: 해당 기간 동안 대학생의 자기애성 성격검사 점수는 미국의 소득 불평등의 증가를 반영한다고 볼 수 있다.[123]

변화를 반영한다고 예상했다. 트웬지가 발견한 자기도취증의 급증 시기는 미국에서 소득 격차가 상당히 증가한 시기와 맞물린다. 그림 2.2에서는 세계 최상위 소득 데이터베이스World Top Incomes Database가 내놓은 소득 불평등의 데이터를 활용해 자기도취증의 증가 추세와 소득 격차의 증가 추세를 함께 표시했다.[122]

자기도취증과 자기고양이 불평등의 증가와 연관이 있을 거라고 예측한 이유는 불평등이 사회적 지위를 더 중요하게 만들기 때문이다. 어떤 사람이 다른 사람보다 훨씬 더 '가치' 있다고 여기는 사회에서는 지위로 서로를 판단하는 경향이 크다. 자기도취증은 자기회의와 열등감에 맞서 사회에서 살아남으려는 몸부림의 극단이다. 또 사회적 불안과 수줍음, 자신감의 결여를 유발하는 환경에 대한 반응이다. 트웬지와 캠벨은 미국사회에서 "이를 악물고 위로 올라가지 않으면 빈곤의 수렁에 빠질 위험을 감수해야 한다는 인식이 증가"[119]하면서 경쟁과 출세 지향이 거세지고 있다고 주장한다.

가난한 성장과정이 어떻게 출세 지향과 관련되는지, 부유한 성장과정이 어떻게 자기도취증과 관련되는지를 살펴본 연구도 불평등과 자기도취증 간의 연관관계를 뒷받침한다. 높은 소득으로 스스로 부자로 규정하는 정체성과 부의 정서는 모두 높은 자기도취 성향의 가능성과 연관이 있다. 보스턴칼리지의 션 마틴Sean Martin 연구팀은 미국의 육군 현역을 대상으로 수집한 데이터 분석에서 부모의 소득과 자녀의 자기도취 성향 사이에는 양의 상관관계가 있다는 사실을 발견했다.[124] 부유한 가정 출신의 군인은 '모두가 계속 내게 특별하다고 했기 때문에 나는 특별'하며 '단체 활동에 내가 빠지면 재미가 없다'라고 생각할 가능성이 높았다.

사람들이 희망하는 소득이 증가하고 있음을 보여주는 조사 데이터에서도 불평등의 증가와 출세의 열망 사이에 관계가 있는 징후를 찾아볼 수 있다. 1980년대 중반에서 1990년대 중반에 이르는 10년 동안 소득 불평등이 급격히 증가하면서 꿈을 이루기 위해 필요하다고 생각하는 소득이 5만 달러에서 10만 2,000달러로 두 배 증가했다.[125]

트웬지 연구팀은 '베이비붐 세대'(1946년에서 1961년 출생), 'X세대'(1962년에서 1981년 세대), '밀레니얼 세대'(1982년 이후 출생)가 같은 나이였을 때 각각의 태도와 목표를 비교했다. 늦게 태어난 세대일수록 돈과 이미지, 명성이 더 중요하며 자신을 가치있게 생각하고, 소속되고, 함께 생활하는 것은 덜 중요하다고 생각했다. 갈수록 소득 불평등이 심화되면서 대학에 진학하려는 동기도 지식 추구보다 돈을 벌려는 욕구가 더 앞서게 됐다.[126, 127]

불평등의 증가에서 비롯된 사회적 평가 위협의 증가에 맞서 사람들은 모두 진퇴양난에 처하게 됐다. 불안과 우울증에 굴복하거나 자기고양이나 자기도취로 이를 악물고 출세하려고 한다. 조현병이나 양극성 장애의 조증기 같은 질환을 앓고 있는 사람이 과대망상을 일으키는 빈도에서도 이 두 가지 대안 사이에서 얼마나 심한 갈등이 일어나는지 알 수 있다. 이런 질환을 앓고 있는 사람 중에서 많게는 절반이 자기가 실제로 유명인사, 정치인, 종교 지도자, 유명 다국적 기업의 CEO라고 믿기에 이른다. 이런 망상은 낮은 자존감과 우울증에 맞서는 방어 수단의 역할을 하는 것으로 보인다. 그러나 명성과 부를 바라는 욕구와 궁핍한 현실 사이의 갈등을 해결하기 위해 환상에 불과한 정체성을 채택하는 것은 너무 값비싼 대가를 치르는 일이다.

재구성되는 자아

자기도취증의 특징으로는 자기집착, 끊임없는 관심과 칭찬 갈구, 비현실적인 성공이나 아름다움, 연애를 상상하는 것을 들 수 있다. 그래서 자기도취증에 빠지면 지위 불안과 경쟁 욕구가 증가하면서 자신의 기질, 성격, 성공 등을 각각 타인의 눈을 통해 볼 뿐만 아니라 자신의 몸을 타인과 비교하고 남이 나를 어떻게 보는지 걱정하며 외모와 개인의 가치를 혼동하기 쉽다.

저널리스트 리어라 태넌봄Leora Tanenbaum은 여성들이 외모가 어때야 하는지 규정하는 제한된 이상형에 들어맞게 어떻게 자신의 몸과 얼굴에서 찾아낸 '결함'을 지우는 성형수술을 선택하는지 설명했다.[128] 성형수술의 기원은 유태인이 사업과 직업에서 차별을 피하고자 인종적인 얼굴 특징을 지우려고 했던 19세기로 거슬러 올라간다.

현대 여성이 느끼는 압박감도 이와 크게 다르지 않다. 날이면 날마다 잡지, 광고, 영화, 텔레비전, 패션쇼에서 쏟아지는 여성 이미지를 보면, 여성은 이상형에 들어맞아야 하고 가치를 인정받으려면 스스로를 가꿔야 한다는 느낌이 든다. 이런 압력의 영향력은 여자 아이들이 사춘기에 들어서자마자 뚜렷하게 드러난다. 밀레니엄 코호트 연구Millennium Cohort Study에서는 영국의 소녀들이 정서적 문제를 나타내고 있는 비율(부모가 답변)이 11세의 경우 12퍼센트이지만 14세의 경우는 18퍼센트로 증가한다는 사실을 발견했다. 14세 소녀들에게 본인의 증상을 직접 서술하라고 하자 24퍼센트가 우울증을 앓고 있다고 답했다.[129]

남성도 이런 압박감에서 자유로울 수 없다. 영화와 텔레비전, 뮤직 비디오, 남성잡지에 등장하는 이상적인 남성은 어깨가 넓고 조각과 같은 몸매에 근육질이다. 여성들이 광고판과 화면에 등장하는 이상적인 여성미에 압박을 받아왔듯이, 이제는 남성들도 속옷 광고든 자동차 광고든 빨래판 복근과 울룩불룩한 팔뚝을 자랑하는 남성이 실물보다 크게 등장하는 광고판과 끊임없이 마주친다. 건장해 보여야 한다는 압박감은 평범한 슈퍼마켓 선반에 엄청나게 늘어선 보디빌딩 보충제, 남성의 섭식장애 증가, 제모나 탈색, 보톡스 주사를 비롯한 여러 미용시술을 받는 남성 수의 증가에서 찾아볼 수 있다. 타블로이드 신문들이 말하듯 켄처럼 보이기도 바비처럼 보이기만큼 어렵다.[130]

2013년 성형수술을 받은 미국인은 거의 200만 명에 달하며 보톡스 주사나 주름 필러 같이 비침습 미용시술을 받은 사람은 약 1,400만 명이다.[131] 가장 인기 있는 수술은 유방 확대술, 코 성형, 눈꺼풀 성형, 지방흡입술, 주름제거 수술이다. 가장 빠르게 인기를 얻고 있는 시술은 유방 거상술(2000년 이래 70퍼센트 증가), 복부 성형(79퍼센트 증가), 둔부 거상술(80퍼센트 증가), 하체 성형(3,417퍼센트 증가), 상완 성형(4,565퍼센트 증가)이다. 미국미용성형외과학회는 음순 성형(음문을 둘러싸고 있는 피부 주름 형태를 바꾸는 수술)이 점점 인기를 얻고 있는 수술이라고 덧붙인다.[132] 같은 해에 영국에서 시행된 성형수술은 5만 건에 달하며 미국과 마찬가지로 유방, 코, 눈꺼풀, 얼굴이 가장 많이 수술하는 부위였다.[133] 과다하게 축적된 지방을 빨아내는 지방흡입술은 그 한 해에만 40퍼센트 증가했다.

이런 통계를 우려해야 할까? 어쩌면 성형수술과 시술이 흔해진 이유는 나이프 사용이나 독소 주입과 같은 행위를 둘러싼 오명이 감소하고 더 많은 사람이 원하는 외모로 살아가고 싶은 건전한 욕구를 실현하기로 선택한 데 있을지도 모른다. 그러나 2012년 발표된 한 연구에서 시사하는 바는 그렇지 않다.[134] 이 연구에서는 노르웨이 10대 소녀들을 13년 동안 추적·조사하면서 외모 만족도, 정신건강, 성형수술 여부에 관한 정보를 수집했다. 우울증과 불안 증상, 자해 이력, 자살 충동 및 불법적 약물사용은 젊은 여성이 성형수술을 받는 선택의 전조였다. 학업기간에 성형수술을 받은 젊은 여성은 그렇지 않은 여성에 비해 우울증과 불안, 섭식문제, 음주 증상에서 증가를 나타냈다.

이보다 앞서 실시된 미국인 연구에서는 성형수술 환자가 다른 수술을 받은 환자에 비해 정신질환의 이력이 있을 가능성이 5배 더 높았다고 보고했다. 실제로 성형수술을 받은 환자 18퍼센트가 수술 상담을 받을 당시에 정신질환 약물을 복용하고 있었다.[135] 성형수술의 추세는 너무나 극명하게 불안정과 불안, 불행을 반영하고 있으므로 결코 간과해서는 안 된다. 이런 현상이 사회적 비교의 문제라면 분명히 제로섬 게임이다. 모두가 남보다 더 매력적으로 보일 수는 없기 때문이다.

'특별하다'는 기분

이제 자기 자신을 사랑하고 긍정적으로 느끼는 것이 중요한지 아닌지라는 쟁점으로 돌아가 보자. 출세하고 '무언가를 스스로 해낼 수 있는' 용기를 주는 자신감을 가지려면 긍정적이고 자기 자신을 사랑해야 하는 게 아닌가?

트웬지와 캠벨이 내놓은 연구에 대한 미국에서의 반응은 대부분 긍정적이었지만 '가혹하게 비판'하는 이들도 있었다. 자존감과 긍정적 사고를 추종하는 사람들은 다음과 같이 물었다. "그러면 우리는 모두 자신을 미워해야 하나요?" 한 학생은 언론에 다음과 같이 항의했다. "하지만 우리는 특별해요. 그 사실을 아는 게 잘못은 아니잖아요. 우리 세대가 드러내 보이는 감정은 허영심이 아니라 자부심이에요." 자기중심적이라는 비난을 달가워할 사람은 아무도 없다. 조사에 따르면 젊은이들은 자기 세대가 부모세대에 비해 자기도취 성향이 강하다는 사실을 인정하지만 주어진 자격처럼 자기도취 성향이 있다는 낙인은 유난히 싫어한다.[136]

트웬지와 공저자들이 지적하듯이 자기도취자는 공감능력이 부족하므로 장기적으로 봤을 때 서로 사랑하는 관계와 우정을 유지하는 데 어려움을 겪는다. 트웬지 연구팀은 또한 자기도취증과 지능지수 사이에 아무런 상관관계가 없고 자기도취자가 그렇지 않은 사람에 비해 육체적으로 더 매력적이지도 않으며 자기도취증이 지속적인 성공으로 이어지지도 않는다는 사실을 밝혀냈다. 자기도취자는 대학에서 중퇴할 확률이 높고, 사업에서 지나칠 정도로 위험부담을 감당하며, 상사로서 평판이 좋지 않고, 공동 작업에서도 효율이 떨어진다. 자기도취자는 정말로 우리 모두보다 더 우월하지 않다. 자신에 대한 그들의 찬양은 실제 자질이나 업적에 근거하고 있지 않으며, 자기도취적 행동으로 가족과 친구, 동료들이 엄청난 괴로움에 시달릴 수 있다. 자기도취증은 토마스 홉스가 주장한 '만인의 만인에 대한 투쟁each against all'이 부른 결과이자 불평등이 협력을 지위 경쟁으로 대체한 귀결이다.

최정상의 사이코패스

모든 사회는 그 사회가 정직하고 법을 준수하며 열심히 일하는 시민이 제대로 생계를 꾸리고 사회에 기여하며 성취감을 맛볼 수 있는 곳으로 생각하고 싶어 한다. 시민들은 모든 기관들(학교, 기업, 정부 등)이 도덕적이고 윤리적으로 행동할 뿐만 아니라 열심히 일하고 협조적이길 바란다. 하지만 불평등과 이에 따른 지위 경쟁 및 개인주의 만연은 '탐욕은 좋은 것'이고 위험 감수는 훌륭한 자질로 간주됨으로써 과도한 지배적 행동과 리더십 간의 차이가 희미해지는 문화를 유발하는 듯하다.

이런 분위기에서 거짓말과 조작, 속임수, 자기본위 및 냉담을 특징으로 하는 성격 장애를 지닌 사람이 현대 기업조직의 최정상에 오르는 경우가 많다는 사실은 그리 놀라운 일이 아니다. 심리학자 폴 바비악Paul Babiak과 로버트 헤어Robert Hare는 이런 현상을 가리켜 '정장을 입은 뱀snakes in suits'이라 부르며, 치열한 현대 비지니스 세계에서 사이코패스 인격의 '뱀들'이 어떻게 남을 짓밟고 성공했는지를 기록했다.[137]

불평등이 증가하면 사이코패스 성향을 나타내는 사람이 늘어날 뿐만 아니라 그런 성향이 훌륭하다거나 가치있다고 생각하고 경쟁이 협력보다 중요해 보이는 치열한 경쟁 환경을 만든다. 기업 고위층에 사이코패스 성향을 지닌 사람이 점점 늘어난다는 주장은 심리학자와 일반 대중 모두의 관심을 끌고 있다. 저널리스트 존 론슨Jon Ronson은 2011년에 내놓은 저서 《사이코패스 테스트The Psychopath Test》[138]에서 로버트 헤어가 개발한 사이코패스 진단도구를 적용해서 사이코패스를 포착하는 방법을 어떻게 배웠는지 설명한다. 사이코패스 진단은 도구에서 언급하는 특징을 낱낱이 갖추는 것이 아니라 얼마나 높은 점수를 받았는지로 결정되므로 전과가 있거나 어릴 적 품행에 문제가 있었는지는 영향을 미치지 않는다. 따라서 이런 행동의 일부를 '어느 정도' 표현하는 것이 중요하다고 생각하는 문화권이라면 이런 기질을 지닌 사람이 적어도 단기적으로는 출세할 가능성이 있다.

론슨은 토스터와 와플 메이커를 생산하는 미국기업 선빔오스터Sunbeam-Oster의 전 CEO 앨 던랩Al Dunlap과의 만남을 자세히 이야기한다. 던랩은 구조조정을 통한 부실기업의 회생 및 구조조정 전문가로 알려져 있었다. 위키피디아에 따르면 던랩은 기업을 구조조정하는 과정에 무자비한 방법을 동원하면서 '전기톱 앨'과 '줄무늬 정장을 입은 람보'라는 별명을 얻었다고 한다. 던랩은 론슨과 만났을 때 처음에는 망설였지만 결국 헤어가 개발한 사이코패스 진단도구 개정판을 시험하는 데 동의했다. 던랩은 많은 항목이 자신에게 적용된다고 인정했지만 그런 항목을 긍정적 자질로 보았다. 또 자신을 '더 할 나위 없이 매력적'으로 생각하고 웅대한 자부심이 중요하다고 말했다. 자신을 믿어야 한다면서 조작을 '리더십'이라고도 생각했다.

그렇게 던랩이 수많은 사이코패스 기질을 긍정적인 리더십의 자질로 새롭게 정의하면서 그날 오전이 흘렀다. 던랩은 충동성을 논하면서 "신속한 상황 판단력을 일컫는 표현이지. 어떤 사람들은 장단점을 가늠하는 데만 일주일을 보내지. 나는 어떠냐고? 딱 십 분만 생각해. 만약 장점이 단점보다 크다? 그러면 그냥 밀어붙이는 거야!"라고 말했다. '얄팍한 감정'이라는 항목을 보면서는 덕분에 '허튼 감정'을 느끼지 않아도 된다고 답했다. 후회를 느끼지 못하므로 자유롭게 앞으로 나아갈 수 있고 위대한 업적을 더 많이 이룩할 수 있다고 말했다.[138]

던랩은 점심을 먹으면서 론슨에게 직원을 해고한 이야기를 농담처럼 말했고, 그의 아내는 남편이 이야기할 때마다 웃어댔다. 론슨은 '직원 해고를 즐기는 인간이라니 기업 입장에서는 하늘이 주신 선물이겠네'라고 생각했다.

물론 선빔오스터에서 오랫동안 성실하게 근무한 직원들에게 던랩은 하늘이 주신 선물이 전혀 아니었다. 광범위한 공장 폐쇄와 대규모 해고가 주주에게는 환영받았을지 몰라도 그로 인해 수많은 사람이 고통을 겪었고 소도시 경제가 완전히 무너졌다. 장기적으로 봤을 때 선빔오스터 기업 자체도 던랩의 거창한 자부심과 교활하고 도를 넘은 변덕에 큰 곤욕을 치렀다. 던랩은 주주들이 기업실적이 호전되고 막대한 이윤을 창출하고 있다고 믿도록 하기 위해 분식회계 방법을 사용했다.

2001년 미국 증권거래위원회는 던랩을 상대로 소송을 제기했고 2002년 선빔오스터는 파산을 신청했다. 추가적인 조사에서 던랩은 이전에도 부정을 저지른 적이 있었고 공격적인 경영방식 때문에 해고된 이력이 있다는 사실이 밝혀졌다. 경제잡지 〈패스트컴퍼니Fast Company〉 편집자이자 던랩에 관한 책을 쓴 존 번John Byrne은 "앨 던랩만큼 조작에 능하고 무자비하며 파괴적인"[139] 경영인은 한 번도 본 적이 없다고 말했다.

던랩이 아주 극소수 중 한 명인 암적인 존재였을까? 정말로 기업조직의 말단보다 고위층에 사이코패스가 더 많을까? 영국 심리학자 벨린다 보드Belinda Board와 카타리나 프릿즌Katarina Fritzon은 기업 고위 경영자 39명(전원 남성)의 성격 기질을 경비가 삼엄한 브로드무어 정신병원에 감금된 환자 768명 중에서 추출한 표본과 비교했다. 브로드무어 병원 환자들은 모두 법률상 정신질환이나 사이코패스 장애로 분류되었고 중대 범죄로 유죄 선고를 받았거나 중대 범죄 혐의로 기소됐을 때 변론이 불가능한 정신상태라는 판정을 받은 사람들이었다.[140] 기업 경영자들은 연극성(피상적인 매력, 불성실, 자기 본위, 조작), 자기애성(과장, 공감능력 결여, 착취, 독선), 강박성(완벽주의, 일중독, 경직, 완고, 독재 성향) 특징을 비롯한 여러 부정적인 기질 측면에서 진단을 받은 환자들보다도 높은 점수를 기록했다.

1장에 나오는 그림 1.4는 지배와 종속, 우호와 적대라는 두 종류의 행동 차원에 따라 인간을 어떻게 분류할 수 있는지를 보여줬다. 자기애와 사이코패스 성향을 지닌 사람은 그림에서 지배와 적대가 만나는 오른쪽 상단에 해당한다. 여기에 속한 사람이 조작과 가차 없는 사업 관행으로 성공을 이룰지 아니면 폭력적이고 공격적인 범죄행위로 교도소에 가게 될지는, 운이 좋아서 기업 경영진(정장을 입은 뱀)으로 출세를 뒷받침해주는 가정과 사회환경에서 태어났는지 아니면 빈곤과 어려운 초년 환경 때문에 공격성을 다스릴 능력을 키우지 못하고 결국 나락으로 떨어졌는지에 상당부분 영향을 받을 수 있다.

바비악과 헤어는 1970년대 미국에서 전개된 기업 분위기의 특징이 경영권 인수, 기업의 인수합병, 기업규모의 축소와 분할 매각, 관료주의 탈피, 급격한 변화, 속도와 혁신이었다고 설명한다. 그런 와중에 기업 또는 기관에 대한 충성심의 진가, 고용주와 직원 간의 사회계약, 기업과 사회 간의 사회계약이 사라졌다. 기업이 이렇게 변화한 이유는 당시의 정치적이고 경제적인 이데올로기에 있었다. 무한한 개인주의와 자유시장에 대한 믿음도 사회 전반에 걸친 소득 격차의 확대와 지위 경쟁의 시작을 알렸다.

사실 현대 기업들은 자기도취자와 사이코패스와 너무나 닮아 2003년 조엘 바칸Joel Bakan이 쓴 책을 원작으로 이 점을 다룬 장편 다큐멘터리 〈기업The Corporation〉이 나왔을 정도다.[141] 기업은 공적 기능을 수행하는 합법적 기관에서 각 개인이 지닌 인간의 권리 일부까지 누리는 법인격을 갖기에 이르렀다(정치관련 지출 포함). 그래서 바칸은 기업조직을 인격으로 보고 검토한 뒤 사이코패스라는 진단을 내렸다. 2003년만 해도 이런 진단은 블랙 코미디로 볼 수 있었겠지만, 2007년부터 2008년에 걸쳐 발생한 세계금융위기 이후 쏟아진 수많은 책과 〈네 기사The Four Horsemen〉, 〈인사이드 잡Inside Job〉과 같은 영화들이 전세계 수많은 사람에게 피해를 끼친 기업의 모험가와 사회적 책임을 지지 않는 악질 기업을 고발했다.

철학자 사이먼 블랙번Simon Blackburn이 자기애를 다룬 연구논문 〈거울아, 거울아Mirror, Mirror〉에서 급증하는 불평등과 소득 상위 1퍼센트가 차지하는 막대한 연봉과 상여금을 논의하면서 "그들은 길을 걸어가면서 어떻게 거울 속 자신을 볼 수 있을까? 지금까지 자기가 약탈했고 계속해서 약탈할 사람들에 대한 동정은 차치하고 최소한의 염치조차 없는 걸까?"[142]라고 묻는다. 이 물음에 대해 블랙번은 그런 사람들은 자기 자신이 "특별한 능력과 판단력, 지능을 갖추고 있기 때문에 그럴 만한 가치가 있다. 같은 회사에 다니는 직원의 평균 연봉 300배보다 적은 금액은 부당하며 그들이 지닌 놀라운 재능에 적절히 보상하기에는 부족 그 자체"라고 믿는다고 답한다. 블랙번은 그들이 은행 고객에게 1퍼센트 이자를 지급하고 차입자에게 금리 16.5퍼센트로 돈을 빌려주어 그 차액을 챙겨 달아나는 데는 특별한 천재성이 전혀 필요하지 않다는 사실을 전혀 개의치 않는다고 지적한다.

이처럼 불평등한 세상에서 기업이 다시 한번 우리 모두가 공유하는 가치를 창출하는 방향으로 변화하기를 어떻게 기대할 수 있을까? 8장에서는 주주의 이익보다 사회계약을 옹호하고 우선시하려면 모든 형태의 경제 민주주의를 발전시켜야 한다고 주장할 것이다. 종업원 소유회사, 협동조합, 종업원 주식소유제도, 강력한 노동조합 및 종업원 대표는 모두 고삐 풀린 고위직 연봉과 성과급 문화를 제한하는 데 도움이 된다. 또한 자기도취와 사이코패스 성향을 지닌 기업 '지도자'들이 자기 마음대로 조작하거나 괴롭히거나 지나치게 큰 위험을 감수하고 실수를 은폐하지 못하도록 제한하고 월권행위와 무자비함을 다잡는 고삐 역할도 할 수 있다. 직원에게 책임을 다하는 기업 지도자라면 그림 1.4 오른쪽 가장 아래쪽에 있는 긍정적 지배 전략과 우호적 태도를 함께 갖추어야 할 것이다. 또 기량과 전문지식을 활용해 협조와 협력을 얻고 설득과 성실성으로 진정한 리더십을 입증해야 한다. 사람들을 위협하기보다는 격려하고, 착취하는 대신 인간과 사회에 봉사하는 기업을 만들고 키우는 데서 진정한 자부심을 느껴야 한다.

부자는 정말로 다른가, 불평등과 특권 의식

자기도취증이 불평등으로 증가하고 있음을 시사하는 증거가 있기는 하지만, 대부분의 사람은 자기도취자가 아니다. 또 사회의 상류층과 하류층에서 사이코패스들이 감정적인 피해와 범죄를 너무 많이 저지르고 있다고 해도 전체 인구에서 사이코패스가 차지하는 비율은 극소수에 불과하다. 그러나 자기도취증과 반사회적 행동은 빙산의 일각이다. 지위가 우월하다는 이유만으로 당연히 남보다 많은 것을 누릴 특권이 있다고 느끼는 사람들이 사회에 엄청난 피해를 입히고 있다.

캘리포니아대 버클리 캠퍼스 사회심리학과 교수 폴 피프Paul Piff는 사회적 위계, 감정, 사회집단 간의 관계와 '친사회적' 행동에 초점을 맞춘 주목할 만한 실험을 실시했다. 친사회적 행동이란 심리학 용어로 공유, 자원봉사, 협동, 조력과 같이 타인이나 사회 전체에 이익이 되는 행위를 말한다.

피프와 그의 동료들은 첫 번째 실험에서 일반적으로 낮은 개인 통제감으로 이어지는 생활환경(낮은 학력, 낮은 소득, 낮은 계급, 스트레스가 심한 가족관계를 비롯한 박탈감을 유발하는 문제가 빈번)인 '낮은 사회계층'에 속한 사람들의 친사회적 행동을 살펴봤다.[143] 피프 연구팀은 사회적 위치가 낮음에도 불구하고(혹은 낮기 때문에) 이 집단에 속한 사람들이 소득과 교육수준이 높은 사람들에 비해 타인의 필요에 더욱 관심을 기울이고 남을 기꺼이 도우려 하는지 궁금했다. 그들은 미국의 경우에 이미 빈곤한 가정이 부유한 가정보다 소득 대비 기부율이 더 높다는 사실을 알고 있었다(어쩌면 이는 살아가기 위해 사회적 유대와 네트워크에 의존해야 했던 본인의 경험을 반영한 결과일 수도 있다).[144] 나이, 민족, 종교적 성향을 감안한 실험조건에서 경제 게임을 실시했을 때, 하층 집단에 속한 사람들이 파트너에게 더 많은 금액을 할당했고 사람을 믿는 성향이 더 강했으며 가계소득 중 더 높은 비율을 자선단체에 기부해야 한다고 믿었다. 또 파트너가 곤궁에 빠진 것처럼 꾸민 통제 상황에서 파트너를 더 기꺼이 돕고자 했다.

사회 하층에 속한 사람들이 친사회적 성향을 더 강하게 나타낼 뿐만 아니라 더 윤리적이었다. 피프 연구팀은 두 번째 실험에

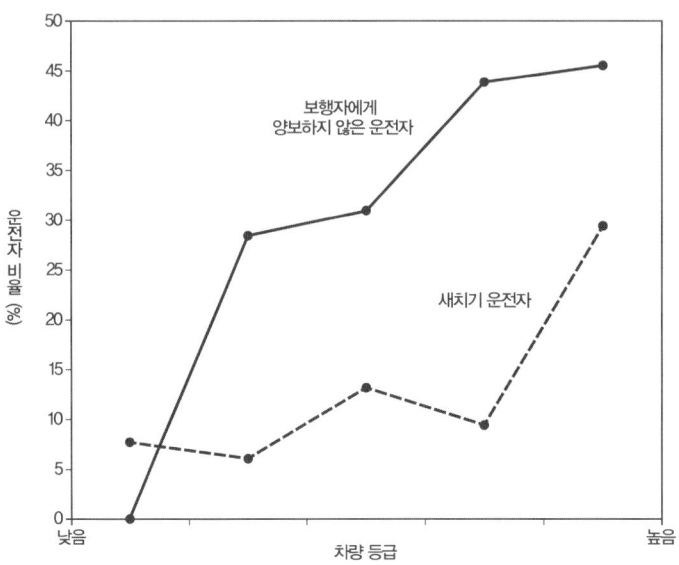

그림 2.3: 교차로에서 다른 차량을 새치기하고 횡단보도에서 보행자에게 양보하지 않는 자동차의 비율을 차량 등급에 따라 나타냈다.[145]

서 실험실 연구와 더불어 교차로와 횡단보도에서 자동차 운전자를 대상으로 관찰연구를 실시했다.[145] 관찰 결과, 고급(고가) 차량(제조사, 연식, 외형 기준) 운전자가 자신의 차례를 기다리는 대신 새치기를 하는 확률이 높았고 길을 건너려고 기다리고 있는 보행자에게 양보하는 확률이 낮았다(그림 2.3).

피프는 상류층과 하류층 대상으로 특권 의식도 살펴보았다.[146] 상류층 집단은 하류층에 비해 특권 의식을 측정하는 심리척도('솔직히 나는 남들보다 더 나은 대접을 받을 권리가 있다고 생각한다'와 같은 질문)와 자기애성 성격검사에서 더 높은 점수를 기록했으며 혼자 있고 보는 사람이 없다고 생각할 때 거울을 들여다보는 시간이 더 길었다.

통제실험controlled experiments에서 등장인물이 자신이 받아 마땅하지 않은 것을 누리거나 이익을 얻는다는 시나리오를 읽은 뒤 상류층 집단은 하류층 집단에 비해 자신도 똑같았을 것이라고 말할 확률이 더 높았다. 이는 단순히 상류층이 연구자가 자신을 어떻게 생각할지 크게 신경을 쓰지 않는다는 의미일 수 있지만 가상의 구직자에게 진실을 숨길지 선택할 수 있는 시나리오에서도 상류층은 실제로 타인을 속일 가능성도 더 높았다. 주사위 게임에서도 부정행위를 할 가능성이 더 높았다. 그리고 인근 연구실에 있는 어린이들을 위해 준비해 놓은 사탕이라는 말을 듣고도 그 사탕을 먹을 가능성이 더 높았다.[146]

피프의 연구는 비윤리적이고 반사회적이며 자기도취적으로 행동하는 인간의 성향을 선한 본능에 호소해서 바꿀 수 있음을 시사한다. 피실험자에게 평등의 이점 세 가지를 적게 해서 '탐욕은 좋은 것'이라는 의견을 곰곰이 생각해 보도록 자극하자, 상류층과 하류층 간 비윤리적인 행동의 격차가 사라졌다. 피프 연구팀은 양 집단이 비윤리적 행동을 행할 잠재력 자체에서는 차이가 없으나 비윤리적 행동에 대한 전반적인 기본 성향에서는 차이가 있다는 결론을 내렸다. 마찬가지로 연구팀은 상류층 집단에게 평등주의 가치를 생각하도록 해서 자기도취 성향을 줄일 수 있었다.

자기애성 성격검사를 실시하기에 앞서 피실험자를 두 집단으로 나눴다. 한 집단('평등주의')에게는 타인을 동등하게 대우할 때 발생하는 이점 세 가지를 쓰라고 했고, 다른 집단('통제')에게는 날마다

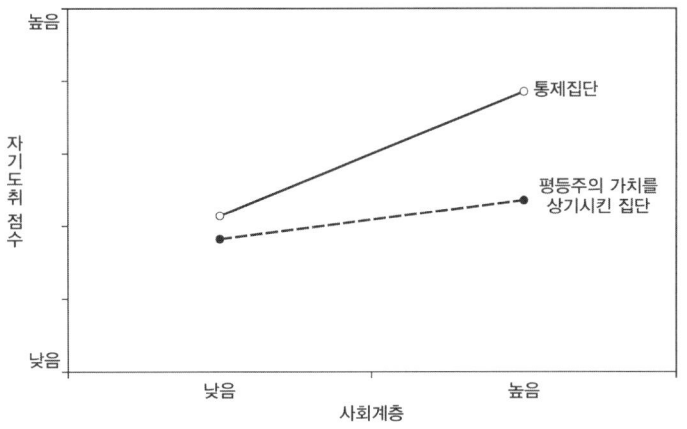

그림 2.4: 평등주의 가치를 상기하도록 한 경우 일반적으로 상류층 사람들이 나타내는 높은 자기도취 점수가 감소했다.146

일상적으로 하는 활동 세 가지를 적으라고 했다. 통제집단은 예상대로 상류층 사람들에게서 나타나는 과도한 자기도취 성향을 나타낸 반면, 평등주의 가치를 상기시킨 집단에서는 상류층 특유의 자기도취증이 유의미하게 감소했다(그림 2.4).

　상류층이 타인에게 더 고약하게 행동한다는 피프의 연구결과는 두 가지 타당해 보이는 이유로 설명할 수 있다. 첫 번째는 자신의 지위를 최대한 활용하려는 강한 동기를 지닌 사람은 천성과 기질상 반사회적 성향이 더 강하다는 주장이다. 두 번째는 인간은 모두가 자신보다 낮은 계층의 사람에게 고약하게 행동한다는 설명이다. 이 경우는 상류층 사람들이 자신보다 열등하다고 보는 사람의 수만 더 '많을' 수 있다.

　그러나 진짜 이유는 타고난 특성이라기보다 부유한 상류층 사람들이 고약하게 행동할 수 있는 환경을 조성하는 불평등 그 자체라고 할 것이다. 피프의 관찰과 실험은 모두 미국에서 이뤄졌다. 비교적 평등한 사회에서는 부유한 사람들이 반사회적으로 행동하는 경향이 나타나지 않는 듯하다. 연구에 따르면 미국보다 훨씬 평등한 국가인 네덜란드, 독일, 일본에서는 남을 믿는 성향이나 너그러움에서 부유한 사람이 가난한 사람에게 뒤지지 않았다.[147]

2015년 실시한 이 연구에서는 미국 고소득 인구의 덜 너그러운 성향이 불평등이 심한 주에서만 나타난다는 추가 증거가 발견됐다.[147] 연구팀은 남에게 기부할 기회를 부여한 전국 단위 대표조사를 살펴봤는데, 그 결과 불평등한 주 대부분에서는 고소득자가 저소득자보다 덜 너그러웠던 반면 덜 불평등한 주에서는 고소득자가 더 너그러웠다. 같은 연구팀은 참가자 출신 주의 경제적 불평등의 수준이 비교적 높은지 혹은 낮은지 설명하는 실험을 설계했다. 이 경우 고소득자는 자신이 불평등이 심한 곳에 살고 있다는 말을 들어온 경우에는 저소득자보다 덜 너그러웠으나 비교적 평등한 곳에 살고 있다는 말을 들어온 경우는 그렇지 않았다.

좋은 리더십을 능가하는 자기도취

불평등이 심한 사회에서 사회적 지위가 높은 사람들이 타인을 못 믿고 너그럽지 않더라도 적어도 유능하다면 이런 특성은 아무런 문제가 되지 않을지도 모른다. 이 책을 쓰기 시작했을 때만 해도 자기도취 성향을 확연히 드러내는 사람이 최고위직 선출 공직자로 당선될 수 있으리라고는 생각조차 하지 않았지만, 이제 트럼프 대통령의 리더십 자질은 전세계적으로 큰 우려를 부르는 문제다. 소셜 미디어에 올리는 견해만으로 누군가를 진단할 수는 없지만 도널드 트럼프가 트위터에 끊임없이 올리는 발언을 보면 허풍, 냉담, 자제심 부족을 비롯해 자기도취자와 사이코패스의 여러 특징을 떠올리게 된다. 몇 가지 예를 들어 보자.

"나는 사태를 잘 파악한다. 이해력도 뛰어나다. 그 누구보다도 뛰어나다고 생각한다."
"나는 세법을 누구보다도 잘 안다."
"나는 지구 상 그 어떤 사람보다 재생가능한 에너지에 대해 많이 안다."
"나보다 은행 업무를 잘 아는 사람은 아무도 없다."
"미국 역사상 도널드 트럼프만큼 사회기반 시설을 많이 아는 사람은 아무도 없었다."
"군대에서 나보다 높은 사람도 나보다 뛰어난 사람도 없다."

그중에서 가장 재미있는(혹은 슬픈) 말은 다음 문장이다.

"새로운 교황은 겸손한 분이다. 나와 아주 비슷하다."

알고 지낸 기간이 짧으면 자기도취자가 유능한 지도자처럼 보이기도 한다. 이는 아마도 사람들이 자기도취자가 풍기는 자신감을 가치 있게 여기기 때문일 것이다. 그러나 시간이 흐를수록 오만과 공격성이 대두되면서 자기도취자는 점점 인기를 잃게 된다.[148, 149]

앞에서 언급했던 미국 현역 군인을 대상으로 실시한 연구에서 부유한 가정 출신이 자기도취에 빠질 위험이 높았으며, 이런 상관관계는 무능한 리더십으로 이어졌다.[124] 많은 사람들이 주장하듯이 소득 불평등이 포퓰리즘 대두의 원인으로 지목받는 사회분열을 악화시킨다면, 이런 특권 의식과 자기도취적 신념을 지닌 사람은 유능하거나 겸손하거나 동정심이 많은 지도자가 될 수 없다.

공감, 사회는 어떻게 틈새를 메우는가

불평등이 자기도취증, 반사회적 성향, 특권 의식에 미치는 영향력이 중요한 만큼이나 공감에 미치는 영향도 중요하다. 서로의 감정을 이해하고 교감하는 행위는 공동체 생활과 사회관계를 뒷받침한다. 이런 내용은 그저 중요한 인간 자질에 그치지 않는다. 많은 사회적 동물에게 공감이 존재하는 이유는 공감이 사회집단 내에서 관계를 유지하는 요소이기 때문이다.

인간과 가장 가까운 동물인 원숭이와 유인원은 집단의 다른 구성원이 흥분하면 같이 흥분하고 무서워하거나 슬퍼 보이는 동료를 위로하면서 서로에게 애착을 보이며 감정을 공유한다. 영장류 동물학자 프란스 드 발Frans de Waal은 동물원 우리 안에 있는 연못에 빠진 동물에게 사슬을 던져주거나 혼자서는 물을 얻을 수 없는 동물에게 물을 가져다주는 침팬지 보노보의 사례를 언급한다.[150] 협력이 대단히 중요하다는 점을 생각할 때 공감은 생존의 비결이다.[151]

어린이를 포함한 개인의 공감능력은 방치나 학대로 파괴될 수 있다. 갈등 해소 전문가인 메리 클라크Mary Clark는 공감에서 발생하는 연민을 인간의 '가장 기본적인 특징'이라고 부른다.[151] 공감을 상실하면 '사람이 물체로 변화하는 것'이라고 한 정신병리학자 사이먼 배런코언Simon Baron-Cohen의 말에서도 알 수 있듯이 공감을 상실한 사람은 '나 모드I mode'에 빠지고 이런 공감의 상실이 잔인한 행동의 원인이 된다.[152] 배런코언이 쓴 책《공감 제로Zero Degrees of Empathy》에는 수많은 문화권에서 공감을 상실한 채 행동하는 개인의 사례와 이유 없는 잔인함의 사례가 등장한다. 배런코언은 공감은 "우리가 관심을 한곳에 집중하길 중단하고 대신 양쪽에 기울이는 방식을 채택할 때" 발생한다고 정의하며 관심을 나 자신과 타인 양쪽 모두에 기울일 때 "타인이 무엇을 생각하고 느끼는지 파악하고 여기에 적절한 감정으로 대응"할 수 있다고 말한다. 불평등으로 사회 전체가 공감능력을 잃어감에 따라 집단 간에 벌어지는 격차와 사회적 거리를 연결하는 능력이 약화되고 있다. 함께한다는 감각과 가장 취약하고 목소리가 작은 사람들을 보호해야 한다는 의식도 점점 잃어가고 있다.

프린스턴대 심리학과 수잔 피스크Susan Fiske는 심리학 실험에서 자신에게 권력이 있다고 느끼는 것이 타인의 감정과 생각을 이해하는 능력까지 떨어뜨릴 수 있으며, 그 이유는 권력이 있거나 지배하는 사람은 아무런 처벌을 받지 않고 남을 무시할 수 있기 때문이라고 설명한다.[153] 피스크의 말처럼 '권력은 경멸을 묵인'할 수 있다. 또한 피스크는 경멸이 함께하는 경험을 가로막는 장벽을 세우기 때문에 경멸당한 사람과 경멸한 사람 모두에게 해롭다는 사실을 보여준다. 피스크는 경멸이야말로 지극히 무심한 무시부터 경멸받는 사람의 인간성 말살에 이르기까지 갖은 해악을 일으키는 상류층의 도덕적 해이라고 말한다. 경멸의 이면인 질투도 질투하는 사람과 질투받는 사람 모두에게 해롭다. 질투하는 사람은 수치심, 원한, 분노를 느끼고 질투받는 사람은 냉정하고 타산적이며 위협적으로 인식한다.

불평등은 개인의 공감능력과 동정심에 영향을 미치는 개인적 경험을 넘어서 집단적인 사회적 공감능력에 영향을 미칠까? 앞에서 이미 설명했듯이 소득 불평등은 사람들 간의 사회적 거리를 벌리고 지위의 중요성과 경쟁을 고조시킨다. 피스크는 《질투와 경멸Envy Up, Scorn Down》의 서두에서 "우리는 사회에 만연한 지위 불안이 야기한 질투와 경멸로 갈라져 있다. 사상 최고 수준에 이른 소득 불평등이 이런 계급 구분을 더욱 심화시킨다"라고 말한다.[153] 그러나 최근까지도 상이한 소득 불평등의 수준이 공감에 영향을 미친다는 실질적인 증거는 없었다. 2012년 마침내 이 주제를 다룬 2건의 연구논문이 발표되었다.

밀라노대 심리학과 교수 페데리카 두란테Federica Durante와 동료들이 37개국에서 실시한 첫 번째 연구는 사람들이 '타인'을 정형화하는 방식에 관한 국제적 연구였다.[154] 두란테 연구팀은 불평등이 광범위한 문제를 유발하고 있음에도 어째서 사람들이 불평등을 적극적으로 반대하지 않고, 대신 현상 유지를 묵인하는지 알고 싶었다. 연구팀은 '다른' 집단을 양면적인 시각으로 볼 수 있다면, 다시 말해 다른 집단이 좋은 특징과 나쁜 특징을 모두 갖고 있다고 본다면 불평등을 합리화할 수도 있다고 보았다. 예를 들어 부자는 전부 이기적이고 비열하다고 느낀다면 일부가 엄청난 부를 쌓도록 허용하는 불평등을 용인하지 못할지도 모른다. 그러나 부자가 특별히 능력이 뛰어나고 경제발전에 기여한다고 생각한다면 그들의 존재는 용인될 것이다.

인간은 모두 어느 정도 '타인'에 대한 고정관념을 지니고 있으며 각기 다른 집단이 서로 다른 강점과 약점을 지니고 있다고 본다. 사람들이 인간 집단에 느끼는 고정관념의 특징으로는 지위의 높낮이, 능력의 유무, 경쟁심이 강한지 아니면 협력적인지, 따뜻하고 우호적인지 아니면 차갑고 적대적인지 등을 들 수 있다. 두란테 연구팀은 불평등한 국가일수록 여성은 따뜻하나 무능하다는 가부장적 견해나 부자는 유능하나 차갑고 타산적이라는 타인에 대한 '애매한' 고정관념이 더 많을 것이라고 가정했다. 이 연구 결과는 불평등한 사회일수록 사람들이 타인을 상반되는 감정으로 바라보는 경향을 나타냈기 때문에 그들의 가정이 옳았음을 입증했다. 소득 불평등이 증가함에 따라 부자는 이기적이지만 바람직한 일에 기여한다거나 빈자는 출세에는 실패했지만 서로에게 친절하다고 생각하여 이를 정당화하고 합리화하는 일도 증가했다. 그렇지 않으면 사회구조 전반이 불공평하고 견딜 수 없게 느껴질 것이다. 우리는 집단마다 누릴 권한이 다르다거나 도덕성에 차이가 있다고 보면서 불평등을 합리화한다. 두란테 연구팀은 "소득 불평등이 심할수록 사회집단은 더 많은 보상을 필요로 한다"고 말한다. 불평등은 인간이 타인에 대해 생각하는 방식을 바꾼다.

이런 고정관념이 중요할까? 결과적으로 두란테 연구팀은 사람들이 어떻게 행동하고 실제로 다른 사람들과 어떻게 교류하는지 알아보는 대신, 사람들이 타인을 어떻게 생각하는지(정확하게는 남들이 타인을 어떻게 생각한다고 생각하는지) 측정했을 뿐이다. 공감을 더 정확하게 표현하면 사람들이 실제로 서로를 대하는 태도, 즉 냉정하기보다는 정답게 행동하고, 경쟁하기보다는 협동하려는 의향이 아닐까?

1장에서는 유럽인 가치조사 데이터를 분석해 소득 불평등과 연대solidarity를 살펴본 마리이 파스코프와 캐롤린 드윌드Caroline Dewilde의 연구를 언급했다.[39] 파스코프 연구팀은 '연대'를 공감의 중요한 측면인 타인의 행복에 기여하려는 의향으로 규정했다. 이 연구팀은 유럽 26개국 국민들에게 "다음 사람의 상황을 개선하기 위해 실제로 행동에 나설 준비를 갖추고 있습니까? (a) 이웃이나 같은 지역 주민 (b) 자기 나라의 노인 (c) 자기 나라의 환자와 장애인 (d) 자기 나라의 이민자"라는 질문을 했다. 분석 시에는 각국의 평균 소득과 사회보호 지출액, 사회복지 형태, 각 응답자의 성별과 나이, 결혼, 취업 여부를 비롯해 이민자이거나 종교가 있는지, 학력과 소득 수준이 어떤지를 고려했다.

　이 모든 변수를 감안해서 분석한 결과는 평등한 국가에 사는 사람일수록 더 기꺼이 남을 돕고자 한다는 유의미한 경향을 발견했다. 남을 돕는 동기로 가장 강력한 이유는 보편적인 공익이나 사리사욕이 아니라 도의상 의무와 연민이었다. 환자와 장애인, 노인은 훨씬 더 기꺼이 돕고자 한 반면 이민자를 도우려는 의향은 낮았다. 국가 간에도 상당한 차이가 나타났다. 스웨덴인 경우는 85퍼센트가 기꺼이 노인을 돕고자 했으나, 영국인은 54퍼센트, 에스토니아인은 33퍼센트에 그쳤다. 스웨덴인 68퍼센트가 이민자를 돕겠다고 말한 반면, 영국인은 14퍼센트, 리투아니아인은 4퍼센트만이 이민자를 돕겠다는 의향을 나타냈다.

　불평등이 사회적 결속, 차별, 신뢰에 미치는 영향은 잘 알려져 있다.[1, 155] 수많은 개별연구들이 불평등의 증가가 신뢰를 무너뜨린다는 사실을 보여줬다. 파스코프와 드월드는 신뢰와 사회의 결속력 정도가 어떻게 실질적인 연대와 바람직한 이웃 관계로 전환되는지 보여주었는데, 본인의 소득 수준과 무관하게 불평등한 국가에 사는 사람일수록 남을 돕는 일에 소극적이었다.

이번 장에서는 불평등이 어떻게 사람들로 하여금 타인보다 자신을 더 뛰어난 인간으로 내보이고 싶은 욕구를 강하게 느끼도록 압박하는지, 현대사회에 널리 퍼지고 있는 자기도취증이 어떻게 불평등의 확산을 반영하는지, 재계가 사이코패스 성향을 지닌 사람을 어떻게 기업 최고위 경영진에 오를 수 있도록 길을 닦아왔는지, 불평등한 국가일수록 사람들이 자신의 지위를 얼마나 더 걱정하는지 보여주는 증거들을 살펴봤다. 또 부자들에게 평등주의 가치를 생각하도록 요청하여 어떻게 반사회적 성향이 감소하고 윤리 의식이 상승하며 특권 의식이 줄어드는지도 밝혔다. 이와 더불어 소득 불평등이 공감과 남을 도우려는 의향을 약화시킨다는 증거도 살펴봤다.

이런 내용들은 불평등이 심할수록 사람들이 지위와 자기 출세, 사리사욕을 채우는 일에 더 매진한다는 뜻이다. 경쟁이 치열하고 불평등한 세상에 대응할 방편이라고는 자기강화와 이를 악물고 출세하기 위해 경쟁하는 것뿐인 듯하다. 하지만 자기고양과 자기도취증이 엄청난 불안감을 감추고 사람들이 행복하고 충만한 관계를 맺지 못하도록 방해할 수 있다는 증거도 있다. 사회계층 곳곳에 퍼져있는 경멸과 질투라는 감정은 경멸하는 사람이나 경멸받는 사람, 질투하는 사람이나 질투받는 사람 모두의 행복을 해친다.

공감은 인간사회의 관계와 행복의 핵심이다. 사이먼 배런코언은 공감을 만능 해결책이라고 설명한다. 대인관계 문제와 결혼생활의 어려움, 직장에서나 이웃과의 문제, 정치적 교착상태와 국제분쟁에 이르기까지 모든 문제를 공감으로 풀 수 있다. 공감은 공짜이고 공감능력을 발휘할 때 그 누구도 억압하지 않는다. 불평등이 공감을 약화시켰지만, 불평등을 감소시켜 공감을 유발하고 최대한 활용해서 얻을 수 있는 잠재적 이득을 생각하면 더 나은 세상을 만들 수 있다는 큰 희망을 품게 된다.

3장

가짜 해결책, 중독

"매일 밤 침대에 누워 다시는 그러지 않을 거라고 말해요. '내일은 다를 거야.' 하지만 그렇지 않죠. 항상 똑같고 절대 멈추지 않아요. 나는 보잘 것 없어요. 친구들은 정말 행복해 보이는데 나만 외톨이죠. 그곳에 낄 수 없어요. 나는 나만의 세계에서 내가 누릴 수 있었던, 내가 누려야 했던 그 세계를 엿보고 있어요."

2014년 온라인에 올라온 글

"또 구멍이 생겼어요. 속이 허해서 간절히 채워지길 바라죠. 내가 갈구하는 것은 음식이 아니에요."
"손길, 애무라면 좋은 출발이겠네요. 하지만 오늘 밤 나를 위한 손길은 없어요."
"결국 오늘도 먹게 될 것 같아요."

2014년 인터넷 채팅 사이트 〈나는 중독자입니다 Have An Addiction〉에 올라온 글

쇼핑 중독, 알코올 중독, 일 중독, 초콜릿 중독, 섹스 중독, 기계 중독. 인간은 무엇에나 중독될 수 있는 듯하다. 최신 비디오 게임이나 텔레비전 시리즈에 집착하는 사람이 있는가 하면 베이컨, 수면, 컵케이크에 중독됐다고 말하는 사람도 있다. 온라인 사전 어번 딕셔너리Urban Dictionary는 다소 거들먹거리며 '중독'이라는 말은 '알코올 중독을 의미하는 경우를 제외하면 언제나 부적절하게 사용된다'고 주장하지만, 대개는 일시적으로 자신의 삶에 만족감을 높이는 과도한 몰두나 집착을 중독으로 본다.

앞에서 살펴봤듯이 불평등한 사회에서 자존감과 지위를 유지하

려는 노력은 엄청난 스트레스를 수반한다. 자신감이 무너지고 극심한 사회적 비교에 패배감을 느끼든, 갈등 속에서 뻔뻔하게 밀고 나가 자신이 성공적으로 해냈다고 세상을 설득하든(무척 부서지기 쉬운 자존감을 근거로), 이런 스트레스를 경험하면 술이나 약물, 위안이 되는 음식과 '기분 전환용 쇼핑'을 비롯해 기분이 좋아지는 무엇인가를 점점 더 많이 갈구하게 된다. 이런 중독은 수많은 이들이 느끼는 끈질긴 불안에서 벗어나고자 자신에게 내미는 도움의 손길이지만 제 기능을 못하는 대처 방식이다.

약물이나 알코올에 중독된 사람들을 연구하는 전문가들은 다른 행동에 중독이라는 용어와 딱지를 붙이는데 반대하지만, 이 책에서 우리는 쥐 공원Rat Park 연구로 유명한 심리학자 브루스 알렉산더Bruce Alexander가 제시한 정의를 채택한다. 이 실험에서 다른 쥐들과 함께 수용된 쥐는 단독으로 격리된 쥐보다 마약성 약물을 훨씬 적게 섭취했다. 알렉산더는 이 실험 결과가 '마약 문제'에서 마약 그 자체의 특성과 성질(마약 고유의 중독성)이 차지하는 비율은 일부에 불과함을 시사한다고 해석했다.

알렉산더는 중독이 개인의 문제인 동시에 사회문제임을 입증했고, 이 장에서 살펴볼 증거들도 이 관점을 지지한다. 알렉산더는 중독의 역사를 개관한 《중독의 세계화The Globalization of Addiction: A Study in Poverty of the Spirit》에서 중독을 "중독된 사람이나 사회, 혹은 양쪽 모두에 해로운 것을 추구하는 과도한 몰두"[156]라고 정의한다. 이는 사람이 자신과 타인을 위험에 빠뜨리는 반복적인 행위를 지속적으로 추구하는 모든 방식을 포함하는 폭넓은 정의다. 또 중독을 사회적 수준에서 고려하고, 사람들이 중독 행동과 수많은 대상에 점점 더 빠져드는 이유에 의문을 갖게 만드는 정의이기도 하다.

알렉산더는 이런 광범위한 의미에서 중독을 현대성의 부산물로 본다. 그는 자유시장경제가 사회적 결속력을 무너뜨리고 '영혼의 빈곤'이라고도 할 수 있는 '이탈dislocation'을 야기한다고 믿는다. 또 중독은 이탈, 소외, 단절이라는 느낌에 적응하는 방식이라고 본다. 알렉산더가 말하는 '이탈'이란 제자리에 있지 않고 배제된 느낌, 바람직한 사회관계와 단절된 불행한 느낌을 의미한다. 그는 오늘날 자유시장사회에서 이탈은 일부 개인에게 국한된 병적인 상태가 아니라 '경제인economic man'이라는 반사회적 개념이 퍼트린 보편적인 상태라고 주장한다. 경제인이란 인간은 본디 합리적인 사리사욕에 따라 행동하며 공익을 전혀 생각하지 않고 개인의 목표를 추구한다는 개념이다. 지난 반세기 동안 이 개념은 확고하게 자리 잡았다. 알렉산더는 물질적 빈곤은 존엄성으로 견딜 수 있지만 영혼의 빈곤, 즉 이탈은 존엄성으로 견딜 수 없으며 물질로도 극복할 수 없다고 지적한다.

중독의 근원을 설명하는 알렉산더의 해석은 건강한 개인이란 무엇인가라는 오래된 심리학적 사고에 기초하고 있다. 건강한 사람은 개인의 자율성과 성취 욕구 못지않게 중요한 사회관계와 소속감 욕구 사이에서 균형을 유지한다.[157] 알렉산더는 "자유시장사회가 치열한 경쟁과 소득 격차에서 자유로울 수 없듯이 중독에서도 자유로울 수 없다"고 주장한다. 개인의 경쟁을 지나치게 강조하면 사회결속력이 희생되고, (이미 살펴봤듯이) 불평등 수준이 증가하면 지위 불안이 고조된다. 이런 상황에서 사람들은 심리사회적 갈등의 통합(신뢰감 대 불신감, 자율성 대 수치감 또는 회의 등)을 이루고자 애쓰는 대신 각종 중독에 의지한다. 일반적으로 이런 행동이 오히려 여러모로 문제를 더 키운다는 사실은 애초에 중독 행동을 시작하게 만든 정신적 고충을 심화시킬 뿐이다.

자아 탈출

자유시장사회에서 타인과 심리사회적 통합을 유지하고 강인한 정체성을 지니기가 점점 어려워지면서[158] 소셜 미디어와 디지털 세계의 지속적인 사회적 평가 위협이 고조된다면, 소속 욕구와 존중받고 싶은 욕구는 그 어느 때보다도 중요해질 것이다. 플로리다 주립대 심리학과 교수 로이 바우마이스터Roy Baumeister는 1991년에 발표한 책 《자아탈출Escaping the Self》에서 사람들이 자아상과 남에게 내보이는 이미지를 유지하고자 행하는 일련의 행동들을 지적한다.[159]

우리는 일류 자격증을 따려고 고군분투한다. 좋은 인상을 주는 방법을 소개하는 책을 읽고 수업도 듣는다. 낡지도 않은 옷을 버리고 유행하는 새 옷을 산다. 실패하거나 사고가 났을 때 자신에게 유리한 변명을 지어내고 남에게 책임을 떠넘기려 애쓴다. 유행에 따라 날씬하게 몸매를 가꾸려 굶주린다. 대화나 발표를 미리 연습하고 끝난 뒤에는 무엇이 잘못됐는지를 떠올리려고 심사숙고한다. 성형수술을 받는다. 자신을 비교할 기준을 가지려고 남들에 관한 정보를 끊임없이 찾는다. 우리의 체면이나 우월성에 의문을 제기하는 사람과는 주먹다짐을 벌인다. 필사적으로 합리화를 모색한다. 어떤 일로 자신이 바보처럼 보이기라도 하면 얼굴을 붉히고 곱씹는다. 외모 가꾸기와 연애 기술, 일이나 놀이, 다이어트에 성공하는 방법, 말재주에 관한 조언을 제공하는 잡지를 계속해서 산다. 어느새 자존감 유지가 마치 직업처럼 보이기 시작했다!

높은 수준의 사회적 평가 위협을 받으며 살기란 무척 피곤한 일이다. 거의 불가능한 과제에 힘을 빼고 소셜 미디어에서 자기 연출에 애쓸수록 더욱 힘들어질 뿐이다. 바우마이스터는 자기 자신에게서 탈출하고 싶어 하는 일과 남들 눈에 멋있어 보이려는 노력을 설명한다. 이는 크나큰 불행일 뿐만 아니라 남의 기대를 영원히 짊어지는 것이기도 하다. 르네상스 시대 이전 사람들은 타인의 귀감이 되는 이상적인 표준 '행동'을 따르려고 노력했다. 오늘날에는 사람들이 점점 피상적인 이상형, 미의 기준에 따르고 유행 아이템을 구입하는 데 관심을 기울이는 듯하다.

남이 나를 무시한다는 느낌이 들고 스스로가 하찮고 무능하며 거절당했다고 느낄 때 약물이나 알코올, 비디오 게임과 텔레비전 속 환상세계에 몰입, 위안이 되는 음식, 기분전환용 쇼핑, 크게 한 건 할 수 있다는 가능성이 한층 더 큰 매력으로 다가오고 많은 사람들을 끌어들인다. 사람들은 자신이 원하는 정체성을 만들어준다고 약속하는 상품과 만성적 스트레스 및 불안을 잠깐 해결할 뿐인 활동과 소비에 끝없이 빠져든다.

사람을 물건으로 대체하다

중독과 강박적 행동이 '사람을 물건으로 대체'하는 현상을 수반한다는 생각은 1980년대 후반부터 존재했다. 이 문구는 심리치료사 크레이그 네켄Craig Nakken이 처음으로 언급했고, 저널리스트 데이미언 톰슨Damian Thompson이 저서 《중독The Fix》에서 이 개념을 중점적으로 다뤘다. 《중독》은 사람들이 휴대전화, 설탕이 범벅된 컵케이크, 비디오 게임, 차디찬 커피 음료, 온라인 쇼핑에 어떻게 사로잡히는지 서술한다.[160]

톰슨은 베트남 전쟁에 참전했던 미군 대다수가 외롭고 무섭고 스트레스에 시달리는 상황에서 헤로인을 투약했으나 파병지에서 벗어나 안전하게 집으로 돌아간 이후에는 거의 모두가 마약을 끊은 사례를 소개하고 있다. 톰슨은 중독에 가까운 행동을 보이는 현대 소비자들을 가리켜 "베트남으로 파병된 군인 같다. 갈피를 못 잡고 두려움에 떨며 현실을 견딜 만하게 만들어주는 해결책에 끊임없이 이끌린다. 아파야만 행복할 수 있는 것은 아니다. 그저 인간이면 충분하다"라고 말한다. 이 비유의 문제점은 현대 소비자는 이미 '집'에 있으며, 톰슨이 꼽는 파괴적인 패턴에서 벗어나려면 구체적으로 불평등한 사회의 어떤 면이 사람들을 중독 행동으로 몰아가는지를 알아야 한다는 데 있다.

사전장전, 사전음주

'사전장전preloading'이나 '사전음주predrinking' 같은 용어가 생긴지는 얼마 안 됐지만 그 말이 가리키는 바는 이미 널리 퍼져 있는 추세다. 이는 밖에 나가서 사람들과 어울리기 전에 미리 술을 잔뜩 마셔둔다는 뜻으로 젊은이들의 일반적인 음주 습관을 바꾼 관행이다. 요즘 젊은이들은 술집에서 술을 마신 다음에 클럽으로 가는 대신 집에서 나오기 전에 그날 밤 마실 술의 3분의 1정도를 미리 마신다. 이런 음주 행태를 다룬 모든 연구에서 젊은이들이 미리 술을 마시는 주요한 이유로 비용 절감을 꼽았다. 술집이나 클럽으로 향하기에 앞서 할인 슈퍼마켓에서 구매한 술을 마심으로써 훨씬 낮은 비용으로 원하는 취기 수준을 달성할 수 있다. 물론 개중에는 술 취한 상태로 집을 나서면 나중에 합리적인 소비를 하는 데 도움이 되지 않는다고 인정하는 이도 많았다.

외출 전에 미리 술을 마시는 또 다른 강력한 동기는 사회적 불안이다. 많은 젊은이가 술에 취한 상태로 외출하면 사회적 평가 위협에 맨정신으로 맞서지 않아도 된다고 말한다. 한 조사 연구[161]에서는 젊은 여성들이 '클럽에 가면 겁이 나요. 외출 전에 술을 마시면 이에 맞설 용기가 나죠'라거나 '잔뜩 취해서 난장판에 맞설 준비가 되기 전까지는 술집에서 즐길 수가 없어요'라고 말했다. 뉴질랜드에서 실시한 연구에서는 "일상생활의 제약, 극도의 수줍음, 맨정신으로는 밤 문화가 너무 불쾌하게 느껴진다는 느낌 등을 외출 전에 미리 술을 마시는 개인적 동기로 꼽았다"[162]라고 설명한다.

예로부터 젊은이들에게 사교란 항상 불안에 시달릴 수밖에 없는 행위였다. 자기 정체성에 확신이 없는 데다가 친구 무리, 연애, 섹스 상대를 찾는 동안 계속해서 타인에게 평가받는다고 느끼기 때문이다. 그렇다면 이전에 비해 더욱 불평등한 현대사회에서 이런 현상이 악화됐을까?

1장에서는 더욱 불평등한 국가일수록 사람들이 느끼는 지위 불안이 사회전반에서 어떻게 증가했는지를 살펴봤다. 불안과 우울증, 자가 치료용 알코올 및 약물 사용이 서로 관련이 있다는 사실은 이미 알려져 있다.[163, 164] 하지만 불안과 소득 불평등이 사전음주와 폭음, 알코올 중독, 약물 남용을 비롯한 각종 중독 행동을 증가시킨다고 확신할 수 있을까? 비교적 평등한 국가에 사는 사람과 비교할 때, 더욱 불평등한 사회에 사는 사람들은 도박이나 비디오 게임, 컵케이크에 더 많이 중독되는 것일까?

소득 불평등과 문제성 행동

이전의 책 《평등이 답이다》에서 우리는 부유한 국가에서 중독을 포함한 정신질환의 발생빈도가 소득 불평등과 유의미한 관계가 있음을 보여줬다. 또한 불평등이 헤로인, 코카인, 암페타민과 같은 약물 사용 전체를 통합한 지수와 관계 있다는 사실도 보여줬다. 미국에서 가장 불평등한 주는 마약 중독비율이 높은 동시에 마약의 과다 복용으로 인한 사망도 많았다.¹ 뉴욕 시내를 지역별로 조사한 연구에서는 소득 불평등이 가장 높은 지역에서 마리화나 흡연율이 더 높았고[165] 약물 과다 복용으로 인한 사망도 더 많았다.[166]

불평등과 불법적 약물 간의 관계는 명확하고 굳건한 반면, 음주는 좀더 복잡한 사회적 패턴을 나타낸다. 영국과 미국에서 '모든' 음주 형태는 상류층일수록 더 흔하게 나타나는 반면 '문제성' 음주는 하류층일수록 더 많이 나타난다. 본인이 마시는 음주량에 대한 자기보고는 신뢰하기 어렵다. 따라서 여러 국가 간의 음주 행태를 비교한 연구에서는 자기보고에 기초한 알코올 소비 대신 알코올 판매 데이터를 사용하는 경우가 많다. 이는 자신이 얼마나 많은 술을 마시는지 밝히기를 꺼려하는 사람이 있기 때문이지만, 대개 사람들은 자신이 섭취한 알코올 양을 정확히 평가하지 못한다. 커다란 와인 잔이나 맥주 한 잔, 더블 진토닉에 들어가는 '알코올 단위'가 얼마나 되는지 헷갈리는 것은 당연하다.

그럼에도 소득 불평등은 뉴욕 시내 지역의 잦은 음주,[165] 부유한 국가의 청소년 과음과 주취,[167] 유럽 13개국의 1인당 알코올 소비량,[168] 복잡한 패턴이지만 호주의 알코올 관련 사망[169]과 연관성을 나타냈다. 모든 연구결과가 단순하지는 않다. 예를 들어 유럽 13개국 연구에서는 불평등과 알코올의 과다 소비 사이에 연관성을 발견했으나 알코올성 간질환과의 관계는 찾지 못했다. 미국 각주를 대상으로 한 연구에서 인종과 관련된 소득 불평등(가난한 소수 민족과 백인 비교)이 전반적인 불평등 척도보다도 심각한 알코올 문제 수준과 더 밀접한 관계를 나타냈다.[170] 요컨대 소득 불평등이 위험한 알코올 소비와 관련이 있다는 증거는 복잡하지만 실재하며 약물 사용 및 중독 연구와 함께 불평등이 어떻게 사회적 불안을 매개로 해를 끼칠 수 있는지 설명하는 중요한 요소다.

도박, 비디오 게임, 컵케이크와 관련된 행동이 각 사회에 얼마나 널리 퍼져 있는지 비교할 수 있는 정확한 자료는 거의 없다.《평등이 답이다》에서는 불평등한 국가와 지역일수록 비만율이 더 높다고 말했는데, 이는 과식증을 측정하는 일종의 대리척도 proxy measure 로 볼 수 있을 것이다. 실제로 불평등한 국가일수록 일인당 열량 섭취량이 더 높다.[171] 이제 여러 관찰연구와 면밀한 실험연구들이 불평등으로 증가한 불안을 포함한 모든 불안이 식욕과 당, 지방 수치를 높여 건강에 좋지 않은 음식을 좋아하도록 부추긴다는 증거를 보고한다.[172, 173] 위안 삼아 음식을 먹는 행위가 스트레스에 대처하는 만성적인 반응이라는 점은 동물연구에서 똑같은 경향이 나타난다는 사실에서도 알 수 있다. 당과 지방은 진정 효과를 나타내며 아편과 똑같은 뇌 영역에 작용한다는 점 역시 입증된 사실이다.

도박과 게임은 그 자체로는 문제가 아니지만 분명히 중독문제를 일으킬 수 있다는 점에서 음주와 맞먹는다. 따라서 얼마나 다양한 지역에서 많은 도박과 게임이 일어나고 있는지는 별다른 의미를 지니지 못하며, 대신 얼마나 많은 사람이 상습적으로 도박이나 게임을 하고 있는지를 알아야 한다. 다행히도 2012년 한 보고서는 문제성 도박에 빠진 사람의 비율을 연령별 인구 구성비에 따라 조정하고 각고의 노력을 기울여 계산한 결과를 발표했다.¹⁷⁴ 이 추정치와 소득 불평등 사이에는 강력하고 유의미한 상관관계가 있었다. 그림 3.1은 각국의 문제성 도박과 하위 20퍼센트의 가계소득 대 상위 20퍼센트의 가계소득 비율 간의 상관관계를 보여준다(2007년에서 2009년까지 유엔인간개발보고서에 보고된 내용).*[123]

비디오 게임 중독과 소득 불평등 간의 관계를 여러 국가에 걸쳐 살펴보기에는 신뢰할 만한 추정치가 부족해 보인다. 문제의 규모를 추정할 만한 참고자료를 제시하자면, 2009년 미국에서 실시한 한 연구는 게임을 하는 젊은이의 8퍼센트가 비디오 게임 행동에서 병적인 증상을 나타낸다고 추정했다.[175] 최근 연구에서는 해당 수치가 싱가포르의 경우 9퍼센트, 독일은 12퍼센트, 호주는 8퍼센트였으나[176] 노르웨이에서는 1퍼센트 미만이었다.[177] 한국이나 일본을 비롯한 몇몇 국가는 비디오 게임 중독을 공공 보건의 문제로 인식하고 있지만 그 규모와 심각성을 확실히 밝히기는 어렵다.[178]

부유한 국가의 성인들 사이에서 불평등과 흡연 간의 연관성이 나타나지 않는다는 사실은 이해하기 어렵다. 어쩌면 흡연이 심리적 도피나 자기 자신에게서 벗어난다는 느낌을 매우 약하게 제공

---

* 미국 전체로 보면 소득 불평등 수준에 따른 예측에 정확히 일치하는 문제성 도박 경향이 나타나지만 각 주에서는 같은 상관관계를 찾을 수 없었다. 추측컨대 이는 아마도 미국 각 주마다 도박의 합법 여부가 다르기 때문인 것 같다. 1964년 이전에 미국에서 도박은 네바다주에서만 합법이었고 현재도 유타주와 하와이주는 여전히 도박을 금지하고 있다. 많은 주에서는 1987년 이후 아메리카 원주민 보호구역에서 자치 부족의 설립이 허용된 카지노에 도박 행위가 집중되고 있으며, 이런 카지노는 대부분 상대적으로 평등한 북부 중서부 및 서부 주에 몰려 있다.

제3장 가짜 해결책, 중독

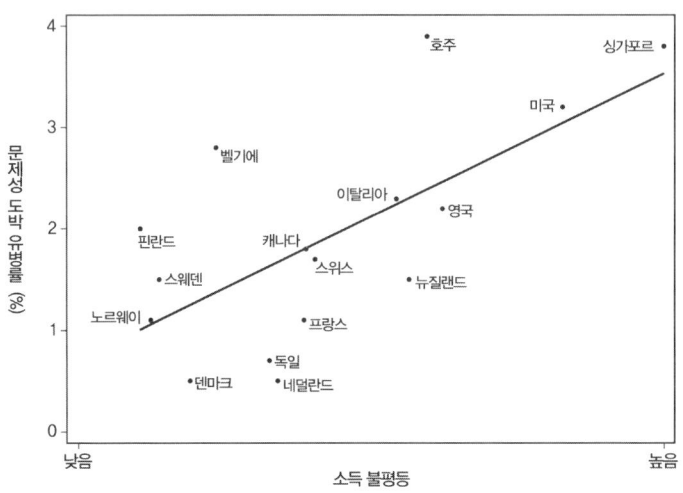

그림 3.1: 부유한 국가에서는 소득 불평등이 높을수록 문제성 도박 유병률도 높다.[123]

해서 사회적 불평등으로 커지는 무력감과 무능, 무기력감을 줄이는 데 별다른 기여를 하지 않기 때문일 수 있다. 반면 알코올과 같은 진정제, 코카인 같은 흥분제, 도박 및 게임 같은 활동은 자신에게 권력이 있거나 유능하다고 느끼게 하고 사회적 두려움과 무기력에서 벗어날 탈출구를 제공한다.[179] 그렇지만 소득수준이 중간이거나 낮은 국가의 젊은이들 사이에서는 담배를 구매하고 피우는 자체가 높은 지위를 나타내는 상징이기 때문에, 이런 국가들에서는 소득 불평등과 높은 흡연율 사이에 상관관계가 나타난다.[180] 앞으로 살펴보겠지만 물건 구매, 특히 지위를 드러내는 상품 구매는 소득 불평등이 부채질하는 치열한 경쟁과 지위 불안이 영향을 끼친다. 사회적 불평등이 심할수록 자존감에 부여하는 가치는 증가하고 남에게 무시당하는 사태가 유발하는 결과는 가혹해진다.

쇼핑 중독

걸스고게임스GirlsGoGames.co.uk는 소녀들을 겨냥한 다운로드용 게임과 앱을 전문으로 하는 인터넷 사이트다. 키스 게임, 뷰티 게임, 패션 게임, 컵케이크와 도넛 게임 등이 있고 웹사이트 한 섹션을 전부 할애한 '쇼핑중독' 게임이 있다. 이 게임을 하면 뉴욕이나 파리, 런던, 도쿄에서 웨딩드레스, 수영복, 크리스마스 선물을 사면서 쇼핑중독자가 될 수 있다.

'쇼핑중독, 웨딩 모델' 게임에 들어가면 첫 화면에서 '행복하게 잘 사는 마을'에 오신 것을 환영한다고 하면서 '당신은 정말 쇼핑을 잘 하죠?'라고 묻는다. 그다음에는 기본 예산 700달러와 '보너스' 500달러를 주면서, 예를 들어 '꽃을 주제로 한 웨일스 결혼식'에 어울리는 웨딩드레스를 구매하는 과제를 준다. 사용자 평가란에는 '공주요정케이크'와 '키득키득'[123]과 같은 사용자 이름을 쓰는 소녀들이 이 게임을 무척 좋아해서 완전히 중독됐다는 후기를 남기지만 몇몇은 게임에서 쓸 돈을 충분히 주지 않는다고 불평하기도 한다. 자신의 나이를 언급한 소녀들을 보면 10대 초중반인 듯하다. 여덟 살 이상이면 계정을 등록할 수 있다.

스필게임스Spil Games라는 네덜란드 회사가 소유한 걸스고게임스는 자사 게임이 '소녀들이 게임을 하면서 자기계발과 자기표현을 실험'할 수 있다고 주장한다. 그러나 걸스고게임스를 찾는 순방문자(unique visitor, 특정 웹사이트를 일정 기간 동안 적어도 한 번 이상 방문한 사람 중 고유한 ID값을 지니고 있는 개개인의 수-옮긴이)가 매달 3,900만 명에 달한다는 사실을 고려할 때 당연하게도 핵심은 이런 소녀들이 잠재적 광고주가 노리는 주요 표적이라는 점이다. 스필게임스는 광고주들에게 "아이가 10대를 거쳐 성인이 될 때까지 귀사가 겨냥할 수 있도록 해 드립니다"라고 말한다. 이 게임을 하면서 자란 소녀들은 소피 킨셀라Sophie Kinsella가 쓴 베스트셀러 《쇼퍼홀릭Shopaholic》 시리즈로 옮겨가곤 한다. 《쇼퍼홀릭》은 제멋대로에 특권 의식까지 있는 여주인공 레베카 블룸우드가 통제 불능의 소비 습관과 여기에서 비롯된 부채문제로 좌충우돌하는 애매모호한 풍자 소설이다.

정치평론가 닐 로슨Neal Lawson은 《소비주의All Consuming》에서 세계금융위기로 이어지는 수십 년 동안 영국에서 발달한 쇼핑문화를 '터보 소비주의'라고 설명한다.[181] 영업시간의 규제 완화, 손쉬운 신용대출, 저렴한 수입품과 온라인 상거래 덕분에 쇼핑과 구매한 상품이 곧 사람들이 자기 자신을 규정하는 방식, 시간과 점점 더 많은 돈을 쓰는 방법이 됐다. 우리는 소비, 불만족, 소비 증가로 이어지는 순환에 갇혀 결코 변화하는 속도와 끊임없이 바뀌는 목표를 따라갈 수가 없다. 2009년에 나온 로슨의 책은 이 모두가 바뀐 듯한 한순간을 담아낸다. 시내 중심가 체인점이 나날이 문을 닫았고, 지갑은 얇아졌으며, 일자리는 불안하고 모든 것이 바뀌어야 할 것만 같았다. 새로운 대안경제와 다른 가치로 구축한 '뉴 노멀'(new normal, 시대변화에 따라 나타나는 새로운 경제적 기준·옮긴이)이 필요했다. 세계금융위기가 엄청난 규모로 심각한 영향을 미쳤음에도 변화는 다가오지 않았고 로슨이 내비친 희망은 금세 산산조각이 났다. 로슨은 "금융위기가 모든 것을 변화시켰다. 나는 대안이 있고 쟁취할 가치가 있다고 믿는다. 소비주의에 빠진 삶에 맞서 상황을 바꿀 수 있으며 참되고 영원한 행복을 찾기 위한 시간과 공간을 확보함으로써 뉴 노멀을 규정할 수 있다"라고 주장했다.

로슨의 책에는 사람들이 핸드백에 쓰는 금액, 명품 상점에서 쇼핑한 척하려는 사람들이 중고 쇼핑백을 사려고 온라인 쇼핑몰에서 쓰는 금액, 남성의 외모나 성격보다 어떤 브랜드를 입는지를 더 중요하게 생각한다고 말하는 여자, 구매는 했지만 공간이 없어 집에 둘 수 없는 물건을 보관하는 창고 대여에 영국이 지출하고 있는 비용 등 자기도취를 다룬 진 트웬지의 책(2장 참조)과 비슷하게 충격적이고 놀라운 이야기로 가득하다. 하지만 자기도취증과 마찬가지로 이런 충격적인 사례 이면에 있는 인간의 감정과 동기는 슬프다. 이들은 소속감을 느끼려고, 무리에 들어가려고, 자신이 괜찮은 사람임을 보여주려고 물건을 산다. 가난한 사람들은 유행을 따를 수 없고 최신 상품을 구매하지 못하는 무능력이 자신에게 실패자라는 낙인을 찍는다고 느낀다. 이류 상품은 이류 인간이라는 표시처럼 보인다.

물론 인간은 멋진 물건을 즐긴다. 할인을 받았든 양보다 질을 선택했든 탐내던 물건을 손에 넣었든 간에 물건을 잘 샀을 때 따라오는 활력소는 보편적이다. 그러나 쇼핑을 해야 한다는 압박이 어디에서 비롯됐는지는 알아내기가 항상 쉬운 일은 아니다. 아무런 문제가 없는데도 집을 수리하고 싶다고 느끼는 사람들이 점점 많아지고 있다. '단장'해야 한다는 충동은 대개 기능과는 무관하고 '구식'이라는 느낌에 좌우된다. 전부 새것으로 바꿔야 한다는 꼬투리는 쉽게 찾을 수 있다(싱크대에 청소하기 힘든 성가신 부분이 있다는 평계 등). 그러나 사실 이런 유혹은 신문 부록이나 텔레비전 프로그램, 최근에 수리한 친척 집의 화장실 등을 보면서 부지불식간에 또는 공공연하게 받아들인 메시지에서 비롯되는 경우가 더 많다. 쓰고 있는 물건들이 지긋지긋하고 싸구려처럼 느껴진다. 지위와 관련된 이유로 물건을 구매하고 싶은 충동을 느끼는 경우가 얼마나 많은지, 남에게 뒤지지 않으려고 얼마나 많은 돈을 쓰는지 선뜻 인정하는 사람은 아무도 없다. 그러나 광고주들은 불평등으로 이미 고조된 지위 불안을 끊임없이 이용한다. 그것이 얼마나 효과가 있는지 잘 알기 때문이다.

소비에 숨은 비밀

사람들은 자신이 구매한 물건이 자신에 대해 무엇을 말해주는지 알려주는 책과 프로그램을 무척 좋아한다. 2013년 저널리스트 해리 월롭Harry Wallop이 내놓은 유쾌한 사회비평서 《소비Consumed》[182]는 '슈퍼마켓 엄마'와 '장작 난로 애호가'의 소비 습관을 비교한다.

인류학자 케이트 폭스Kate Fox가 쓴《영국인 관찰Watching the English》183처럼 좀더 진지한 내용을 다룬 책도 있다. 미아 월러스Mia Wallace와 클린트 스패너Clint Spanner가 쓴《차브(저급한 취향과 패션을 즐기는 일탈 청소년·옮긴이)Chav! A User's Guide To Britain's New Ruling Class》184처럼 대놓고 멸시하는 책이 있는가 하면 역사학자 프랭크 트렌트만Frank Trentmann이 쓴《물건의 제국Empire of Things》185처럼 평생을 바친 학술연구를 바탕으로 쓴 책도 있다.

이 모든 책들은 우리가 먹는 음식, 입는 옷, 읽는 책과 듣는 음악, 여행지, 심지어 정원에 무엇을 심는지에 이르기까지 돈을 어떻게 지출하는지가 타인이 보는 나를 결정한다고 확실히 밝힌다. 해리 월롭은 돈을 버는 방법보다 쓰는 방법이 사회계층을 드러내는 더 중요한 지표가 됐으며, 누군가에게는 이런 지표가 '금전적 어려움은 물론 거대한 사회적 불안을 야기하는 원인'이라고 주장한다.182 물론 금전 지출을 경솔하게 봐서는 안 된다. 많은 사람들이 다소 힘에 부치더라도 사교육과 의료 서비스에 엄청난 돈을 쏟아붓는다. 더 저렴하게 누릴 수 있는 공립학교와 국민의료보험은 열등한 서비스며 이런 서비스를 이용한다는 자체가 열등한 사람이라는 표시라고 믿기 때문이다.

그러나 어디에 돈을 사용하든 소비로 사회적 지위를 높이려는 노력은 힘겨운 투쟁이다. 프랑스 사회학자 피에르 부르디외가 이론화 했듯이, 어느 시대 어느 사회이든 무엇이 고상한 취향인지 결정하는 사람은 교육을 비롯한 여타 사회적 자산을 보유한 '문화자본cultural capital'을 소유한 사람이다.47 상류층은 낮은 계층에 속한 사람이 나름대로 심미안과 취향을 정의하려는 시도를 비난한다. 만약 중산층과 그에 이어 하류층이 상류층의 취향과 심미안을 모방하면 그것이 무엇이든 금방 인기를 잃고 동경의 대상에서 제외된다.

구글에서 '어그 부츠의 흥망'을 검색하면 이 독특한 호주산 양가죽 부츠 브랜드의 운명을 바꾼 이야기가 다수 등장한다. 1930년대부터 어그는 발이 편안한 신발을 좋아하는 사람들 사이에서 꾸준히 인기를 얻고 있었다. 그러던 중 2000년대 초반에 갑자기 엄청난 인기를 얻게 되고 영화배우 카메론 디아즈와 모델 케이트 모스 같은 소위 톱스타들이 즐겨 신는 모습이 포착됐다. 이후 저렴한 복제품이 쏟아지면서 어디에서나 볼 수 있는 신발이 됐다. 대중들이 신기 시작하자, 톱스타들은 더 이상 어그 부츠를 신지 않았고 패션 아이템으로서 매력을 잃게 되면서 삼류 리얼리티 TV 스타들만 신었다. 2012년에 이르자 판매량이 떨어지자, 어그는 신부용 부츠(하늘색 밑창에 모조 다이아몬드 크리스털 단추를 장식한 흰색 어그)까지 출시하면서 브랜드를 띄우려고 노력했다.

브랜드가 호감 가는 특권적 지위에서 쇠락하는 현상에는 속물적으로 '프롤레타리아 표류'라는 명칭이 붙었다. 또 사회적 지위를 유지하거나 높이려는 사람도 잡지, 신문의 패션 칼럼, 블로그 등을 통해 이런 흥망성쇠를 지켜봐야만 했다. 이 과정은 절대 멈추지 않으며 뒤처지지 않으려면 계속해서 소비해야 한다. 브랜드 가치가 떨어지기 시작했다고 해서 계속 하락 일로를 걷는 것은 아니다. 특별함을 되찾아서 다시 고상함이나 최신 유행을 대표할 수 있다. 그렇지만 사회 하층에 속한 사람은 아무리 돈을 많이 쓰고 무엇을 사더라도 그 선택은 비웃음을 사거나 멸시받을 가능성이 높다.

  부유한 소비사회에서 쇼핑은 사람을 물건으로 대체하는 일상적인 방법이 됐다. 우리는 타인의 눈으로 자신을 규정하고 남들이 우리 내면이 아니라 우리가 걸친 물건이 만들어내는 인상을 본다는 사실을 알고 있다. 어쩔 수 없이 사람들은 지쳐 쓰러질 때까지 혹은 신용한도액에 도달할 때까지 쇼핑을 한다. 이런 현상은 불안과 지위 경쟁을 유발하는 상황이 해결될 때까지, 강박적인 소비를 부추기는 불평등이 감소될 때까지 사람들의 금전 사정, 건강, 나아가 지구에까지 온갖 영향을 미치면서 계속될 것이다.

VIP가 되는 법

지위 상승을 목적으로 소비하는 것은 재화에 한정되지 않는다. 이스트런던 대학의 대니얼 브릭스Daniel Briggs는 이비사섬에서 휴가를 즐기는 영국 노동자 계층을 연구했다.[186] 브릭스는 이들의 행동을 특징짓는 과도하고 무모한 음주, 약물 사용, 섹스와 폭력을 비롯해 이런 양상이 관광객 자신과 휴가지에 미치는 영향을 조명한다. 그러나 더 중요하게 그는 이들이 이비사섬에 도착했을 때 어떻게 본국의 문화와 사회적 불안이 그들의 행동과 선택에 영향을 미치는지 보여준다. 노동자들은 '꿈을 실현'하고 '원하는 사람이 되고자' 휴가를 떠났지만 사실 그들의 행동은 영국에 있을 때 주말을 보내는 방식을 과장한 연장선상에 있다. 브릭스는 그들의 행동이 "이미 구조적으로 길들여지고 사회적으로 구성되고 포장되고 재포장되어 그들에게 마케팅된 그대로다. 그들은 휴양지에서 휴가를 보내는 동안 이 같은 상업적 압력을 공격적으로 강요받는다"라고 설명한다.

그들에게 휴가는 일과 가정의 일상적인 규제와 관계를 벗어나 태양과 바다, 해변이라는 공간에서 자유를 만끽할 수 있는 시간이다. 그 짧은 시간 동안 그들은 본국의 낮은 사회적 신분에서 탈출한다. 중세시대의 크리스마스 축제처럼 잠시 동안 사회계층 관계가 유예된다. 브릭스와 함께 시간을 보낸 젊은이들에게 쾌락을 추구하는 소비주의 생활방식은 지위의 상징이며, 이는 뭔가 중요한 것, 즉 그들이 중요한 사람이고 또래들 사이에서 인정받는 사회정체성을 지니고 있음을 보여준다. 이비사섬으로 휴가를 떠날 수 있다는 사실은 풍족한 생활을 누릴 수 있고 즐거운 시간을 보낼 것임을 과시하는 것이다. 슬프게도 휴가철마다 수많은 관광객이 다치고, 희롱당하고, 성폭행을 당하거나 사망한다.

그러나 이들의 선택과 행동, 소비는 관련업계의 상업적 이윤과 압력에 좌우된다. 관광업계와 언론, 특히 리얼리티 프로그램은 돈을 많이 쓰면 즐겁기만 하다는 생각을 야기하고 강화한다. 매일 다른 비키니를 입고 비싼 시계나 바지를 뽐내면 더 즐거울 것이다. 선상 파티나 일몰 크루즈, 고급 클럽 입장권이나 제트 스키 체험, 테킬라 시음이나 사유지 해변 클럽의 입장권 같은 '추가 상품'을 구매하면 훨씬 더 즐거울 것이다. 브릭스는 휴가가 끝나기 한

참 전에 현금이 동나서 끝날 때까지 신용카드에 의지해야 하는 젊은이들의 이야기를 들려준다. 빚을 지고 집으로 돌아가면서도 그들은 '이비사섬을 제대로 즐길' 수 있도록 더 많은 돈을 싸들고 다시 오고 싶어 한다.

제대로 즐긴다는 말은 VIP 일광욕용 의자나 나이트클럽 VIP 룸 출입 같은 고급 서비스에 더 많은 돈을 쓴다는 뜻이다. 하지만 소비에는 상한이 없다. '더욱' 많은 돈을 낸다면 언제나 더 고급 공간과 시설이 준비돼 있다. 그러므로 항상 어느 수준의 VIP 특권을 누릴 형편이 되는지, 내년에 다시 온다면 올해보다 더 높은 등급의 서비스를 살 수 있는지가 관건이다. 브릭스는 이를 가리켜 '극단적 자본주의'라고 부르며, 보람 없는 저임금 일자리에 취약해진 젊은이들을 선동해 과도한 쾌락주의와 과소비를 조장하는 상업적 영리 마케팅 과정이라고 말한다.

꿈을 팔다

많은 연구자와 비평가는 소비재 디자이너와 공급업자들이 인간의 신경보상체계를 겨냥해서 인간관계를 통해 완화시킬 수 있는 만성적인 스트레스와 불안에 단기 해결책을 제공하고 소비자로 하여금 물건을 구매하도록 하는 정교한 방식에 주목했다. 인류는 희소한 식량, 섹스, 위안을 반드시 추구해야 하는 환경에서 생존하

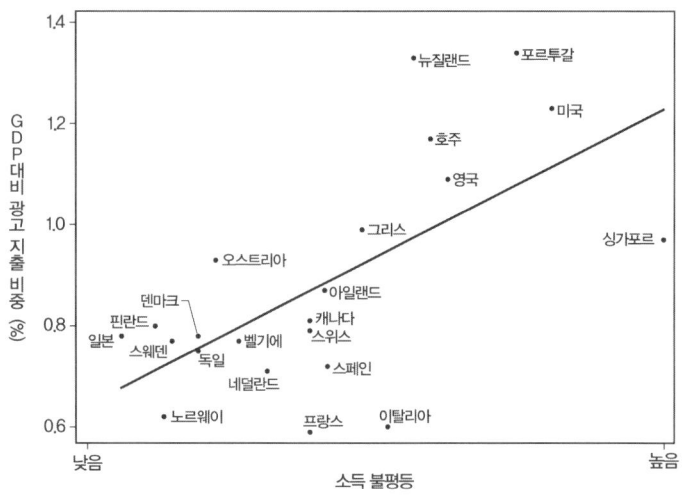

그림3.2 소득이 불평등할수록 GDP 대비 광고 지출은 증가한다.[123]

도록 진화했지만 풍요로움에 맞서 자제력을 발휘하는 능력은 다소 부족하므로 현대사회의 환경에 취약할 수밖에 없다.

심리학자 올리버 제임스Oliver James는 과소비를 다룬 저서 《어플루엔자Affluenza》에서 한 덴마크 신문 기자가 한 말을 인용했다.

다국적 기업은 덴마크에 사치품 시장이 없다는 사실을 깨달았습니다. 새로운 상품이 나와도 몇 년 동안은 전혀 덴마크 시장을 뚫지 못합니다. 상품이 너무 비싼 데다가 덴마크 사람들은 허세부리기를 좋아하지 않거든요. 그러니 바람둥이나 하나씩 사곤 하죠. 하지만 중산층이 구매할 수 있을 정도로 가격이 내려가면 18개월 안에 전체인구 70퍼센트가 그 상품을 삽니다.[187]

제임스는 덴마크 사람들에게 사치품의 소비는 지위를 드러내는 원천의 역할을 하지 못한다고 평한다. 또 소득의 평등 수준이 높고 남녀가 평등한 덴마크 사람들은 광고에 민감하지 않고 화려한 차를 비롯한 여타 명품을 애타게 바라지도 않는다고 주장한다. 이런 주장이 정말 사실일까? 평등한 사회일수록 광고에 적게 투자할까?

그런 듯하다. 국내총생산(GDP)에서 광고 지출이 차지하는 비중을 소득 불평등의 척도와 관련해 살펴보면(그림 3.2) 불평등이 증가할수록 광고 지출이 유의미하게 증가하는 경향을 발견할 수 있다.

물질주의와 아동 행복

불평등한 사회에서 물질주의와 지위를 드러내기 위한 소비가 아동의 행복에 심각한 영향을 미치고 있다는 증거가 점점 많아지고 있다. 영국 국민들은 2007년 유니세프UNICEF가 발표한 부유한 국가의 아동행복보고서에서 영국이 최하위를 기록했다는 사실을 알고 충격에 빠졌다.[188] 우리는 두 건의 연구논문에서 아동행복지수(2007년과 2013년)가 소득 불평등과 얼마나 밀접한 상관관계를 나타내는지 보여줬다(그림 3.3).[189, 190] 2007년 당시 집권했던 노동당 정부는 유니세프 보고서가 오래된 통계를 사용했다고(이는 보고서를 쓸 때 항상 나타나는 문제다. 데이터를 수집, 처리, 분석하려면 시간이 걸리며 해당 보고서에 언급된 모든 국가에 동일하게 적용된다) 비난하면서 영국의 아동 행복도는 개선되고 있다고 주장했다. 영국어린이위원회The Children's Commissioner for England는 "통계를 넘어 해당 보고서를 계기로 행복하고 건강한 아동을 길러내지 못하는 근본적인 원인을 들여다볼 수 있기"¹⁹¹를 기대했다.

아동의 삶을 좀더 심도 있게 이해할 필요가 있다고 인식한 유니세프 영국위원회는 불평등도가 낮고 아동 행복도가 높은 스웨덴과, 불평등도가 중간 수준이고 아동 행복도가 높은 스페인, 그리고 불평등도가 높고 아동 행복도가 낮은 영국의 가정생활을 대상으로 심층연구를 의뢰했다.¹⁹² 해당 연구는 학내 친구집단과의 토론과 가정생활에 대한 상세한 관찰을 통해 '아동의 행복에 관한 통계보다 더 깊이 아동의 실생활을 발견'하고자 했다.

이 연구의 일환으로 제작한 동영상을 본 경험은 기분이 좋으면서도 우울했다. 기분이 좋았던 이유는 화면 속 부모와 어린이의 생각과 감정이 불평등의 영향력과 관련해서 우리 저자들이 제시한 이론을 반영하고 있었기 때문이다. 그토록 우리가 오랫동안 작업했던 통계 이면에 숨은 이야기들이었다. 그러나 동시에 영국 가정의 몸부림이 스페인이나 스웨덴 가정과 너무나 가슴 아픈 대조를 이루고 있어서 우울했다. 스웨덴 부모는 자녀들이 특별한 물건을 사거나 장난감을 만들고 고칠 목적으로 돈을 모은다는 이야기를 했다. 스페인에서는 책과 교육용 장난감을 소중히 여기고 그 물건들이 멋져 보이도록 특별한 상자에 보관하는 어린이들이 있었다. 영국 가정의 경우에 부모들은 하나같이 피곤해 보였고 집에는 쓸모없는 장난감이 담긴 상자 더미가 가득했다. 보고서는 다음과 같이 서술했다.

영국 가정들은 고군분투하고 있었고 자녀들이 원하는 시간을 내기가 버거웠다.

많은 영국 어린이는 무엇에서 행복을 느끼는지 이야기할 때 물질적인 것을 말하지 않고 적절한 소비를 해야 한다는 원칙도 이해하고 있다. 그러나 상당수 부모들은 머릿속으로는 현명하지 않다고 생각하지만, 그래도 사야 한다고 느끼는 경우가 많다.

아동은 중학교에 진학할 즈음에 불평등을 점점 더 확실하게 인식하며 또래 집단 내에서 지위 집단을 찾아내고 새로 만드는 데 소비재가 담당하는 역할을 깨닫는다. 많은 영국 부모는 사회적 불안을 감추려고 지위를 드러내는 사치품을 구매하지만 스페인과 스웨덴에서는 이런 행동이 거의 전무하다.

두 번째 연구에 대한 엇갈린 반응이 나왔다. 일부 언론 해설자들은 이 보고서가 부모를 비난한다고 말했다. 먼저 나왔던 유니세프 보고서와 마찬가지로 방법론에 대한 비판도 있었다. 이번에는 통계의 적시성이 아니라 소수 가족의 경험에만 의존하고 있다는 사실을 겨냥했다. (아니나 다를까 마케팅업계 및 광고업계는 12세 이하 어린이를 대상으로 한 광고 금지가 필요하다는 보고서의 촉구를 근거가 '빈약'하다며 반대했다.) 그러나 두 보고서를 함께 고려해 보면 양적(정량적) 연구와 질적(정성적) 연구 모두가 소득 불평등이 얼마나 가정생활에 부담을 가중시키는지, 상품이 어떻게 관계를 대체하고 시간을 소비하게 하는지를 밝히고 있다. 이야기들은 통계를 강화하고, 통계는 이야기들을 강

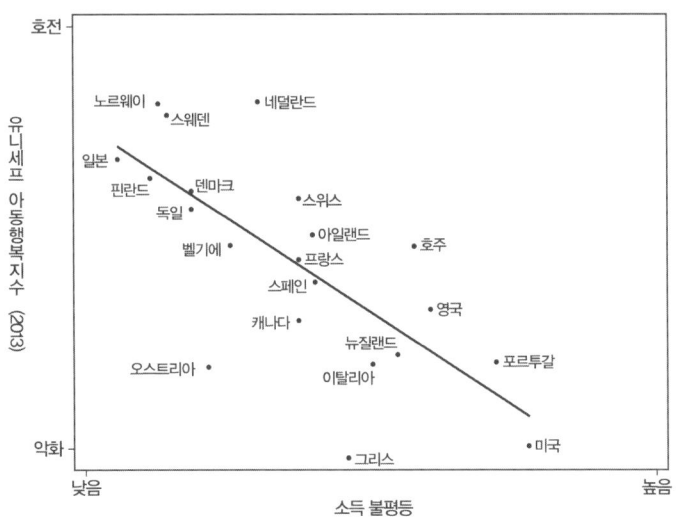

그림 3.3: 부유한 국가 가운데 불평등이 심한 나라일수록 아동행복지수가 낮다.[190]

화한다. 부모가 겪은 역경은 부모의 정신적 고충, 긴 노동시간, 많은 부채와 가정불화 같은 경로를 통해 자녀에게 전해진다.

물질주의와 행복의 파괴 간에는 강력한 연관관계가 있다. 일리노이주 녹스칼리지 심리학과 교수 팀 캐서Tim Kasser는 사람들의 가치를 다양한 기준에 따라 표시하는 '열망 지수Aspiration Index'를 개발했다. 그중에서도 중요한 축이 바로 외적이고 물질주의적인(예를 들어 경제적 성공, 이미지, 인기) 목표와 내적(예를 들어 개인 성장, 소속, 공동체 의식) 목표다. 캐서는 오랜 연구로 물질주의가 불안과 우울증, 약물 남용, 공감 결여, 사회지배 지향성(Social Dominance Orientation, 집단 간 차별이 옳다고 보는 성향·옮긴이) 척도에서 고득점, 심한 편견, '마키아벨리즘', 반사회적 행동, 경쟁 전략 대 협력 전략과 관계있다는 사실을 발견했다. 물질주의는 인간을 불행하게 하지만 불행이 인간을 물질주의에 빠지게 하기도 한다.[193] 캐서는 여러 나라를 살펴본 결과 위계보다 평등주의, 지배보다 조화에 가치를 부여하는 국가의 어린이들이 더 행복하다는 사실을 발견했다.[194] 또한 캐서는 진 트웬지와 함께 1976년 이후 여러 세대에 걸쳐 미국 어린이들이 점점 더 물질주의 가치관을 지니게 됐으며 돈과 값비싼 물건의 소유를 더 중시한다는 사실을 알아냈다.[195]

2000년부터 2009년까지 10년 동안 부유한 국가 중에서 아일랜드와 스웨덴 같은 나라는 불평등 정도가 악화됐고, 이탈리아와 벨기에는 좀더 평등해졌으며, 덴마크와 네덜란드, 일본 등 대다수는 크게 변하지 않았다. 이 같은 소득 불평등의 변화 경향을 거의 비슷한 기간 동안 아동행복지수의 변화와 연관해서 살펴본 결과, 불평등이 심화된 국가는 아동행복지수가 낮아진 반면 불평등이 완화된 국가에서는 아동행복지수가 높아진 경향을 발견했다. 이는 우연에 의한 변화가 아니라 유의미한 관련성이었다.[190]

2015년 요크대 사회정책학과 조너선 브래드쇼Jonathan Bradshaw는 15개국 5만 5,000명 어린이를 대상으로 한 보고서를 공개했다. 이 보고서에서도 영국 어린이의 행복 수준은 다른 많은 국가에 뒤처졌다. 브래드쇼는 보고서를 발표하면서 다음과 같이 말했다.

> 아동의 행복은 우리 국민 모두에게 중요합니다. 영국 국민은 경제상황, 날씨상태, 스포츠 성적표, 증권주식시장에 엄청난 관심을 기울입니다. 이와 관련된 지수가 매일 뉴스를 차지합니다. 영국 국민은 아동

의 행복을 관찰하는 데 좀더 노력을 기울여야 하며 아이들이 어떻게 생활하는지 이해하고 그들이 아동기를 최대한 즐겁게 보낼 수 있도록 보장하기 위해 좀더 많은 자원을 쏟아야 합니다.[196]

청소년에게 지출을 줄이고 나누어 저축하는 방향으로 인도할 목적으로 고안한 교육프로그램을 통제실험에서 사용한 일련의 연구들은 물질주의가 낮은 자존감, 우울증, 외로움과 관계가 있음을 보여준다. 저널리스트 조지 몬비오George Monbiot는 이런 연구들을 논평하면서 물질주의를 '정부정책, 기업전략, 공동체와 시민생활의 붕괴, 안으로부터 체제를 약화시키는 묵인이 가져온 전반적인 사회적 고통'[197]이라고 주장했다. 그렇지만 이런 고난을 '물질주의'라고 지칭하기에는 분명히 부적절하다. 물질주의는 인간이 타고난 소유욕의 징후가 아니라 불평등으로 심화된 지위 경쟁에서 자극을 받아 타인에게 자신의 자존감을 알리는 아주 기이한 소통형태다.

딱 적당한 만큼의, 라곰 생활

지위 불안과 경쟁에서 비롯된 과도한 물질주의와 소비주의는 행복과 무관해 보이는 목표를 추구하게 할 뿐만 아니라 선진국에서 가계부채의 증가를 유발시켰다. 가격이 폭등한 오늘날 주택시장

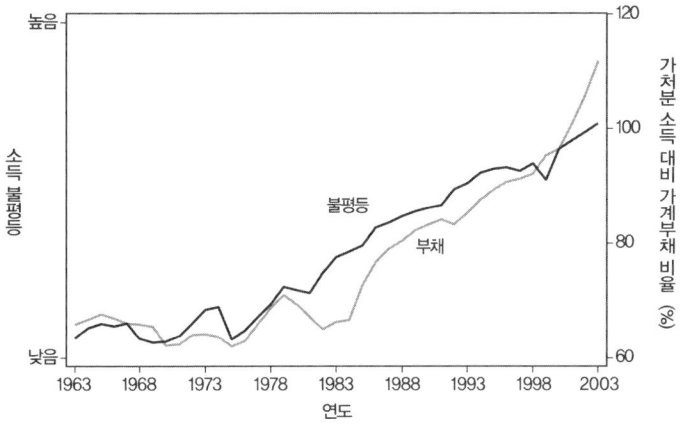

그림 3.4: 1963년에서 2003년까지 미국에서는 소득 불평등과 함께 가계부채가 증가했다.[199]

에서는 거주할 곳을 마련하려면 부담스러운 담보대출이 필요한 데다가 대다수 노동자 임금은 장기간 정체된 상태다. 이런 상황에서 뒤처지지 않는 유일한 방법은 빚을 내는 것이다.

세계금융위기가 발생하기 이전, 가계부채의 수준은 소득 불평등의 증가에 발맞춰 급격하게 증가하고 있었다(그림 3.4는 미국에서 이둘의 관계를 보여준다). 2005년에서 2009년 사이에는 독일, 오스트리아, 아일랜드를 제외한 모든 EU 국가에서 가계부채의 수준이 증가했다. 세계금융위기 발생 이후 집세, 신용카드 대금, 공과금을 연체한 가구 수가 증가한 반면, 정부는 공공 복지에 대한 지출을 삭감했다.[198]

불안정한 정신건강을 포함한 나쁜 건강상태와 부채의 상관관계는 복잡하지만, 수많은 연구자와 비평가들은 부채로 증가한 스트레스가 건강에 미치는 악영향과 그 반대의 악역향을 포함한 악순환을 추적한다. 건강상태가 나쁜 사람들은 부채에 시달린다. 이는 질병이 소득과 자산을 늘리는 능력은 물론 극복할 수 있는 능력까지 손상시키기 때문이다. 가계부채는 자녀들에게도 영향을 미친다. 빚에 시달리는 가정의 어린이와 청소년은 부모가 겪고 있는 스트레스를 예민하게 알아차리므로 정신건강에 취약성이 증가한다.

매우 많은 문헌들이 특히 거대 다국적 기업의 범죄 행위를 다루고 있다. 수많은 기업이 노동자에게 낮은 임금을 지급하고 고위 관리직에는 지나치게 높은 연봉과 상여금을 지급함으로써 사회와 공동체의 공동화hollowing를 부추긴다. 그런 다음, 자사 브랜드의 라이프스타일을 추구하면 그 텅빈 공간을 의미로 채울수 있다는 메시지를 공격적으로 광고한다. 나오미 클라인Naomi Klein의 베스트셀러 《슈퍼 브랜드의 불편한 진실No Logo》 같은 책은 광범위한 독자층에게 이런 전략을 알렸다.[200] 사람들은 기업이 인간의 욕망과 두려움을 이용한다는 사실을 알고 있으며 기업들이 하는 약속이 얼마나 공허한지 보여주는 연구도 알고 있다. 그러나 우리는 '돈으로는 행복을 살 수 없다'라는 격언을 되뇌면서도 여전히 계속 소비한다.

종교나 환경보호를 비롯한 여러 이유로 금전과 물질적 가치 추구를 거부하는 소수는 언제나 있었다. 그러나 전체 인구의 행복 수준을 높이려면 대대적인 변화와 함께 대다수를 위한 대안적인 삶의 방식이 필요할 것이다. 보스턴칼리지 사회학과 교수 줄리엣

쇼어Juliet Schor는 물건보다 관계에 초점을 맞추는 삶의 방식을 일컫는 '플레니튜드(plenitude, 충만)'를 앞으로 나아갈 길로 제시한다.[201] 경제학자 로버트 스키델스키Robert Skidelsky와 사회철학자 에드워드 스키델스키Edward Skidelsky 부자는 공저《얼마나 있어야 충분한가How Much is Enough》[202]에서 비슷한 주장을 펼친다. 최근 인기를 얻고 있는 스웨덴 생활방식 '라곰lagom'은 '딱 알맞은 양'이라는 의미이며 역시 같은 개념을 담고 있다.[203] 그러나 변화, 그리고 우리를 더욱 효율적으로 보살펴 줄 지속가능한 대안으로 나아가는 전환은 다루기 어렵고 극복하기 힘든 난제처럼 느껴질 수 있다. 심지어 인간 본성에 어긋난다고 느낄 수 있다. 어째서 인간은 자기 자신에게 해를 끼치면서까지 추구할 정도로 지위에 민감한 생명체로 진화했을까? 다음 장에서는 지위가 어째서 그렇게 중요할 수 있는지, 타인이 나를 어떻게 판단하는지가 왜 그토록 우리에게 깊은 영향을 미치는지 살펴본다.

제 2부

인간 본성, 능력주의, 계급이라는 신화

4장　인간의 조건
5장　능력주의에 대한 오해
6장　계급 행동

4장

인간의 조건

소득 격차가 커지면 평범한 사회적 상호작용을 할 때에도 온갖 불안을 느끼게 되며, 그 결과 앞에서 살펴본 대로 세 가지 반응을 일으키게 된다. 낮은 자존감과 자신감 부족으로 우울증에 시달리는 사람이 있는가 하면, 점점 자기도취에 빠져 남들 눈에 보이는 자신의 위치를 높이고자 다양한 자기강화 방법을 이용하는 사람도 있다. 그러나 이 두 경우는 모두 불안감의 증가에 대한 반응이기 때문에 약물과 알코올에 기댈 가능성이 높아지고 자아연출(self-presentation, 남에게 내보이는 모습을 연출해 남이 보는 내 모습을 통제하거나 형성하려는 시도·옮긴이)을 위해 소비주의의 포로가 된다. 사교생활이 시련에 가까워지고 마치 연기하는 것처럼 변질되어 사람들과의 사회적 만남을 꺼리고 공동체 생활이 힘들어진다. 결정적으로 빈부 간 소득 격차가 클수록 이 모든 현상은 악화된다.

  그렇다면 남이 나를 어떻게 생각하는가라는 뿌리 깊은 불안은 어디에서 비롯되는 것일까? 왜 인간은 서로의 평가에 그토록 민감한 것일까? 어째서 인간은 자신을 억제하거나 심지어 타인을 무력화하는 약점을 갖고 있는가? 이런 민감성이 어디에서 비롯됐는지 이해한다면 개인 자신에게는 물론 정책을 통해 전 사회에서 그 역효과와 맞서 싸우기에 좀더 유리한 고지를 차지할 수 있을지도 모른다.

풍요로운 현대사회에서 특히 사회적 불안에 시달리고 있는 것은 사실이지만,《벌거벗은 임금님》이야기를 보면 사회적 불안이 현대사회에 처음 등장한 현상만이 아님을 알 수 있다. 1837년 출판된 한스 크리스티안 안데르센Hans Christian Andersen 판이 가장 유명하지만, 이 이야기의 기원은 적어도 중세시대로 거슬러 올라간다. 이 책은 임금님을 포함한 모두가 어리석은 사람으로 여겨질까 두려워 바보짓을 하며, 따라서 허영과 위신을 경계하라는 교훈적인 이야기다. 한 아이가 진실을 내뱉은 후에도 임금님은 옷을 입고 있는 척하면서 행진을 계속하며 바보로 여겨지는 수치를 피하고자 스스로 웃음거리가 된다.

사람들은 임금님으로 대표되는 사회 최고위층이 창피당하는 모습을 즐기지만, 이 책이 수십 개 언어로 번역되어 수많은 문화권에 소개된 이유는 이야기 속 임금님이 모든 인간이 공통적으로 느끼는 '창피'와 그 감정에 대한 강한 혐오에 반응하고 있다는 데 있다.《벌거벗은 임금님》은 많은 사람들이 공공장소에서 나체가 되는 꿈을 반영하고 있기도 하다. 이런 꿈에는 다른 사람들이 내가 벌거벗었다는 사실을 눈치 채지 못하기를 바라는 마음과 진짜 내 모습이 노출됐다는 수치심에서 벗어나겠다는 공통된 맥락이 존재한다. 이런 꿈은 나를 긍정적으로 포장하려는 시도를 남들이 꿰뚫어볼 것이라는 두려움과 불안을 분명하게 반영한다.

지그문트 프로이트Sigmund Freud는 저서 《꿈의 해석The Interpretation of Dreams》에서 공공장소에서 나체가 되는 꿈이 단순히 잠자는 중에 이불이 흘러내렸을 때 꾸거나 갓난아기였을 때 벌거벗었던 기억일 수 있다고 매우 단순하게 해석한다. 프로이트는 그 자신이 계층과 시대를 아주 정확하게 겨냥한 자아연출을 했으면서도 계층과 지위에 관한 심리에 대해서는 항상 시야가 좁았다.

미국 사회학자이자 심리학자 토머스 셰프Thomas Scheff는 수치심을 '가장 기본적인 사회적 감정'이라고 설명했다.[204] 셰프는 창피, 굴욕, 수줍음, 어색함, 부적절하고 열등하다는 느낌을 비롯해 자부심에서 수치심에 이르는 모든 친숙한 자의식 감정이 이 범주에 속한다고 봤다. 셰프는 수치심이 실제든 상상이든 타인이 부정적으로 평가할지도 모른다는 두려움에서 발생한다고 본다. 셰프는 사람들이 거절을 피하고자 서로의 눈에 자기 행동이 어떻게 비칠지 끊임없이 관찰한다고 설명한다. 또 그는 서론 첫머리에서 인용하기도 했던 영향력 있는 미국 사회학자 찰스 쿨리의 가르침을 인용하여 '자부심이나 수치심은 단순히 자기 자신을 기계적으로 반영한 느낌이 아니라 일종의 전가된 감정, 즉 이를 타인의 마음에 비춰 상상한 결과다'[5]라고 말한다. 사람들은 자칫 거부로 이어질 수 있는 모든 부정적인 평가를 두려워하기 때문에 타인이 자신에게 어떻게 반응하는지 면밀히 관찰한다.

타인에게 비치는 자신의 모습과 창피함이나 수치심을 느끼는 상황에 민감해지는 반응은 소득이나 서열 내 위치처럼 지위를 공공연하게 나타내는 표지에 국한되지 않는다. 미모, 지식, 매력, 지능, 능력을 비롯한 모든 구성요소가 해당 범주에 포함된다. 이런 요소 각각에는 긍정에서 부정, 아름다움에서 추함, 똑똑함에서 멍청함 등 인간을 우월에서 열등 순으로 줄을 세울 수 있는 측면이 있기 때문이다. 그것들로 사람들에게는 서로 다른 가치가 매겨진다. 지위, 그리고 인간에 대한 호불호를 나누는 모든 이유가 뒤얽혀 있다.

이런 평가의 힘을 의식하고 있을 때 사람들은 그런 평가에 문제가 생길까봐, 남에게 부정적인 인식을 받을까봐 두려워한다. 그럼에도 나에 대한 타인의 의견이 정말로 얼마나 중요한지 완전히 의식하기란 어렵다. 이 때문에 실패나 치욕을 겪은 뒤 갑자기 사람들이 예전과 달리 친절과 경의 대신 냉담과 멸시를 나타낸다면 어떤 기분일지 생각해 보라는 쿨리의 권유를 상기할 가치가 있다.[5] 쿨리는 남이 나를 인정해주지 않더라도 누구나 그러한 것의 중요성을 깨닫게 될 것이라고 주장했다. 하지만 그는 부랑자가 아니라 사회생활을 하는 사람이 타인의 존경을 얻고 승낙보다 거절을 더 자주 겪지 않도록 방지하는 외적인 성공의 표지가 거의 없이 살아가는 것이 얼마나 어려울지는 고려하지 않았다.

이전에 있었던 여러 저명한 사회학자들(찰스 쿨리, 노베르트 엘리아스Norbert Elias, 어빙 고프만Erving Goffman, 로버트 린드Robert Lynd, 헬렌 루이스Helen Lewis, 리처드 세넷Richard Sennett)과 마찬가지로, 셰프는 인간이 서로의 눈을 통해 자기 자신을 경험하는 방식이 사고나 심하게 당황한 순간을 제외하면 물고기가 물을 의식하지 못하듯이 때로는 눈치 채지 못하는 평범하고 기본적인 사회적 상호작용의 일부라고 생각했다.[204] 타인의 시선은 그저 사람들이 살아가는 사회적 환경의 일부에 지나지 않는다.

정신분석가이자 예일대 심리학과 교수인 헬렌 루이스는 거의 모든 대화에서 창피함이나 그에 대한 예측이 기저에 깔려 중요한 역할을 하고, 거의 끊임없이 일어나는 그런 행동 징후에 과학적 흥미를 끌어들여 인정받은 첫 번째 인물이라는 평가를 받는다.[205] 루이스는 자신이 행한 정신분석적 치료에서 얻은 수백 건의 녹취록을 한 단어 한 단어 세밀하게 분석했다. 그 결과 환자들의 말에서 은밀하게 수치심을 가리키는 단어가 수없이 등장하고, 말투에서도 부자연스러운 웃음, 중단, 말의 흐름과 끊김, 태도 변화, 어조, 거의 들리지 않는 말 등 어색함과 자의식, 창피함을 느끼는 징후들이 자주 나타난다는 사실을 발견했다. 루이스는 곧 후속연구가 이루어질 수 있도록 다른 학자들의 추정에 증거를 제공했다.[206] 이미 지적했듯이, 인간이 수치심과 창피함에 얼마나 예민한지는 다소 부자연스럽거나 수많은 어색한 대화 그 자체에서 뚜렷이 드러난다는 것을 알 수 있다.

그렇다면 남에게 좋은 평을 바라고 이상하거나 부적절하거나 멍청하거나 열등하게 보일까봐 두려워하면서도 타인의 눈, 즉 쿨리가 말한 '거울 자아'를 통해 자기 자신을 바라보는 이유는 무엇일까?

사회적인 뇌

이 질문에 답하려면 인류가 진화하는 과정에서 사회적이고 경제적인 관계가 어떻게 뒤얽혀 있는지 생각해야 한다. 인류의 진화는 자연환경에서 선택압(selective force, 주어진 환경에서 생물의 행동과 적응을 바꾸는 모든 현상·옮긴이)에 의해서만 좌우되지는 않았다. 예로부터 생존에 중요한 요소는 포식자를 피하거나 극단적인 기온을 견디거나 배고픔을 참거나 질병을 이겨내는 능력에 그치지 않았다. 사회적 환경과 타인과 맺는 인간관계도 강력한 선택압이었다.

이것을 보여주는 주목할 만한 사례는 바로 복잡한 사회생활에 대처하는 능력이 인간의 뇌를 확대하는 데 핵심적인 역할을 수행했다는 점이다. 인류의 진화 과정에서 가장 최근에 발달한 뇌 영역은 대뇌의 가장 바깥층에 위치한 신피질이다. 인간의 뇌가 다른 영장류의 뇌보다 훨씬 큰 주요한 이유는 바로 인간의 신피질이 크다는 데 있다. 옥스퍼드 대학의 사회 및 진화 신경과학팀장 로빈 던바Robin Dunbar는 영장류의 뇌에서 신피질이 차지하는 비중은 일반적인 사회집단의 규모와 밀접한 관계가 있음을 알아냈다. 오랑우탄처럼 단독으로 생활하는 종은 뇌에서 신피질이 차지하는 비율이 낮은 반면 무리생활을 하는 종은 이 비율이 훨씬 높다.[207] 인간은 수렵·채집생활을 하던 선사시대에도 뇌에서 신피질이 차지하는 비율이 가장 컸을 뿐만 아니라 영장류 사이에 평균 집단의 크기도 가장 컸다. 그 관계를 그림 4.1로 나타냈다.

이 관계를 설명하는 가장 큰 근거는 사회적 상호작용이 정신적인 부담이 매우 큰 활동이고 집단 크기가 커질수록 그 부담이 더욱 커진다는 것이다. 집단 내 개개인을 알아보고 서열 내 각자의 위치를 알아야 할 뿐만 아니라 누가 자신의 친구이고 적인지, 그들의 친구와 적은 누구인지까지 알아야 한다. 누구를 믿을 수 있

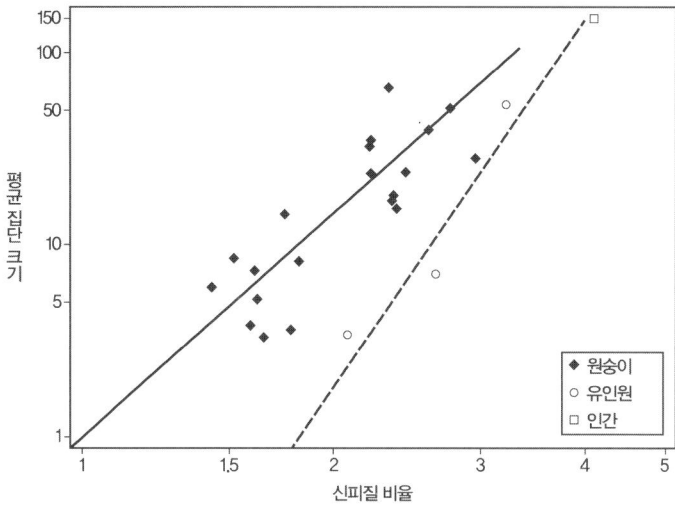

그림 4.1: 영장류들 중에서 전체 뇌에서 신피질 부피가 차지하는 비율은 평균적인 집단 크기와 관계가 있다.[208]

고 누구를 믿어서는 안 되는지 알아야 한다. 무엇보다도 다른 사람의 속내를 읽고 얼굴 표정과 몸짓을 단서로 상대방의 의도를 해석하는 데 능해야 한다. 던바가 처음으로 이 '사회적 뇌 가설'을 세운 이후에 실시된 후속 연구에서는 인간이 아닌 영장류 중에서 집단 크기가 큰 종이 실제로 사회지능검사에서 더 높은 점수를 받았다.[209]

확실히 인간의 뇌는 진정한 의미에서 사회적 기관이다. 사회생활에 요구되는 필요 조건이 뇌의 성장과 발달을 이끌었다. 인간관계의 질은 언제나 생존과 행복, 번식의 성공에 필수적이었기 때문이다.

친구인가 경쟁자인가

같은 종에 속한 개체들 사이에는 거의 언제나 갈등이 발생할 여지가 있다. 같은 종의 일원은 같은 욕구를 지니고 있기 때문에 먹이에서부터 보금자리, 영역, 섹스 상대, 휴식을 취할 그늘에 이르기까지 사실상 모든 자원에 대한 접근권을 둘러싸고 경쟁과 갈등이 발생한다. 그렇지만 인간은 정반대의 잠재력도 어느 정도 지니고 있다는 점에서 독특하다. 인간은 필수적인 지원과 안전, 도움, 사랑, 학습을 서로에게 제공한다. 다른 종과 달리 인간은 아프거나 무능력한 이들을 돌보고 도움을 받지 못하면 생존할 가능성이 낮은 사람을 도울 수 있다.

인간이 서로를 돌볼지 여부와 생활필수품을 공유하고 교환하는 방식은 사회관계의 본질과 떼려야 뗄 수 없다. 공유와 우정은 경쟁에서 협력으로 이어지고 자원과 여타 필수품에 대한 접근을 구축하는 스펙트럼의 한 축이라는 점에서 서로 연결돼 있다. 영어에서 '컴패니언(companion, 동료)'이라는 단어는 스페인어로는 '콤파네로compañero', 프랑스어로는 '코팽copain'에 해당하며 라틴어의 '콤(com, 함께)'과 '파니스(panis, 빵)'를 결합한 말이다.

동료란 음식을 공유하는 사람들이다. 미국 사회인류학자 마셜 살린스Marshall Sahlins는 사회관계와 물질적인 삶 간의 관계를 이렇게 요약했다. 살린스는 수렵·채집사회에서 선물의 사용과 선물의 교환체계를 논하면서 "선물은 친구를 만들고 친구는 선물을 만든다"[210]라고 말했다. 또한 그는 몇몇 사회에서 선물을 거절하는 행위는 선전포고로 간주할 만한 행동이라고 지적했다. 이는 친밀한 관계를 거부하는 것이다. 선물은 필수품에 대한 접근권을 두고 싸우는 대신 서로의 욕구를 인식하고 공유하겠다는 뜻을 구체적으로 보여준다는 점에서 우정을 뜻하는 강력한 상징이다.

우정을 표현하거나 다지고자 선물을 주는 행위는 현대사회에서 사회생활의 중요한 부분을 차지한다. 가족 식사든, 손님 접대든 식사를 같이 한다는 것은 기본적인 필요를 공유하는 행위가 계속적이면서 심리적으로나 상징적으로 얼마나 중요한지 보여주는 또 다른 표시다. 이는 매우 다양한 종교의식에서 그러한 연관이 얼마나 뿌리 깊은지 보여준다. 모든 시크교 사원에서는 방문자에게 음식을 제공하며, 시크교도들은 음식을 공유한다. 마찬가지로 기독교 영성체 의식에서 빵과 포도주를 나누는 행위는 생활필수품의 공유가 삶의 기반임을 상징한다. 예언자 마호메트는 음식을 서로 나눠야 한다고 가르쳤다. 유대교에서도 함께 식사하고 음식을 나누는 행위를 항상 중요하게 여겼다. 협력의 필요성은 모든 도덕교육에서 강조하고 있을 뿐만 아니라 진화한 인간의 심리 작용의 일부이기도 하다.

인간은 누구나 물질의 상호의존과 사회관계의 본질이 서로 관련 있다고 무의식적으로 상정한다. 선물교환, 물건의 공유, 공동식사는 모두 친밀한 사회유대와 우정을 매우 효과적으로 나타내는 표현이다. 반면 사람들이 서로의 필요와 무관하게 자신의 소유물을 독점한다면, 이것은 서로의 행복에 대한 관심이 부족함을 입증하며 친밀한 사회유대는 불가능하다. 나아가 서로 속이고 남의 물건을 훔친다면 적대감으로 갈등을 야기할 것이다.

거시적 수준에서 자원에 대한 접근은 국가 간의 전쟁이 발생하는 주요한 원인이다. 공유부터 서로를 배신하는 상황에 이르기까지 물질적 관계와 사회적 관계는 한 목소리를 낸다. 경제 연구와 사회생활의 연구는 서로 별개의 학문으로 여겨져 왔지만, 물질적 생활은 독자적 영역이라기보다 사회관계의 구조와 밀접하게 연결되는 분야임에 틀림없다. 서로 다른 교환관계, 사회 전반에 재화를 배분하는 방식은 사회적으로나 심리학적으로 강력한 영향력을 미친다.

토머스 홉스Thomas Hobbes는 17세기에 모든 인간이 똑같은 기본적인 욕구를 지니고 있기 때문에 평화를 유지할 강력한 정부가 없는 삶은 '만인의 만인에 대한' 투쟁으로 퇴보할 것이라고 생각했다. 홉스는 '만약 어떤 두 사람이 누릴 수 없는 같은 것을 동시에 바란다면 두 사람은 적이 되어 서로를 파괴하거나 정복하려고 할 것이다'[211]라고 주장했다. 인간을 타고난 경쟁자로 보는 홉스의 관점은 의심할 여지없이 영국의 내전 체험에서 영향을 받아 형성된 시각이다. 이런 사실은 홉스가 서로 대립하는 개인들 사이에 평화를 유지할 수 있는 주권정부의 유지를 정치의 핵심 과제로 보았다는 것을 의미했다. 그러나 홉스는 인간의 사회적 본성의 깊이를 파악하는 데 완전히 실패했다. 인간은 서로에게 최악의 경쟁자가 될 수 있음과 동시에 서로를 지원하고 생활필수품을 나누는 거의 유일무이한 능력을 지니고 있다. 이후에서는 이 사실이 개인 간의 관계에서 나타날 뿐만 아니라 선사시대 조상들 사이에서도 우세했던 사회조직의 지배적인 형태였음을 살펴볼 것이다.

인간은 맺고 있는 관계가 우호적인지 적대적인지에 대단히 민감하다. 인류의 진화 역사에서도 이것은 개인의 행복에 반드시 필요한 능력이었기 때문이다. 사람들이 서로 공유하고 신뢰하는지 아니면 필수품을 두고 적수로 맞서는지가 우리 조상의 성공과 생존을 결정했고 진화 경로와 인간관계의 중요성과 본질을 형성했다. 서론에서 살펴봤듯이 오늘날에도 우정과 공동체 참여는 건강과 행복을 좌우하는 강력한 결정적 요인이며, 힘들거나 적대적인 관계가 그토록 해로운 이유가 바로 여기에 있다.

평등과 불평등, 그 기원

평등과 불평등이 인간의 심리와 행동에 미치는 영향력을 이해하려면 인류의 진화 과정에서 등장한 사회조직의 주요 특징을 간단하게나마 살펴볼 필요가 있다. 가장 개괄적인 수준에서 인류의 발달 과정을 사회조직을 기준으로 나누면 세 시기로 구분할 수 있다. 첫 번째는 선행인류(pre-human, 유인원과 인류의 중간단계·옮긴이)의 서열제, 두 번째는 선사시대 수렵·채집 인류의 평등사회, 세 번째는 위계가 존재하는 농경사회와 산업사회다.

지배적 위계체계는 동물집단에서 흔히 볼 수 있다. 개코원숭이, 마카크원숭이, 침팬지, 늑대, 하이에나 등을 그 예로 들 수 있다.

이들에게는 서열 체계가 우두머리 수컷을 정점으로 맨 아래 최약체 부하에 이르기까지 집단의 어떤 일원이 희소한 자원을 이용할지 결정한다. 또 우두머리 수컷이 암컷을 독점하려는 까닭에 누가 생식기회를 얻을지도 결정한다. 화석에 나타난 선행인류의 기록은 사회조직을 추측할 단서가 많지 않지만, 인류의 조상이었던 유인원도 침팬지를 포함한 여러 영장류가 여전히 그러하듯 지배적인 위계사회를 이루고 살았을 것으로 추정된다.

이집트 피라미드부터 유럽 청동기 시대의 고분에 이르기까지 한참 후대의 매장 흔적을 보면, 그 사회의 일부가 다른 사람들보다 훨씬 더 중요한 사람이었음을 의심할 여지가 없다. 하지만 선행인류 조상에 관한 증거는 그리 많지 않다. 선행인류가 어떻게 생활했는지 추측할 수 있는 얼마 안 되는 중요한 단서 하나는 수컷과 암컷의 몸집 차이다. 지배적 위계체계가 표준인 집단에서 우두머리 수컷은 몸집이 크고 힘이 센 동물이다. 우두머리 수컷은 암컷과 교미할 기회가 많고, 암컷은 우두머리 수컷을 교미 상대로 선호하므로 번식 과정에서 대개는 수컷이 암컷보다 커진다. 그러므로 암수의 몸집 차이는 어떤 종에서든 지배 서열체계가 일반적인 사회조직의 형태였다는 유력한 증거다. (교미 상대를 차지하기 위한 수컷 간 경쟁은 수컷의 몸집 크기 증가를 유발하나 이 과정에서 암컷의 몸집 크기는 증가하지 않는다. 이는 뿔이나 송곳니처럼 큰 몸집도 성별과 연관된 특성으로 발달했기 때문이다.) 수컷과 암컷의 몸집 크기가 같은 집단의 경우에는 암수 한 쌍이 관계를 형성하는 습성이 일반적일 가능성이 높다.

현생 인류의 선조 중 하나인 오스트랄로피테쿠스 아파렌시스의 화석은 적어도 '엄격한 일부일처제 사회구조였을 가능성이 매우 희박함'을 시사하는 성별 간 몸집 크기의 차이에 관한 증거를 충분히 제공할 만큼 많이 발견됐다.[212, 213] 암컷보다 수컷이 크다는 사실에서 몸집이 큰 수컷이 훨씬 많이 번식했다고 유추할 수 있다. 이런 사실은 선행인류가 침팬지나 고릴라처럼 무리 안에서 위계적 서열에 따라 생활했음을 암시한다.

지배적인 위계체계에 따른 삶이 사회적 불안에 미칠 영향은 무리에서 순위가 낮은 개체가 더 힘이 센 개체를 조심해야 하는 상황에서 쉽게 알 수 있다. 영장류학자들이 지적하듯이 서열이 낮은 동물이 자신보다 서열이 높은 동물의 심기를 건드리면 결국 온몸에 물린 자국을 얻게 된다. 그 결과 순위가 낮은 동물은 끊임없이 경계하고 염려하고 긴장한다.[214] 그러나 어느 정도 현대인에게도 심리적 유산을 남겼을 선행인류 조상이 위계사회에서 살았다는 증거와는 달리, '인류' 선사시대의 대부분은 인간이 대단히 평등한 수렵·채집사회에 살면서 음식을 공유하고 물물교환보다는 선물을 교환하는 방식으로 물건을 돌려썼다.[210, 215] 이런 사회에서는 지배와 종속에 따른 사회적 공포가 존재하지 않았을 것이다.

인간의 사회조직에서 가장 중요하지만 크게 간과되고 있는 특징은 바로 현대인과 뇌 용량이 똑같은 인류가 존재한 지난 20만 년에서 25만 년에 이르는 세월 중 약 95퍼센트에 해당하는 기간 동안 인간사회가 대단히 평등했다는 사실이다. 인류학자들은 예전부터 수렵·채집사회의 평등성을 알아보고 연구하고 기록했지만 일반 대중은 평등했던 인류의 과거에 대해 사실상 전혀 알지 못한다. 이런 이유로 많은 사람이 인간 본성을 구제불능으로 여기고 경쟁적이고 이기적이라고 생각한다.

네 대륙에서 비교적 최근의 수렵·채집사회 24곳에 관한 인류학적 관련 기록을 100건 넘게 분석한 연구는 다음과 같은 결론을 내렸다.

> 수렵·채집인 사이에는 지배적 위계가 없다. 어떤 개인도 공유하는 음식을 먼저 먹을 우선권을 지니지 않는다. 일부 여성이 사냥을 잘하는 남성을 연인으로 선호하기는 하지만 섹스 상대에 대한 접근은 서열에 따라 정해지는 권한이 아니다. 사실 수렵·채집인 사이에서는 서열을 분간할 수 없다. 이런 현상은 문화권에 무관하게 보편적으로 나타나며 민족문학에서 때로는 아주 강한 언어로 명백하게 드러난다.[216]

이런 사회에 속한 사람들은 '친족이나 호혜적 관계에 있는 상대 외의 구성원과도 필요에 따라 심지어 음식이 귀할 때도 음식을 공유'[216]한다. 이 같은 선사시대 인류의 생활상도 일반 교육과정에 포함되어야 하며 경제학과 정치학, 사회과학의 모든 기초과정에서 가르쳐야 한다. 수렵·채집사회의 흔적 중에는 다른 많은 영장류들 사이에서 볼 수 있는 생활양식, 즉 우두머리 수컷이 먼저 먹고 암컷을 독점하며 서열이 낮은 개체들은 다른 일원이 먹고 남은 먹이가 있을 때만 배를 채울 수 있는 관례가 있었음을 암시하는 증거는 전혀 없다.

선사시대 인간사회가 대단히 평등했다는 말을 처음 들으면, 그런 발언이 매우 빈약한 증거에 짐작과 엉뚱한 희망사항을 엮은 결합물로 생각하는 경향이 널리 퍼져있다. 과거에 인류가 평등했다는 증거를 받아들이기 힘든 가장 결정적인 이유는 아마도 이를 인정하면 지위와 지배를 갈망하는 인간의 경쟁욕구를 부정하게 된다고 잘못 추정하고 있기 때문일 것이다. 그러나 이는 평등한 사회가 어떻게 작동했는지 근본적으로 오해한 결과다.[44, 217]

논점은 사람들이 혹은 인간 본성이 본래 평등주의를 지향했다는 것이 아니다. 선사시대 사회에서 찾아볼 수 있는 평등과 협력의 수준은 현대 인류가 잃어버린 유전 형질에서 비롯된 것이 아니다. 인류학자들은 불평등을 방지할 수 있었던 이유가 바로 '반(反)지배' 혹은 '역(逆)지배 전략' 때문이라는 합의에 이르고 있다. 집단에서 한 개인의 지배욕은 개인의 자율성을 보호하고 지배로부터 스스로를 지키고자 함께 행동하는 다른 일원들이 효과적으로 막을 수 있었다. 서열이 높은 개코원숭이 두세 마리가 연합해 우두머리 수컷을 몰아내듯이, 선사시대 인간사회는 지나치게 지배하고자 하는 사람에 맞서 모두가 힘을 합치는 협력적인 사회로 작동한 듯하다.

지금까지 수집한 수렵·채집사회에 관한 이야기를 가장 포괄적으로 집대성한 인류학자 크리스토퍼 보엠Christopher Boehm 교수가 내린 결론이 바로 이것이다. 보엠은 초기 탐험가와 선교사, 식민지 통치자, 인류학자들이 남긴 기록을 포함하여 자신이 찾을 수 있는 역사적인 동시대의 자료를 모두 수록했다. 현재 이 기록은 칼라하리 사막에 사는 부시맨부터 호주 원주민, 북극에 사는 이누이트족과 아메리카 원주민 사회에 이르기까지 전 세계 약 150개 사회의 사회적·정치적 행동을 구체적으로 담아 컴퓨터로 검색 가능한 데이터베이스를 구축하고 있다.

이 프로젝트가 끝나기 전에 보엠은 평등사회 48곳의 데이터를 검토해 그들이 어떻게 평등을 유지했는지 분석했다.[217] 분석대상이었던 모든 사회에서 어떤 사람이 지나치게 지배하려는 사태를 방지하는 의도적인 전략 사례를 발견했다. 보엠은 이런 사회의 평등이 지배받기를 싫어하는 근본적인 반감과 개인의 자율성을 보존하려는 욕구에서 비롯됐다는 결론을 내렸다. 사람들은 지배하려고 하는 모든 시도에 함께 맞섰다.[217]

그러므로 평등주의의 실현은 인간 본성 그 자체가 아니라 사회를 지배하려는 이기적인 우두머리 수컷의 성향을 효과적으로 제약한 데서 비롯됐다. 한 개인이 지나치게 지배하려 들거나 자신의 몫 이상을 가지려는 성향은 강력한 반발에 부딪쳤다. '반지배' 혹은 '역지배' 전략은 비판, 조롱, 공개적 반감의 표현과 같이 비교적 온화한 방식에서부터 추방, 배제, 죽음에 이르는 극단적인 방식까지 반사회적 행동을 제한하는 모든 방법을 동원했다.

보엠은 수렵·채집사회에서 어떻게 평등이 유지됐는지 조사하는 과정에서 지나치게 지배하려 들거나 공유하지 않은 끈질긴 개인을 공동체가 죽게 만든 상황에 관한 기록들을 다수 발견했다. 일부 사례에서 횡포를 부린 자의 가까운 친척이 처벌을 실행하라는 요구를 받은 반면, 몇몇 동굴 벽화에서는 화살 부대가 처형하는 장면처럼 보이는 그림을 찾아볼 수 있다. 이런 증거를 평가하는 과정에서 보엠은 수렵·채집사회에서 이와 같은 사법행위에 준하는 처형에 의한 사망률이 어쩌면 오늘날의 시카고 살인율과 맞먹을 수 있으며, 이런 상황은 친사회적 기질을 지닌 사람에게 유리한 강력한 선택압으로 작용하기에 충분했다고 시사한다.[218]

아직 남아 있는 최근의 수렵·채집사회를 연구한 인류학자들은 수렵·채집인들이 함께 행동하면 그 어떤 지배적인 개인도 제압할 수 있다는 인식을 그저 내보이는 데 그치지 않고 의식적이면서 적극적으로 평등주의를 추구했다고 말한다.[215] 이런 사회의 일원들은 단순히 불평등이 부재한 중립적 상태가 아니라 평등을 도덕적 원칙으로 간주했다. 사회인류학자이자 세계 유수의 수렵·채집사회 이론가인 제임스 우드번James Woodburn은 다음과 같이 서술했다.

> 사람들은 자신이 속한 평등사회 내에서도 개인이나 집단이 다른 사람보다 더 많은 부를 획득하거나 더 많은 권리를 주장하거나 더 높은 지위를 요구할 가능성을 잘 인식하고 있으며 이런 사태를 막거나 제한하고자 바짝 경계한다. 말로 평등을 구구절절 외칠 수도 있고 그렇지 않을 수도 있지만 행동은 단호하다. 그들은 불평등이 발생할 가능성에 맞서 거듭해서 평등을 실행하고 공개적으로 보여준다.[215]

이런 사회의 구성원은 모두가 평등하다는 생각을 의식적으로 지지하므로 대개는 합의로 결정을 내리는 경향을 나타냈다.

보엠이 주장하듯이 만약 남을 잘 돕고 이타적인 사람이 짝짓기 상대로 선택받거나 협력활동에서 더 높은 평가를 받고 반사회적인 사람이 소외를 당했다면, 이런 현상은 유전적으로 좀더 공공정신이 투철하고 덜 이기적이며 상호 지원에 능한 사람이 점차 자연선택으로 이어졌을 것이다. 최근 실시된 아동 발달과 관련된 조사는 이 과정을 반영한다. 행동경제학자이자 신경경제학자 에른스트 페르Ernst Fehr는 동료들과 함께 수행한 일련의 실험에서 서너 살 된 어린이는 대부분 비교적 이기적으로 행동하지만 보통 다섯 살이 넘어가면 불평등을 혐오하는 감정이 발달한다는 사실을 입증했다. 실험에서 어린이들은 일곱 살이나 여덟 살이 되면 대부분 불평등을 줄이는 방향으로 물건을 배분하는 방식을 선호했고 그 방식이 개인 자신에게 불리한 경우에도 마찬가지였다.[219]

보엠은 한 걸음 더 나아 선사시대 수렵·채집사회에서 지배에 반대하고 평등을 유지하는 전략을 체계적으로 사용한 행위야말로, 법치주의를 실현하기 위한 투쟁과 폭압 및 독재정부로부터 국민을 보호할 수 있는 민주주의의 추구 등 독단적인 권력에 맞선 현대 역사의 투쟁의 전조로 평가한다.

평등주의 사회가 '얼마나' 일찍 선행인류 조상의 서열제를 대체했는지 아직 합의된 바는 없지만, 인류가 약 25만 년 전 맹수 사냥법을 개발했을 무렵 평등주의가 확산되기 시작했다는 설이 가장 설득력 있는 설명이다. 작은 짐승에 의존하는 대신 맹수 사냥으로 고기를 얻는 방식은 평등주의에 두 가지 방식으로 기여했다. 가장 분명한 점은 맹수를 죽일 수 있는 비결과 무기를 갖춘 사회라면 상대가 자기보다 힘이 세든 약하든 간에 어떤 개인이라도 다른 사람의 목숨을 위협할 수 있다는 사실이다.

사냥 기술은 많은 동물의 종에서 서열 체계와 지배의 근거인 개체 간 체력 차이의 중요성을 급격하게 감소시켰다. 동일한 무리에 속한 거의 모든 일원이 그 누구라도 등 뒤에서 찌르거나 잠든 사이에 머리를 내리칠 수 있다면 더 이상 힘센 자가 약한 자의 미움을 살 만한 위험을 무릅쓸 리가 없다. 우두머리 수컷이 되려는 지망자가 직면한 문제는 그저 개인의 도전에 잘 대처할 수 있는지 여부가 아니었다. 철저히 무장한 집단 일원들로 구성된 연합체를 제압하기란 불가능하다는 사실이 문제였다. 개인이 순수한 근력만 믿고 자기 마음대로 활개 치고 다닐 수 없게 되면서 인류는 사회관계에서 근본적인 전환점에 이르렀다.[220]

맹수 사냥은 소규모 사회가 평등주의로 전환하는 데 기여했다고 생각할 수 있는 두 번째 핵심은, 대형 동물을 잡으면 한 사람이나 한 가족이 다 먹어치울 수 없을 만큼 많은 고기를 얻을 수 있으나 그 고기가 부패하면 먹을 수 없게 된다는 점이다. 그 결과 거의 필연적으로 고기를 나눠 먹게 된다. 이때 많은 사회에서 맹수를 잡은 사냥꾼이 자기 소유물인양 편파적으로 고기를 나누는 대신 그 과제를 다른 사람에게 맡기는 것이 관례였다. 사람들은 고기를 공정하게 나누도록 분배 과정을 계속 감시했고, 이 과정을 가리켜 '감시받는 공유 vigilant sharing'라고 일컫는다.[221]

보엠은 직접 얻은 인류학적 기록들을 토대로 대형 동물의 고기를 공유하는 관습이 집단에 미치는 영향을 설명한다. 보엠은 고기를 나눌 때 때때로 사소한 다툼이 발생하는 것을 제외하면 "고기는 무척 소중한 음식이었고, 그 누구도 소외되지 않고 함께 고기를 먹는 행위는 훌륭한 사교 방법이었으므로 이 과정에 참여하면서 확실히 공동체의 환희를 느꼈다"라고 말한다. 이는 작은 동물을 잡은 침팬지가 고기가 적다는 이유로 몇몇에게만 나눠 주는 행태와 뚜렷한 대조를 이룬다. 아마도 나눠 먹는 침팬지 수는 조금이라도 얻어먹으려고 주변에서 서성이는 다른 침팬지들에게 사체를 빼앗기지 않을 만큼 충분한 정도였을 것이다. 침팬지 무리 사이에서 '극도로 긴박한' 분위기가 감도는 것은 당연한 일이다.[218]

오늘날 현대사회의 불평등 수준이 마치 인간사회의 조직에서 불변하는 특징으로 잘못 간주되는 경우가 많다. 하지만 인류학자들은 현재 이것이 농경사회의 생활방식에서 나온 산물이라는 데 상당한 의견일치를 보고 있다. 진화의 측면에서 경작의 출현은 매우 최근의 일이다. 경작을 가장 일찍 시작한 곳은 중동 아시아의 비옥한 초승달 지대였다. 그 기원은 1만 년에서 1만 2,000년 전까지 거슬러 올라가지만 5,000년 전에야 비로소 독자적으로 경작을 시작한 지역도 있다.

가장 초기의 농경인은 '이동 농업'을 실시하는 소규모 공동체 형태로 생활했다. 이동 농업이란 숲의 일부분을 태워 그 땅을 몇 년 경작하다가 지력이 다하면 그 땅을 방치해서 다시 나무가 자라도록 놔두고 새로운 구역을 태워 경작하는 방식이다. 초기의 농경생활 공동체는 '덩치 큰 남자'가 이끄는 경우가 많았지만, 현대 인류학 연구가 보여주듯이 여전히 대단한 평등한 사회였고 조롱, 추방, 배제를 비롯한 여러 반지배 전략을 계속해서 사용했다.[44]

농경이 불평등 증가로 이어진 이유에 관해서는 다소 의견이 분분하다. 농경의 발달과 불평등의 증가를 연관 지어 상세하게 고찰한 연구사례는 많다. 여러 사회를 비교하기도 하고 고고학적 증거와 역사적 증거를 바탕으로 변화과정을 추적하기도 했다.[222-225] 수렵·채집활동과 비교해 농업은 좀더 개별적인 특성을 지니며 식량을 저장할 필요가 있었다는 이론도 있고, 영구 정착의 확립에서 원인을 찾는 이론도 있다.

사회계층의 위계가 완전히 확립된 사회는 훨씬 최근에 나타났다. 이는 정착 농업의 발달 및 높아진 인구밀도와 뚜렷한 관련을 맺고 있다. 최근 불평등 증가를 설명하는 가장 설득력 있는 주장은 아마 고고학적 증거를 기반으로 불평등 증가가 구체적으로 곡물 경작과 연관이 있다고 설명한 이론일 것이다. 곡물 경작은 다른 작물로는 불가능했던 과세제도의 도입을 촉진했기 때문이다.[43]

심리적 유산

인간이 사회적 불안을 느끼는 기질은 선행인류와 선사시대 인간사회의 사회조직에서 비롯된 심리적 유산일 가능성이 높다. 위계적 동물의 서열체계에서 개체 간 관계의 주요 특징은 매우 분명하다.

예를 들어 서열이 낮은 개코원숭이는 다른 거의 모든 종의 서열이 낮은 개체와 마찬가지로 자신보다 서열이 높은 개코원숭이에게 분노를, 심지어 사소한 불쾌감이라도 유발해서는 안 된다. 서열이 낮은 개코원숭이는 위계 서열 내에서 자신의 위치가 어디인지 반드시 알아야 한다. 동시에 우두머리 수컷이 어디에 있는지 끊임없이 관찰하면서 똑바로 눈을 마주치지 않도록 피해야 한다. 자신이 열등하다는 사실을 인정하고 서열이 더 높은 개코원숭이가 원하는 것은 무엇이든 내줄 것이며 그 어떤 경쟁적 도전도 피하겠다는 복종 신호를 보내야 한다. 이런 규칙을 따르지 않으면 심각한 부상을 입거나 나아가 죽음을 초래할 수도 있다.

보엠은 위치에 근거한 위계적 서열체계의 관계가 평등에 근거한 관계로 변화한 것이야말로 우리가 알고 있는 도덕의 시작이라고 설득력 있게 주장한다.[218] 평등으로 이어지는 조건이란 그저 지배하는 한 개인의 편을 드는 게 아니라 모두가 서로에게 이익이 되는 쪽에 서야 했다는 의미다. 음식공유와 선물교환, 협동, 친밀한 공동체 생활의 참여를 동반하는 소속 및 안전 의식과 함께 지속적으로 반사회적 성향을 나타내는 사람은 추방이나 배제, 죽음으로 위협하는 반지배 전략이 사회의 도덕발달을 뒷받침했다.

미국 인류학자 마셜 살린스는 사람들 사이에 평화를 강제할 수 있는 정부가 없는 경우 질투나 분노를 유발하는 행위를 회피하여 서로 좋은 관계를 유지할 수 있을지 여부는 그 사회의 일원들에게 달려 있다고 주장한다. 이런 사회에서 음식공유와 선물교환은 사회분열을 회피하고 밀접한 관계를 유지하기 위해 상당한 사회투자를 수반하는 생활방식이라고 볼 수 있다.[219]

오늘날 영장류 조사에서 나온 실험 증거에서도 협력과 공정성의 경향이 나타나는데, 이런 경향은 같은 무리에 속한 다른 일원이 부당한 대우를 받는 데서 비롯되는 항의와 적대감의 회피 욕구를 반영한다.[226] 영장류학자 프란스 드 발은 침팬지들이 가끔씩 서로 돕기도 하고, 실험에서 보상으로 준 먹이를 나눠 먹는 이유도 이와 일맥상통한다고 본다.

사람들은 아마도 현대 시장사회의 본질 때문인지 별다른 증거도 없이 인간이 이기심, 소유욕, 자기중심주의, 출세주의와 같은 반사회적 성향을 지니고 있다고 굳게 믿는 것 같다. 그런데 사람들은 인간이 이와 다르게 공유하고 협력하는 특성 역시 타고났다는 사실은 훨씬 더 믿으려 하지 않는다. 초기 인류사회의 본질과 몇몇 비인간 영장류의 사회적 행동을 밝히는 증거를 보면 인간은 자신을 보는 관점을 수정할 필요가 있어 보인다.

예를 들면 심리학자들은 감사하는 마음과 부채 의식이 모든 문화권에서 찾아볼 수 있는 인류의 보편적 감정이라고 말한다.[227, 228] 이런 감정 때문에 기꺼이 선물에 보답하고 공유하려는 의향을 불러일으킨다. 이렇게 하지 않으면 무임 승차자로 간주되고 적대감을 살 것이다. 보답하려는 욕구는 음식공유와 마찬가지로 수렵·채집사회에 사회결속력을 제공한 선물교환 체제가 기반이었다.[229] 앞에서 언급했듯이 살린스는 선물교환이 사람들 간에 기본적인 사회계약을 확립한다고 주장했다.[210]

행동경제학 실험결과를 살펴보면, 인간은 공유하려는 '의향'을 강하게 내재하고 있을 뿐만 아니라 공유하는 것을 '선호'한다는 사실을 알 수 있다. '최후통첩 게임ultimatum game'을 사용한 실험에서 나온 증거를 예로 들어보자. 실험 참가자를 임의로 두 명씩 짝을 지은 다음 두 명 중에 한 명에게만 일정 금액을 주고 상대방과 나누라고 한다. 돈을 받은 사람은 원하는 만큼 너그럽게 혹은 인색하게 나눌 수 있다. 전부 자기가 가지려 할 수 있고 전부 상대방에게 줄 수도 있으며 어떤 식으로든 나눌 수 있다. 상대방은 그저 제안받은 분배를 승낙하거나 거부할 수 있을 뿐이다. 만약 상대방이 거부하면 두 명 모두 돈을 갖지 못하고 분배를 승낙하면 제안된 금액을 각자 갖는다.

경제적 합리성 개념에 따르면 아무리 적은 금액을 제안받더라도 승낙하는 선택이 합리적일 것이다. 그러나 가장 흔한 분배 제안은 돈을 50 대 50으로 나누는 선택이다.[230] (이는 최빈값이며 평균적인 분배 제안은 60 대 40이었다. 이는 절반보다 많은 금액을 상대에게 제안하는 사람은 아주 소수지만 절반보다 적은 금액을 제안하는 경우는 종종 있기 때문이었다.) 이는 경제 발전의 단계와 문화권이 서로 다른 25개국에서 최후통첩 게임을 활용한 37건의 연구들로부터 나온 결과다. (이런 점에도 불구하고, 문화 차이가 결과에 영향을 미친다는 증거는 희박했다.)

한 가지 흥미로운 사실은 제안을 거부하면 약간의 돈이라도 받을 수 있는 기회를 날리게 됨에도 사람들은 불공정하다고 생각되는 제안은 거부도 불사한다는 결과였다. 예를 들어 제안자가 20퍼센트만 상대방에게 주고 나머지 80퍼센트를 자기가 가지려고 한다면 상대방은 그 제안을 거부할 가능성이 높다. 이런 실험에서 이 같은 거부는 향후에 더 너그러운 제안만을 승낙할 것이라는 신호를 보내는 시도가 될 수 없다. 사전에 실험 참가자들에게 같은 상대와 다시 짝을 짓는 경우는 없을 것이라고 안내하기 때문이다. 불공정한 제안을 거부함으로써 자신이 손실을 입더라도 제안자가 돈을 받지 못하도록 하려는 의도를 가리켜 '이타적 처벌altruistic punishment'이라고 한다. 이런 행동 성향은 자신이 대가를 치르더라도 악행을 저지른 사람에게 보복하려는 의지를 포함해서 협력을 유지하고 높은 수준의 호혜주의를 지탱하는 하나의 중요한 방법임이 밝혀졌다.[231, 232]

경제학자들의 일반적인 가정과 달리 인간은 개인의 이익을 최대화하기 위해 항상 합리적으로 행동하지 않는다는 증거로 많은 연구들이 이 같은 실험을 인용한다. 인간이 그렇게 행동하지 않는 이유는 그보다는 훨씬 사회적 동기로 움직이고 또한 사회의 화합에 기여하고자 한다는 데 있다. 인간의 심리는 사회적 선택을 통해 타인의 인정을 구하도록 진화되어 왔다.

최후통첩 게임의 결과는 인간이 타인에게 환심을 사고 싶을 때뿐만 아니라 다른 사람의 인정을 받을 수 있는 방식으로 행동할 때 스스로도 더 편안함을 느낀다는 사실을 시사한다. 코넬대 경제학과 교수 로버트 프랭크Robert Frank는 내가 조력자로 선택받기에 충분히 믿을 만한 사람이라는 확실한 인상을 상대방에게 주려면 먼저 자기 자신이 그렇다고 확신할 수 있어야 한다고 주장했다.[231] 프랭크는 외모만 정직하고 너그러워 보이도록 꾸민다고 해서 충분하지는 않다고 말한다. 사람들은 상대방이 믿을만한 사람인지 감지하는 데 아주 뛰어나며 이를 꿰뚫어 볼 것이기 때문이다. 프랭크는 정말로 남을 설득할 수 있으려면 먼저 내게 이득이 되지 않는 상황에서도 내가 믿을 만하고 이기적이지 않은 사람이라고 스스로 확신할 수 있어야 한다고 주장한다. 프랭크는 사람들이 집에서 멀리 떨어진 음식점에도 팁을 남기는 이유가 여기에 있다고 본다.

불평등의 각인

인류의 초기 조상이 진화하는 과정에서 몸담았던 다양한 사회조직이 인간의 심리에 남긴 각인은 물질적인 재화의 분배에만 국한되지 않는다. 1장에 살펴봤던 서열에 따른 사회적 상호작용의 양상을 다룰 때 유용한 '지배행동체계'는 동물의 서열체계에 그 뿌리를 두고 있다.[70] 1장과 2장에서 언급했듯이 불평등이 커지면서 지배와 종속에 따른 반응을 수반하는 각종 정신적 문제가 증가한다.

인간의 심리에 각인된 흔적이 무엇보다 현저하게 드러내는 징후는 바로 불평등한 사회일수록 어린이들 사이에 집단 괴롭힘이 훨씬 흔하다는 사실이다. 성인 간에 집단 괴롭힘은 국가별로 비교할 수 있는 데이터가 없지만, 아동 간 집단 괴롭힘에 관한 자료는 세계보건기구가 실시하는 학령기 아동의 건강과 행동연구에서 제공한다. 그림 4.2에서 볼 수 있듯이 어린이들 사이에 집단 따돌림은 불평등한 사회일수록 훨씬 빈번하고 강력하게 나타나는 경향이 있다.[233] 불평등이 심한 사회에서는 한 달에 두 차례 이상 집단

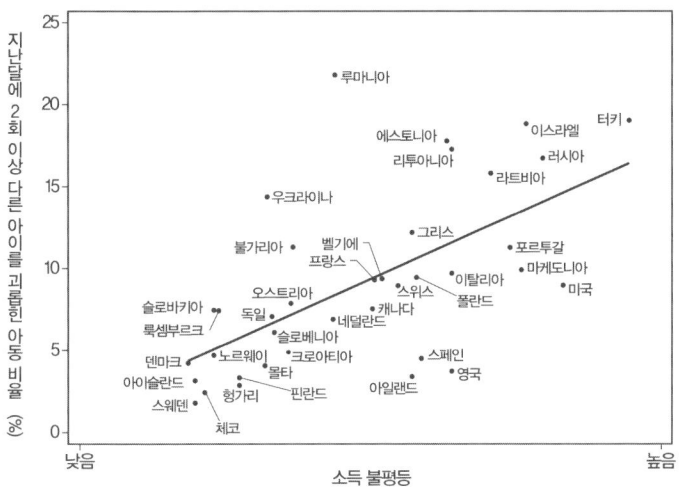

그림 4.2 불평등한 국가일수록 아동 간 집단 괴롭힘 현상이 빈번하게 발생한다.[233]

괴롭힘에 연루된 어린이의 비율이 불평등이 비교적 덜한 사회보다 최대 10배 가까이 높다.

동물의 지배적 위계체계와 집단 괴롭힘의 위계는 구조적으로 유사하다. 둘 다 힘을 기준으로 가장 센 개체를 꼭대기에 놓고 가장 약한 개체를 밑바닥에 놓는 순서로 개체에 순위를 매긴다. 그림 4.2를 보면 불평등한 사회의 어린이가 지배 지향적인 조상과 비슷한 행동을 취할 가능성이 높다는 사실을 유추할 수 있다. 집단 괴롭힘은 지배하기 위한 경쟁이다. 불평등한 사회일수록 집단 괴롭힘이 흔하다는 사실에서 불평등에 대한 진화심리적 반응이 지배전략과 직결된다는 것을 알 수 있다.

이밖에도 극심한 불평등에 대한 반응들 중에 지배와 종속에 적응해 진화했다고 여겨지는 몇몇 징후들이 있다. 한 연구에서는 불평등이 심한 사회의 여성은 비교적 평등한 사회의 여성보다 전형적으로 사내다운 남성의 얼굴을 더 선호한다는 결과가 나왔다.[234,][235] 이 연구에서는 온라인 설문조사를 통해 30개국 이성애자 여성 약 5,000명에게 남성 얼굴 20쌍을 보여줬다. 설문 참여자는 각 쌍에서 어떤 얼굴에 더 매력을 느끼는지 답했다. 각 쌍에서 한 사진은 컴퓨터 프로그램으로 턱선을 강조하는 방법 등으로 얼굴을 더욱 남성답게 수정했다. 그림 4.3에서 볼 수 있듯이 불평등한 국가일수록 여성들이 더 남성다운 얼굴에 훨씬 더 강한 선호를 나타냈다.

같은 연구에서 "여성은 더욱 남성다운 외모를 지닌 남성이 반사회적 기질과 행동을 나타낼 것으로 생각한다는 강력한 증거가 있다. 여성은 남성다운 외모를 지닌 남성이 부정직하고 비협조적이며 장기적인 관계보다 단기적인 관계에 더 관심을 가진다고 여긴다"[234]라고 보고서가 지적하고 있는 점은 특히 흥미롭다. 불평등한 사회의 여성은 서열제 꼭대기에 가까운 자리에 오를만한 강인한 남성적인 얼굴과 성격을 지닌 남성에게 끌리는 듯하다. 이는 서열체계의 권력관계에 어울리는 진화심리로 퇴보하는 현상이라 할 수 있다.

과거 선행인류의 서열체제에 사람들이 부분적으로 적응한 형태로 볼 수 있는 다른 연구결과로는 1장에서 언급했던 현대사회에서 지위 및 서열이 낮은 사람일수록 피브리노겐이라는 혈액응고인자 수치가 높게 나타나는 경향을 들 수 있다. 피브리노겐은 혈

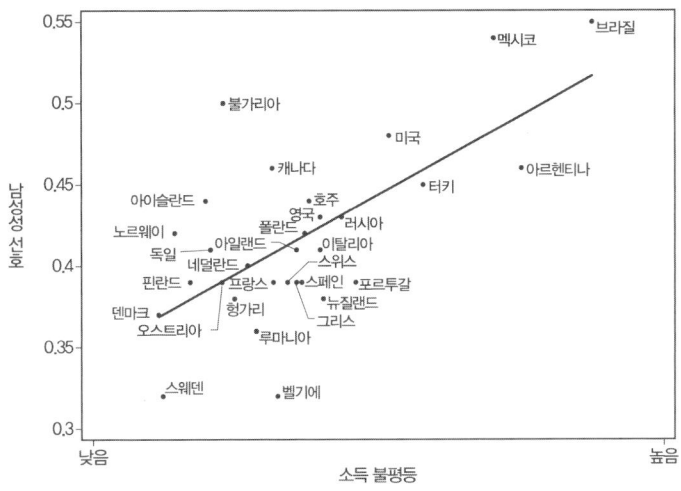

그림 4.3: 불평등한 사회일수록 여성은 더 남자다운 얼굴을 선호한다.[234, 236]

액이 빨리 응고하게 만들며 스트레스를 받으면 혈중 피브리노겐 농도가 증가한다. 이런 현상은 만약 스트레스를 받는 상황에서 부상으로 이어지면 유리하게 작용한다. 피브리노겐 수치가 높으면 상처가 났을 때 피가 빨리 멎기 때문이다. 선행인류 조상의 서열 체제처럼 윗사람에게 신체 공격을 받을 위험이 있다면 높은 피브리노겐 수치가 아랫사람에게 도움이 됐을 것이다.

피브리노겐 농도가 정말로 사회관계의 본질에 대한 반응인지를 확인하기 위한 더 최근의 연구는 바람직한 친구 네트워크를 갖고 있는 사람이 예측한 대로 낮은 피브리노겐 수치를 나타냈다고 보고했다.[237] 다행스럽게도 지금은 자신보다 사회계층이 높은 사람에게 물어뜯길 위험에 처할 일은 거의 없다. 그러나 서열관계가 유발하는 심리적 스트레스는 여전히 혈액을 더 빨리 굳게 만들고 힘이 되는 살가운 우정은 정반대의 기능을 한다.

친사회적 행동 전략의 선택

다양한 사회에 알맞게 사회전략을 조정하는 능력은 유전자 구성의 일부가 됐다. 맥락에 맞는 전략의 선택은 언제나 생존과 생식의 성공에 필수적이었기 때문이다. 평등사회에서 지나치게 이기적인 사람은 추방당할 위기에 처했듯이 서열제에서 지나치게 너그럽게 행동하는 이들은 이용당할 가능성이 높았다. 서열체계가 엄격한 사회에서는 윗사람뿐만 아니라 제한된 생식 기회와 희소 자원에 대한 낮은 접근 가능성도 아랫사람의 생존을 위협했다. 서열제에서는 자신의 발전을 촉진하는 선택압이 작동하는 반면, 평등사회에서는 반사회적 행동에 추방과 같은 부정적 선택압이, 협조적인 기질에는 긍정적 선택압이 작동했다. 이기적 성향이 약하고 너그러우며 믿을만한 사람이 협력하는 활동에서는 파트너로 인기를 얻었고 짝짓기 상대로 선호됐다.

평등사회는 이런 보상과 제재로 인간의 심리가 좀더 사교적인 특성으로 발달하고 진화할 수 있는 강력한 선택압을 창출했다. 앞에서 이미 이런 유전 사례를 몇 가지 살펴봤다. 서열과 우정이 혈액응고에 미치는 상반된 효과, 따돌림을 당할 때 느끼는 사회적 고통과 신체적 고통을 느끼는 뇌 영역이 똑같다는 사실, 함께 식사하는 성향, 종교의식에서 음식의 공유가 지니는 상징, '컴패니언' 같은 단어의 어원이 모두 그런 사례다. 이는 우리 삶 곳곳에 스며들어 있다.

타인과의 관계에서 어떤 역할이나 기능을 해야 한다고 느끼는 욕구를 예로 들어보자. 인간은 남들이 내가 하는 일을 고맙게 여기고 내가 도움이 되는 사람이라고 여기기를 바란다. 자녀의 욕구를 충족시키는 부모와 남들이 가치 있게 생각하는 과제를 수행한 개인의 욕구는 거의 자아실현감에 가깝다. 현대사회의 임금노동이 인정받지 못한다거나 착취라고 느끼는 취업자가 많기는 하지만, 그럼에도 사람들은 일자리를 잃으면 자존감에 커다란 상처를 입는다. 인간은 사회에서 쓸모 있는 역할을 맡지 못하면 자신이 무가치하다고 느낀다. 타인의 필요와 관련해서 자신이 가치 있고 인정받는 역할을 맡고 싶다고 느끼는 갈망은 아마도 따돌림을 당할 위험에 맞서는 가장 확실한 방법이었을 것이다. 타인에게 쓸모 있는 존재가 됨으로써, 인간은 협력집단의 일원이 되고 자신의 안전을 극대화했다.

정직, 관용, 친절 같은 가치는 종교가 거의 만들어냈고, 여전히 종교에 의존하고 있다고 흔히 생각한다. 종교적 신념과 교리가 친절과 관용 같은 규범 유지에 공헌한 바는 있지만(동시에 때로는 다른 종교에 대한 편협함으로 문제를 일으키기도 했다), 이제는 평등사회의 사회적 선택이라는 진화의 힘에 의해 선사시대에 이미 친사회적 성향이 인간에게 스며들었다는 사실이 밝혀졌다. 최근 수렵·채집사회를 다룬 인류학적 설명이 시사하듯이, 이타심과 관용, 친절에 가치를 부여하는 성향의 기원은 머나먼 옛날로 거슬러 올라간다. 신앙이 이런 본능을 강조할 수는 있겠지만, 친사회적 가치는 인간의 진화된 심리에 훨씬 깊숙이 새겨져 있으며 지난 몇 천 년 내에 발생한 그 어떤 종교 사상보다 훨씬 오래되었다.

여러 동물종에서도 명백하게 이타적 행동이 유전자에 새겨질 수 있다는 증거가 존재한다.[238, 239] 진화 심리학자들은 이와 관련된 선택과정을 이해하고자 골몰히 생각해 왔다. 왜 인간은 물에 빠진 생면부지의 사람을 도우려고 자신의 목숨을 걸까? 왜 그토록 많은 사람들이 익명으로 자선단체에 기부를 하고 다시 올 가능성이 없는 동네의 음식점에 팁을 남길까? 예전에는 이런 행동을 이론상의 문제로 간주했다. 남을 돕기 위해 자신의 목숨을 걸고 음식이 부족할 때 나눠 먹는 유전적 성향을 지니고 있다면, 그런 유전자가 인구 전체에 퍼져나갈 가능성은 희박하기 때문이다.

동물의 이타적 행동을 설명하는 집단 선택group selection은 이미 집단 내에 흔한 성질을 퍼트리는 데만 유효하다. 그러나 타인을 돕고자 용감히 자기 자신을 위험에 빠뜨리는 성향은 소속 집단에서 자신의 유전자를 남들보다 더 널리 퍼트리는 데 도움이 될 것처럼 보이지 않는다. 전쟁이나 충돌이 있은 후에 유전자를 퍼트릴 사람은 필연적으로 사망자가 아니라 생존자다. 이타적 성향이 집단 전체의 생존에 유리하다고 주장하는 사람도 있다. 하지만 일단 구성원 중 상당 비율이 이런 특성을 지니고 있어야만 집단 선택으로 그 특성을 확산시킬 수 있다.

앞서 소개한 크리스토퍼 보엠 연구의 진가는 자연환경이 아닌 사회적 환경이 더 친사회적 행동을 보이는 개인을 선택했다는 사실을 알아봤다는 데 있다. 이타적 성향이 강한 집단의 구성원을 선호(특히 짝짓기 상대를 선택할 때)하는 데서 비롯된 긍정적인 선택압이 반사회적인 구성원을 냉대하는 사람들이 만든 부정적인 선택압과 결합해 강력한 선택 조합을 만들었다. 이는 불공평에 대한 혐오와 일부 '비'인간 영장류 사이에서도 협력 의향을 발견한 연구자들이 내린 결론에 부합한다. 이런 증거는 뚜렷한 이타적 행동기질을 보이는 개체들이 똑같은 종의 무리에 속한 구성원을 공평하게 혹은 협조적으로 대하지 않았을 때 발생할 수 있는 보복을 피하고자 그렇게 행동하게 되었음을 시사한다.[226]

사회적 환경과 후생유전학

지금까지 평등한 사회와 불평등한 사회에서 타고난 행동 반응처럼 보이는 여러 징후를 살펴봤다. 빠르게 발전하는 분야인 후생유전학은 인간이 자신이 속한 사회유형에 적응하도록 얼마나 근본적으로 길들여져 있는지를 보여준다.

후생유전학은 환경이 유전자의 작용에 영향을 미치는 방식을 연구하는 학문이다. 다양한 환경 자극은 대대로 내려오는 기본적인 유전 암호를 바꾸지 않고도 발달과 행동에 영향을 미치는 방식으로 유전자의 발현(유전자 활용 여부를 결정하는 과정)을 바꿔왔다. 인간을 포함한 다양한 종들은 후생적 변화로 다양한 환경에 맞춰 서로 다르게 발달한다. 일벌과 여왕벌의 경우 똑같은 유전자를 지니고 있지만 그 유전자가 어떤 일을 할지는 유충에게 제공하는 '로열 젤리'의 양에 따라 좌우된다. 로열 젤리가 유충의 유전자 발현을 바꿔서 수명이 짧고 생식능력이 없는 일벌이 아니라 몸집이 크고 수명이 길며 알을 낳는 여왕벌이 된다. 사실상 발달은 경험에 맞춰 조절될 수 있다.

인간을 포함한 영장류는 출생 이전 태아의 발달 기간을 포함한 생애 초기의 스트레스에 매우 민감하게 반응한다. 위험을 유발할 수 있는 수준의 방사능 피폭보다 스트레스가 어린이의 정서 및 지능 발달에 더 큰 해를 끼칠 수 있음을 증명한 연구는, 임신 중 스트레스가 아동 발달에 미칠 수 있는 영향력을 매우 극명하게 보여준다. 1986년 체르노빌 원전 사고 당시에 임신 상태로 방사능에 피폭된 여성이 낳은 벨라루스 어린이 집단을 연구한 조사에서는 방사능으로부터 피폭 피해를 입지 않은 여성이 낳은 어린이들에 비해 발달 및 인지 장애에서 유의미한 증가가 나타났다.[240] 그러나 놀랍게도 방사능 피폭은 피폭에 대한 걱정과 대피 자체에서 비롯된 스트레스와 혼란보다 지적 기능과 언어 능력, 언어 및 정서적 장애에 더 적은 영향을 미쳤다.

유아기 경험이 그 사람의 이후 정신발달 과정에 중요한 영향을 미친다는 사실은 예전부터 잘 알려져 있었다. 하지만 후생적 변화가 이 과정을 상당부분 뒷받침한다는 사실은 최근의 연구에서 밝혀졌다. 스트레스를 많이 경험하는 어린이는 향후 스트레스에 더

예민하게 반응하고 더 불안해하며 우울증에 더 취약할 가능성이 높다.[241]

사회적 스트레스, 특히 부모와 자식 간의 스트레스를 살펴본 연구는 스트레스가 스트레스 반응을 조절하는 다양한 유전자의 발현을 바꾼다는 결론을 내렸다.[242] 안심할 수 있고 애정이 넘치는 관계에서 성장했는지, 정신적·육체적 학대를 받거나 방치당하고 부모의 갈등과 폭력을 목격한 10퍼센트에서 15퍼센트에 속하는지, 아니면 이 둘의 중간 어디쯤에 속하는지에 따라 유전자가 전혀 다르게 발현되었다.[243]

많은 생물이 생애 초기의 경험에 의해서 발달에 영향 받는 민감한 시기를 겪는다. 심지어 식물도 성장 초기에 가뭄이나 소금기를 접하면 이에 대응해 발달 경로를 바꿈으로써 향후에 비슷한 환경에 더 잘 대처할 수 있도록 대비하는 후생적 능력을 지니고 있는 것 같다.[244] 후생적 변화가 물리적 환경에 노출될 때만 발생하는 것은 아니다. 위계 사회와 어느 정도 관련이 있는 삶의 질과 사회적 관계에서도 사람들이 적응하는 방식을 후생적 변화가 중요하게 만드는 것은, 그러한 변화가 스트레스가 심한 가족관계를 포함해서 환경을 바라보는 '주관적' 인식으로부터 촉발된다는 점이다.[245, 246] 자신이 처한 사회적 상황과 환경을 어떻게 인식하고 느끼는지에 따라 수많은 유전자의 발현이 바뀔 수 있다.[245]

초기의 사회 경험이 발달에 영향을 미쳐 유전자의 발현을 바꾼다는 발견은 인류가 진화하는 과정 내내 매우 다른 사회적 환경과 필요에 유연하게 적응했어야 했음을 시사한다. 인류는 진화하는 동안 '힘이 곧 정의'라는 극단적인 지배적 위계체계에서부터 보살피고 공유하는 호혜주의까지 다양한 원칙에 근거한 사회를 경험해 왔다. 후생유전학과 진화심리학 덕분에 인류는 하나의 환경에 최종적으로 적응하기보다 특정한 시기에 우세한 사회체계가 요구하는 방향으로 각각 상이하게 발생된 두 가지 인간 본성을 지니게 됐다. 이는 마치 갓난아이가 무대에 올라서서 어떤 인간의 레퍼토리를 연기해야 할지 발견해야 하는 배우와도 같다.

관건은 사회관계의 질이다. 구성원 모두가 희소한 자원을 손에 넣으려고 다투는 경쟁자인 까닭에 서로 믿어서는 안 된다는 사실을 명심하고 싸울 준비를 해야 하는(지배자 의견을 따를 때를 제외하고) 세상에서 성장하는지, 아니면 협력과 호혜에 기대고 공감과 신뢰를 소중하게 여기는 사회에서 살아가는지가 초기 발달을 형성한다. 각각의 사회체계는 서로 다른 사회의 지향점과 정서 및 인지 발달을 요구한다. 스트레스에 시달리는 어린 시절을 겪은 사람은 단순히 말로 표현할 수 없는 상처를 입었겠지만 스트레스가 심한 사회에서는 더 잘 적응할 수 있을 것이다. 이들은 세상 물정에 밝고 남을 쉽게 믿지 않으며 쉽게 속아 넘어가지 않고 자기 이익을 쟁취할 각오를 다지고 있을지도 모른다.

어린이가 나머지 가족 집단과 떨어져 분리된 핵가족 내에서 살지 않았던 과거 선사시대에는 이런 후생적 과정이 유리했을 것이다. 유목생활을 하는 수렵·채집인 집단 내에서 겪는 유년기의 사회관계의 경험은 아이가 태어나서 성인이 됐을 때 살아가야 할 사회가 어떤지 잘 알려주는 지표가 됐을 것이다. 현대사회의 가족생활은 가정이라는 사생활 영역이 부분적으로 나머지 사회와 분리된 까닭에 어린 시절의 경험이 더 넓은 사회관계를 맺을 때 충분히 안내 역할을 하지 못하는 경우가 많다. 어떤 가정에는 사랑이 넘치지만 어떤 가정은 갈등에 시달린다. 어린이의 초기 경험은 더 넓은 사회에서 관계의 본질을 나타내는 유용한 지표인지 여부와 관계없이 어린이를 특정한 발달 경로에 진입시킨다. 당연하게도 현대 핵가족은 더 광범위한 사회적 스트레스에 휩쓸리지 않을 수 없다. 경제적 스트레스와 빚, 양립하기 어려운 일과 삶의 균형, 실업, 정신건강이나 중독 문제, 열등감 등 불평등과 관련된 다양한 문제가 가족관계에 타격을 입힌다. 실제로 미국의 불평등한 주에서는 아동 학대 비율이 높다는 증거도 있다(제5장 참조).[247]

비교적 빨리 사라지는 후생적 변화도 있지만 개중에는 DNA 자체에 변화를 일으키지 않으면서도 다음 세대로 전달될 수 있는 후생적 변화도 있다. 홀로코스트 생존자에게서 확인된 후생적 변화가 성인이 된 자녀에게서도 발견된 사례는 수정(受精)이 일어나기 전에 어머니가 겪은 스트레스가 다음 세대에 영향을 미칠 수 있다는 사실을 보여준다.[248]

사회적 지위, 후생적 변화

사회마다 일반적인 관계의 질에 근본적인 차이가 있듯이 상류층

인지 하류층인지에 따라 살면서 겪게 되는 적응 과제도 다르게 마련이다. 불평등한 사회일수록 어떤 계층에 속하느냐에 따라 사회관계의 질과 경험하는 역경이 엄청나게 다를 수 있다. 그 결과 부자 동네와 가난한 동네에 사는 사람들 사이에서 후생적 차이가 나타난다.

스코틀랜드 글래스고에서 실시한 연구에서는 육체노동자와 정신노동자의 DNA 및 비교적 궁핍한 지역과 부유한 지역에 사는 주민들의 DNA를 비교했다. 두 가지 비교에서 모두 사회경제적 집단 간에 커다란 후생적 차이가 있다는 결과가 나왔다. 이런 후생적 변화의 대부분이 미치는 영향은 아직 알려져 있지 않다. 조사가 더 필요하지만 이런 변화에 불평등이 서서히 영향을 미친다는 사실은 의심의 여지가 없다.[249]

다행히도 유전자 발현의 변화는 대개 개인의 경험이 바뀌면 되돌릴 수 있다. 마카크원숭이를 다른 집단으로 옮겨 사회계급을 바꾼 연구에서 마카크원숭이의 후생적 특성은 계급과 함께 변화했다.[250]

개인이 새로운 지위에 맞춰 행동을 조정하는 데 후생적 변화가 도움이 됐을 것이라고 가정해 볼 수 있다. 그렇지만 이런 변화가 유전자 발현의 구체적인 변화에 어떤 영향을 미치는지는 아직 밝혀지지 않았다. 후생적 변화는 걱정과 불안에 대한 강한 반응을 수반하는 어린 시절의 스트레스 영향이 상당 부분 토대를 이루고 있다고 여겨지며 건강에 장기적인 영향을 미칠 가능성이 있다. 신경내분비학자이자 영장류학자인 로버트 새폴스키Robert Sapolsky 스탠퍼드대 교수는 스트레스가 어떻게 인체의 생리적 우선순위를 바꾸는지 설명했다.[246, 251] 비상사태나 위협적인 공격에 대처할 수 있도록 도와주는 '투쟁 도피' 반응(예를 들면 근육 활동에 필요한 에너지의 동원 또는 반응 속도의 증가)은 조직의 유지 및 보수, 성장, 소화, 생식 기능 등을 미루고 우선시된다. 투쟁 도피 반응이 금방 종료되는 위협으로 잠깐 유발된 경우에는 별다른 피해를 입히지 않지만 걱정과 불안이 몇 주나 몇 년 동안 지속되면 건강이 악화될 가능성이 높다.

불평등과 빈곤, 상대적 박탈감, 자기혐오, 수치심

낮은 사회적 신분의 영향과 빈곤의 영향을 혼동하는 경우가 많다. 대개 사람들은 박탈과 빈곤이 주로 축축하거나 비좁은 주거 환경, 질 낮은 음식 등 열악한 물질적 환경에 노출되는 직접적인 효과를 통해 사람들에게 영향을 미칠 것이라고 추정한다. 물질적 생활수준은 사회가 부유해져 그 자체로는 중요성이 적어졌지만 여전히 평범한 사회생활에 참여하고 '사회적 배제'를 피하는 능력의 지표로써 중요한 기능을 수행한다. 이런 이유로 현재 선진국에서는 빈곤 수준을 거의 항상 상대적 조건으로 측정한다.

예를 들어 유럽연합은 각 나라에서 중위소득 60퍼센트 미만으로 생활하는 경우를 빈곤으로 정의한다. 이는 자신의 물질적 생활수준이 타인과 비교해서 어떤지, 즉 상대적 박탈감이 중요하다는 인식이다. 지배적인 견해는 '사회적 배제'에 초점을 맞추지만 빈곤 경험에서 실제로 가장 모욕적인 부분은 대부분의 사람들이 보기에 남들보다 못한 환경에서 산다는 점이다. 심지어 마셜 살린스는 "빈곤을 결정하는 것은 재산이 얼마나 적은지도, 수단과 목적 간의 관계도 아니며, 빈곤에서 무엇보다 중요한 부분은 사람 간의 관계이며, 빈곤은 사회적 지위"라고 말한다.[210] 비슷한 맥락에서 노벨상을 수상한 경제학자 아마르티아 센Amartya Sen은 수치심은 빈곤의 경험에서 '더 이상 단순화할 수 없는 절대적 핵심'이라고 주장했다.[252]

우간다와 인도의 시골지역, 중국, 파키스탄, 한국, 영국, 노르웨이 도시지역까지 총 7개 선진국과 개발도상국에서 빈민(성인과 어린이)을 대상으로 빈곤 경험을 인터뷰한 국제 연구팀은 특히 이런 발언들이 진실임을 확실하게 보여줬다.[253] 인터뷰에 응했던 사람들의 물질적 생활수준은 국가별로 크게 달랐다. 인도의 빈민은 대개 바닥은 흙이고 지붕은 골함석이며 조리 공간은 외부에 있고 공동 수도를 사용하는 화장실이 없는 방 한두 칸짜리 오두막에 살았다. 우간다의 응답자는 비바람에 적절하지 않은 흙바닥 초가지붕 오두막에 사는 자급자족 농민들이었다. 요리는 밖에서 했고 깨끗한 물이 부족한 사람들이 많았다. 반면 영국과 노르웨이 조사 대상자들은 보통 침실이 셋 딸린 주택이나 아파트에 살았으며 냉수와 온수, 전기, 난방, 주방, 화장실을 갖추고 있었다. 영국과 노르웨이 응답자는 대부분 실업자였던 까닭에 사회보장연금으로 생활했다.

놀라운 것은 주거 환경이 이렇게 다르고 음식과 의복에 차이가 있었음에도 각 사회에서 타인보다 더 가난하다는 주관적인 체험은 매우 비슷했다. 조사자들은 편견이 개입되지 않도록 인터뷰에서 '수치심'이나 '빈곤' 같은 단어를 사용하지 않았지만 그럼에도 다음과 같은 결론을 내렸다.

응답자들은 하나같이 빈곤을 혐오했고 가난하다는 이유로 자신을 혐오하는 경우가 많았다. 자녀는 대개 부모를 혐오했고 여성은 집안 남자들을 혐오했다. 일부 남성들은 자기혐오를 배우자와 자녀에게 화풀이하는 것으로 나타났다. 응답자들은 대체로 온갖 어려움에도 불구하고 자신은 최선을 다해 왔다고 믿었지만 대부분이 스스로가 가난으로 실패했다고 여겼고 남들도 실패자로 본다고 생각했다. 이 같은 수치심의 내면화는 가정과 직장 내에서나 공무원 집단을 상대하면서 외부적으로 강화된다. 파키스탄의 경우 예외가 있을 수 있지만 어린이들도 이런 수치심에서 벗어날 수 없었다. 학교가 사회계급화의 원동력이자 사회에서 인정받을 수 있는 확실한 소지품이 없는 아이에게 굴욕감을 주는 장소이기 때문이다. 자녀가 더 이상 요구를 하지 않게 됐을 때조차 부모는 자녀에게 원하는 물건을 사 줄 수 없다는 수치심에서 벗어날 수 없었다. 자녀가 요구를 하지 않는다는 그 자체가 수치심을 더 유발하는 근원이었다.[253]

자기혐오와 마찬가지로 수치심도 '움츠림, 절망, 우울, 자살 충동, 자기효능감의 감소'로 이어졌다. 응답자들에게 가장 현저하게 나타나는 실패의 상징은 '자신과 가족에게 적절한 음식과 보금자리를 제공하지 못하는 무능력'이었다. 남성들은 타인이나 복리후생에 기대는 것을 남성성에 대한 도전으로 인식했다. 두 아이를 둔 영국인 아버지는 "기분이 정말 더러웠죠. 나는 우리 가족의 가장입니다. 아내와 자식을 돌보는 가장 역할을 해야 하는데 그러지 못하고 있습니다"라고 토로했다.

연구자들은 7개국에서 가난한 사람들이 내면화한 수치심과 함께 전반적인 사회가 주는 노골적인 수치도 경험한다는 점을 발견했다. 영국에서는 빈곤이 개인의 실패에서 비롯된 결과라는 관점에서 보도한 대중매체가 한층 더 수치심을 북돋우고 있다는 사실도 언급했다.

낮은 사회적 신분에 대한 인간의 타고난 혐오를 고려하지 않으면 빈곤과 불평등의 효과를 제대로 이해할 수 없다. 이런 혐오의 기원은 진화심리의 일부로서 선행인류의 서열제까지 거슬러 올라가지만, 그 영향력은 현대사회의 불평등과 관련해서 여전히 강하게 느껴진다. 그 힘을 제대로 이해하지 못하는 사람은 대개 경제성장이 불평등과 상대적 빈곤에 미치는 지위의 영향력을 실질적으로 해결할 수 있다고 믿는다. 주관적 경험의 영향력을 고려할 때 남들에 비해 심각한 빈곤은 살펴본 대로 강력한 후생적 영향력을 발휘할 것이다.

사회적 불안의 두 근원

사회적 불안에 대한 인간의 취약성은 주로 인간의 심리에 새겨진 두 가지 근원에서 비롯된다고 볼 수 있다. 첫 번째는 선행인류시대 서열제의 유산이며, 두 번째는 평등했던 선사시대에 생겨났다.

지위 경쟁은 지위를 예민하게 인식하는 데서 생겨났으며 자신보다 낮은 계층을 무시하는 인간사회의 편견이 상당 부분 여기에서 비롯됐을 가능성이 높다. 비인간 영장류들을 보면, 각 개체들이 자신보다 순위가 낮은 개체를 처벌받을 염려없이 자기 좋을 대로 취급하는 경향이 뚜렷하게 나타난다. 이것이 우월한 지위의 본질이다. 그러나 지배적 위계체계에서 우월한 개체의 심기를 건드리지 않고 지위 경쟁을 다투기란 어려운 일이다. 우리는 이길 수 없는 싸움에서 물러나고 부상을 피하기 위해 우월한 개체와의 비교에서 열등하다는 것을 인식할 수 있어야 한다. 동시에 거의 비슷한 개체들과 비교해서 자신의 지위를 유지하고 향상시키려고 시도한다.

지배적 위계체계가 미치는 심리적 영향은 서열이 엄격한 원숭이들 사이에서 서열이 낮은 개체가 서열이 높은 개체의 위치와 성향을 확인하는 데 사용하는 시간에서 뚜렷이 드러난다. 다른 개체들이 누구를 가장 많이 쳐다보는지만 봐도 그 무리의 우두머리를 찾아낼 수 있을 정도다.[254] 이런 경계는 서열이 낮은 부하들이 군대에서 제일 공격적인 부대원들을 가장 자주 쳐다본다는 관찰결과에서도 두려움과 충돌을 피하려는 필요를 반영한다는 사실을

확인할 수 있다.[255]

 인간은 여전히 서로에게서 지배의 특징을 판단하는 뛰어난 능력을 보여준다. 한 연구의 실험조건에서는 처음 만난 소규모의 학생집단 사이에 일어나는 상호작용을 관찰했다. 그 결과 학생들은 심지어 '첫눈에', 실제로 만난 지 1분도 채 되지 않았고 서로 말을 걸기도 전에 신체 언어에서 나타나는 서로의 지배행동 경향을 부지불식간에 평가한다는 사실을 발견했다. 이런 평가는 그 다음의 상호작용 관찰에서도 입증됐다.[256] 이 연구는 의복처럼 지위를 나타내는 외적요소의 영향력을 배제하도록 설계됐다. 연구자들은 첫 순간부터 영향을 미칠 가능성이 높은 지배행동의 단서가 얼마나 적극적이고 자신만만해 보이는지, 서로의 눈이 마주쳤을 때 눈길을 돌리는지 여부와 같은 몸짓이라고 결론을 내렸다. 이런 맥락에서 특히 흥미로운 사실은, 이 연구를 실시한 연구자들이 해당 연구결과가 서열이 낮은 동물로부터 '우두머리 동물들이 수많은 곁눈질을 받는다는 사실을 보여준 영장류 관련 문헌과 일치'한다고 말했던 점이다.[256]

 선행인류시대의 서열체계는 사회적 지위에 극도로 관심을 보이는 예민한 성향을 후대에 물려줬다.[257-259] 짐작건대 인간이 자신을 타인과 비교하는 성향은 우위 경쟁을 하는 동물들이 서로 힘을 겨루고 싸울지 아니면 우위를 내어줄지 결정하던 맞대결만큼이나 오래됐을 것이다. 서열에서 자신의 위치만큼 중요한 것은 드물다. 3장에서 살펴봤듯이 현대사회에서 지위에 대한 불안은 소비주의를 부추긴다. 인간은 지위를 나타내는 미묘한 표지도 인식하기 때문에 소비주의가 또 다른 지위 다툼의 수단이 된다.

　소득 불평등이 사회전반에 미치는 영향력을 연구하면서 직면했던 난관 중 하나는 사람들이 자기 자신을 누구와 비교하는가라는 질문이었다. 상대적 박탈감에 관한 연구에서 일관되게 나타나는 결과는 사람들이 본인이 속한 사회계층에서 아래위로 멀리 떨어진 사람들보다는 이웃이나 직장 동료처럼 자기 자신과 거의 동등한 사람들과 비교하는 경향이 강하게 있다고 시사했다.[260] 이런 사실을 감안할 때 극부층과 극빈층은 다수의 중간층에게 별다른 영향을 미치지 않는다고 볼 수 있다. 이는 최부층부터 최빈층까지 줄 세워 측정하는 소득 불평등이 대단히 큰 영향력을 발휘하면서 수많은 사회적 장애로 이어진다는 방대한 증거에 위배되는 것처럼 보인다.

　이 수수께끼를 진화론적 관점에서 다시 바라보면 두 사실이 서로 어떻게 맞아 들어갈 수 있는지 알 수 있다. 로버트 새폴스키는 25년 동안 매년 세렝게티 초원을 방문해 그곳에 사는 야생 개코원숭이 무리를 연구하면서 우위 다툼은 서열이 비슷한 개체들 사이에서 벌어진다는 사실을 발견했다.[261] 이런 이유로 계급 서열 7위 개코원숭이는 1위나 20위가 아니라 6위, 8위와 위치를 다툰다. 7위는 어차피 1위에게 질 것임을 알기 때문에 굽힌다. 마찬가지로 20위도 자기가 질 것을 알기 때문에 7위에게 덤비지 않는다. 그러나 계급 서열에서 어떤 개체의 위치가 바뀔 가능성이 있으면 자신과 서열이 가장 가까운 개체들에게 밀리지 않도록 경계해야 한다. 순위가 바뀔 가능성이 있다면 7위는 6위와 8위를 예의 주시해야 한다.

그렇다고 해서 순위가 훨씬 높거나 낮은 동물이 중요하지 않다는 뜻은 아니다. 살아남으려면 순위가 높은 동물의 우월성을 반드시 인식해야 한다. 비인간 영장류들이 우월한 개체를 끊임없이 곁눈질하는 습성과 런던의 하위 공무원들에게서 혈액응고인자 수치가 높게 나타난 현상도 같은 맥락에서 이해할 수 있다.

어쩌면 친구나 주변 사람들이 마치 자기가 나보다 더 잘났다는 듯이 말하거나 행동하면 '자기가 뭐라도 되는 줄 아나?' 같은 성난 반응을 일으키는 이유도 여기에 있을 수 있다. 또한 불평등한 사회에서 폭력 사건이 증가하는 원인은 빈곤층이 부유층을 공격한 결과가 아니라 애초 하류층 사이에서 폭력 사건이 증가하는 데 이유가 있다.[1, 262] 불평등한 사회에서 폭력이 더 자주 발생하는 이유는 지위의 중요성이 높아질수록 무시당했다고 느끼거나 거의 동등한 사람에게 실제 혹은 가상의 모욕을 받았을 때 자기 위치에 대한 방어가 훨씬 더 중요해지기 때문이다. 사회적 지위를 걱정하다 보면 필연적으로 타인의 시선에 신경 쓰게 되고 존중과 좋은 평판을 얻고 싶고 무시당하는 대신 존경을 받고 싶어진다. 동시에 자아 연출에 집착하게 되고 제품을 구매하면 이미지와 지위가 높아질 것이라는 광고주의 약속에 흔들리게 된다.

사람들이 자신을 주변 사람들과 비교하고 더욱 경계심을 갖게 된 것은 지위가 더욱 중요해지는 동안 극심한 불평등을 겪으면서 나타난 후생적 변화 중 하나일 가능성이 높다. 그러나 후생적 과정을 수반하는지 여부와 관계없이 불평등이 증가하면서 모두가 지위에 더욱 관심을 가지게 되었고 자신이 어떻게 보이는지에 민감해졌으며 모욕당할지 모르는 가능성을 경계하게 됐다는 것은 분명하다.

사회적 불안에 대한 인간의 취약성과 타인의 눈을 통해 자신을 알고 경험하려는 경향을 발생시킨 두 번째 근원은 평등했던 선사시대에 생겨났다. 사회적 배제에 대한 걱정과 타인에게 호감과 인정받고 싶어 하는 욕구는 농경시대 이전 조상들에게서 유래했다. 육체적 힘의 차이에 따라 취약성이 결정되는 동물과 달리, 맹수를 사냥할 수 있는 능력을 갖추게 된 인간은 가장 힘이 센 사람이나 가장 약한 사람이나 똑같이 서로에게 취약한 존재가 되면서 평등주의가 발생했다. 무리에 속한 모든 구성원은 누구하고든 좋은 관계, 혹은 적어도 용인할 수 있는 관계를 유지해야 했다. 협동하고 서로 보호하며 식량을 나누는 무리에서 배척당하고 싶지 않다는 욕구도 갈등의 회피만큼 중요했다.

어쩌면 이런 역사가 심리학자들이 말하는 '불평등 혐오'의 기원일 수도 있다. 인간은 지위에 관심이 많으면서도 불평등을 싫어한다는 사실을 보여주는 연구(앞에서 소개한 '최후통첩 게임' 연구결과 포함)는 상당히 많다. 예를 들어 과학 저널 〈네이처Nature〉에 실렸던 신중하게 설계된 실험게임에서는 사람들을 4인 1조로 구성해 컴퓨터 단말기를 통해 익명으로 상호 작용하도록 했다.[263] 그다음 컴퓨터로 각 개인에게 서로 다른 금액을 임의 할당했다. 사람들은 자신이 받은 금액을 그냥 보유할 수도 있고 교환권을 구매해서 타인의 소득을 줄이거나 늘리는 데 사용할 수도 있었다. 1달러짜리 토큰을 구매하면 타인의 소득을 3달러까지 늘리거나 줄일 수 있었다. 참가자들을 여러 조합으로 구성해 이런 상호작용을 여러 차례 반복했다. 사전에 참가자들은 실험이 끝날 때 보유한 금액을 그대로 가질 수 있으며 게임 내내 익명성이 보장되고 한 번에 한 명씩만 상호작용하며 서로가 이전 판에서 어떻게 했는지에 관한 정보는 알려주지 않는다는 설명을 들었다.

실험 결과, 참가자들이 구매한 교환권 중 상당수는 최초에 높은 금액을 할당받은 사람의 소득을 줄이는 데 사용됐고, 또 상당수는 처음에 평균보다 적은 금액을 할당받은 사람의 수입을 늘리는 데 사용됐다. 이에 따라 처음에 고액을 할당받은 사람은 크게 소득이 줄었고 다른 조원보다 적은 금액을 받은 사람은 할당액이 상당히 늘어났다. 남들보다 많은 금액을 할당받은 사람은 다른 사람들의 소득을 늘리는 데 돈을 썼고 적은 금액을 할당받은 사람은 교환권을 구매해서 높은 할당액을 줄이는 데 썼다. 이런 행동 양상과 실험 게임을 하면서 일부 피실험자가 나타낸 감정(분노 포함)으로 미루어 볼 때, 적어도 어떤 맥락에서는 사람들이 불평등을 혐오한다고 추측할 수 있다.[263]

주로 행동경제학자들이 이 게임과 여타 실험 '게임'을 이용해서 인간의 사회적 동기를 분석한 수많은 연구는 대체로 비슷한 결론을 내렸다.[232] 앞에서 수렵·채집사회의 사람들이 의식적이고 '단정적'으로 평등주의 정신을 추구했다는 사실을 살펴봤다. 불평등을 회피하는 것은 사람들 사이에 조화로운 관계를 유지하기 위한 전제조건(반드시 충분조건이 된다고는 할 수 없지만)이라는 점에서 유익했다.[210] 평등주의는 호혜와 협력을 강화시켰다.

불평등의 혐오는 우정과 공유에서 비롯되는 혜택을 얻기 위해서는 반드시 필요했고, 수렵·채집사회의 선조들 사이에서는 사회생활의 기반이었다. 물론 남이 베푼 친절에 화답하도록 유도하는 공정성의 선호와 부채 의식은 퇴색할 수도 있지만, 이는 서열제에서 나타나는 '만인에 대한 만인의' 이기주의 원칙와 극명한 대조를 이루는 특성이다. 무엇보다도 이런 친사회적 가치는 타인에게 호의를 받고 싶은 욕망과 협조적인 사람으로 여겨지고 싶은 욕구, 집단의 행복에 기여하고 싶은 마음에서 나온다. 실험의 증거들은 불평등의 혐오가 타인의 너그러움을 악용하는 사람을 제재할 가능성(앞에서 소개했던 '이타적 처벌' 같은 형태로)이 있을 때만 높은 수준으로 유지된다는 것을 강력하게 시사한다.

학습된 문화와 사회적 불안

타인의 평가에 민감한 인간의 특성은 단순히 본능적 행동이라기보다 학습된 생활방식인 '문화'로부터 영향을 받은 인간의 독특한 발달에서 비롯됐을 가능성이 매우 높다. 비인간 영장류들도 땅에서 캐낸 덩이줄기를 먹기 전에 흙을 씻어낸다거나 막대기로 흰개미를 파내 먹는 등 몇 가지 학습행동을 보이지만 여기서 더 나아간 학습행동을 나타낸 적은 없다. 오직 인간 사이에서만 완성된 생활양식을 구축할 수 있을 만큼 학습행동이 축적된다. 본능적인 행동에 의존하는 비교적 융통성 없는 생활방식에서 거의 무한하게 적응할 수 있는 생활방식으로 나아간 덕분에, 인류는 다양한 환경에 대응할 수 있었고 유목생활의 수렵·채집인부터 임금노동으로 생활하는 현대 도시인에 이르기까지 다양한 형태로 살 수 있었다.

성장하는 어린이의 관점에서 볼 때 타인은 생활양식을 나르고 그 본보기를 보이며 안내하는 문화 전달자다. 성장이란 타인들이 수용하고 '적절'하다고 생각하는 방식으로 행동하고 살아가는 법을 학습하는 일이다. 따라서 특정한 기술을 습득하든, 지식을 쌓든, 남한테 비웃음이나 조롱을 사지 않게끔 단어를 발음하든, 학습은 주변 사람들에게 좋은 평을 듣고 싶다는 갈망에 의해서 상당 부분 결정된다. 인간은 능숙하거나 적어도 괜찮은 사람으로 보이고 싶어하기 때문에 특정한 생활방식에도 익숙한 실천가가 된다.

토머스 셰프는 인간이 남들 앞에서 이상하거나 멍청해 보이길 원하지 않는다는 점에서 수치심과 창피를 회피하려는 인간의 욕망을 순응하려는 경향의 근거로 말했다. 여기서 조금만 나아가서 보면 인류는 조롱을 피하고 인정받고 싶은 갈망 때문에 그토록 학습에 대대적으로 의존하는 생활방식을 발달시키게 됐다는 생각이 든다. 학습된 생활방식은 타인의 행동과 습관을 모방하고 학습하려는 순응주의적 경향을 기반으로 발생한 것 같다. (이와 달리 혁신이나 새로운 접근법은 위험한 전략이다. 심지어 한 생활영역에서 관습을 깬 사람도 다른 대부분의 영역에서는 여전히 학습된 문화에 의지하는 경향을 나타낸다.)

존경받고 싶은 욕망은 특정한 기술이든 폭넓은 행동양식이든 온갖 것을 배우려 하는 강력한 동기가 되었을 가능성이 높다. 효과적인 학습과 자기계발은 특정한 기술과 능력이 탁월한 사람들에게 강력한 선택적 이익을 가져다주었을 것이다. 이런 사람들은 공동체에서 존경받고 높은 평가를 받는 협력자이자 일원이었을 것이다. 그렇지만 무능한 사람과 부적절해 보이는 사람들을 배제하는 행위도 그만큼 중요했던 것으로 보인다.

이 같은 선택압과 남이 나를 어떻게 평가할까라는 걱정이 성 선택sexual selection이 가장 치열한 10대와 20대 사이에 절정에 이르는 이유는 유전자를 다음 세대에 전달하는 행위가 진화적으로 중요하기 때문이다. 최대한 좋은 짝을 찾고 싶다는 욕망이 젊은이들 사이에서 외모와 능력, 지위 불안을 급격하게 증가시키고 있는 것이다.

사회적 불안 줄이기

지금까지 사회관계에 영향을 미치는 인간 심리의 주요 특징을 진화에서 비롯됐다고 강조했다. 그렇다고 해서 그런 특징이 유전자에 따라 결정된다는 뜻은 아니다. 대신 유전자와 환경 사이에는 대단히 복잡한 상호작용이 일어난다. 새폴스키는 인간의 많은 유전적 특성이 환경과 무관하게 행동을 결정하는 대신 매우 정교한 방식으로 다양한 환경에 대응하는 방법을 간단한 사례로 설명한다. 새폴스키는 쥐가 후각을 이용해 수컷과 암컷, 가까운 친척과 남, 다양한 식품과 비(非)식품을 구별하고 각각 다르게 대응할 수 있다고 주장한다.

　우리 인간도 친구 사이나 동등한 인간관계에서 어떻게 행동해야 하는지 본능적으로 알고 있다. 사회적 지위와 힘의 중요성도 잘 알고 있다. 현대사회에서는 인간이 친사회적 성향으로 호감을 얻고 동등하게 대접받고 싶은 갈망을 이끌어내는 상황이 종종 벌어진다. 그러나 동시에 출세를 향한 분투와 지위에 대한 집착이 부각되고 타인은 물론 자기 자신까지도 지위에 따라 가치 있게 생각하거나 낮춰 보곤 하는 상황이 발생한다. 높은 지위를 획득함으로써 최소한 외견상이라도 남들에게 존경받고 싶어하는 동시에 동등한 대우를 받길 원한다. 상당한 모순이다.

　서로 상반되는 전략들의 진화적 기원은 인간이 처한 다양한 환경들이 어떤 전략을 전면에 등장시킬지에 영향을 미치는 까닭에 별개로 이해할 수 없다. 다양한 행동 패턴은 행복에 각기 다른 영향을 미치므로 불평등 정도가 전체사회의 사회적 행동에 미치는 강력한 영향력을 인식하는 게 중요하다.

행복, 물질적 불평등 수준의 감소

위에서 살펴본 사회적 불안의 두 가지 근원은 모두 타인에게 호평받고 싶은 인간의 갈망과 관련 있는 인류의 진화역사에 뿌리를 두고 있다. 하지만 이 두 가지 근원은 여전히 근본적으로 다르다. 하나는 우정 쌓기와 우호적인 사회관계, 상호 지원 및 서로의 행복에 이바지하는 것과 관련 있다. 다른 하나는 훨씬 더 반사회적이다. 우리는 남보다 더 잘나 보이려 애쓰고 자신보다 낮은 계층은 무시하고 상위 계층에 아첨하면서 남에게 뒤처지면 무능하다는 감정에 쉽게 시달린다. 인간은 앞으로도 계속 이런 상반된 전략을 사용하면서 살아가겠지만 이 두가지 사회전략 중 전자를 늘리고 후자는 줄여 나가야 한다.

인류는 극단적으로 다른 불평등 수준과 위계에 적응하면서 살아왔지만 그 수준은 행복에 현저하게 상반된 결과를 가져온다. 지위 경쟁에 근거한 사회관계는 불필요한 대립을 키우며 평등과 호혜에 근거한 사회관계보다 스트레스가 훨씬 심하다. 동물의 서열 체계에서 약자를 괴롭히는 구조부터 불평등한 사회가 학교 폭력이 10배 더 높은 현실(그림 4.2)에 이르기까지 줄곧 이어져 있는 진화의 줄기는 우리 모두에게 무엇이 중요한 현안인지 분명히 보여준다. 집단 괴롭힘은 심각한 고통을 초래한다. 어떤 아이들은 너무나 괴로운 나머지 매일 아침 학교에 가야 한다는 두려움에 구토를 하고 심각한 우울증에 시달린다. 학창 시절에 집단 괴롭힘을 당한 사람은 평생 사라지지 않는 심리적 상처, 즉 트라우마를 안고 살아간다. 심각한 불평등이 아이들에게 미치는 영향은 불평등한 사회에서 살아가는 모든 사람들과의 관계의 질에도 영향을 미친다. 우리는 지위 경쟁이 제로섬 게임이라는 사실을 직감적으로 알고 있다. 모든 사람이 다른 사람보다 상대적으로 높은 지위에 오를 수는 없다. 누군가의 지위가 올라가면 누군가의 지위는 내려간다.

  인간의 사회적 행동을 분석하고자 실험 '게임'을 사용한 연구들은 인간이 자신을 근본적으로 이기적이며 소유욕이 강하다고 보는 생각이 실제로 얼마나 잘못됐는지 보여준다. 서론에서 살펴봤듯이 상처의 치료와 감염에 대한 취약성 및 수명을 다룬 여러 연구들은 바람직한 사회관계가 건강과 행복을 증진시키는 핵심 요건이라는 주장을 뒷받침한다.28-30, 33, 264, 265

  우리는 사람들 간의 물질적 불평등을 줄여 전체 인구의 행복과 사회관계의 질을 높일 수 있다. 데이터가 보여주듯이 평등한 사회일수록 공동체 생활은 더욱 굳건해지고 신뢰감도 증가한다. 지위 불안과 소비주의 및 폭력이 감소하고 사회관계에서 스트레스가 줄어든다.

  이런 관계를 이해하지 못하면 아무리 더 좋은 사회를 바라고 사람들이 서로에게 더 상냥하기를 기원한다 해도 아무 소용이 없을 것이다. 권유만으로는 사람들이 외모로 서로를 판단하고 재산으로 개인의 가치를 판단하는 것을 막지 못할 것이다. 서열에 대한 반응은 너무나 단단히 자리잡고 있어서 불평등의 수준을 무시한 채로는 도저히 뿌리 뽑을 수가 없다. 마찬가지로 사람들이 자력으로 자신감을 끌어올리고 친구를 사귀며 공동체 생활에 기여하기를 바랄 수는 있겠지만 열등감이 너무 심해 감당할 수 없는 사람도 많다. 커다란 소득 격차가 우월감과 열등감으로 이어지지 않고 사람들이 자만하거나 자신보다 낮은 계층 사람들을 무시하지 않기를 기원할 수도 있겠지만, 조금이라도 실질적인 변화를 일으키고자 한다면 사람들에게 이런 반응을 유발하는 요인들을 고려해야만 할 것이다.

세상에는 완벽하게 평등한 사회는 없기 때문에 어느 지점까지 소득 격차를 감소시키면 더 이상 유익하지 않은지 알기란 불가능하다. 현재 가장 평등한 선진국보다 더 평등해지면 이익인지 아닌지 알려주는 데이터도 없다. 지위의 높낮이가 없는 평등한 사회, 사람을 보고 평가하는 방식에서 양극화가 나타나지 않는 세상은 상상하기조차 힘들다. 무궁무진하게 다양해진 사람들의 재능과 흥미, 능력, 지식, 성격 특성의 실제 차이가 지위라는 가면 뒤에 숨어있지만 않다면, 진정한 개성은 더욱 자유롭고 분명하게 표현될지도 모른다.

5장

능력주의에 대한 오해*

보리스 존슨Boris Johnson은 런던시장을 역임한 이후 2016년 테레사 메이Theresa May가 이끄는 영국 보수당 정권의 외무부 장관이 된 인물로, 이튼 칼리지와 옥스퍼드 대학교에서 교육을 받았다. 2013년 존슨은 한 싱크탱크에서 열린 '마거릿 대처의 강연'에서 세상에는 너무 멍청해서 나머지 사람들을 도저히 따라잡을 수 없는 사람들이 있어 경제적 평등은 결코 실현되지 않을 것이라는 견해를 밝혔다. 그는 "지능 검사의 가치를 어떻게 생각하든 인류 중에서 지능지수가 85 이하인 사람이 16퍼센트나 된다는 사실은 평등에 대한 이야기와 분명히 관련이 있습니다"라고 말했다.

존슨은 사회를 한 상자의 콘플레이크에 비유하면서 가장 똑똑한 사람이 성공을 거두는 조건을 만드는 데 불평등이 기여하고 있다고 추켜세웠다. "콘플레이크 상자를 세게 흔들수록 어떤 콘플레이크 알갱이는 더 쉽게 맨 위에 도달하죠." 그는 불평등이 "탐욕처럼 경제활동에 귀중한 자극제로 남에게 뒤지지 않으려는 질투심의 정신에 반드시 필요한 요소"라고 말했다.[266]

*   5장은 2015년에 캠브리지 초등교육 조사 신탁Cambridge Primary Review Trust에서 내놓은 케이트 피킷과 로라 밴더블로에멘의 연구 보고서 〈격차에 주의하라Mind the Gap: Tackling Social and Educational Inequality〉의 내용을 담고 있다.

존슨이 자신의 생각처럼 똑똑한 콘플레이크 알갱이인지는 차치하더라도 그가 사실을 제대로 파악하고 있지 않다는 것은 분명하다. 노벨 경제학상을 받은 경제학자들[267, 268]과 경제협력개발기구(OECD) 및 국제통화기금(IMF)[269, 270]은 불평등이 경제성장에 자극제가 되기는커녕 경기침체와 불안정을 유발한다는 사실을 밝혀냈다. 소득 불평등이 커질수록 사회적 이동은 감소한다. 또 비교적 평등한 국가가 인구 일인당 특허 건수가 더 많다는 사실로 미루어볼 때 불평등은 혁신의 촉진과도 거리가 멀다. 앞장에서 살펴봤듯이 남에게 뒤지지 않으려는 집착에는 부정할 수 없는 인적비용이 따른다. 그러나 보리스 존슨 이외에도 불평등과 능력 간의 관계를 오해하고 있는 사람은 많다.

인간은 제각기 다른 능력과 지능 또는 재능을 타고나며 이런 차이가 얼마나 높은 사회계층까지 올라갈 수 있는지 결정한다는 생각은 사회적 위계를 정당화하는 강력한 일반적인 명분이다. 이런 생각 이면에는 능력이 지위를 결정하는 '능력주의' 사회에 우리가 살고 있다는 가정이 깔려있다. 대개 사람들은 인구 대다수가 정상의 사람들이 가지고 있을 법한 특별한 재능을 지니고 있지 않기 때문에 사회가 밑바닥이나 그보다 약간 위 계층에 대부분 모여 있는 피라미드 형태라고 생각한다. 또 능력이 사회계층을 결정하는 주요한 요인이라는 믿음이 매우 확고해서 사회적 지위로 누군가의 개인적 가치와 능력, 지능을 판단한다. 이런 경향은 남을 판단하는 데 국한되지 않고 자신을 어떻게 보는지에도 영향을 미친다. 상류층 사람들은 대개 자신이 '적절한 재능'을 충분히 타고났기에 출세할 수 있었다고 믿는 경우가 많은 반면, 하류층 사람들은 자신이 능력 부족으로 낮은 지위에 있다고 생각한다.

그러나 최근에 나온 과학적 증거는 이런 견해가 타당하지 않음을 보여준다. 우선, 사람들에게 어떤 일이 일어나서 어떤 사회계층에 처하게 될지는 대부분 순전히 운이라고 볼 수 있는 예측 불가능한 영향력과 사건이 뒤얽힌 결과라는 사실이 연구로 밝혀졌다. 둘째, 운을 제외하고 능력과 지위 사이에 존재하는 가장 중요한 연관관계는 대다수 사람들이 상상하는 것과는 정반대로 작용한다. 타고난 재능 차이가 사회위계 내 위치를 결정하기보다 사회위계 내 위치가 능력과 관심사, 재능을 결정한다는 말이 훨씬 더 진실에 가깝다. 일단 운을 먼저 살펴보자.

스스로 성공했다고 여기든 그렇지 않든, 사람들은 대부분 살아온 나날을 되돌아보면서 자신이 현재의 위치에 있기까지 운과 기회가 어떤 역할을 했는지 깨닫곤 한다. 학교나 선생님을 잘 만날수도 있고 중요한 시험에 아는 문제가 많이 나왔을 수도 있다. 대학입학원서를 심사한 이름 모를 사람을 잘 만났거나 입사 면접에서 만난 면접관과 잘 맞을 수도 있다. 우연한 만남이 중요한 역할을 하거나 뜻밖에 승진 기회가 찾아왔을 수도 있다. 평생의 반려자를 찾는 일도 직업이나 소득만큼 삶의 질을 좌우하는 중요한 일이다. 하지만 사람들은 사회생활에서 운이 얼마나 중요한지는 순순히 인정하려 들지 않으면서 배우자와의 만남은 기회와 운이 중요한 역할을 했다는 점을 기꺼이 인정한다. 누구나가 서로를 편안하게 느끼게 된 우연한 만남이나 상황, 그냥 잊고 넘기기 쉬운 공통 관심사를 아무런 거리낌 없이 언급하기도 한다.

　인생에서 운이 차지하는 역할을 예측하기란 대단히 어렵다. 사회적 이동성은 분명 엄청나게 사회계층의 영향을 받지만 동시에 양육 과정과 능력을 아무리 자세하게 분석해도 예측할 수 없는 방식으로 사회계층을 오르내리는 사람 역시 매우 많다. 마찬가지로 상류층과 하류층의 평균 기대수명은 약 10년 정도 차이가 나지만 이 사실은 각 개인이 얼마나 살지 예측하는데 별 다른 도움이 되지 않는다. 부자 중에도 요절하는 사람이 있고 가난하면서도 장수하는 사람은 있게 마련이다. 게다가 규칙적으로 운동하고 건강한 식생활과 담배를 피우지 않는 사람이라고 하더라도 가장 유력한 사망 원인은 여전히 심장 질환이다. 이외에도 4장에서 언급했듯이 주관적 체험을 수반하는 인간의 경험이 향후 발달에서 후생적 변화를 촉발시킬지도 운에 크게 좌우될 수 있다.

　기상 현상은 너무나 변화무쌍해서 나비의 날갯짓에도 달라질 수 있다고 하듯이, 사회적 차원의 우연한 사건이 어떻게 겹치는지도 인생에서 대단히 중요한 부분이라고 생각된다. 같은 맥락에서 과학자들은 만약 어떤 개인이 병들거나 시험을 잘 치거나 좋은 배우자를 만나는 데 우연한 기회와 운이 그렇게 중요한 결정 요인이라면, 애초에 인과 경로를 이해하고 나쁜 결과를 예방하거나 바로잡을 대책을 세우기가 어렵지 않을까 걱정했다. 사회과학계에서는 이런 현상을 가리켜 '암울한 전망 Gloomy Prospect'이라고 하며, 이는 과학연구가 행운의 여신과 충돌해서 더 이상 그 무엇도 설명할 수 없고 쓸모도 없어질 것이라는 개념이다.[271]

그러나 개인의 삶이 운에 의해 예측 불가능하게 보일지라도 대다수 인구를 대상으로 평균 혹은 '집단' 차이를 이해하고자 할 때에는 운이 별다른 영향을 미치지 않는다. 말하자면 인생이란 자신이 속한 사회계층에 유리하거나 불리하게 치우친 주사위를 사용하는 게임과도 같다. 주사위를 한 번 굴릴 때 나타나는 결과는 여전히 상당 부분 운에 좌우되지만 던지는 횟수가 거듭될수록 누군가에게는 유리하고 누군가에게는 불리한 편향이 점점 명백하게 드러난다. 그러므로 개인의 성공이 인생에서 대부분 운에 좌우된다고 하더라도, 평균적으로 불평등한 사회의 구성원은 더 불행하다거나 가난한 사람이 성공하기 어렵고 수명이 짧다는 사실이 그와 배치되는 것은 아니다.

능력과 기술, 관심사에 차이가 있다거나 상류층이 중요하게 간주하는 적어도 몇 가지 능력 척도에서 더 높은 점수를 기록하는 경우가 많다는 사실을 부정한다는 말은 아니다. 그러나 만약 인간을 육체노동에서 사용하는 기술 능력, 운전 실력, DIY 노하우, 적은 소득으로 생활하는 데 필요한 기술 등 다양한 잣대로 평가한다면, 사회의 능력 분포도는 지금과 다른 양상을 보일 것이다. 다른 능력보다 더 높은 평가를 받는 능력도 있겠지만, 우리의 논의는 능력의 척도가 아니라 그런 능력 차이가 어디에서 비롯되었는지에 집중한다.

보리스 존슨처럼 지능 차이의 원인을 생물학에서 찾으면서 인간이 부모에게 물려받은 유전자에 따라 결정되는 '타고난' 재능을 지닌다고 생각하는 믿음은 전혀 새로울 것이 없다. 고대 그리스와 로마시대부터 부유한 권력층은 사회 각 계층의 구성원이 서로 다른 자질을 타고난다고 믿고 싶어했고 다른 계층들도 그렇게 믿도록 부추겼다.

플라톤은 지배계급의 일원이 금으로 된 영혼을 지녔다고 생각했다. 그 아래 계급은 은으로 된 영혼을 지녔고, 그 아래 계급은 동이나 철로 된 영혼을 지녔다고 생각했다.[272] 꼭대기 철인왕(철인정치를 하는 왕, 플라톤이 지배자의 이상적인 상(像)으로 삼은 철학적으로 단련·계발된 주권자)부터 밑바닥 노예에 이르기까지 각 집단 간에 사회적 위치를 정당화하는 타고난 능력 차이가 존재한다는 믿음은 언제나 계급 편견과 인종 편견을 강화해 왔다. 그러나 이제 증명됐듯이 유전적 차이는 사회계급을 좌우하는 요인이 아니다.[273]

생존에 유리한 유전자 공유

어떤 종에서 생존에 유리한 유전적 특징은 그 구성원들에게 보편적으로 퍼져 나가는 경향이 있다. 모든 인간에게 눈이 두 개 있는 이유는 양안시가 대단히 유용하기 때문이다.

모든 사람의 피부색은 선조들이 살았던 지역에 비치는 햇빛에 적절한 보호수준을 제공할 수 있도록 더 밝은 색이나 더 어두운 색을 띤다. 수백 종에 이르는 영장류 중에서 거의 유일하게 인간의 눈에만 흰자위가 있다. 다른 종들의 공막은 갈색이다.

인간은 대단히 사회적인 동물이라서 타인의 눈길을 추적하고 누군가가 무엇을 보고 있는지 파악하는 능력이 무척 유리하게 작용하며, 따라서 이것은 보편적 인간의 특성이 됐다. 어떤 특정한 지능 유전자가 생존에 현저하게 유리하다면 그 유전자가 인류에게 보편적으로 퍼지지 않았으리라고는 생각하기 어렵다. 그럼에도 일부의 인간 집단은 그 어떤 문제라도 해결할 수 있는 뛰어난 '지능'을 지니고 있는 반면, 다른 집단은 지속적으로 그 자질을 갖추지 못했다는 개연성 낮은 생각이 비교적 최근까지도 과학적 근거가 있는 믿음으로 여겨졌고 여전히 그런 생각이 널리 퍼져 있다.

똑똑해지는 인류

시간이 지나면서 인류의 지능이 빠르게 증가하고 있다는 증거들이 등장하면서 지능에 중대한 유전적 차이가 있다는 믿음은 이제 살아남기 어려워졌다. 1980년대 제임스 플린James Flynn은 다양한 국가(일정 기간에 걸쳐 그가 정확하게 비교할 수 있는 데이터가 존재하는 사실상 모든 국가)에서 전체인구의 지능검사 수치가 20세기에 크게 상승했음을 증명하는 연구를 처음으로 발표했다. 현재 이는 완전히 확립되고 매우 광범위하게 관찰되는 사실이며, '플린 효과Flynn effect'로 알려져 있다.

선진국 중에서는 미국, 유럽 15개국, 아시아 4개국, 호주, 캐나다, 뉴질랜드에서 측정이 이뤄졌다. 이 모든 국가에서 '플린 효과'가 나타났다. 케냐, 도미니카, 브라질, 터키, 사우디아라비아 등의 개발도상국과 신흥국에서도 폭발적인 지능지수의 증가가 일어나고 있다.[274] 일반적인 증가율은 10년당 3점에 가깝게 증가했다. 이는 2000년 지능지수를 기준으로 할 때 1930년대 사람들의 평균적인 지능점수는 80점이라는 뜻이다. 80점은 그 이하로 내려가면 '아둔'과 '경계선 정신 결함'이 되는 점수다. 만약 요즘 사람들이 부모 세대나 조부모 세대보다 훨씬 더 똑똑하다면 지능검사가 타고난 지능을 측정한다고 보기는 어렵다.

플린은 지능검사가 선천적이라기보다 문화와 관련되고 학습되는 '사고방식'을 측정한다고 지적한다. 플린은 현대 서구적 사고방식을 '과학 안경'을 쓰는 것과 같다고 설명한다. 현대인은 순수하게 실용적 관점보다는 과학적 학습이라는 프리즘을 통해 세상을 본다. '개와 토끼의 공통점은 무엇인가'라고 묻는 지능검사 질문에 대한 정답은 '토끼 사냥에 개를 사용할 수 있다'(서구 문화와 교육을 받으면서 성장하지 않은 사람이 내놓을 만한 실용적인 관점)가 아니라 '두 동물 모두 포유류'(과학적 분류)라는 답변이다. 지능검사는 가설에 근거한 논리적 사고와 상징적 사고 및 그 결과를 측정하도록 설계됐다. 집단마다 일하는 환경과 생활환경이 서로 다를 수 있으므로, 개중에는 다른 사람들보다 '과학 안경'을 먼저 쓰는 부류가 있을 가능성이 높다.

플린은 인류가 타고나는 지능이 높아졌다기보다는 사회가 가치를 부여하고 교육자의 가르침을 통해 지능검사에서 높은 점수를 받을 수 있는 인지 기술에 상당한 변화가 있었다고 추측한다. 플린은 "지능지수 증가를 유발한 근본 원인은 산업혁명이며, 매개 원인은 아마도 정규 교육과 높은 인지 기능을 요구하는 일자리, 인지 능력을 자극하는 여가, 성인 대 아동의 비율 개선, 부모와 자식 사이에 증가한 상호작용 등 산업혁명이 유발한 사회적 결과"라고 말한다. 다시 말해 20세기에 발생한 급격한 지능지수의 상승 현상은 유전이 아니라 사회적 영향으로 발생한 것이다. 나아가 플린은 현재 개발도상국 중에서 1900년 미국인의 평균적인 지능지수만큼 낮은 점수를 나타내는 국가는 거의 없다는 사실도 지적한다.

쌍둥이 연구의 맹점

과학자들은 인간의 특성과 기질, 행동에 주로 영향을 미치는 요소가 유전자(천성)인지 환경(양육)인지를 알아내려고 오랫동안 유전적으로 서로 관련 있는 사람들을 연구해 왔다. 쌍둥이 연구는 특히 유용했으며 그중에서도 특히 유익한 연구가 바로 서로 떨어져서 자란 일란성 쌍둥이를 대상으로 한 조사였다.

일란성 쌍둥이는 유전자 구성이 서로 100퍼센트 일치하며 서로 떨어져 성장한 경우에도 전체 인구에서 무작위로 추출한 두 사람보다 지능검사에서 서로 비슷한 점수를 기록할 가능성이 훨씬 높다. 과학자들이 지능은 유전될 가능성이 대단히 높고 대부분 유전자에 좌우되며 환경이 발휘하는 영향력은 매우 적다는 결론에 이르게 된 이유가 바로 여기에 있다.

지금에 와서 되돌아보면, 이 발견은 오해의 소지가 있었다는 사실을 알 수 있다. 그런 결과는 연구 그 자체가 부정확하기 때문이 아니라 결과를 해석하는 방식에 문제가 있었기 때문이다. 사실 서로 떨어져서 자란 쌍둥이는 전체 인구에서 무작위로 선택한 두 사람보다 훨씬 비슷한 환경에서 성장했을 가능성이 있다. 출생 시 곧바로 서로 다른 두 가정에 입양된 일란성 쌍둥이를 상상해 보라. 이 둘은 제한된 지역 내에서, 예컨대 같은 자치단체가 관할하고 사회경제적 지위나 민족적, 문화적 배경이 유사한 가정에 입양될 가능성이 있다. 서로 떨어져서 성장했다고 하더라도 자란 환경은 크게 다르지 않을 수 있다.

이보다 더 중요한 점은 사소한 유전적 차이가 환경에 따라 크게 증폭되는 경향을 나타낸다는 사실이다. 예를 들어 유전적 이유로 남들보다 스포츠에 다소 능한 사람이 있다고 해 보자. 그 사람은 스포츠를 즐길 가능성이 높고 연습도 더 많이 할 것이다. 그러면 학교 팀에 뽑혀서 더 많은 지도를 받고 역량을 더 발전해 나갈 것이다. 이런 식으로 양육 과정에서 행동 및 환경 선택이 남다른 발달 경로로 나아가는 출발점에 서게 되면 사소한 선천적 능력의 차이가 더욱 커지게 된다. 이런 경향은 어릴 때 읽기를 배웠든 음악에 재능을 나타냈든 수학에 소질을 보였든 사물의 작동방식에 호기심을 가졌든 간에 타고난 거의 모든 사소한 강점이나 성향에 작용한다. 어떤 분야에 소질이 있으면 그 활동을 더 많이 하고 더 많이 즐기고 더 잘하며 이에 보상을 받고 더욱 발전할 가능성이 높다는 뜻이다.

실제로 인간은 애초에 자신이 잘하는 일에 능력을 키우는 활동과 환경을 선택한다. 그 결과 작은 생물학적 소질의 차이가 인간을 어떤 방향으로 몰아가게 되고, 그렇게 해서 작은 초기의 차이가 선택으로 확대되고 발전하게 되는 것이다. 마찬가지로 쌍둥이 연구에서는 함께 자랐거나 떨어져 자란 쌍둥이나 비(非)쌍둥이 간의 차이점이나 유사점을 유전자가 유발한다고 지적했지만, 실제로는 인간이 선택한 활동과 환경이 사소한 유전적 차이점이나 유사점을 증폭한 것에 불과하다.

이 과정을 거의 정확하게 입증하는 구체적인 사례가 여러 건 있다. 유전적 이점이 아니라 아동 연령의 임의적 차이가 사소한 생물학적 우위를 부여하고 이후에 유전적 이점이 증폭되듯이 그 우위가 확대되는 사례를 소개한다.

취학 연령은 거의 언제나 일 년 중 어떤 하루를 기준으로 결정된다. 예를 들어 어떤 해 9월 1일까지 만 5세가 된 아동들이 초등학교에 입학해야 한다면 그 날짜 바로 다음 날에 태어난 아이는 9월 1일 직전에 태어난 아이들에 비해 거의 1년 늦게 같은 학년으로 입학하게 된다. 한 학급에서 가장 먼저 태어난 아이는 동급생에 비해 사소하지만 유의미한 발달상 이점을 누린다. 여러 연구에서 이런 아이들이 여러모로 학교생활을 더 잘한다는 결과를 보여준다. 일찍 태어난 아이들이 교육 성취도가 높고 친구도 더 많이 사귀며 리더십 역할을 더 많이 맡고 성공할 가능성도 더 높다.[275] 한 국제적 연구

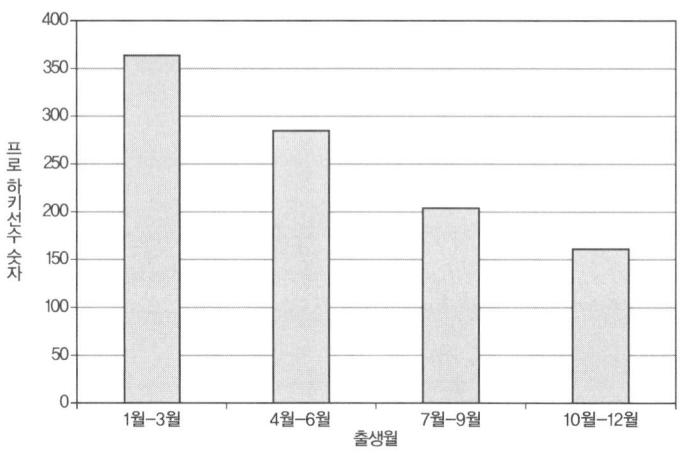

그림 5.1: 연초에 태어난 선수들이 북미 아이스하키 리그에서 뛰게 될 가능성이 더 높다.[277]

에 따르면 초등학교 입학 당시의 상대 연령은 연구대상 16개국 중 10개국에서 장기적인 시험성적에 긍정적인 영향을 주는 것으로 나타났다.[276]

예전에는 여름에 태어난 아이들이 겨울동안 태아의 초기 발달 단계를 보내면서 모체 전염에 더 많이 노출되기 때문에 이런 결과가 나타날 수도 있다고 생각했다. 그러나 지금은 입학 기준일이 일 년 중 어느 날이든 한 학년에서 더 빨리 태어난 아동이 계속해서 혜택을 누린다는 사실이 알려졌다. 인간이 선택하고 환경의 선택을 받는 과정에서 어떤 기술이나 능력이 타고난 사소한 유전적 차이가 연습에 의해 확대될 수 있듯이, 사소한 발달상의 이점도 교실 내 상호작용을 통해 확대된다.

프로 하키선수 중 1월에서 3월 사이에 태어난 선수가 10월에서

12월 사이에 태어난 선수보다 두 배 이상 많은 이유도 같은 맥락에서 설명할 수 있다.[277] 그림 5.1은 북미 아이스하키 리그National Hockey League에서 뛴 미국과 캐나다 선수들의 데이터를 보여준다. 유소년 하키 리그의 선발기준인 생년월일(이를 기준으로 훈련, 연습을 비롯한 여타 기회를 얻을 수 있다)은 매년 1월 1일이다. 그래서 연초에 태어난 선수들은 같은 해 연말에 태어난 팀원들에 비해 평균적으로 몸집이 더 크고 힘이 세고 더 빠르며 발달 상태가 더 좋다. 일찍 태어난 선수들은 엘리트 훈련 프로그램, 원정팀, 장학금 수여대상 등에 뽑힐 가능성이 시작부터 더 높으며 남들과 다른 궤도에 들어설 가능성이 현저하게 높다. 수많은 연구를 통해 축구를 비롯한 최소 14개 종목에서도 이 같은 경향이 나타난다는 사실이 밝혀졌다.[278, 279]

어쩌면 스포츠 능력은 생각보다 사회적 이동성과 관련된 능력의 종류를 더 잘 알려주는 지표일 수도 있다. 신체적 능력과 정신적 능력은 별개라고 생각하기 쉽다. 그러나 최근 연구에 따르면 스포츠 기량은 신체적 능력뿐만 아니라 빠르게 변화하는 상황에서 매우 신속한 정보처리 능력과도 연관된다는 것을 발견했다.[280] 테스트 결과, '실행 기능executive functions'(작업 기억, 정신적 유연성, 자제력 포함)이라고 하는 일련의 인지 능력이 프로 리그에 소속된 남녀 축구 선수에게서 훨씬 높게 나타날 뿐만 아니라 2부 리그 선수에 비해 1부 리그 선수들에게서 더 높게 나타났다.

같은 연구에서 실행 기능에 관한 테스트 결과로 선수들이 기록한 득점을 예측할 수 있었다. 따라서 '손기술이 뛰어나다'라고 말할 때 그 행위가 손(혹은 발!)을 이끄는 뇌에 좌우된다는 사실을 잊어서는 안 된다. 어쨌든 훌륭한 소설가에게 그저 펜이나 키보드 재주가 뛰어나다는 말은 하지 않으니 말이다.

출생일이 선발에 영향을 미치는 방식을 포함해서 어떤 원인에서라도 비롯될 수 있는 사소한 초기의 능력 차이가 사람들이 무엇을 선택하느냐에 따라 확대되듯이, 유전적 특징을 포함한 다른 원인에서 비롯되는 능력 차이도 증폭된다. 하지만 그 이면에는 사람들이 기술과 능력을 개발하고자 행하는 다른 모든 일의 중요성이 전반적으로 과소평가되고 있다는 사실이 숨어 있다. 피아니스트라면 피아노를 끈기 있게 연주할 수 있는 적절한 사소한 유전적 소질을 타고 났을 수도 있겠지만 능력을 좌우하는 결정적인 요소는 결국 연습이다.

어떤 활동에 유리한 사소한 유전적 이점이 개인의 발달에 영향을 미치는 이유는 인간이 남들에 비해 자신이 잘하는 일을 할 때 기쁨을 느끼기 때문일 가능성이 높다. 그런 성향 덕분에 인간은 비교 우위가 가장 큰 분야를 전문으로 삼게 된다. 이는 경제학의 기본 원칙이자 어쩌면 진화의 기본 원칙일 수도 있다. 이런 성향은 특히 형제자매 간 관계에서 중요하게 작용한다. 맏이가 스포츠에 뛰어나다면 동생은 책을 좋아하거나 솜씨가 좋거나 웃음을 주는 역할을 해야만 할지 모른다. 이처럼 형제자매가 서로 차별화하려는 방향으로 나아가도록 재촉하는 기제는 형제자매가 인구 전체에서 무작위로 추출한 한 쌍과 다를바 없다는 일부의 연구결과를 설명한다.[281] 사실 때로는 실제 물리적인 환경보다 인간이 스스로 만드는 주관적인 적재적소가 더 중요한 환경이 되곤 한다.

인간의 유연한 뇌

인간의 뇌와 사고방식이 얼마나 유연하게 발달할 수 있는지에 관한 지식이 지난 수십 년 동안 연구를 통해 축적되었다. 수많은 뇌 스캔 연구들은 인간이 다양한 학습과 훈련을 통해 정신의 '근육'을 단련시킬 때 실제로 뇌의 구조와 기능이 형성된다는 사실을 입증했다.

런던의 택시 기사를 대상으로 실시한 유명한 뇌 연구에서는 택시 기사의 해마(삼차원 공간에서 길을 찾을 때 사용하는 뇌 영역)가 '택시 면허에 관한 지식'을 습득한 이후에 확대(이전에는 그렇지 않았다)됐다는 사실을 밝혔다.[282] (런던에서는 택시 면허를 따려면 지도를 보거나 위성 내비게이션을 사용하거나 무전으로 도움을 요청하지 않고 런던 전역을 가로지르는 도로 2만 5,000곳과 주요 경로 320곳의 위치를 암기해야 하는 엄격한 시험을 통과해야 한다.)

마찬가지로 프로 뮤지션의 뇌(아마추어 뮤지션이나 뮤지션이 아닌 사람과 비교했을 때) 역시 특히 연습의 강도와 밀접하게 연관되는 변화를 나타낸다.[283] 저글링을 배우는 자원자를 대상으로 한 연구에서는 복잡한 시각운동의 처리와 기억에 관여하는 뇌 영역에서 구조적인 변화가 일어나는 것을 발견했다.[284] 제2언어를 학습한 사람, 골프 레슨을 받은 사람, 댄서와 줄타기 곡예사, 2주일 동안 매일 15분씩 거울로 읽기 훈련을 한 자원자의 뇌에서 일어난 변화를 보여주는 연구들도 있다. 시험공부를 하고 있는 의대생을 대상으로 한 연구는 추상적인 정보를 대량으로 학습하면 회백질의 특정 영역에 구조적인 변화가 발생한다는 사실을 보고했다.[284]

인간의 뇌가 연습과 훈련을 통해 우리가 하는 모든 일을 더 잘할 수 있도록 적응해 나간다는 것은 이제 의심할 여지가 없다. 건축가, 축구선수, 법률가, 심리학자, 음악가, 가구 제작자, 경찰, 회계사, 자동차 정비공, 예술가의 뇌는 처음 해당 분야에 흥미를 갖게 한 초기의 소질을 증폭시키면서 이들이 특별한 능력을 갖출 수 있도록 성장해 나갈 것이다.

이런 효과는 젊은이에게 국한된 현상이 아니다. 중년 이후에도 비슷한 현상을 찾아볼 수 있다. 노화와 함께 뇌의 유연성은 줄어들지만 여러 연구에서 노인의 뇌도 풍요로운 환경과 훈련에 반응한다는 사실을 밝혔다.[285-287] 삶의 경로는 바뀔 수 있고, 인간의 뇌는 그에 반응한다. 유년기 환경이나 부실한 학교 교육의 한계가 꼭 영구적으로 지속될 필요는 없다.

따라서 이런 증거들은 지능검사가 측정하는 대상과 경제적·사회적 측면의 이득으로 보상을 받는 행동도 택시 운전사나 뮤지션, 벽돌공의 전문지식과 거의 똑같은 방식으로 발전해 나간다는 것을 시사한다. 인간의 뇌 유연성에 대해 현재 밝혀진 지식이 의미하는 것은 기술과 능력이 사회, 예술, 수학, 공간, 언어, 실용, 음악, 운동 감각 등 그 어떤 분야에 속하든 근본적으로 동일하다는 것이다. 뇌 발달이 임신 중 스트레스와 유아기 환경, 양육, 교습, 학교 교육, 가정환경, 존중과 애정으로 영향을 받는다는 사실도 잊어서는 안 된다.

서로 다른 환경

타고난 능력이 이른바 능력주의 위계에서 인간이 어디에 속하게 될지 결정한다기보다는, 애초에 사회적 위계에서 가정이 어떤 위치를 차지하고 있는지가 아동의 능력과 향후 사회적 지위에 명백하게 커다란 영향을 끼친다. 수많은 연구에서 빈곤한 삶이 아동에게 미치는 인지 손상을 입증했다. 또 빈곤가정의 아동들이 나타내는 낮은 능력 수준이 빈곤이 유발한 적은 자극과 스트레스가 심한 가정환경을 반영한다는 강력한 증거가 존재한다. 빈곤가정의 아동을 대상으로 한 연구는 인지 손상이 타고난 불변의 기정사실이 아니라 후천적으로 생긴 것임을 명백하게 보여준다.

최근 미국에서 MRI 스캐너를 사용해 아동들의 뇌를 생후 5개월부터 4세까지 일곱 차례에 걸쳐 촬영하는 연구를 실시했다. 고소득, 중소득, 저소득 가정의 아동들을 비교한 결과, 저소득 가정의 아동일수록 인지 및 정보 처리와 행동 조절에 필수적인 회백질(신경세포, 수상돌기, 시냅스를 포함하는 중추신경 부위)의 부피가 적어진다는 사실을 발견했다. 생후 5개월에는 뚜렷한 순서 차이가 나타나지 않는 반면 4세에 이르자 가장 부유한 집단과 비교했을 때 가장 빈곤한 가정의 아동은 회백질의 부피가 약 10퍼센트 적었다.

이런 차이는 출생 시 체중이나 초기 건강상태, 출생 시 머리의 크기 차이로 설명할 수 없었다. 연구를 시작할 때 산모의 흡연, 임신 중 과도한 음주, 출산 합병증, 심각한 언어장애나 학습장애를 비롯한 여러 위험요소를 모두 배제했으므로 이 역시 차이를 설명하는 요인이 될 수 없었다. 아동이 성장하면서 상반된 가정환경에 오래 노출될수록 소속집단 간에 뇌 부피의 차이가 두드러지고 더욱 확대됐다.[288]

가정이 오랜 기간 동안 빈곤에 시달릴수록 상대적 빈곤이 아동의 인지발달에 미치는 악영향이 점점 심각해진다는 사실을 보여준 연구도 있다. 영국에서 실시된 밀레니엄 코호트 연구 데이터에 따르면, 빈곤층 아동은 3세, 5세, 7세에 인지발달 척도에서 낮은 점수를 받았을 뿐만 아니라 빈곤생활이 길어질수록 그 악영향은 더욱 뚜렷하게 나타났다.[289] 20년 이상 실시한 수많은 연구에서 가정이 상대적 빈곤에 시달린 기간이 길어질수록 아동의 인지발달에 더 큰 악영향을 미친다는 증거가 발견됐다.[290, 291] 가계소득은 산모 우울증이나 편부모 혹은 결혼했거나 동거 중인 양친이 아동을 양육했는지 여부보다도 3세 아동의 인지발달 수준에 더 강력한 영향력을 미치는 결정적인 요인으로 밝혀졌다.[292]

빈곤이 발달에 해를 끼치는 방식은 스트레스와 정신적 자극의 결여에 있는 듯하다. 생후 7개월, 15개월, 2세 영유아의 침에서 스트레스 호르몬인 코르티솔 수치를 측정한 연구에서 빈곤 아동의 인지 결손은 코르티솔 수준과 밀접한 관련이 있다는 사실을 발견했는데, 이는 빈곤의 영향력이 스트레스로 전파된다는 것을 의미한다.[293] 이와 다른 연구에서는 아동이 받는 정신적 자극, 부모의 양육 태도, 물리적 환경의 질, 아동의 건강상태를 측정했다. 연구자들은 이런 요인이 인지발달에 빈곤이 미치는 영향력을 '완벽하게' 설명한다는 사실을 발견했다.[294] 자극의 역할을 확인한 이 연

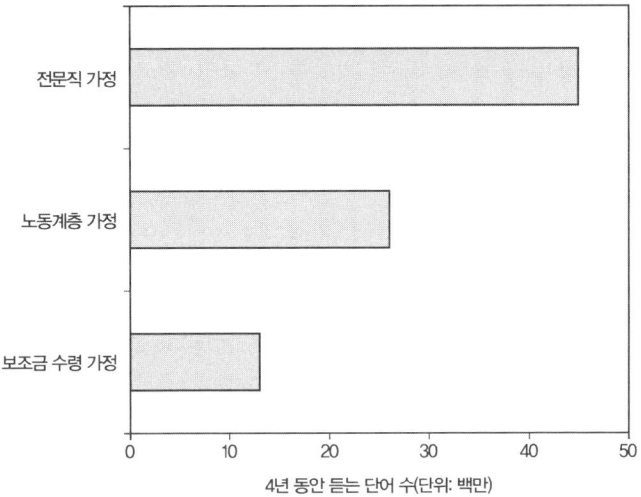

그림 5.2: 복지 급여를 받는 가정의 아동과 노동자 가정의 아동은 전문직 가정의 아동보다 듣는 단어 수가 더 적다.[296, 297]

구는 빈곤가정의 아동이 미국에서 시행되고 있는 조기 헤드 스타트(Early Head Start, 미국 연방 정부에서 저소득층 아동을 대상으로 조기교육, 건강, 영양 관련 서비스를 제공하는 프로그램·옮긴이)와 같은 부모자녀 지원서비스를 받으면 아동의 수행능력이 향상되고 빈곤이 유발한 영향력도 일부 상쇄된다는 사실을 반복해서 보여줬다.[295]

부모가 그들의 불평등으로 인해 발달을 자극하는 바람직한 양육 환경을 제공하지 못할 때, 아동은 발달과 향후 교육의 성취도에 반드시 필요한 구성요소 일부를 놓치게 된다. 그림 5.2는 미국의 전문직 가정에서 성장한 아동이 노동계급 가정이나 보조금을 받는 가정에서 자란 아동에 비해 어린시절에 훨씬 더 풍부한 어휘를 듣는다는 사실을 보여준다.

교육 불평등이 사회경제적 불평등의 원인이 아니라 사회경제적 불평등이 초래한 결과임을 가장 획기적으로 보여주는 실례는, 아마도 영국에 거주하는 아동을 대상으로 장기간에 걸쳐 교육 성취도를 추적하면서 다양한 사회적 배경을 지닌 우등생과 열등생을 비교한 일련의 연구일 것이다.

가장 최근의 연구결과를 그림 5.3으로 나타냈다.[298] 이 연구에서는 궁핍한 가정배경을 가진 아동의 교육 성취도를 일정 기간 동안 비교했다. 7세에 처음으로 실시한 시험결과를 그래프 왼쪽에 높음, 평균, 낮음으로 나타내고 오른쪽으로 가면서 11세, 14세, 16세, 18세, 대학생에 이르기까지 성취도를 추적해서 표시했다.

최초 점수가 높았든 중간이든 낮았든 무관하게 가장 궁핍한 가정출신의 아동과 가장 덜 궁핍한 가정출신의 아동 간 성취도의 격차(실선과 점선 간 격차)는 나이를 먹을수록 증가했다. 가장 덜 궁핍한 가정의 아동은 비교적 높았던 처음 점수를 유지하거나 평균 혹은 낮았던 점수가 상승한다. 교육을 받으면서 성취가 향상한다. 반면 처음에 고득점이나 평균 점수를 받았던 궁핍한 가정 아동의 상대 성취도는 시간이 흐를수록 하락한다. 궁핍한 환경은 엄청난 차이를 발생시켜 7세에 평균 혹은 낮은 점수를 받았던 가장 덜 궁핍한 가정의 아동이 애초에 자기보다 점수가 높았던 더 궁핍한 가정출신의 아동을 앞지르거나 적어도 따라잡는다. 그림 5.3의 시작점인 7세 무렵이면 이미 가정환경이 아동의 인지발달에 상당한 영향을 끼친 다음이라는 점도 염두에 둬야 한다.[289]

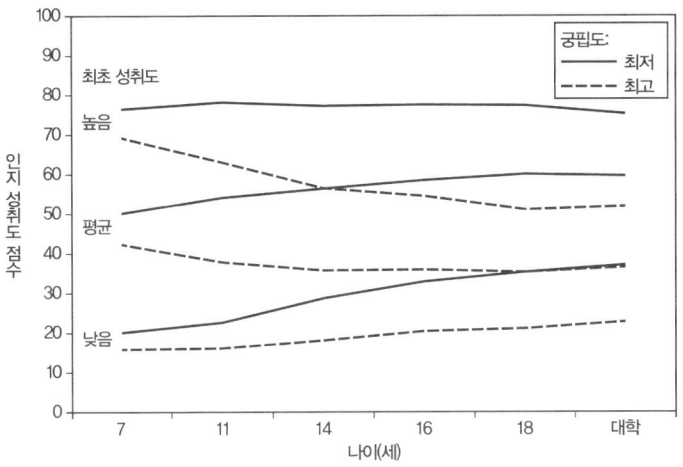

그림 5.3: 시간에 따라 가정환경이 교육 성취도에 영향을 미치는 양상.[298]

요컨대, 그림 5.3은 시간에 따른 아동의 교육 성취도를 설명할 때 가정환경의 영향력이 일반적으로 사람들이 '타고난' 능력으로 간주하는 요소를 능가함을 보여준다. OECD가 실시한 회복력 연구결과에서 일부 국가의 빈곤층 아동은 최대 70퍼센트가 학업에서 회복력을 발휘하는 반면, 영국의 아동은 가족의 사회경제적 환경에 기초한 기대 수준을 뛰어넘는 비율이 25퍼센트에도 미치지 않았다.[299] 이 연구결과와 그림 5.3을 종합하면 인지발달과 지능의 차이는 불평등의 원인이 아니라 결과라고 확실히 말할 수 있다.

교사에게도 영향을 미치는 불평등

가정의 빈곤이 아동의 지적발달에 영향을 미친다는 증거는 반박할 여지가 없다. 이는 세상에 태어날 때부터 똑똑한 사람이 있고 멍청한 사람이 있으며 어찌할 도리가 없는 일이라는 개념을 반박한다. 우리는 모든 사람이 인지 능력을 향상시킬 수 있다는 것을 알고 있다. 하지만 유아의 능력 차이가 성인기 직업 차이와 계층 격차를 좌우하는 근거가 될 때까지 계속 확대되면서 학교가 사회 분류의 도구로 전락하는 경우가 많다.

브리스톨대 연구원들은 일선 교사들이 채점한 점수와 채점 대상을 모른 채 원격으로 채점한 전국의 시험점수를 비교했다.[300] 그 결과 일선 교사들은 부유한 지역에 사는 아동보다 가난한 지역에 사는 아동에게 일관되게 더 나쁜 점수를 줬다. 또 흑인 아동은 교사에게 한결같이 낮은 점수를 받은 반면 인도와 중국 출신 학생은 높은 점수를 받는 경향이 나타났다. 연구자들은 이런 결과가 민족과 계층에 따른 무의식적인 고정관념을 반영하는 징조라고 해석했다. 또 차별적 채점이 흑인 아동이나 빈곤 아동이 적은 지역일수록 더 가장 극명하게 드러난다는 사실도 발견했다.

이와 같이 교사의 기대에 따라 아동의 성취도가 올라가거나 내려가는 현상을 가리켜 '피그말리온 효과Pygmalion effect'라고 하며 1960년대 후반부터 여러 연구에서 지속적으로 보고되었다.[301, 302] 이 효과는 미국과 영국 같은 부유한 국가에서만 나타나는 현상이 아니다. 최근 인도에서 실시한 연구에서 교사들은 하층계급 출신이라고 생각되는 학생들의 시험지에 더 낮은 점수를 매겼다.303 여기서 핵심은 교사를 비판하려는 것이 아니라 인간의 잠재의식적인 인식을 강조하려는 것이다.

케임브리지대 다이앤 리Diane Reay 교수는 교육계가 사회계층의 문제를 제대로 다룬 적이 한 번도 없다고 주장하면서 사회계층을 가리켜 '영국 학교를 스토킹하는 좀비'라고 부른다.304 고등교육을 확대하려는 노력은 '부적절한 문화적 배경을 지닌 학습 부적격자'로 간주되기 쉬운 빈민층 아동보다 중산층에 더 많은 혜택을 주었다.305 4장에서 언급했던 여러 국가의 빈곤 경험을 검토한 연구에서 인터뷰 대상자들은 학교가 '사회 계급화의 수단'이라고 느끼는 경우가 많았다.253 리 교수는 최근에 내놓은 저서 《실패한 교육Miseducation》306을 비롯한 여러 논문에서 얼마나 많은 노동계층의 아동이 교육이 쓸모없다는 느낌을 받고 학교 내에서 자기 자신이 중요하지 않다거나 존중받지 못한다고 느끼는지 설명한다. 노동계층의 아동은 교사가 자신을 깔보고 멍청해 보이도록 하며 바보 취급을 한다고 느낀다.

교사 양성과정에서 교사 연수생이 사회계층과 사회경제적 위치 및 불평등을 교육과 연관 지어 생각할 수 있는 프로그램이 너무나 부족하다. 학교와 수업에서 과도한 부담을 지고 있는 교사들은 그들이 감당할 수 없는 빈곤과 불평등이라는 사회적 맥락이 엄연히 있음에도 교육적 불평등을 극복해낼 거라는 기대를 짊어진다. 리는 "교사들이 학교 교육에서 사회계층이 얼마나 중요한지 스스로 학습하고, 자신이 가르치는 아동의 다양한 계층문화를 잘 알고 이해할 거라는 우연성과 뜻밖의 행운에 의존해서는 안 된다"[304]라고 결론 내린다.

수십 년간의 연구에서 보여주듯이, 낮은 사회경제적 지위는 '아동의 광범위한 건강과 인지 발달, 사회정서적 결과'[307]를 예측한다. 연구자들은 취학 당시 학업 준비와 인지발달 측면에서 이미 남들에게 뒤진 아동이라면 훌륭한 학교 교육을 받더라도 좋지 않은 학업성과를 내놓을 가능성이 훨씬 높다는 사실을 보여줬다.[308-313] 또한 아동이 학교 교육을 받을 준비가 되지 않았을 경우 궁핍한 아동 개인뿐만 아니라 학교와 모든 학생까지 불이익을 받게 되며, 이런 사실은 개인의 인생 궤도와 행복을 위한 과제를 더욱 복잡하게 만든다.

고정관념의 위협

아동의 발달에는 빈곤이나 학교에서 경험하는 사회 계층화에 따른 외부요소만이 영향을 미치는 게 아니다. 거의 자기 낙인이라고 볼 수 있는 과정을 암시하는 징후들도 있다. 서론에서는 내 지위에 대한 타인의 지각에서 오는 지위 차별이 어떻게 몸과 마음, 감정에 영향을 미치는지 설명했다. 또 '사회적 평가 위협'을 동반하는 과제가 얼마나 극심한 스트레스를 유발하는지도 살펴봤다.[58] 《평등이 답이다》에서는 지위 격차가 퍼즐을 푸는 아동의 소질에 어떻게 영향을 미치는지 보여준 연구를 소개했다.

세계은행World Bank이 발표한 실험에서는 높은 계급의 카스트와 낮은 계급의 카스트 출신 11세에서 12세 사이의 인도 소년을 뽑아 미로를 풀게 했다. 서로의 카스트를 알기 전에 이 아이들은 서로 동등한 수준으로 미로를 잘 풀었다. 그러나 참가자의 카스트를 공개하자 카스트가 낮은 아이들이 훨씬 낮은 성적을 냈고 두 집단 간 성취도가 급격하게 벌어졌다.[314] 주로 실험방식으로 실시되는 이런 연구들은 이제 수백 건에 달하고 있다.[315, 316] 이런 연구는 사람들이 고정관념상 해당시험 영역에서 낮은 성적을 나타내는 집단에 속한다고 매우 미묘하게 인식하거나 해당 과제가 일반적으로 자신이 잘 못하는 영역에 속하고 실력이 모자란다고 생각할 때 시험에서 낮은 성적을 낸다는 사실을 보여준다.

예컨대 사회경제적 지위가 낮은 아동은 곧 실시할 실험이 그냥 '일반 시험'이 아니라 지능을 측정하는 시험이라고 했을 때 더 낮은 성적을 냈다.[317] 유사한 과정이 아프리카계 미국인 초등학생과 대학생의 성취도에 영향을 미친다는 사실을 보여줬다.[318] 흑인 학생과 백인 학생들에게 시험지를 주고 문제해결과 연관된 심리적 요인을 파악하고자 만든 설문지라고 말했을 때보다 지능을 측정하는 시험이라고 말했을 때 흑인 학생들이 훨씬 낮은 성적을 냈다. 흑인 학생들은 지능검사를 받고 있다는 말에 아프리카계 미국인에 대한 고정관념을 의식하게 되었던 것이다.

성에 관한 고정관념도 여성들의 행위에 영향을 미친다는 사실을 보여줬다. 여성의 성 고정관념을 유발하는 텔레비전 광고에 노출된 여성의 경우 적성검사에서 수학적 질문에 언어적 선택을 더 선호할 가능성이 높았고 정량적 교육을 실시하는 직업 선택에도 호감을 나타낼 가능성이 낮았다.[319] 노인에게 노화가 기억에 미치는 영향력을 우려하도록 유도한 경우에도 기억력 검사에서 더 낮은 점수를 받았다는 연구도 있다.[320]

일반적인 고정관념이 없는 경우에도 비슷한 효과가 나타나는지를 밝히고자 한 실험에서는 특히 수학에 뛰어난 백인 남성들을 두 집단으로 나눠 수학시험 점수를 비교했다. 한 집단에게는 해당 시험이 백인이 아시아인에 비해 특정 시험문제에 약한 경향을 보이는 이유를 밝히는 데 도움이 될 것이라고 말했다. 사전에 낙인을 찍는 고정관념은 없었지만 이 발언만으로도 성취도를 떨어뜨리기에 충분히 위협이 됐다.[321]

고정관념이 미치는 위협의 상당 부분은 불안의 증가에서 발생하는 듯하다. 불안의 증가는 당면 과제의 해결에 요구되는 주의력과 정신력을 떨어뜨린다. 이런 현상은 낙인찍힌 본인의 지위를 많이 의식하는 사람들과 시험대상 영역이 자기 정체성에 중요한 사람들에게 더 강하게 나타나는 듯 보인다.[322] 예를 들어 지능검사와 관련된 고정관념의 위협을 받을 때 아프리카계 미국인은 유럽계 미국인보다 혈압이 높게 나타났다.[323] 여러 연구에서 고정관념으로부터 위협을 받고 있는 사람들의 작업 기억능력이 생리적인 스트레스의 증가, 성과를 평가하는 빈도수의 증가, 부정적인 생각을 억누르려는 시도 같은 요인으로 줄어든다는 사실을 발견했는데, 이 모두는 과업 수행을 악화시키는 원인이다.[324, 325]

이런 연구들은 사람들이 지위 차이에 민감성을 드러내고 지위 격차가 왜 그토록 강력하고 해로운지를 보여준다. 실제로 지위 격차는 인간이 쉽게 고정관념에 순응하도록 유도한다. 또 이 연구들은 가계소득이 자녀의 인지발달에 미치는 초기 영향력을 학교생활과 직장생활에서 제거하기 힘든 이유를 설명하는 데도 도움이 된다.

이번 장에서 제시한 증거는 사회적 위계가 인간이 타고난 능력 차이를 반영한다는 시선이 얼마나 잘못됐는지 보여준다. 서로 다른 사회적 위계에 속한 사람들 사이에 능력 차이는 분명히 존재한다. 하지만 그런 차이는 위계에 의한 산물이지 위계를 발생시키는 근원이 아니다. 한 사회의 성공이 마치 희소한 천연자원인 것처럼 타고난 재능을 일찍 발견하고 그런 재능을 보유한 아이들에게 영재교육을 실시하는 데 달려 있다는 발상은 진실과 거의 배치되는 생각이다. 아이들 간의 재능 차이가 마치 고정불변이라는 듯이 재능 여부에 따라 아이들을 분리하는 교육체계는 근본적으로 잘못된 생각에 근거한 정책이다. 그 대신 전체 인구의 재능과 능력을 극대화할 수 있도록 낮은 성과의 원인을 제거해야 한다.

이번 장에서 앞서 논의했던 빈곤의 영향을 다룬 연구 논문들은 상대적 빈곤의 영향력을 고려한다. 상대적 빈곤이란 사회 대다수의 소득과 비교해서 규정하는 개념이며, 대개 국가 중위소득의 60퍼센트 이하를 가리킨다. 이런 연구 논문들이 밝힌 효과는 빈민층에 국한되지 않는다. 일반적으로 빈민층이 가장 낮은 성취도를 나타내지만 소득 위계에서 한 단계 내려갈 때마다 그 위 단계보다 성취도가 감소하는 경향이 나타난다. 빈곤가정 아동의 회백질 부피가 느리게 증가한다는 연구에서는 고소득 가정의 아동과 중위소득 가정의 아동 사이에도 중위소득 가정의 아동과 저소득 가정의 아동 사이에서 나타나는 차이만큼 큰 격차가 존재한다는 사실을 보여줬다.

마찬가지로 그림 5.2에서는 국가 보조금을 받는 가정의 아동이 노동계층 가정의 아동보다 적은 단어(가족 간 대화가 적음)를 들을 뿐만 아니라 노동계층 가정의 아동도 전문직 가정의 아동보다 적은 단어를 듣는다는 사실을 살펴봤다. 문제는 단순히 빈민층이 나머지 모두와 비교해서 얼마나 성취도가 떨어지는지가 아니라 사회적 위계 맨 위에서 아래로 한 단계씩 내려갈 때마다 각 계층에 속한 사람들의 성취도가 하락한다는 사실이다.

앞 장에서 살펴봤듯이 근본적인 문제는 사회적 지위와 계층에 대한 인간의 민감성이다. 이번 장에서 중점적으로 다룬 쟁점은 사람들이 사회계층이 생기는 원인이라고 여기는 능력과 재능, 지능의 차이가 타고난 것인지 아니면 인간의 환경에 영향을 미치는 계층과 소득 격차에서 비롯된 것인지의 여부였으며, 증거들은 후자를 강력하게 지지한다. 다음 부분에서는 거대한 소득 격차로 인해 전체 국민에게 미치는 지위의 영향력이 더 큰 국가일수록 아동발달과 교육에 아주 중요한 수많은 분야에서 더 나쁜 성과를 낸다는 증거를 살펴보고자 한다.

'불평등할수록 나빠지는 것은'

그림 5.4는 문해력 점수로 측정한 아동의 교육 성취도 차이가 예상대로 소득 격차가 큰 국가일수록 더 크게 나타나고 있음을 보여준다(2014년에 OECD가 내놓은 보고서에서도 20개국에서 같은 관계가 나타났다[326]). 이는 사회적인 지위 격차가 교육 성취도에 미치는 영향력을 뒷받침하는 강력한 증거다. 지위 격차는 소득 격차가 클수록 아동의 교육 성취도에 더 큰 영향을 미치고 있다는 점이 뚜렷하다.

한 사회에서 소득 격차가 클수록 교육 성취도에서 불평등이 커질 뿐만 아니라 사회 전반에서 아동의 교육 성취도에 대한 평균 수준도 낮아진다. 우리 저자들은 2006년 의학 학술지 〈랜싯 Lancet〉에 발표한 논문에서 2003년 국제학업성취도평가(Programme for International Student Assessment, PISA) 중 수학과 읽기 시험에서 참여국의 국가평균성취도는 부유한 국가들의 소득 불평등 척도와 유의미한 관계를 나타냈다는 점을 지적했다(그림 5.5).[328] 또 《평등이 답이다》에서는 미국 50개 주에서 8학년(만 13세에서 14세 학생)의 교육 성취도가 소득 불평등과 밀접한 관계를 맺고 있다는 사실을 소개했다.

소득 불평등은 전체 사회의 교육 수준에 영향을 미친다. 소득 격차가 커질수록 사회계층이 한 단계 내려갈 때마다 성취도가 하락하기 때문이다. 데이터는 어린이 대다수의 성취도를 악화시키는 소득 불평등과 교육적 성과 간의 관계가 여러 갈래의 경제영역에 걸쳐 있다는 사실을 보여준다. 그러나 교육 성취도의 격차는

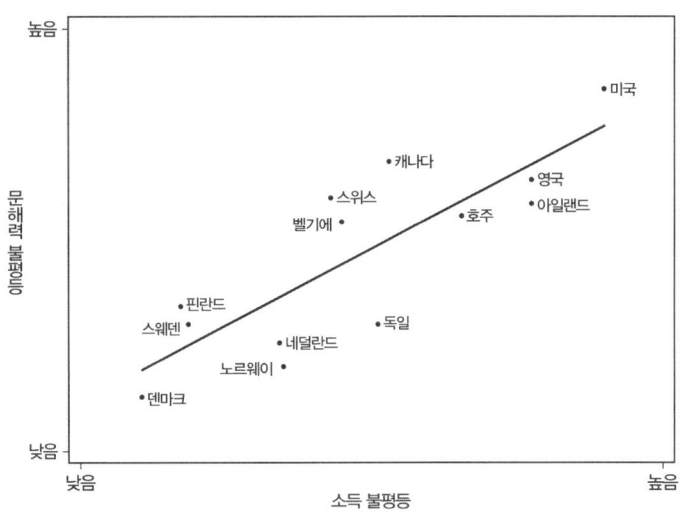

그림 5.4: 소득 불평등은 성인 사이에 교육성과 격차가 더 벌어지는 것과 관련된다.[327]

사회계층 맨 아래, 즉 불평등이 가장 크게 해를 끼치는 계층에서 가장 현저하게 드러난다. 전국적인 성취 수준인 평균 성취도에 중대하게 영향을 미치는 것은 사회적 기울기의 경사도이며, 이는 소득 격차가 클수록 증가한다.

OECD와 캐나다 통계청은 여러 선진국에 나타난 이 같은 패턴을 입증했다.[327] 국가를 소득 불평등을 기준으로 분류했을 때, 15세 청소년의 읽기 점수는 비교적 평등한 나라에서 더 높게 나타났을 뿐만 아니라 이런 국가의 거의 모든 사회경제적 집단이 국제 평균보다 높은 점수를 기록했다. 즉 비교적 평등한 국가일수록 읽기 능력의 사회적 기울기가 더 완만했다. 세계성인역량조사(Programme for the International Assessment of Adult Competencies, PIAAC)가 내놓은 2013년 보고

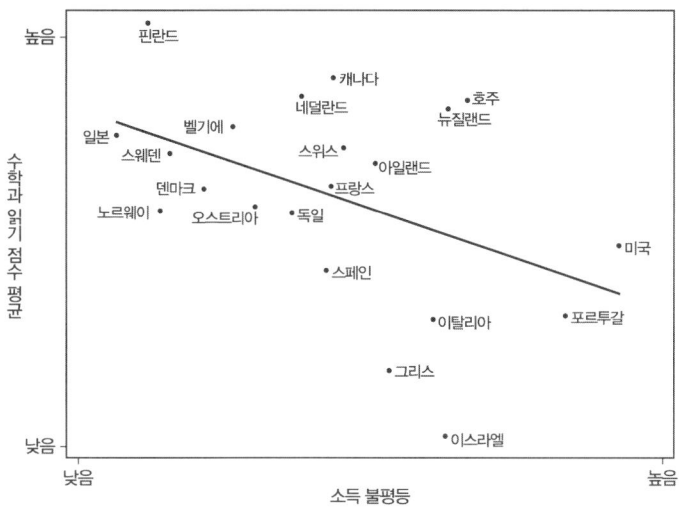

그림 5.5: 수학과 문해력 점수는 비교적 평등하고 부유한 나라일수록 더 높게 나타나는 경향이 있다.[328]

서는 성인의 문해력에서도 비슷한 사회적 기울기의 패턴을 보여 줬다.[329] 2010년에 OECD가 65개국 국제학업성취도평가 읽기 점수를 분석했을 때도 불평등한 국가일수록 아동 간 성취도의 기울기(부모의 사회경제적 지위를 기준으로 분류)가 더 가파르게 나타나는 경향을 나타냈다.[330]

최근 한 연구에서는 영국, 호주, 캐나다의 5세 어린이들의 '구두언어 인지'능력을 비교했다.[331] 국제학업성취도평가에 참여한 15세 학생의 데이터와 마찬가지로 세 나라 모두 5세 어린이에게도 소득 불평등 수준과 일치하는 패턴으로 가파른 사회적 기울기가 나타났다. 세 나라 중에 가장 불평등한 국가인 영국에서 부모의 교육 수준이나 소득이 낮은 가정 출신의 어린이는 또래보다 크게 뒤처졌다. 미국, 영국, 캐나다, 호주의 문해력 불평등의 정도를 비교한 연구에서는 해당 국가 중 가장 불평등한 영국과 미국에서 격차가 더 크게 벌어졌다.[332] 양국은 사회적 기울기를 따라 평균적 교육 성취도가 낮게 나타나지만, 가장 심각하게 영향을 받는 것은 최저 빈곤층 학생들이다.

OECD는 앞에서 언급한 2012년 보고서에서 어떤 국가가 아동과 가정의 '회복력', 즉 아동이 자신의 가족이 속한 사회경제적 위치에 비해 기대 이상의 교육성과를 성취할 수 있는 능력을 촉진하는지에 관한 연구결과를 발표했다.[299] 영국은 사회경제적 배경을 극복하고 회복력을 발휘한 빈곤한 학생 비율에서 OECD 평균보다 낮은 수치를 기록했다. 반대로 캐나다, 핀란드, 일본처럼 경제적 불평등이 적은 국가는 전반적으로 성취도가 높은 동시에 아동들도 사회경제적 배경과 무관하게 높은 성취도를 기록했다. 중국의 경우에 70퍼센트 이상의 빈곤층 아동이 교육 분야에서 이 같은 회복력을 나타낸 반면, 영국의 경우는 가족배경에 근거한 예측을 넘어선 빈민층 아동비율이 25퍼센트 미만이었다.

다른 교육성과 기준에서도 미국과 영국은 다른 국가들에 뒤처져 있다. 유니세프가 발표한 한 보고서에서는 국제학업성취도 평가 점수를 고찰하면서 2009년과 2010년에 15세에서 19세 사이의 청소년 중에서 정규 교육을 받지 않고 니트족(Not in Education, Employment or Training, NEET)으로 분류되는 인구비율을 검토했다. 미국과 영국의 청소년은 다른 여러 부유한 국가의 청소년에 비해 니트족 비율이 높았으며 33개국 중에서 각각 25위와 27위를 기록했

다.³³³

불평등과 낮은 교육 성취도를 연결하는 수많은 요소 중에서 특히 눈에 띄는 두 가지가 있다. 집단 따돌림은 피해자의 자존감과 교육 성취도에 극심하게 해를 끼치는 경험이다. 4장에서는 불평등이 집단 따돌림의 가해와 피해 양쪽 모두의 빈도에서 나타나는 커다란 차이와 관련이 있다는 사실을 발견한 캐나다 심리학자 프랭크 엘가와 동료들의 연구를 소개했다.²³³ 불평등이 심한 부유한 국가에서는 또래가 친절하지 않고 도움을 주려하지 않는다고 말하는 아동의 비율이 훨씬 높다는 사실도 발견했다.¹⁸⁹ 불평등과 집단 따돌림의 관계는 불평등과 살인율의 관계와 무척 비슷하며, 이는 아마도 아동이 성인과 동일한 지위 차별과 폭력의 사회적 환경에 처해 있고 유사하게 영향을 받기 때문일 것이다.³³⁴ 청소년 살인율은 성인 살인율과 마찬가지로 소득 불평등과 상관관계를 나타낸다.³³⁵

빈곤가정 출신의 청소년이 고등학교를 졸업하기 전에 중퇴하는 비율도 불평등과 교육 성취도 간의 관계에 영향을 미치는 요인이다. 《평등이 답이다》에서는 미국 50개 주에서 고등학교 중퇴율과 불평등 사이에 나타나는 강한 상관관계를 설명했다.¹

불평등이 아동의 신체발달 및 인지발달에 가장 근본적으로 미치는 영향은 아동의 행복도 측정에서 볼 수 있다. 유니세프는 부유한 국가의 아동 행복도를 구체적으로 측정하는 지수를 집계한다. 해당 데이터는 예를 들어 아동이 부모에게 편하게 말을 걸 수 있다고 느끼는지 여부, 집에 책이 있는지 여부, 아동의 예방 접종

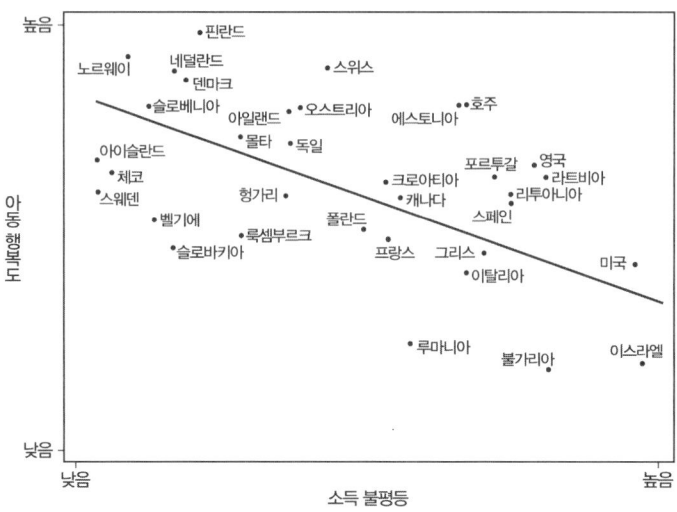

그림 5.6: 부유한 국가들 중에서 소득 불평등이 높을수록 2016년에 발표한 유니세프 아동행복도 지수에서 낮은 점수를 받을 가능성이 높았다(불평등이 심하고 아동 행복도가 매우 낮은 터키는 표기 제외).[336]

률, 음주, 흡연, 10대 출산율 등을 비롯해 아동 행복도를 좌우하는 40여 가지 측면을 종합한다.

〈영국의학저널British Medical Journal〉에 실린 한 논문에서 우리는 2007년 유니세프 지수와 그 구성요소 대부분이 평균적인 소득 척도보다 소득 불평등과 훨씬 더 강한 상관관계를 나타낸다는 사실을 보여줬다.[189] 그림 3.3은 2013년 유니세프 보고서에 실린 데이터를 사용해 같은 상관관계를 나타냈고,[190] 우리는 읽기, 수학, 과학 이해도, 고등교육 참여, 니트족 비율 등 두 보고서에서 측정한 지표 20개를 이용해 2007년과 2013년 보고서 간에 아동 행복도 변화를 어떻게 비교할 수 있었는지도 설명했다.[190] 우리는

2000년과 2009년 사이에 발생한 한 국가의 소득 불평등 변화가 그 직후 아동 행복도의 변화에 반영됐다는 통계적으로 유의미한 경향을 발견했다. 2016년 유니세프 보고서에 실린 데이터를 나타낸 그림 5.6은 이런 관계가 얼마나 일관되게 나타나는지 보여준다.

사다리 오르기

지금까지 개인의 능력 차이가 어디에서 비롯되고 아동의 환경 차이가 추후 인지 능력의 발달에 어떤 영향을 미치는지 자세히 살펴봤다. 앞에서 확인했듯이 소득과 지위 격차는 개인 차원의 중요한 문제로 귀결되지만 소득 격차가 클수록 사회 전체의 전반적인 교육성과도 감소시킨다. 이런 과정에서 그 이면에 있는 메커니즘이 어떻게 모든 사람들에게 영향을 미치는지, 왜 그 기제가 사회 최하층에 가장 큰 피해를 입히는지는 이미 살펴봤다. 이번 장에서 제시한 증거는 사회적 위계가 타고난 지능 차이를 반영한다는 생각이 잘못일 뿐만 아니라 능력 차이가 위계 내 위치를 결정한다기보다는 반영한다는 것을 보여준다. 간단히 말하면 능력과 사회적 위치 간의 인과관계는 어떤 관계에서도 특권을 정당화하기 위해 이용되는 관점과 정반대 방향으로 작용한다.

아마도 그 결정적인 증거는 불평등한 국가일수록 사회적 이동

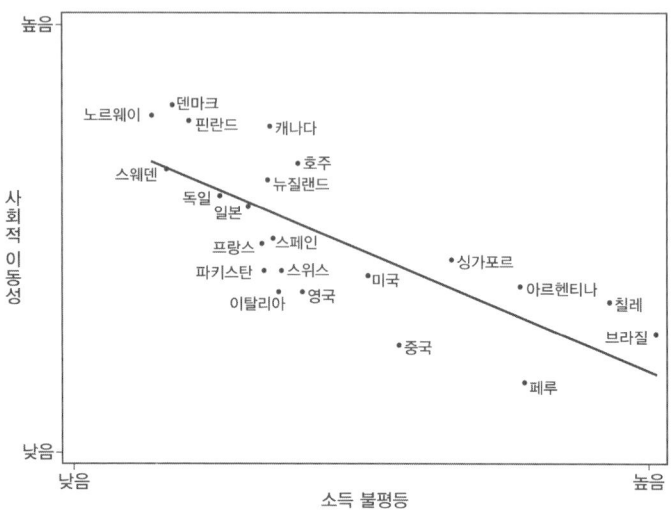

그림 5.7: 소득 격차가 큰 국가일수록 사회적 이동성이 낮다.[337]

성이 낮은 경향을 강하게 보여주는 그림 5.7에서 찾아볼 수 있을 것이다. 바꿔 말하면, 소득 격차가 큰 국가일수록 어린이들이 평등한 기회를 누리기가 훨씬 어렵다는 뜻이다. 결과의 불평등은 평등한 기회와 쉽게 결합될 수가 없다. 그림 5.7의 데이터는 세대 간 소득 이동성을 나타낸다. 세대 간 소득 이동성이란 자녀가 태어났을 당시의 부모 소득과 그 자녀가 서른 살이 됐을 때의 소득을 비교하는 척도다. 부모 소득과 성인 자녀의 소득 간 상관관계는 부자 부모에게서 태어난 자녀가 자라서 부자가 되고 가난한 부모에게서 태어난 자녀가 자라서 빈자가 되는 정도를 보여준다. 미국과 영국은 특히 사회적 이동성이 지난 반세기에 걸쳐 하락하거나 침체되었으며, 따라서 사회적 이동성의 규모와 그 이면에 있는 이유를 연구한 논문들이 많이 발표됐다.[337-341] 그림 5.7의 그래프는 불리하게 작용하는 열등한 지위의 무게가 가난한 아동의 기회와 발전을 억누른다는 증거이기도 하다.

불평등은 어떻게 가정생활에 침투하는가

우리는 앞에서 학교가 가난한 학생들에게 발전할 기회를 제공하기는커녕 불평등이 이미 그들에게 가한 피해를 더욱 악화시킬 수도 있다는 사실을 살펴봤다. 그렇다면 불평등은 과연 어떻게 이런 아이들이 학교에 입학해서 사회 구성원으로 통합되기도 전에 이미 뿌리를 내릴까? 사회 불평등이 어떻게 그토록 가정생활에 깊숙이 침투해서 인생 초기부터 아동의 발달 능력과 성취도에 계속해서 영향을 미치게 됐을까?

이 질문에 대한 대답의 핵심은 불평등이 가정생활과 관계의 질에 영향을 미쳐서 부모와 돌보는 사람이 아동의 발달과 행복에 가장 적절한 환경을 제공할 수 없도록 방해한다는 데 있다. 학습은 탄생하자마자(혹은 더 일찍부터) 시작되며 생후 몇 년 동안은 뇌 발달에 특히 중요한 시기다. 자극을 주는 사회환경은 초기 학습에 필수적이다. 영유아에게는 말을 걸어주고 사랑해주고 소통할 사람이 필요하다. 놀고 세상을 탐색할 기회가 필요하며 활동을 제한하기보다는 안전이 허용되는 한계 내에서 용기를 북돋워야 한다.

소득 불평등 수준이 심각한 사회에서는 우울증과 불안, 약물 및 알코올 중독을 비롯한 정신질환 문제에 시달리는 부모 비율이 높다. 이는 모두 아동의 발달을 저해하는 위험요인으로 잘 알려져 있다.[59, 189] 경증에서 중간 정도의 우울증이라도 가정생활에 심각한 악영향을 미칠 수 있다. 저소득 계층의 아동은 가족의 갈등과 분열을 더 많이 경험하며, 폭력을 목격하거나 경험할 가능성이 높고, 동시에 좁고 시끄러운 열악한 주거환경에 거주할 가능성이 높다.[342] 미국에서 실시한 한 연구에서는 부모의 교육 수준, 복지 및 보조금 수준, 아동 빈곤율 및 학대율의 주별 차이를 감안하더라도 소득 불평등이 높은 지역일수록 아동 학대의 정도가 더 높게 나타났다.[247] 일부 가정은 박탈감에 대응하여 더욱 가혹하고 냉담한 양육 방식으로 반응하며 그 정도가 방치나 학대 수준에 이르기도 한다.[343, 344] 소득은 가정생활의 질, 가족이 직면하는 어려움과 그런 어려움에 대처하는 능력에 필연적으로 영향을 미친다.[345] 미국에서 실시한 또 다른 연구는 시간에 따른 지역별 소득 불평등의 증가와 이혼율의 증가 간 관계를 발견하여 불평등이 결혼생활에 끼치는 피해를 보여줬다.[346]

그렇지만 일부 정치인과 미디어 평론가들이 주장하는 것처럼 가정 파탄으로 인한 불평등의 영향을 설명할 수는 없다. 영국처럼 불평등한 선진국의 편부모 가정에서 자란 아이들은 실제로 불리한 처지에 있지만, 유니세프의 아동행복지수와 각국의 편부모 가정의 비율 사이에는 아무런 연관성이 없었다.[1] 상대적으로 평등한 스칸디나비아 국가들은 가족지원 서비스를 보편적이고 구체적으로 충분히 제공함으로써 편부모 가정의 빈곤문제를 확실하게 줄여나가고 있다. 또 캐슬린 키어넌Kathleen Kiernan 교수팀이 발견했듯이 문제를 일으키는 원인은 편부모 가정 대부분이 처해 있는 빈곤이지 편부모 그 자체가 아니다.[292]

앞에서 살펴본 바와 같이 소득 불평등은 지위의 중요성을 증가시키고 결과적으로 소득과 지위 경쟁의 중요성도 강화시킨다. 소비가 점점 개인의 가치를 의미하는 척도가 되었고, 그 결과 불평등한 사회에서는 노동시간이 길어지고 가계부채가 점점 증가하고 있다.[199, 347] 서로 상반되는 불평등 수준을 나타내는 3개국에서 가족생활과 아동의 행복도를 정성적 분석방식(질적연구)으로 살펴본 유니세프 프로젝트 보고서(3장에서 인용)는 가정생활을 즐길 시간이 부족하고 부채로 인한 스트레스에 시달리는 현실을 생생하게 보여준다.[192]

당연한 말이지만, 가족 관계와 양육 문제가 빈곤층에 국한된 어려움이 아니라는 점을 강조하는 것이 중요하다. 2000년과 2001년에 태어난 어린이를 대상으로 한 대규모 연구를 보면 위에서 두 번째 사회계층 집단에 속한 어머니도 최상위 계층 집단에 속한 어머니와 비교하면 부모로서 무능하다거나 자녀와의 관계가 나쁘다고 보고할 가능성이 더 높았다.[1]

앞의 장에서 우리는 불평등이 성인들 간에 지위 불안의 증가,[57] 연대의 감소,[39] 상냥함의 감소,[105] 나아가 자신이 남보다 잘났다고 주장하는 자기고양의 경향 증가[112]를 유발한다는 증거를 살펴봤다. 어린이는 이 모든 징후를 감지하고 더 넓은 사회에서 지위 격차를 인식하고 필연적으로 자신이 성장한 불평등한 환경의 영향을 받게 될 것이다. 어린이가 계층과 지위 격차를 의식적으로 깨닫게 되는 나이는 각자 다르다. 하지만 연구에 따르면 초등학교를 졸업할 무렵이면 어린이는 직업의 서열을 인식하고 의복과 주거, 자동차 등을 지표로 사람들의 사회계층을 나눌 수 있다.[348, 349]

구급차와 절벽

2014년 11월, 옥스퍼드대 대니 돌링 교수는 〈타임스 고등교육Times Higher Education〉에서 소득 불평등과 교육의 성취에 관해 다음과 같이 말했다.

> OECD가 평가한 부유한 6개국의 산술능력 수준은 각국의 경제적 불평등 수준과 거의 완벽하게 역관계를 나타낸다. 따라서 부가 부유층에 지나치게 편중된 국가에서는 젊은이들이 평균소득과 중위소득 간의 큰 차이가 어떤 이유로 발생하는지 잘 이해하지 못한다.[350]

이 지적은 역설적이고 다소 가슴 아프기도 하다. 경제적 불평등인 소득과 부의 불평등을 이해하려면 분배와 관련된 통계를 이해할 수 있어야 한다. 불평등 문제가 더 심각한 나라에서는 소득분배를 어떻게 측정하는지 이해하는 젊은이는 더 적을 것이다.

보건학 연구자들이 학생들에게 공공보건을 바라보는 다양한 접근법을 가르칠 때 사용하는 유명한 비유가 있다. 학생들에게 사람들이 계속해서 추락하는 절벽을 상상해 보라고 한다. 절벽 아래에 구급차가 대기하고 있다면 추락한 사람을 빨리 병원에 데려가 치료할 수 있지만, 이는 돈이 많이 드는 방법인 데다가 여전히 많은 사람이 생명을 잃을 것이다. 구급차 대신 절벽 중간쯤에 안전망을 설치해 사람들이 덜 다치도록 하는 방법도 생각해 볼 수 있다. 이는 고혈압과 당뇨병 같은 만성 질환을 관리하고자 의약품을 사용하는 방법과 비슷하며, 의료계에서는 이런 방식을 가리켜 이차 예방이라고 한다. 일차 예방은 절벽 꼭대기에 장벽을 설치해 애초에 사람들이 추락하지 않도록 막는 방법이다. 예를 들면 금연과 운동으로 폐질환을 줄이는 방식이다. 그러나 이런 전략 중 그 어떤 방법도 애초에 사람들이 절벽 끝을 향해 달려오지 못하도록 막을 수는 없다. 만약 사람들이 절벽 끝으로 달려오지 않도록 막을 수만 있다면 부분적으로 효과를 발휘하는 예방 및 치료 전략은 더 이상 필요하지 않을 것이다.

교육 분야에 이 구급차와 절벽을 비유해 보면, 교육정책과 개입 자체만으로는 낮은 교육 성취도를 유발하는 근본 원인인 빈곤과 불평등이라는 문제를 해결할 수 없다. 일차 예방은 영국의 슈어 스타트(Sure Start, 빈곤층을 지원하는 아동보육 프로그램·옮긴이)와 미국의 헤드 스타트 같은 초기 아동기에 개입하는 정책이다. 이차 예방은 영국의 학생 장학금(pupil premium, 빈곤층 학생이 많이 다니는 학교에 지급하는 추가 지원금) 같은 정책에 해당하며 교육체계 내에서 뒤처지고 있는 어린이들에게 집중적으로 보충교육을 실시할 수 있다. 이런 전략과 프로그램은 비용이 많이 들고 부분적인 효과밖에 없지만 교육 불평등을 유발하는 근본 원인을 해결하지 않는 한 계속해서 필요할 것이다.

빈곤이 개별 아동의 학습 능력과 학업 성취도에 부정적인 영향을 미친다는 생각은 비교적 논란의 여지가 없는 의견이다.[307] 빈곤과 마찬가지로 평균적인 교육 성취도를 낮추고 교육성과에서 불평등을 증가시키는 사회적 불평등의 영향력은 잘 알려져 있지 않다. 부유한 국가들에서도 여전히 충분히 영양가 있는 식품이나 적절한 주거공간이 부족한 어린이들이 있지만 절대적 빈곤 수준은 낮다.(영국을 비롯한 몇몇 국가에서는 이런 어린이들이 늘어나고 있다.) 반면 상대적 빈곤은 광범위하게 나타나고 있다.[351]

영국정부의 통계에 따르면 2015/6년 영국 어린이 30퍼센트에 해당하는 400만 명이 상대적 빈곤(중위소득 가정의 60퍼센트 미만으로 생활)을 겪고 있다. 일부 지역에서는 그 비율이 50퍼센트에서 70퍼센트에 이른다.[352] 이런 어린이 중 3분의 2는 적어도 성인 한 명이 일하고 있는 가정에 살고 있었다. 1998년과 2012년 사이에 취업 상태인 편부모 비율이 높아지고 저소득 가정에 지급되는 보조금이 증가하면서 아동의 빈곤이 급격하게 감소하기도 했다. 그러나 이후 절대적 빈곤과 상대적 빈곤이 다시 증가했다.

2020년에 이르면 상대적 빈곤을 겪는 어린이 수가 470만 명에 이를 것으로 추정된다.[353] 미국은 절대적 표준을 제공하고자 연방

정부가 설정한 한계점을 기준으로 빈곤을 측정한다. 1964년 이 표준은 미국 중위소득의 약 절반 정도였지만 현재는 약 30퍼센트다.[354] 그럼에도 미국인 20퍼센트 이상이 본인이나 가족이 먹을 음식을 살 수 없을 때가 있다고 응답했다. 아동 20퍼센트는 연방정부가 설정한 빈곤선에 못 미치는 생활을 하고 있다.[355] 상대적 빈곤 척도로 보면 미국의 아동 약 30퍼센트가 상대적 빈곤 속에서 살고 있다.

낮은 상대적 빈곤율은 국제적으로 행복의 기준 척도로 통한다. 2015년 영국 정부는 가계소득을 아동의 빈곤 척도로 보고하는 대신 실업, 교육 성취도, 가정 파탄, 부채, 약물 및 알코올 의존 등으로 대체하는 새 법안을 통과시키려 했다. 당시 이런 행위는 빈곤의 결과를 빈곤의 원인으로 재정립하려는 시도로 매도됐다. 영국 정부는 상원과 실랑이를 벌인 끝에 법안을 철회하고 물질적인 궁핍을 척도로 하는 내용을 계속해서 보고하기로 합의했다. 이때 영국 정부가 빈곤의 정의를 바꾸는 데 성공했더라면 정부정책이 아동 빈곤을 증가시키고 있다거나 감소시키고 있다고 말하기는 불가능했을 것이다.

교육에 더 많은 돈을 쓰면 빈곤과 궁핍, 불평등이 유발하는 약점을 극복하는 데 도움이 될 거라는 가정이 합리적으로 보일 수 있다. 그 진위 여부를 확인하고자 연구자들은 국민소득과 소득 불평등, 청소년의 교육 성취도와 관련해 정부가 지출하는 예산을 검토했다.[356] 해당 연구는 24개국 5,000개 이상의 학교에 재학 중인 12만 명에 달하는 학생들에 관한 OECD 데이터를 사용했다. 개별

학생과 학교 차이를 통제한 결과, 상대적으로 높은 일인당 국내총생산(Gross Domestic Product, 평균소득과 생활수준을 나타내는 척도)이 교육성과에 미치는 유익한 영향력은 사소했다. 반면 소득 불평등은 청소년의 문제해결 능력에 커다란 악영향을 미치는 것으로 드러났다. 특별한 교육에 대한 예산지출은 아무런 효과를 나타내지 않았다. 경제성장도 성장의 수익을 공공교육에 배분하는 정책도 낮은 교육성과를 해결할 만병통치약은 아닌 듯하다.

핀란드는 국가가 어떻게 교육과 아동의 삶 기회를 변모시키고 개선할 수 있는지 보여주는 좋은 사례연구를 제공한다. 핀란드는 유아기부터 16세에 이르기까지 완전히 평준화된 학제를 갖추고 있으며, 학생들은 국제학업성취도평가에서 꾸준히 높은 점수를 기록하고 있다.[357] 핀란드는 약 40년 전에 교육제도를 대대적으로 개혁하고 완전히 평준화된 학제를 도입했다. 또 교원양성 프로그램의 질을 개선하고 교직의 지위도 높였다. 현재 핀란드의 모든 교사는 석사학위를 보유하고 있으며 국가 교과과정 안에서 무엇을 어떻게 가르쳐야 하는지에 관한 자율권을 누리고 있다.

아동들은 다른 많은 국가들보다 늦은 나이에 학교에 다니기 시작한다. 표준화된 시험이 적고 학교 일과 중 휴식시간을 더 많이 갖는다. 교육 성취도에서 빠른 발전을 이룩한 핀란드는 2000년, 2003년, 2006년 국제학업성취도평가에서 1위를 기록했고 2009년에는 3위를 기록했다. 2012년에 다소 떨어지기는 했지만 여전히 핀란드는 유럽에서 가장 높은 등수를 유지하고 있다. 다른 어떤 유럽 국가보다도 회복력을 발휘하는 학생(가정배경에 비해 기대 이상의 학업 성취도를 나타내는 학생)의 비율도 높다.

한때 수준 높은 교육의 모범사례로 여겨졌던 스웨덴은 국제학업성취도평가에서 순위가 급격히 하락하고 있으며 교육 불평등이 증가하고 있다. 스웨덴은 1990년대 소득 불평등이 빠르게 증가하기 시작했고 평준화 교육이 교육 불평등 격차를 좁힌다는 강력한 증거가 전세계적으로 발견됐음에도,[299] 정부 지원금을 두고 사립('자유')학교가 공립학교와 경쟁할 수 있도록 허용하기 시작했다. OECD가 2015년 내놓은 보고서는 스웨덴이 이전의 교육 수준을 회복하려면 부모와 학생의 선택을 제한하는 '평준화 교육개혁'을 실시해야 한다고 권고했다.[358] 해당 보고서는 스웨덴이 교사의 급여를 인상하고, 연수과정을 개선하고, 학교 감시를 엄격히 강화하고, 이민자가 교육제도에 융화될 수 있도록 집중해야 한다고 촉구했다. 스웨덴에서는 소득 불평등의 증가와 함께 아동의 행복도에서도 상당한 감소가 나타났다.[190]

교육기관은 기껏해야 사회 전반에서 발생하고 있는 불평등이 아동에게 미치는 해악을 부분적으로 상쇄할 뿐이다. 그럼에도 그 해악을 악화시키는 일만은 막을 수 있다. 학교는 과거보다 훨씬 더 폭넓은 능력 개념에 기초해서 운영돼야만 한다. 어린이들에게 광범위한 활동을 소개하고 모든 학생이 특별히 잘하는 분야를 발견해서 즐기도록 이끌겠다는 목표를 세워야 한다. 타고난 적성과 일치하는 능력분야를 개발하는 이점에도 불구하고 거의 모든 형태의 능력에서 가장 크게 제약하는 것은, 아이들이 거의 모든 교육 분야에서 자기 자신을 패배자로 인식하고 사회적으로 열등하다고 학습하는 문화인 경우가 많다.

플레이크와 콘플레이크

가장 빈곤한 가정의 사회계급과 교육 및 소득이 모든 연령대에서 낮은 교육 성취도를 예고하는 중요한 예측 변수라는 생각이 널리 받아들여지고 있다.307 멜리사 벤Melissa Benn과 피오나 밀러Fiona Miller 는 〈포용적 미래A Comprehensive Future〉라는 보고서의 결론에서 "영국 학교들이 직면한 가장 큰 문제 중 하나는 빈부 격차와 아동 가정의 엄청난 배경 차이, 그것이 교육현장에서 발생시키는 사회적 자본과 문화적 자본"357이라고 말한다. 미국 학교를 비롯해 불평등이 심한 사회에 있는 학교는 모두 마찬가지다. 벤과 밀러는 "포용적 교육의 이상은 계층 배경, 동기, 타고난 능력을 비롯해 좋은 교육을 받을 '자격'이나 가치가 있다고 여겨지는 사람과 그렇지 않은 사람에 관해 대체로 무의식적으로 지니고 있는 깊은 관념에 도전하는 것이 강력한 목표다"라고 주장한다. 물론 서로 다른 학제와 교육정책의 영향 외에도 불평등의 무게가 교육에 악영향을 끼친다. 그 무게가 클수록 계급과 지위가 더 중요해지고 아동의 기회와 교육 성취도 및 성과에서 불평등은 더 커진다.

어린이의 건강과 발달 및 행복이 자신이나 가족의 통제에서 벗어난 힘으로부터 어떻게 위협을 받는지 알게 된다면, 사회라는 시리얼 박스를 흔들었을 때 가장 똑똑한 콘플레이크가 위로 떠오른다는 농담은 부정확할 뿐만 아니라 부적절하게 느껴질 것이다. 불평등한 사회일수록 언제나 강력하게 특권이 특권을 낳는다. 불평등은 빈곤과 마찬가지로 세대 간 불이익을 대물림하는 현상을 초래하며 방대한 인간의 능력과 재능, 잠재력을 허비한다.

6장

계급 행동

The Inner Level

소득과 부의 격차가 중요한 이유를 이해하려면, 먼저 우월감과 열등감을 조장하는 사회의 차별적 표현에서 소득 및 부의 격차가 어떻게 분열을 일으키며 이용되었는지 알아야 한다. 이것이 바로 이번 장에서 다룰 주제다. 사회분열을 초래한 문화적 과정이 어떻게 일어났는지 알려면 그 쟁점을 냉정하게 바라볼 수 있도록 되도록 거리를 유지하는 편이 바람직하다. 따라서 객관성과 사후 인식이라는 두 가지 이점을 누릴 수 있는 이전 세기의 계급 구분의 과정을 먼저 살펴보고자 한다.

예의와 문명화

개인 스타일과 처신 및 행동의 차이는 지난 수 세기 동안 몰라보게 바뀌었지만 계급 차이를 드러내는 표지로 여겨지는 경우가 많다. 13세기에 본비치노 다 리바Bonvicino da Riva는 '올바른' 행동에 관한 조언을 제공하고자 예의범절 안내서 《50가지 식사예절Fifty Table Courtesies》을 썼다. 그는 식사 중에 식탁보에 코를 푸는 행위는 못 배웠다는 표시라고 독자들에게 경고했다. 손수건이 널리 사용되기 시작한 16세기 중반에 지오반니 델라 카사Giovanni della Casa는 "코를 푼 다음에 손수건을 펼쳐서 마치 머릿속에서 진주와 루비가 빠져나오기라도 했다는 듯이 뚫어지게 들여다보는 행위"는 꼴사납다고 지적했다. 1530년 에라스무스Erasmus는 사람들에게 "침을 뱉을 때는 침이 남에게 튀지 않도록 몸을 돌려야 한다. 가래 따위가 땅에 떨어졌을 때는 남에게 불쾌감을 주지 않도록 밟아서 뭉개야 한다. 이렇게 하기 어려울 때는 천 조각에 가래를 뱉어야 한다. 가래를 도로 삼키는 것은 예의 없는 행동이다"라고 가르쳤다.

이런 내용은 모두 1939년 출간된 노베르트 엘리아스의 고전 《문명화 과정The Civilizing Process》에 인용된 사례다.[359] 엘리아스는 독일에서 영국으로 망명한 사회학자였다. 엘리아스는 '문명화 과정' 이면에 작동하는 힘을 찾아내고자 수 세기 동안의 예의범절에 관한 안내서와 예의에 관해 조언하는 여러 정보를 철저히 분석했다. 그 결과를 보면 개선을 통해 진보하는 과정은 하류층이 상류층 문화를 모방하는 것과는 거리가 멀다. 역사상 여러 시기에 상류층은 보통 사람들과 전혀 다름없이 혐오스러운 행동을 했다. 예를 들어 18세기 영국의 귀족이자 문필가였던 호레이스 월폴Horace Walpole은 베르사유 궁전을 다음과 같이 묘사했다.

거대한 시궁창은 오물 냄새를 풍기고 똥으로 뒤덮여 있다. 똥이 옷과 가발, 심지어 속옷에도 묻는다. 그중에서도 최악은 거지, 하인, 귀족 방문객을 막론하고 똑같이 계단과 복도, 후미진 곳이라면 어디에든 볼일을 본다는 점이다. 통로, 마당, 부속 건물과 회랑에 대소변이 넘쳐난다.

> 공원과 정원, 성 전체에 악취가 풍겨 구역질이 난다.360

루이 14세가 1715년 사망하기 직전 조례를 발표해 베르사유 궁전 회랑에서 일주일에 한 번 대변을 치우도록 명했음에도 이런 지경이었다.361

위생적 고려가 행동 변화를 유발하는 강력한 동력이 됐을 것이라고 예상하는 사람도 있겠지만, 엘리아스는 예절과 관습이 변화하는 데 합리적인 근거는 거의 혹은 전혀 없었다고 주장한다. 그 대신 엘리아스는 계급 차별, 사회적 열망, 수치심과 당혹감이 '용인되는 행동'에 관한 개념을 형성했다고 강조한다.

엘리아스는 16세기 이후로 '문명화 과정'이 한층 빠르고 지속적으로 진행된 이유를 설명한다. 또 상류층이 궁정에 관여하는 경우가 증가함에 따라 사회적 비교가 극심해지고 소위 '수치심과 당혹감의 경계'가 바뀌기 시작했다고 지적한다. 사람들이 서로 가까이 앉고 서로를 더 많이 보게 되면서 자제력은 더 중요해졌다. 궁정 생활은 대인관계의 민감성과 그에 상응하는 사회적 금지 및 수치심과 당혹감을 느낄 이유를 증가시켰다.

엘리아스는 대인관계에서 폭력의 감소가 이런 변화의 일환이었으며 무사 지배층이 궁정의 귀족사회로 서서히 변화한 결과라고 주장한다. 무사계급이 즐겼던 연회와 춤, '떠들썩한 오락'은 위험할 만큼 파괴적인 경우가 많았다. 무사들이 감정에 못 이겨 '분노, 폭력, 살인'을 저지르는 경우가 많았고, 이 때문에 사람들은 자제력을 길러야 했다. 무사계급이 서로의 힘에 존경심을 갖던 관습은 바뀌어야 했고 다른 가치기준이 생겨났다. 자제력과 서로의 취약점을 건드려서 불쾌감을 유발하지 않는 능력이 귀족들의 행동에 서서히 스며들었다. 엘리아스는 "사람들은 예전에는 거의 의식하지 않았던 차이에 민감해졌다. 사람이 사람에게 직접적으로 두려움을 유발하는 일이 줄어들었고, 이에 비례해서 눈빛과 초자아로 전달되는 내면의 두려움이 증가하고 있다"라고 설명하면서 다음과 같이 말했다.

> 공격하는 몸짓 자체가 위험지대를 자극한다. 누군가가 칼끝이 상대방을 향하는 상태로 나이프를 건네는 것만 봐도 당혹스러워진다. 이런 감수성은 고귀한 가치를 나타낼 뿐만 아니라 바로 그런 이유로 구축된 차별 수단이었던 까닭에 이런 금지는 감수성이 가장 예민한 궁정 사회의 소집단에서 문명화된 사회 전체로 점차 퍼져나간다.

사회적 지배와 종속이 공공연한 폭력에 기대는 경우가 줄어들고, 한 계층이 다른 계층에게 문화적 표현행위로 우월감을 나타내는 경우는 늘어났다. 16세기 내내 예의바름과 무례를 구분하며 글을 쓴 사람들은 '정중함'과 '공손'이라는 개념을 반복적으로 사용했다. 중세시대의 귀족은 몸짓이나 예술에서 하층민을 묘사하는 행위를 못마땅하게 여기지 않았다. 그러나 다른 계층과 구별되는 우월성의 문화를 개발하게 되면서, 귀족들은 '천박'한 모든 것에 거부감을 느끼기 시작했고 적어도 거부감을 느낀다고 주장했다. 귀족계층은 자신들과 바로 아래 계층과의 사이에 문화적 방어

벽을 유지하려면 "'부르주아' 냄새가 나는 모든 것에 역겨움을 느낀다는 호들갑스러운 몸짓"을 내보여야 했다. 귀족 가문이 사생활 영역을 설정하기 시작하고 커다란 방에서 하인들과 다 같이 자는 풍습을 그만둔 시기는 15세기였다. 귀족계층은 자신들보다 낮은 계층에게 부족한 감수성을 의미하는 모든 표지에 매우 민감해졌다. 엘리아스는 부르주아 계층과 차별을 두려는 귀족의 끊임없는 시도를 다음과 같은 동기에서 비롯된 '주도권 싸움'으로 설명한다.

> 영원히 꺼지지 않는 사회적 두려움은 궁정의 상류계층에 속한 모든 일원이 자기 자신과 자신의 집단에 속한 타인의 행동을 좌우하는 사회통제의 가장 강력한 추진력을 형성한다. 이는 궁정의 귀족사회 일원들이 지위를 표시하는 외면적 표식뿐만 아니라 언어, 몸짓, 사회적 오락과 예의에 이르기까지 지위가 낮은 사람들과 자신들의 집단을 구별하는 모든 것을 관찰하고 다듬는 데 기울이는 집중적 관심에서 나타난다.

그러나 귀족계층의 예절과 행동을 부르주아 계층이 계속적으로 받아들이면서 나머지 계층과 구분 역할을 했던 당초 귀족계층의 예절과 행동은 아무런 소용이 없어지게 되었다. 한때 '고상'했던 관습이 '천박'해졌고 새로운 정교한 행위들이 '당혹감의 경계'로 제기됐다. 엘리아스는 프랑스 혁명이 일어나 절대왕정 체제인 앙시앙 레짐Ancien Régime이 몰락하면서 비로소 이런 과정이 힘을 잃었다고 설명한다. 하지만 일반적인 패턴은 명백하다. 우월한 계급의 고상한 자기연출은 제2의 천성처럼 보일지 몰라도 사실은 아래 계층에서 가하는 끊임없는 압력이 동인이었다.

　인간의 감수성은 용인되는 행동이 계속해서 바뀌고 한때 정상으로 여겨졌던 관습에 뿌리 깊은 혐오감이 표현되면서 변화하기에 이른 듯하다. 계급에 따른 상이한 행동관례가 우월한 미학적 기준이라는 믿음에 맞서, 엘리아스는 "인간의 양심과 초자아의 본질적 부분으로 뿌리 내린 행동 규범과 정서의 상당부분이 기존 집단이 지니고 있던 권력과 지위에 대한 갈망이 남긴 잔재에 불과하며 지위 우월성을 강화시키는 것 이외에 다른 기능은 없다"라고 주장한다. 화법과 예의에서 사회적 위치를 드러내는 수많은 사소한 표지가 준수되는 것도 이에 해당한다.

　이전에 용인되던 행동에 변화를 일으킨 핵심적 요소를 엘리아스는 '공공생활에서 생리작용의 제거'라고 지칭했다. 수 세기 동안 점진적으로 '신체기능의 은닉'과 '욕구 및 충동의 은폐'가 오랜 기간 동안 경제 및 사회발전과 동시에 일어났던 것으로 보인다. 그 결과 사람들은 '점차 사적 영역과 공적 영역, 사적 행동과 공적 행동을 구분'하게 되었고 욕구를 드러내는 행위를 수치스럽게 여겨 본성을 감췄다. 지금까지도 '상류사회'의 사람들은 다른 사람들보다 훨씬 완전하게 성생활을 비롯한 신체기능을 감추고 자신들과 나머지 계층 간에 경계를 긋는다. 성인이 예전 사람들보다 신체기능을 좀더 엄격하게 감출 수 있으려면, 필수적으로 어릴 때부터 사회가 용인하는 방식으로 행동하는 어른이 되도록 억압과 수치심, 당혹감을 동반하는 한층 포괄적인 사회적 변화를 겪어야만 할 것이다.

현대의 사회규범을 만들어낸 역사변화와 용인받을 수 있는 성인이 되기 위해 어린이가 겪어야 하는 심리적 고난은 불평등한 지위가 인간에게 미치는 비상한 힘을 설명한다. 불평등한 지위는 인간의 존재와 자기연출에 매우 구체적으로 영향을 미치기 때문에 그 중요성을 부정하면 사회적 영향력이 미치는 범위를 고의로 억제하려는 것처럼 보인다. 그렇더라도 남에게 좋은 인상을 주고 인정받고 싶은 욕구는 사회유형에 따라 사람들을 다른 방향으로 몰아간다는 사실을 잊지 말아야 한다.

앞서 4장에서 대단히 평등한 사회에서는 인정 욕구가 인간을 덜 이기적이고 남을 더 많이 배려하며 도움이 되는 사람으로 보이려는 방향으로 이끄는 역할을 할 수 있다는 사실을 살펴봤다. 반면 지위 격차가 매우 큰 사회에서는 같은 인정 욕구가 낮은 지위라는 수치를 피하려는 거의 상반된 욕망으로 얼룩진다. 이런 사회에서 사람들은 자기고양과 우월감을 갈망하고 자신과 타인이 지위 표지를 사용하는 것에 더 관심을 기울인다. 엘리아스의 말을 한번 더 인용하면 "수치심은 일종의 불안이자 사회적 수모나 타인의 우월적인 몸짓에 대해 두려워하는 감정"이다.

여러 세대에 걸쳐 혐오감과 프라이버시 욕구가 변화한 과정을 되돌아보면, 지위에 대한 갈망이 유발한 다양한 행동은 허식과 함께 실제로 객관적인 진보를 대표하는 실용적인 위생적 고려가 추동한 변화도 있었다. 19세기 중반 위생 관념이 생겨나지 않았더라면 지금까지도 인간은 제대로 씻지도 않고 변기도 사용하지 않은 채 집안에 침을 뱉고 식탁보에 코를 풀었을 것이다.

실질적인 진보에는 돈이 많이 드는 경우가 많았으므로 대개 부유층이 빈민층보다 먼저 발전상을 누릴 수 있었다. 그러나 상류층의 모방이 상수도 공급, 수세식 변기, 하수도 시설을 이룩한 원천이 아니었다는 사실을 명심해야 한다. 19세기 후반에 일어난 위생개혁은 급속한 도시화가 야기한 끔찍한 불결과 건강 및 위생 문제를 해결하기 위한 대응책이었다. 상하수도 시설의 부재는 시골과 도시에서 각각 엄청나게 다른 결과를 유발한다.

상하수도 공급은 경쟁에 의한 민간 공급이 아니라 공공 기반 시설과 공공 지출로 이루어졌다. 또한 부유층이 상하수도 공급을 반대하는 분위기가 있었던 까닭에 선거권이 확대되고 대도시에 좀 더 민주적인 지방정부가 수립되고 나서야 상하수도 설비가 갖춰졌다. 이런 변화는 기술진보와 사회개혁, 건강과 위생 간의 관계에 대한 이해 증진은 물론, 특히 공공지출에 기초한 것이었다.[362]

예의와 사회적 구별

예의와 스타일, 미학적 취향의 차이는 상이한 사회계층을 드러내고 지속시키는 매우 강력한 수단이다. 그렇기 때문에 노동계층에서 태어나 전문직을 갖게 된 경우처럼 사회계층이 상승한 사람들은, 흔히 자신의 사회정체성을 바꿔야 한다고 생각하며 종종 자신이 발각될 위험에 노출된 사기꾼 같다고 느낀다.

린지 핸리Lynsey Hanley는 회고록 《상류층, 계층 경계를 넘어서 Respectable: Crossing the Class Divide》363 에서 대학에 다닐 때 자신이 잘못 쓴 단어를 다른 사람이 고쳐주었을 때 느꼈던 창피함에 쥐구멍이라도 들어가고 싶었던 경험을 이야기한다. 예전 친구들과 가족은 핸리가 중산층 사람들과 어울리면서 일상적으로 사용하게 된 단어를 들으면 "빌어먹을 사전이라도 삼켰어?"라고 물었다고 한다. 또 핸리는 자신이 시험을 망쳤던 이유가 능력이 부족했기 때문이 아니라 자신의 시험지를 채점하는 사람이 자신의 답안을 '마치 언제나 이런 지식에 익숙한 사람처럼 보이려고 애쓰는 섣부르고 민망한 독학자의 시도'처럼 볼까봐 두려웠기 때문이라고 설명했다.

요즘에도 다양한 방법으로 상류층에 들어가려는 사람들을 위한 현대 예절에 관한 안내서가 수십 종 나와 있다. 디브렛Debrett 출판사에서 나오는 예절과 '현대 예의'에 관한 일반 지침서를 비롯해 '현대 여성'이나 '신사'를 위한 안내서는 물론 오락, 결혼식, 사업과 골프를 위한 전문예절 지침서가 있다. 허풍쟁이 지침서 시리즈에는 와인, 경영, 오페라, 시와 더불어 《허풍쟁이를 위한 예절 지침서Bluffer's Guide to Etiquette》364도 있다. 상이한 계층 관례에 대한 배움을 출세동기로 인정하는 측면에서 제목도 적절하다. 이런 책은 적절한 단어 선택, 식탁 예절, 발음, 드레스 코드, '올바른' 예의와 사교 기술을 조언한다. 전부 마치 '좋은 가문'에서 태어나 자연스럽게 '고상한 말투를 구사'하는 듯 보이고 옛날부터 자신이 열망하는 사회계층의 일원이었던 것처럼 보일 수 있도록 돕는 충고다.

이 책은 예의와 예절은 거의 같은 뜻이라는 말로 시작한다.

그러나 이 책에서 권하는 습관은 결코 친절하거나 타인을 편안하게 해주고 환영과 환대받는다고 느끼게 하거나 상대방에게 마음을 쓰고 있음을 보여주는 방법이라고 보기는 어렵다. 대신 추천하는 행동 이면에 깔린 명분은 거의 전적으로 진정한 속물근성이다. 그런 행동을 권하는 이유는 해당 행동이 '좋은 가정교육을 받은 티를 내는 쉬운 방법'이기 때문이다.

이 책은 곳곳에서 독자들에게 '잘못된' 행동은 '사기꾼'이라는 사실로 폭로될 것이며 결국 '사회적 자살'에 이르게 될 것이라고 말한다. 이런 저런 습관은 '도리를 벗어났거나' '누가 봐도 당신이 졸부이며 믿을 수 없는 사람이라는 분명한 신호'라고 말한다. 갖가지 행동을 그냥 '섬뜩'하다거나 '무슨 수를 쓰더라도 피해야' 한다고 설명하고 그렇지 않으면 상류층이 '혐오하고 피할 것'이라고 말한다. 이 책은 '상류사회의 사교계에 들어가려면 반드시 익혀둬야 할 행동규칙'을 제공했다는 주장으로 끝난다.

정말로 '섬뜩'한 것은 똑같은 의미를 지닌 단어 중 무엇을 사용(변소, 뒷간, 세면소, 화장실, 단장실, 욕실, 변기 등)하는지 혹은 식사할 때 나이프를 쥐는 법처럼 너무도 하찮은 문제가 사회적 판단과 개인의 가치 등급을 좌우하는 기준으로 여전히 남아있다는 사실이다. 이런 사항은 단순히 계층을 나타내는 표식으로 힘을 갖는다. 심지어 사람들 대부분이 속물근성과 누군가가 다른 사람보다 더 가치 있다는 생각을 싫어한다고 주장한다. 하지만 사회적 우월과 열등을 드러내는 표지가 방심하는 사람들이 실수하게 유도하는 역할을 한다는 사실을 의식하면서 신경을 곤두세우는 사람은 여전히 많다. 이미 습관이 몸에 배어서 계층 표식의 사용방식을 바꿀 수 없다고 여기거나 그런 표식이 사회적 선택이라기보다는 미학적 문제라고 생각한다고 하더라도 자신이 남과 다른 말이나 행동을 선택했을 때 타인이 보는 시선에서 느껴지는 계급 편견을 눈치 채지 못하는 사람은 거의 없다. 자기연출을 하는 중에 자신의 본모습을 들킬지 모른다는 걱정은 이 책의 중심 주제인 사회적 평가에 따른 불안을 일으키는 주요 요인이다. 스스로 평등주의자이고 편견이 없다고 여기는 사람이라도 타인의 평가를 달갑게 여기는 경우는 드물다.

상류층의 행동이 올바른 예의를 보여주는 전형적인 사례라는 통념은 2장에서 언급했던 폴 피프의 연구결과와 어긋나지 않는다. 폴 피프는 적어도 불평등한 사회에서는 지위가 높아질수록 더 반사회적으로 행동한다는 사실을 증명했다. 상류층은 도로 교차점에서 새치기할 가능성이 높았고 아이들을 위해 준비한 사탕을 먹을 확률도 높았다. 그리고 예상한 대로 열등한 사람보다 사회적으로 우월한 사람에게 주의를 더 많이 기울이는 타고난 경향이 존재한다면(개코원숭이를 생각해 보라), 아마도 상류층의 행동이란 그저 사람들 대부분이 그들보다 사회적으로 열등하다는 사실을 반영하는 데 지나지 않을 것이다.

1장에서 살펴봤듯이 빈부 간 소득 격차가 큰 사회일수록 모든 소득 수준에서 지위 불안 수준이 더 높아지기 때문에 계급과 지위를 나타내는 모든 표지가 지니는 힘도 사회 내 소득과 부의 불평등 정도에 따라 증가하거나 감소하는 경향을 나타낸다. 3장에서는 사람들이 지위를 드러내는 사치품을 소비하면서 불평등과 함께 과시적 소비와 소비주의가 어떻게 증가하는지 살펴봤다. 그러나 노베르트 엘리아스가 저술 활동을 하던 1930년대에는 역사적으로 수 세기 동안 흔적을 남기며 계속해서 조금씩 증가하던 교양과 계급 우월성의 상징적 증가가 감소 추세에 들어선 것처럼 보였다. 상류층의 행동을 흉내 내려는 경향도 점점 희미해지고 있었다. 이 사실을 가장 분명하게 드러낸 사례는 대중음악과 춤 분야에 등장한 새로운 양식에서 찾아볼 수가 있다(이런 양식은 1950년대부터 로큰롤의 전성기로 이어졌다). 당시 엘리아스가 알지 못했던 사실은 소득 격차가 1920년대에 정점을 찍었고 그가 목격하고 있던 현상은 1970년대 후반까지 이어진 소득 불평등의 기나긴 하락이 빠르게 시작된 결과였다는 점이다(그림 8.1 참조).

    1943년 개봉한 셜록 홈스 영화에서 불평등의 하락 추세가 제2차 세계대전 전후로 어떻게 대중문화로 스며들었는지 어렴풋이 볼 수 있다. 정의가 실현된 이후 아름다운 여주인공은 소작농들을 위해 유산 상속을 포기하기로 마음먹는다. 코난 도일Conan Doyle의 책에서 급진주의자라고는 볼 수 없는 홈스는 왓슨에게 다음과 같이 설명한다.

> 홈스: 해외에서는 새로운 정신이 생겨나고 있어. 약탈과 탐욕에 찌든 옛날은 사라지는 중이지. 이제 우리가 남에게 의무적으로 줘야 하는 것뿐만 아니라 무엇을 빚지고 있는지 슬슬 생각해야 할 시기야. 때가 오고 있네, 왓슨. 남들이 배를 곯고 있을 때 우리만 편

안하게 배를 불리거나 남들이 추위에 떨 때 우리만 따뜻한 침대 속에 잠을 잘 수 없는 시대가 오고 있어. 남들은 다 신체적으로나 정신적으로 얽매여 있는데 우리만 빛나는 제단 앞에 무릎 꿇고 신의 축복에 감사해서는 안 되는 걸세.

왓슨: 홈스 자네 말이 맞을 거야. 그러길 바라네.

홈스: 별일이 없다면 우리 살아생전에 그런 날이 올 거야, 왓슨.

1950년대와 1960년대에는 소득 격차와 지위 격차가 계속 줄어들면서 문화 전파의 방향도 바뀌었다. 역사상 내내 지배적이었던 상류층에서 하류층으로 내려가는 추세가 뒤바뀌어 새로운 음악과 춤, 패션 양식이 하류층에서 상류층으로 스며들기 시작했다. 하류층에서 시작된 록 음악과 전통적인 사교춤을 대체한 새로운 춤 양식이 상류층으로 침투했고 1960년대와 1970년대에 인기를 얻은 의류 유행도 그런 경우가 많았다. 이런 변화를 감지한 학계의 많은 사회학자들은 사회계급 구분이 직업과는 관련성이 적어지고 소비자의 선택을 통해 구성되고 표현되는 정체성과 더욱 밀접하게 관련된다는 것을 인식하기 시작했다.[365, 366]

계급 부활

1980년대 이후 많은 나라에서 소득 불평등이 증가하기 시작하면서(그림 8.1 참조) 계급과 지위가 다시 중요해졌다. 영국에서 세대 간 이동성(자신의 사회적 지위와 부모의 사회적 지위 간 차이)이 감소하는 현상은 한 세대 이전보다 계층 위계가 더욱 공고해져 사회계층의 사다리가 더욱 가팔라졌음을 의미한다. 출신 계층이 다른 사람들끼리 결혼하는 비율에서도 같은 양상을 볼 수 있다. 1980년대 초반에는 25세 기혼여성 61퍼센트가 자신과 출신 계층이 다른 남자와 결혼했다. 그러나 21세기에 들어선 20년 뒤 25세 기혼여성이 다른 출신 계층의 남자와 결혼한 비율은 44퍼센트로 하락했다.[367] 자신보다 낮거나 높은 사회계층 출신과 결혼하는 비율이 감소하고 사회적 이동성이 감소하는 현상은 소득 격차가 다시 벌어지면서 계층 격차가 미치는 영향력이 강화되고 있음을 뜻한다.

앞서 5장에서는 계급과 지위 문제가 어떻게 가정생활에 침투해서 해악을 끼치는지 살펴봤다. 소득 격차가 확대되어 사회적 차별이 강화되면서 계층 간 결혼 비율이 감소했지만, 여전히 출신 계층의 차이는 사소하게나마 결혼생활에서 상당한 어려움을 유발하고 있다. 혼인 관계 당사자의 한쪽 부모가 자신의 아들이나 딸이 본인보다 '못한' 상대와 결혼했으면 '더 나은 상대와 결혼할 수 있었다'라고 생각하거나 사위나 며느리가 자신의 자녀에게 '부족'하다고 생각하는 경우가 얼마나 많을까?

딱히 말로 표현하지 않더라도 상대보다 낮은 계층 출신인 배우자는 상대방 부모에게 제대로 인정받지 못할까봐 두려워하며 모든 잠재적 비판을 이런 맥락에서 해석하게 된다. 여성은 남성보다 살림과 육아에 더 많이 관여하는 까닭에 가사 기준과 손자의 양육 방식을 둘러싼 온갖 갈등에서 시어머니는 대대로 농담의 소재가 되곤 한다. 사회적으로 불리한 처지라고 느끼는 며느리들이 비판에 예민하게 반응하지 않기란 어려운 일이다.

멈스넷(Mumsnet, 영국 최대의 육아정보 공유 사이트·옮긴이)에서 실시한 한 설문 조사에 참여한 약 2,000명 중 거의 3분의 1이 자신의 배우자에게 부족함을 느낀 적이 있었다고 응답했다. 이런 긴장감에서 벗어나고자 아예 이사를 하는 가족도 있었다. 갈등이 너무 심해 결국에는 결혼생활이 파탄에 이르렀다고 답한 사람도 있었다. 인척 간 문제를 좀더 자세히 살펴본 한 연구에서는 계층 차이가 말썽을 유발하는 가장 흔한 원인 중 하나이며, 인종 차이나 종교 차이보다 더 많은 문제를 유발한다는 사실을 발견했다.[368] 이는 인종 차이나 종교 차이를 더 쉽게 극복할 수 있다는 뜻이 아니며 단순히 이런 차이를 극복한 결혼 사례가 더 적음을 반영한 결과일 수도 있다.

가정생활에 미치는 계층 차이의 영향력은 중산층 부모가 사회적인 의미에서 열등함을 내포하고 있는 습관을 자녀의 말버릇이나 행동에 들이지 않도록 '수정'하려는 시도에서도 찾아볼 수 있다. 그 결과 많은 10대 청소년이 집안에 있을 때와 학교 친구들과 있을 때 각각 서로 다른 계층 관례에 따라 행동한다. 어린이는 일찍부터 사회 격차를 인식한다. 여러 인터뷰에서 가난한 가정에서 자란 어린이들은 좋은 집에 사는 친구들이 자기 집에 왔을 때 수치심을 느낀다고 대답했다.

브래드퍼드 빈민가에 사는 여덟 살짜리 소녀는 "연립주택이 싫은 이유는 집에 손님이 오면 아픈 척하고 싶기 때문이에요. 친구들을 집에 데려오고 싶지 않아요. 혹시 날 따돌릴지도 모르니까요"라고 말했다. 그 소녀의 친구가 끼어들었다. "멋진 집에 살지 않는다는 이유로 남을 괴롭히는 애들이 있거든요."[369]

4장에서 살펴봤던 연구는 빈부 간 소득 격차가 큰(따라서 사회적 기울기가 가파른) 나라에서는 아동 간 집단 괴롭힘이 최대 10배까지 많이 발생한다는 사실을 보고했다.[233] 모두 예상할 수 있듯이 집단 괴롭힘의 가해자와 피해자를 나누는 경계는 대개 아이들이 서로를 부잣집 아이라고 생각하는지 혹은 가난한 집 아이라고 생각하는지에 달려있다. 한 연구는 북미, 유럽, 호주의 어린이 약 35만 명을 대상으로 집단 괴롭힘을 살펴본 연구 28건의 데이터를 결합했다.[370] 그 결과 집단 괴롭힘의 가해자 출신은 계층을 불문하지만, 피해자는 대개 가난한 가정의 아이일 가능성이 높았다. 그러나 부잣집 아이가 가난한 집 아이를 공격하든 그 반대이든 소득 격차가 확대되면서 지위를 둘러싼 싸움은 분명히 다시 증가하고 있다.

영국 아동 1,600명을 대상으로 실시한 연구에서 불평등이 개인에게 유발하는 비용과 함께 최근 들어 불평등의 증가와 연관된 지위 의식이 확대되는 결과가 나타났다. 이 연구는 빈곤가정 출신의 남자 아이가(여자 아이는 해당사항 없음) 더 나은 지역에 살면 거짓말, 속임수, 싸움과 같은 반사회적 행동에 가담할 가능성이 증가한다는 것을 발견했다.[371] 중산층 지역에 사는 경우에는 이런 행동이 현저하게 악화되었고 불평등이 가장 극명하게 드러나는 부유층 지역에 사는 경우에도 여전히 더 심각했다.

이런 사례들은 모든 인간이 계층 격차와 불평등에 얼마나 밀접하게 영향을 받는지를 보여준다. 사생활과 가정조차도 계층 격차와 불평등으로부터 자유로울 수 없다. 어린이들의 상호 관계는 물론, 가정생활, 부부 관계, 부모와 자식 관계까지도 전부 계층 격차와 불평등으로부터 피해를 입고 있다. 나아가 이는 사람들의 자존감까지도 훼손한다. 육체노동자 가정 출신으로 전문 직업을 갖게 된 사람들은 자신이 진짜가 아니고 언젠가는 가짜로 밝혀질 것처럼 느낀다고 말한다.

우리는 이퀄리티 트러스트 후원자들에게 계층과 지위 불안의 경험을 말해달라고 요청했다. 한 제보자는 학벌을 쌓으면 쌓을수록 자기가 사기꾼이고 언젠가는 그 사실이 탄로 날 것 같다는 느낌이 든다고 말했다. 마찬가지로 한 전직 교사는 정리해고를 당했을 때 자신이 엉터리이고 진짜 교사가 아니라는 사실이 발각됐다는 느낌을 떨칠 수가 없었다고 말했다. 또 어떤 사람은 노동계층 가정에서 자란 탓에 자존감이 낮고 열등감을 느끼며 자신이 돌팔이라는 느낌을 지울 수 없었다고 말했는데, 자신의 사회적 출신 때문에 언제나 '남보다 못하다'라고 한 말은 아마도 다른 수많은 사람의 심정을 대변했을 것이다.

출신 계층보다 더 높은 계층으로 올라서서 출세했다고 생각하는 사람들이 이런 기분을 느낀다면 출신 계층보다 낮은 계층으로 떨어지거나 하류층에서 상류층으로 올라서는 데 실패한 사람들은 어떤 기분일까? 경제성장은 이런 경험의 충격을 완화하기도 한다. 불평등이 증가하지 않고 모든 소득 집단이 성장의 이익을 공유해 모두가 더 부유해지는 시기에는 출세하려는 열망이 좌절되어 느끼는 패배감이 줄어드는 효과가 나타난다. 남들과 비교해 '위로 올라가지' 못했다고 하더라도 앞으로 나아가고 있고 부모보다 더 잘 산다고 느낄 수 있다.

그러나 미국에서 불평등의 증가는 수십 년 동안 가난한 사람들이 경제성장의 혜택을 거의 누리지 못했다는 의미다. 1990년대 후반부터 자기 포부에 부응하는 삶을 사는데 실패했다고 가장 절실하게 느끼는 저소득층 중년(45세에서 55세) 백인 남성 집단의 사망률이 계속 증가하고 있다.[66] 스트레스를 반영하는 사례로 알코올과 약물 중독, 간경화, 자살에 기인한 사망 건수(특히 여성들 사이에)의 증가가 이런 추세를 상당 부분 설명한다. 백인들 사이에서 나타나는 이런 추세와 반대로 중년 히스패닉계와 아프리카계 미국인의 건강 상태는 계속 개선되고 있으며, 이들 사이에서 위와 같은 사인은 줄어들었다.[67] 어쩌면 이들은 가난한 백인 미국인들과 달리 비현실적인 포부 자체를 가진 적이 없었을지도 모른다.

만약 이전 세대에서 흑인과 히스패닉계의 포부를 가로막았던 인종 차별이 최근 들어 줄어들었다면, 가난한 백인들은 이런 현상을 우월한 지위 상실로 받아들였을지도 모른다.

예술과 문화

미술과 클래식 음악, 그리고 이에 대한 감상과 지식, 문학은 사소한 미학적 취향과 말투, 단어 선택과 함께 계층과 지위의 표지로 구별되는 과정에서도 배제되지 않았다. 앞으로 살펴보겠지만 사회적 지위를 나타내는 지표로 '고급' 문화를 사용하는 관습은 문화 소비를 제한하고 이를 만들고 감상하는 방식까지 바꾼다. 예술적 감수성은 때때로 대중이 즐기는 것보다 세련된 문화 형태를 누릴 수 있는 능력과 고상한 감성을 소유하고 있다는 표시로 사용된다. 아마도 갑부들이 원작 명화에 천문학적인 금액을 지불하는 이유를 어느 정도는 여기에서 찾아볼 수 있을 것이다. 그런 그림을 집안 내부 벽에 건다는 행위가 자신이 다른 사람보다 더 고상하며 그림 값으로 치른 금액을 정당화하기에 충분할 만큼 심오한 미학적 감수성을 지니고 있다고 타인은 물론 스스로에게도 천명하는 역할을 하기 때문이다.

동화 〈공주와 완두콩〉이 다루는 주제가 바로 이런 고상함이다. 자신이 공주라고 주장한 무명의 소녀는 수북하게 쌓인 매트리스 아래에 깔린 완두콩을 알아차릴 수 있는지 알아보는 시험에 통과하여 왕자를 차지할 수 있었다. 잘 잤냐고 묻는 질문에 공주는 (1835년에 출간된 한스 크리스티안 안데르센 판 기준으로) '아, 잘 못 잤어요! 밤새 거의 눈을 붙이지 못했어요. 대체 침대 속에 무엇이 있었는지 몰라도 너무 딱딱한 게 배겨서 온몸이 시퍼렇게 멍이 들었지 뭐예요. 정말 끔찍했어요!'라고 답했다. 안데르센 말대로 "진정한 공주가 아니라면 그렇게 예민할 수는 없을" 것이다.

말할 것도 없이 현실세계에서 그토록 예민한 감각을 느낀다고 주장한다면 실제라기보다는 상상이라는 진단을 받을 것이다. 비싼 와인과 저렴한 와인을 구별할 수 있는지를 가리는 시험에서 6,000건에 이르는 블라인드 시음회를 실시한 결과 참가자 대부분이 실패했다. 와인 판매상에게는 아마도 실망스러운 소식이겠지만 공주도 왕자도 아닌 일반인 대부분은 저렴한 와인을 다소 선호했다.[372] 계층 문화와 예술 간의 강한 연관 관계는 그림을 완전히 감상하기 전에 제거해야 하는 옛 명화에 발려 있는 광택제와 같은 역할이다. 수많은 위대한 예술가가 인정했듯이 그림이든 음악이든 영화든 문학이든 간에 최고의 예술은 사람들을 구분하는 사회 형태에 가려진 심오한 인간성을 다룬다.

미학적 취향은 계급 편견과 차별이라는 쟁점을 거의 아무런 제한 없이 표현하는 무대다. 대중적 취향은 조잡하거나, 저급하거나, 노골적이거나, 투박하거나, 천박하거나, 신파적인 '저속한 취향'으로 치부되는 경우가 많다. 엘리트의 미학적 취향이 실제로 더 우월하며 길들여진 속물근성이 아니라 객관적인 미학적 원리를 감상함으로써 정립된 것이라고 주장하는 사람도 있다.

특정한 단어 선택이나 식사용 나이프 쥐는 법이 다른 사람보다 '더 멋지다'고 여겨지는 것처럼 때로는 말투도 '흉하다'라고 치부되기도 한다. 이런 사소한 구별이 사회적 차별이 아니라 미학의 문제라고 주장하는 것은 속임수다. 계층 차이가 나타나면 대개 하류층과 관련된 특성을 열등하다고 간주한다. 이런 구분은 행동의 특징뿐만 아니라 사회적 지위와 연관되는 경우라면 피부색, 종교, 민족linguistic group에게도 적용된다.

최근 실시한 몇몇 조사 연구에서 클래식 음악과 오페라를 좋아하거나 좋아하지 않는 취향이 여전히 사회적 지위와 높은 상관관계를 나타낸다는 결과가 나왔다.[373] 추가적인 질문 결과에서는 처음에 거의 모든 종류의 음악을 좋아한다고 대답한 조사 대상자들도 계층에 대한 고정관념에 합치하는 경향을 나타냈다.

그러나 높은 지위와 관련된 행동을 하고 싶다는 욕망이 예술에 대한 흥미를 북돋우기도 한다. 런던 정치경제대학 교수 마이크 새비지Mike Savage는 2013년 중 일주일 동안 런던의 극장 티켓 수요가 갑자기 놀라울 정도로 급증한 현상을 설명했다.[374] 알고 보니 그 당시에 BBC에서 '계층 계산기'라는 이름으로 온라인 설문조사를 실시했고 16만 1,000여명이 참여했다. 사람들을 사회적으로 분류하는 질문 중에 극장에 가는지, 간다면 얼마나 자주 가는지를 묻는 항목이 있었다. 새비지는 이 질문에 '예'라고 대답함으로써 문화적 지위를 인정받고 싶은 욕구가 실제 티켓의 판매 증가로 이어졌을 것이라고 추정한다.

'고급' 문화로 분류되는 음악은 화석 같은 옛날 레퍼토리로 제한될 위기에 처해 있다. 처음으로 이런 주장을 펼친 역사학자 에릭 홉스봄Eric Hobsbawm은 빈 국립 오페라 극장에서 한 시즌 동안 연주한 작품 60곡 중 20세기에 태어난 작곡자가 만든 음악은 단 한 곡이었다고 지적했다.[375] 가장 자주 연주되는 클래식 음악은 100년에서 250년 전에 작곡된 작품이다. 현대 작곡자 중에 상당한 인기를 얻었다고 평가할 수 있는 사람은 아무도 없다.

홉스봄은 이런 상황을 끊임없이 지속되는 록 음악과 팝 음악의 창조력과 대조시킨다. 예를 들어 글래스톤베리 페스티벌이 열리는 닷새 동안 17만 5,000명이 축제를 찾고 현장에는 음악 무대가 100여 곳이나 설치되며 상상할 수 있는 모든 종류의 라이브 밴드가 직접 만든 음악을 연주하는 공연이 2,000회 넘게 열린다. 계층 차이를 드러내는 수단이라는 특징이 클래식 음악 발전에 어디까지 영향을 미쳤는지는 결코 알 수 없을 것이다.

바이올리니스트 나이젤 케네디Nigel Kennedy, 합창단 지휘자 개러스 말론Gareth Malone, 베네수엘라 시몬 볼리바르 오케스트라의 전 음악감독 구스타보 두다멜Gustavo Dudamel 같은 몇몇 클래식 음악가는 클래식 음악에서 계층 굴레를 벗기는 시도에 성공했다. 시몬 볼리바르 오케스트라는 베네수엘라 빈민층 청소년 수십 만 명이 악기를 배울 수 있도록 후원해 온 교육 프로그램 엘 시스테마El Sistema와 연계를 맺고 있다. 이런 활동을 지지하는 사람들은 함께 악기를 연주함으로써 바람직한 협력 사례를 체험할 수 있다고 주장한다.

반면, 어떤 사람들은 클래식 음악의 문화적 지위를 보호하려는 듯 "예술이 하류층 교화에 사용"되는 듯한 인상에 불쾌감을 느낀다고 말한다.[376] 그러나 영국의 한 궁핍한 도심 지역에 사는 여성은 엘 시스테마 활동의 일환으로 바이올린을 배우고 있는 손녀의 사진을 보여주면서 감동의 눈물을 흘렸다. 클래식 음악이 내포하는 계층 상징을 완전히 인식하고 있는 그녀는 자신의 감정을 설명하면서 '우리 같은' 사람이 이런 일을 할 수 있는 기회를 얻을 수 있다니 얼마나 멋진 일이냐고 말했다.

조사에 따르면 소득 격차가 큰 사회일수록 예술의 인기와 참여도는 현저히 감소한다.[377] 유럽 22개국 데이터를 분석한 조사자들

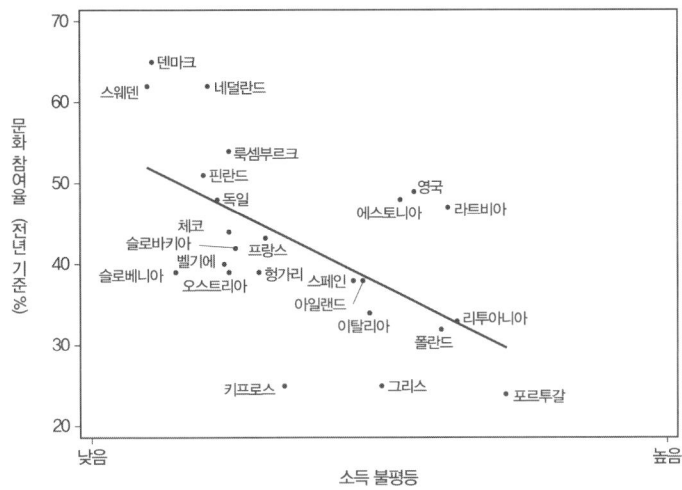

그림 6.1: 평등한 국가일수록 박물관과 미술관의 인기가 훨씬 높다.[377]

은 소득 격차가 적은 나라의 사람들이 박물관과 미술관을 찾거나 책을 읽거나 극장에 가는 빈도가 두 배에서 세 배 가량 더 높다는 사실을 발견했다(그림 6.1). 상이한 문화참여 척도와 상이한 소득분배 척도를 사용한 조사에서도 비슷한 결과가 나왔다. 이런 결과에서 특히 참여도에 큰 차이를 보이는 것은 문화마다 예술이 차지하는 위치에 상당한 차이가 있으며, 또 이런 차이가 불평등과 관련이 있다는 점을 시사한다.

  이 결과를 설명할 수 있는 인과 과정을 몇 가지 생각해 볼 수 있다. 먼저 불평등이 심한 사회에서는 예술을 부유한 계층의 전유물로 간주할 가능성이 높을 수 있다. 혹은 불평등한 사회일수록 예술을 폭넓게 접하도록 권장하는 일이 그리 중요하지 않다고 생각할 수도 있다. 불평등이 지위 격차를 더 중요하게 만들기 때문에 그런 사회에서는 사람들이 위화감을 느끼는 일이 잦고 사회적으로 고급이라고 여겨지는 환경을 피하려 할 수도 있다. 고급 레스토랑보다 대중 술집에서 식사할 때 더 편하다고 느끼는 사람이 많은 것과 같은 맥락이다(심지어 남이 사줄 때도 그렇다). 그렇기는 하지만 그림 6.1에 나타난 조사결과가 보여주듯이 불평등이 전체 사회의 문화 빈곤화로 이어진다는 사실은 확실하다.

예술이 지위와 계층을 나타내는 표지 역할을 해야 한다는 족쇄에서 풀려나면 어떻게 발전해 나갈지 상상하기란 어렵다. 어쩌면 케네디, 두다멜, 말론 같은 사람들의 연주회에서 사람들이 표현하는 환희로부터 힌트를 얻을 수 있을지도 모르겠다. 훨씬 평등한 사회에서라면 아마도 예술이 그 창조력을 마음껏 펼치고 새로운 방향으로 발전을 자극하는 참여와 인기를 누릴 수 있을 것이다.

개인의 가치

많은 사람들이 계층과 지위 격차에 무관심한 경향이 있지만 그 중요성은 물론 존재조차도 부정하는 사람이 있다. 서로 다른 계층 간의 개인적 교류는 대개 어색하고 난처한 경험이다. 계층 간에는 커다란 물질적 환경의 차이가 있음에도 사람들은 그저 우리 모두가 서로를 똑같이 존중하고 품위 있게 대하는 법을 배우면 해결

될 문제라고 생각한다. 그러나 아무리 사려 깊은 사람일지라도 외적 지위로 개인의 내적 가치를 판단하는 기준으로 여기지 않거나 물질적 차이와 떼려야 뗄 수 없게 엮인 우월성과 열등성의 익숙한 개념에서 벗어나기란 매우 어려운 일이다. 게다가 재산이나 계층 같은 외적인 표식에 영향을 받아 남을 판단하는 일을 어느 정도 피할 수 있다고 생각하더라도, 대부분의 사람들이 외모를 비롯한 옷과 자동차, 기타 눈에 띄는 소비재를 선택할 때 주의를 기울인다는 사실은 우리가 타인이 자신을 평가할 때 비슷한 편견에서 자유로울 것이라고는 믿지 않는다고 유추할 수 있다.

사람들은 외모가 중요하다고 생각하는데 여기에는 그럴만한 이유가 있다. 많은 연구에서 사회계층과 인종이 타인에 대한 판단에 어떻게 의식적이거나 무의식적인 선입견을 갖게 하는지 보여줬다. 교사가 학생을 평가할 때, 고용주가 구직자를 심사할 때, 경찰과 법정이 피의자를 판단할 때, 모두 이는 사실로 드러났다.[378] 각각의 경우에 하류층 출신처럼 보이는 사람은 능력이 부족하고 신뢰하기 어렵다고 가정하는 경향이 나타난다. 2장과 이번 장 앞부분에서 언급했던 폴 피프의 연구는 부유층이 자신보다 덜 부유한 대다수를 존중하지 않는 경향을 보였다. 남이 나를 내 경제적 형편을 기준으로 판단할 것이라는 가정은 지위 지향적 소비를 한층 더 부추기는 강력한 동인 역할을 한다.

사람들은 사회적 불평등을 직면할 때 어색함을 느끼는 까닭에 자신과 비슷한 부류를 친구로 선택한다. 이런 사실은 아주 강력하고 신뢰할 만한 경향이어서 일부 사회학자들은 사람들의 '생활양식과 일반적인 강점과 약점의 유사성을 반영해'379 직업을 사회계층에 따라 분류하는 기준으로 친구관계를 이용한다. 사람들에게 자신의 직업과 친구들의 직업을 물어본 다음, 친구관계와 결혼관계라는 인연으로 상당수 연결된 직업을 비슷한 사회적 지위로 분류한다. 예를 들어 변호사, 의사와 같은 전문직이 미숙련 육체노동자와 어울릴 가능성보다는 끼리끼리 어울릴 확률이 훨씬 높다.

랭커스터대학 사회학과 교수 앤드루 세이어Andrew Sayer는 《계층의 도덕적 의의The Moral Significance of Class》에서 인터뷰를 하면서 사람들에게 어느 계층에 속해 있는지 물으면 다음과 같이 반응한다고 지적한다.

그 질문이 마치 그 계층에 속할 자격이 있는지 혹은 남들과 비교할 때 자신이 열등 혹은 우월하다고 여기는지 묻기라도 하는 듯 거북해 하면서 방어적으로 얼버무리려고 한다. 계층은 부당함과 도덕적 평가가 연계되는 문제이므로 여전히 대단히 논쟁을 유발하기 쉬운 쟁점이다. 누군가에게 어떤 계층에 속하냐고 묻는 행위는 단순히 사회경제적 위치를 분류하라는 요청에 그치지 않는다. 이 질문에는 입 밖에 내지 않는 불쾌한 물음, 바로 "당신은 얼마나 가치 있습니까?"라는 함의가 담겨 있기 때문이다.380

자신이 어떤 가치가 있다고 생각하는지 말해야 한다고 상상해 보면, 이 질문이 얼마나 민감한 쟁점인지 더욱 분명해진다.

세이어는 사람들이 계층 격차를 도덕적으로 얼마나 거북하게 느끼는지 밝히는 연구를 대단히 훌륭하게 수행했다. 우정이란 근본적으로 서로를 동등하게 대우한다는 뜻이지만 계층이 서로 다른 사람들이 친구로 지내는 경우에, 양자는 계급 불평등이 아예 존재하지 않거나 상관없는 일인 척해야 한다. 이들은 우정에 내포된 평등과 지위 우열을 나누는 계층 격차가 그 평등을 부정하는 사이에서 이러지도 저러지도 못한다. 우월성이 난처하고 열등성이 수치스러운 상황에서는 한 사람이 상대방보다 사회적으로 우월함을 드러내는 모든 행위를 피해야 한다. 계층이 서로 다른 사람들이 대화를 나눌 때는 말투, 문법, 단어 선택 차이를 최소화하고 계급 차이를 드러내지 않는 화제에 관해 이야기하려고 시도하는 경우가 많다. 환경, 소득, 교육, 지위 격차를 전면에 내세우는 대화는 피해야 한다.

예를 들어 식당의 음식 가격이 오르는 이야기를 한다면 이 화제가 양쪽 각각에게 똑같은 의미인 척 행동할 수밖에 없다. 계층을 넘나드는 우정에서 각 개인은 마치 두 사람이 고용인과 직원, 부자와 빈자, 학벌이 높은 사람과 낮은 사람으로 만나게 된 사실이 자연 발생적이고 불가피하다는 듯이 두 사람을 사회적 위계에서 서로 다른 위치에 할당한 체제에 대해 무력하다는 인상을 주어야 한다. 한 사람이 다른 사람을 얕보거나 동정하거나 경시한다는 느낌은 불쾌하게 받아들여지며 우정을 지속하는 데 절대적으로 해롭다.

사회계층 구분이 동반하는 거북함은 4장에서 논의했던 서열제에서의 적절한 행동전략과 우정 및 평등에 적절한 호혜·공유 전략이 서로 얼마나 근본적으로 상반되는지를 잘 보여준다. 이 둘이 쉽게 어울리지 않고 섞으려고 하면 대개 난처한 상황이 벌어진다는 사실은 이 모순되는 사회전략이 인간심리에 얼마나 깊이 내재되어 있는지 보여준다. 계층 위계의 일부인 '가치'에 함축된 불평등은 평등과 호혜의 인간관계를 근본적으로 부정한다.

프랑스 귀족인 알렉시스 드 토크빌Alexis de Tocqueville은 1831년에 미국을 방문하고 이를 기록하면서 물질적 환경이 극명하게 다른 두 사람은 서로에게 진심으로 공감할 수 없다고 주장했다. 토크빌은 두 가지 예를 들었다. 첫 번째는 곤경에 처했을 때 서로에게 큰 연민을 나타내면서도 소작농들이 겪고 있는 훨씬 더 심한 괴로움에는 철저히 무관심한 프랑스 귀족이었다. 두 번째는 놀라울 만큼 기꺼이 서로를 돕고 동일시하면서도 노예들의 고통은 깨닫지 못하는 백인 미국인이었다.[381] 인간의 냉담함과 잔인함을 기록한 역사를 보면 사람들이 자기와 맞서는 모든 집단을 열등하게 묘사하는 경향이 있듯이, 열등하다고 간주하는 집단의 고통을 얼마나 쉽게 묵살할 수 있는지가 두드러지게 나타난다.

한 사회의 소득 불평등 수준과 전체 인구 중 수감자 비율 사이에 존재하는 대단히 밀접한 관계에서 불평등이 서로 다른 사회집단 간의 관계에 미치는 영향을 발견할 수 있다. 《평등이 답이다》에서는 선진국 중 비교적 평등한 국가에서는 어떤 한 시점에 수감자가 1만 명당 약 4명에 불과하나 불평등한 국가에서는 그 수준이 10배로 증가해 1만 명당 약 40명에 이른다는 사실을 소개했다. 불평등한 사회일수록 범죄율이 높다는 사실만으로는 이런 차이를 오직 일부만 설명할 수 있을 뿐이다. 가장 중요한 요인은 더 가혹한 선고다. 불평등한 사회일수록 여론 분위기가 냉정하고 관대하지 않으므로 경범죄로도 수감되고 형기도 길어진다.

불평등한 국가일수록 형사처분 대상 연령이 낮아지는 경향에서도 같은 추이를 볼 수 있다. 아동권리국제네트워크Child Rights International Network가 수집한 데이터를 분석한 결과 불평등과 낮은 형사처분 대상 연령 사이에는 통계적으로 유의미한 관계가 있었다.[382] 비교적 평등한 선진국의 경우 14세 미만 어린이가 형사처분 대상이 되는 경우는 드물지만 싱가포르와 일부 미국 주에서는 7세부터 형사처분이 가능하다(그림 6.2).

이처럼 가혹한 선고는 기결수에 대한 두려움이 증가한 동시에 공감이 감소하는 현상을 반영한다. 이 내용은 2장에서 살펴본 불평등한 사회일수록 사람들이 서로를 신뢰할 가능성이 낮다는 증거와 합치한다.

1930년대부터 1970년대에 이르기까지 선진국 대부분에서 오랫동안 소득 불평등이 감소하는 동안 계층 관계도 서서히 변화했다. 계층 간의 공감대를 가로막는 벽은 여전히 분명하게 존재하지만 소득 격차가 감소하는 동안에는 낮아졌다. 때때로 이 현상은 인류의 공감 수준이 역사적으로 돌이킬 수 없이 증가했다는 증거로 해석되기도 한다.[383] 이런 논의는 여태까지 가족이나 지역 공동체 범주를 넘어 확장된 적이 없었던 '도덕적 세계'의 경계가 민족국가를 포함하는 범위로 확대됐고 세계화를 향하기 시작했다는 수준까지 나아간다. 적어도 1980년 무렵 이후 현대사회의 불평등과 외국인 혐오가 증가하기 전까지는 말이다. 성별이나 성적

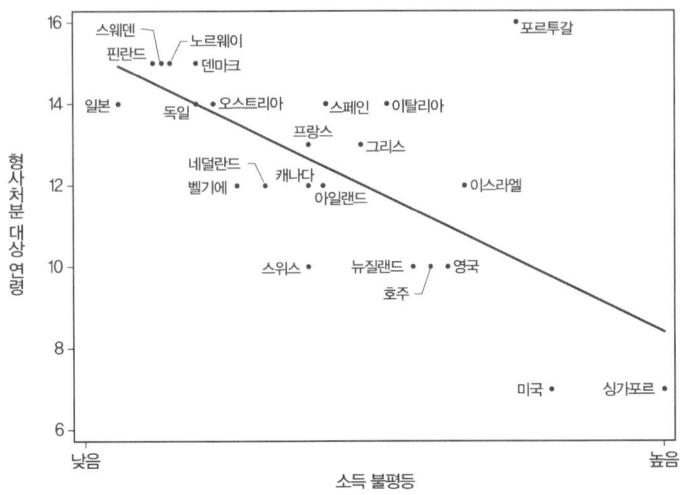

그림 6.2 불평등한 국가일수록 형사처분 대상 연령이 더 낮다.382

취향, 인종 등 어떤 경계를 중심으로 조직되든 사회적 배제의 힘도 약해졌다. 직장 내 건강과 안전, 고용인 권리, 주거 환경의 개선과 임차인 권리를 보호하려는 정치활동은 생활환경과 노동환경을 바꿔 놓았다. 그 결과 하류층에 대한 상류층의 조직적인 무감각은 다소 완화됐다.

그러나 1970년대 말부터 소득 격차가 전반적으로 벌어지기 시작하면서 이런 진전은 대부분 멈추고 말았다. 인종, 성별, 장애, 성적 취향에 의한 차별은 계속해서 줄어들고 있지만 다른 형태의 차별이 되살아나고 있다. 집을 빌리는 사람의 주거 불안이 한층 심해졌고 노숙자가 증가했다. 피고용인은 명목상 자영업자와 0시간 고용 계약(zero-hour contract, 근무시간과 조건이 정해지지 않은 비정규 노동 계약·옮긴이)으로 내몰렸다. 사회보장제도가 약화됐고 상대적 빈곤 속에 살고 있는 인구(어린이 포함) 비율이 증가했다.

이 모든 현상이 정치에서 돈의 영향력이 증가했고 민주적 절차가 전복되었다는 데 공감대가 형성된 것과 동시에 발생했다. 대기업과 부자들이 대규모 탈세를 자행하면서 공공부문의 재원은 점점 더 부족해지고 있다. 불평등한 국가에서 볼 수 있는 가혹한 형량 선고의 증가와 낮은 형사처분 대상 연령에서도 불평등의 기치 아래 행진하는 비인도적 행위의 증가 추세가 뚜렷하게 나타난다.

계급 없는 사회?

마거릿 대처의 뒤를 이어 영국 보수당 총리를 지낸 존 메이저John Major(1990~1997)는 칼 마르크스Karl Marx와 동료라고 볼 만한 구석이 없다. 하지만 당 대표직과 총리직을 손에 넣은 뒤 승리 연설에서 존 메이저는 자신이 이끄는 정부가 "영국을 진정으로 계급 없는 사회로 만드는 변화를 계속해 나갈 것"[384]이라고 선언했다. 현대 민주주의 사회의 거의 모든 정치인이 적어도 말로는 계층 격차를 줄이고 싶다고 주장한다. 메이저는 그 열망을 실현하는 데 실패했다. 소득과 부의 격차가 클수록 사람들 간 사회적 거리와 계층 및 지위를 드러내는 표지의 중요성이 증가한다는 사실을 인식하지 못했기 때문이다.

반면 스웨덴 사회민주당 소속으로 1932년부터 1946년까지 총리를 지낸 페르 알빈 한손Per Albin Hansson은 스웨덴을 '계급 없는 사회'이자 '국민의 집'으로 만들겠다는 목표를 향해 실질적인 진전을 이뤘다. 그렇지만 가장 큰 변화는 1932년부터 1976년까지 사회민주당이 거의 연속해서 집권한 44년 동안 이 목표를 유지했다는 데 있다. 이 기간 동안 스웨덴 전체 인구 중 소득 상위 1퍼센트가 차지한 비중은 전체 과세소득의 약 13퍼센트에서 5퍼센트로 감소했다. 한 사회에서 물질적 격차의 정도가 계층 위계를 더 가파르고 중요하게 만들지 혹은 완만하고 덜 중요하게 만들지 좌우하는 틀을 제공한다는 것은 이제 논란의 여지가 없는 사실이다.

물질적 격차의 영향력을 인식하기 어려운 이유는 지위 격차나 어떤 사람의 사회계층을 드러내는 표지가 실제보다 훨씬 더 근본적으로 사람들 간의 차이를 반영하는 것처럼 여겨진다는 데 있다. 사회심리학자들은 타인(자신은 예외)의 행동을 환경이 아니라 타고난 개인의 특성에서 기인한 것으로 설명하려는 인간의 경향을 가리켜 '기본적 귀인오류fundamental attribution error'라고 한다.[385]

예를 들어 누군가가 운전을 거칠게 하는 장면을 봤을 때 운전자가 급히 서둘러야 할 이유가 있다고 생각하기보다 그 사람이 공격적인 성격이라고 판단하는 경우에 기본적 귀인오류를 저지를 가능성이 있다. 그 사람이 그렇게 서두르는 까닭을 알 방도가 없다는 이유만으로 이런 성급한 결론을 내렸다면 운전자에 관한 정보 부족이 행동의 원인을 성격 탓으로 돌리려는 의향을 막지 못했다는 것임에 주목해야 한다.

이런 귀인오류는 하류층에 속한 사람을 지각할 때 강력한 역할을 한다. 환경의 힘을 무시하고 가난한 사람들은 게으르고 멍청하기 때문에 가난하다고 가정하는 꼴사나운 경향은 언제나 있어 왔으며, 이것이 바로 편견의 정의라고 볼 수 있을 것이다.

호주, 뉴질랜드, 북미 원주민에 대한 열악한 처우와 소외가 초래한 끔찍한 결과는 이런 소수민족 특유의 성격을 반영한 것으로 해석되었던 이유가 여기에 있다. 지배적 위치에 있는 유럽 출신 사람들은 이런 소수민족 공동체가 겪은 고난의 결과를 인정하는 대신 알코올 중독과 폭력 발생률이 높은 원인이 '이 사람들이 원래 그런 민족'이라서 그렇다고 믿으려 한다.

유전적 차이?

이와 같이 원주민 공동체에게 불리하게 영향을 미치는 문제의 원인을 타고난 특성 탓으로 돌리는 행위는 책임 소재가 그들이 처한 처지가 아니라 유전자에 있다고 보는 것이다.

식민지 역사에는 이 같은 우열 가정이 넘쳐난다. 식민지 개척자는 기술적으로 덜 세련된 문화권을 접할 때마다 이런 사회의 사람들은 선천적으로 지능이 낮다고 간주했다. 모든 위계사회에서 똑같은 편견의 양상을 발견할 수 있다. 이런 과정은 그 어느 경우보다도 열등한 사회적 지위를 설명할 때 강력한 힘을 발휘한다. 노예제도의 역사부터 낮은 사회적 지위를 나타내는 사소한 표지가 어떻게 사람들의 열등한 개인적 특성에 편견이 가득한 추정을 유발하는지 담아낸 오언 존스Owen Jones의 저서 《차브Chavs》에 이르기까지 곳곳에 편견이 넘쳐난다.[386]

이런 과정을 서서히 더 잘 알아가고 있기는 하지만, 여전히 우리는 편견에서 전혀 자유로울 수가 없다. 여러 설문조사에서 성공 욕구, 수학 능력, 폭력 성향의 개인 차이를 설명하고자 할 때 유전자와 환경, 선택이 얼마나 중요하다고 생각하는지 물었다. 그 결과 유럽계 미국인은 아프리카계 미국인에 비해 유전자를 더 중요하게 생각했다.[387] 능력을 민족과 결부시키는 행위가 인종 차별을 내포함에도 이런 특성에서 민족 집단(개인이 아닌) 차이를 유발하는 원인을 물었을 때, 백인 미국인들은 유전학적 설명을 훨씬 선호하는 듯하다.

5장에서는 사회적 지위가 인지 능력에 개인의 유전적 자질이 반영된다는 잘못된 믿음, 다시 말해 태어날 때부터 똑똑한 사람이 상류층으로 출세하고 그렇지 못한 사람은 출세하지 못한다는 생각이 널리 퍼져 있다고 지적했다. 사회적 지위에서 나타나는 인종 차이가 능력 면에서 기본적인 인종 차이를 반영한다는 믿음도 같은 맥락이다. 어떤 집단이 선천적으로 다른 집단보다 더 지능이 높다고 생각하는 경향도 마찬가지다. 피부색은 사회적 지위에서 나타나는 집단 차이를 어느 정도 설명하는 광범위한 유전적 차이를 드러내는 표지로 간주된다. 사람들이 이렇게 생각한다는 증거는 넘쳐나지만, 현대 유전자 분석에 따르면 이는 사실이 아니다.

유전자와 민족성에 대한 사람들의 이해도를 알아보고자 미국인 1,200명을 대상으로 실시한 조사에서 다수는 '같은 인종에 속한 두 사람은 언제나 서로 다른 인종에 속한 두 사람보다 유전적으로 더 유사하다'[388]라는 (잘못된) 진술이 맞는 말이라고 답했다. 또 이보다 훨씬 더 많은 다수가 '유전자를 보면 어떤 인종에 속하는지 알 수 있다'라는 (잘못된) 믿음을 지니고 있었다. 2003년 인간게놈 배열 순서를 밝히는 국제적 협력프로젝트가 완료된 이후 하나의 종으로서 인류의 유전적 유사점과 차이점에 관해 많은 정보를 알게 됐다.

이 프로젝트에서 밝혀진 기본적인 진실 하나는 전 세계를 통틀어 개인 간의 모든 유전적 차이는 대다수가 민족집단 '간'이 아니라 같은 민족집단 '내'에서 발견된다는 사실이다. 인간에게서 나타나는 얼마 안 되는 유전적 변이 중 85퍼센트에서 90퍼센트는 각 대륙 내에서 발견된다. 민족 집단 간 차이는 나머지 10퍼센트에서 15퍼센트에 해당하는 변이를 설명할 뿐이다.[389] 예를 들면 동아프리카 출신 마사이족과 영국인 사이에서 나타나는 유전적 유사점과 차이점의 대다수는 양 집단 사이의 차이점이라기보다는 개인적 차이일 가능성이 높다.

피부색은 몇 안 되는 유전적 예외 중 하나다. 피부색의 주요 차이는 전 세계의 사람들이 기후 차이에 적응한 결과다. 그러나 널리 퍼져 있는 오해에도 불구하고 피부색으로는 다른 유전적 특성을 거의 예측할 수가 없다. 다른 모든 유전적 특성이 피부색만큼 눈에 잘 보인다면 인간의 모든 유전적 변이 중 80퍼센트에서

90퍼센트가 모든 지역의 사람들에게 발생한다는 사실을 알 수 있을 것이다. 대륙 간 인구이동이 일반화된 지난 한 세대 동안 세계 인구가 대규모로 섞이기 이전에도 마찬가지였다.

피부색으로 다른 유전적 특성을 예측하기 어려운 이유는 밝은 피부색이 매우 최근에야 생겨났다는 데 있을 것이다. 스페인에서 발견된 선사시대 인간 해골의 유전자를 분석한 결과 약 7,000년 이전에 살았던 해골 주인의 눈은 파란색이지만 피부색은 어두웠다. 조사 보고서를 작성한 저자는 "분석결과로 유추하건대 유럽 인구에서 밝은 색 피부 색소의 적응 확산은 중석기 시대까지도 완결되지 않았다"라고 서술하고 있다. 이는 밝은 색 피부의 확산이 유전자 차원에서 볼 때 찰나에 불과한 지난 7,000년 동안에야 완료됐다는 뜻이다.[390]

피부색이 다른 유전적 특징을 알려주는 예측변수로 간주될 수 없기 때문에 누군가와 수많은 유전적 유사점을 공유한 사람 중에 피부색이 다른 사람이 수없이 많고 유전적 유사점을 비교적 적게 공유한 사람 중에도 피부색이 같은 사람이 수없이 많을 것이다. 그렇다면 중요한 문제는 극복할 수 없는 생물학적 차이가 아니라 낮은 사회적 지위를 수많은 가상의 열등한 특징과 연관 짓도록 유도하는 사회적 편견이다. 이는 마치 빙산의 일각에 지나지 않는 눈에 보이는 차이가 물속에 잠겨 있는 90퍼센트를 가리킨다고 믿는 것과 같다. 그러나 개인의 유전자 차이나 문화적 차이의 대부분에 관해 이 관점은 완전히 틀렸다.

독일에 거주하던 유태인 80퍼센트 이상을 죽음으로 몰아간 홀로코스트는 문화적으로 유태교를 믿는 사람들이 유전적 특징을 지닌 별개의 인종이라고 생각하는 잘못된 믿음을 근거로 자행됐다.[391] 유전적으로 아주 유사한 후투족과 투티족도 똑같은 오해로 1994년 르완다 대학살을 일으켰다. 신체적 특징이든 문화적 특징이든, 일단 사회적 지위를 나타내는 표지가 되면 타고난 차이에 과학적으로 지지할 수 없는 추론이 넘쳐나게 된다.

'기본적 귀인' 오류로 인해 사람들은 계속해서 환경이 아니라 타고난 특성에서 문제가 발생한다고 생각하게 된다. 계층이나 문화적 특징을 인종문제와 엮는 행위는 이런 과정이 진행되는 양상을 가장 잘 보여주는 사례다.

부자와 빈자는 서로가 상당히 다른 선천적인 성격 특징을 지닌 것으로 본다. 이 문제를 마치 타고난 탐욕이나 게으름의 수준을 반영한 것이라고 생각함으로써, 우리는 사람들 대부분이 부자나 빈자나 매우 비슷하게 부유하거나 빈곤한 삶의 경험에 반응할 것이라는 점을 이해하지 못한다.

사회계층의 위계가 타고난 능력 차이를 반영하는 능력주의라고 생각하는 경향이 널리 퍼져 있지만, 5장에서는 진실이 이와 정반대로 사회위계 내 출발점이 이것에 뒤따르는 능력 차이를 유발하는 주요 원인이라는 점을 살펴봤다. 이번 장에서는 계층을 사람들이 처한 상황이 아니라 타고난 특성 측면에서 설명하는 경솔한 경향이 널리 퍼져있는 심리적 오류라는 사실을 살펴봤다. 사회적 편견은 사람들의 발전을 차단하고 잠재력을 발휘하지 못하게 하는 엄청난 인적 대가를 치른다. 편견은 내면화되어 한 세대에서 다음 세대로 전달되므로 그로 인한 해악은 커지고 영속된다. 그러나 일상을 살아가는 사람들 대부분이 치러야 하는 가장 중대한 비용은 편견이 사회 내에 핵심적인 분열을 만들어내고 지속시킨다는 것, 즉 그것이 만드는 사회적 불편함과 우정·활기·공동체 생활에 미치는 해악이다. 또한 열등하게 보일까봐 인간에게 필요한 타인과의 사회적 만남을 피하게 만드는 두려움이다.

현대사회는 이런 위계에 맞서 인간사회의 발달을 다음 단계로 크게 도약시킬 수 있는 위치에 있다. 풍요로움뿐만 아니라 현대적 생산과 소비의 상호의존적이고 협력적인 본질에 이르기까지 필요한 배경조건은 갖춰져 있다. 개념적 배경도 마찬가지로 중요하다. 이는 물질적 차이를 좁혀 계층과 지위의 중요성을 줄일 수 있다는 사실을 의심할 여지없이 보여주는 증거가 바로 그것이다.

《평등이 답이다》에서는 소득 격차가 줄어들면 전반적으로 낮은 사회계층과 연관된 많은 문제가 급감한다는 사실을 소개했다. 또 소득 격차의 확대가 사람들이 서로를 대하는 방식에 부정적인 영향을 미친다는 점도 살펴봤다. 서로에 대한 신뢰가 하락하고 타인을 도우려는 경향이 줄어들며 폭력 발생률이 증가하고 공동체 생활이 위축된다. 동시에 불평등한 사회에서 계층과 지위가 또 다시 점점 중요해지고 있는 확실한 징후가 나타나고 있다. 사회적 이동성이 둔화되고 사회계층 간 결혼 비율이 줄어들고 있으며, 소득 수준을 불문하고 지위 불안 수준이 증가하고 있다. 증가하는 지위 불안에 상응해서 불평등한 사회의 사람들은 지위를 드러내는 사치품에 더 많은 돈을 지출한다. 성공한 사람처럼 보이려다 보니 노동시간이 길어지고 빚은 늘어간다.

  이런 문제가 급격하게 줄어든 미래를 상상하기란 어려운 일이다. 그러려면 서로 더불어 살아가는 방식을 바꾸고 지구환경의 한계 내에서 살아갈 수 있도록 하는 대전환이 필요할 것이다. 더 나은 세상은 가능할 뿐만 아니라 필수적이다. 3부에서는 더 나은 세상의 개요를 논의할 것이다.

제3부

앞으로 나아갈 길, 대전환, 왜 지금인가?

7장 지속가능한 미래?

8장 더 나은 세상, 대전환, 왜 지금인가?

7장

지속가능한 미래?*

이 책 마지막 장에서는 더 평등한 사회를 만들기 위한 현실적인 정책을 다룰 것이다. 그러기 전에 먼저 환경의 지속가능성을 지향해야 할 필요성과 평등의 확대를 어떻게 통합할 수 있는지 생각해야 한다. 모든 사람이 장기적으로 행복하려면 사회가 나아가야 할 방향을 통합된 관점에서 바라봐야 한다. 다행스럽게도 평등의 확대는 전 인류의 행복에 기여할 뿐만 아니라 환경에 미치는 인간의 영향을 줄임으로써 더 수월하게 지속가능성을 향해 나아갈 수 있도록 도와준다.

성장의 한계

먼저 경제성장과 행복의 관계부터 살펴보자. 지난 200년 동안 부유한 국가의 경제성장은 국민의 실질적인 삶의 질을 크게 바꿔놓았다. 하지만 이들 사회가 현재와 같은 번영 수준에 도달하면서

---

*   제7장과 제8장은 2014년에 페이비언 협회와 프리드리히 에버트 재단이 내놓은 리처드 윌킨슨과 케이트 피킷의 논문 〈편리한 진실A Convenient Truth: A Better Society for Us and the Planet〉의 내용을 담고 있다.

성장이 행복에 미칠 수 있는 역할이 거의 끝났음을 시사하는 수많은 증거들이 지금도 계속 쌓여가고 있다. 삶의 질을 측정한 척도로 판단건대, 부유한 국가에서 평균적인 물질적 생활수준의 상승은 더 이상 행복의 증가로 이어지지 않는다.[392] 인류역사를 통틀어 '더 많음'은 언제나 '더 좋음'을 의미했다는 사실로 미루어 볼 때, 이는 인류의 발전에서 근본적인 전환점이라고 할 수 있다.

　기대수명과 일인당 국민소득(그림 7.1에 모든 경제발전 단계에 있는 국가들의 데이터를 표시했다) 간의 관계 변화가 이 패턴을 설명한다. 기대수명은 경제성장의 초기 단계에서 빠르게 증가하다가 부유한 국가들 사이에서는 차이가 없어지면서 그래프의 기울기가 수평으로 나타나고 상관관계가 사라지는 수준에 이른다. 이 단계가 되면 경제성장이 지속되더라도 더 이상 기대수명의 증가로 이어지지 않는다. 실제로 쿠바와 코스타리카 같은 국가는 1인당 GDP가 부유한 국가들의 3분의 1 수준이지만 기대수명은 선진국과 맞먹는다.

　이 그래프에서 나타나는 평평한 구간은 인간의 기대수명에 존재하는 한계가 유발하는 '천장 효과'를 의미하지 않는다. 수명이 긴 사회에서도 기대수명은 지난 1세기 동안 다른 시기에 증가한 만큼이나 빠른 속도로 증가하고 있으며 10년 주기로 2년에서 3년 정도 계속해서 길어지고 있다(최근 영국과 같이 긴축상황에 있는 경우는 예외). 차이점은 기대수명의 연장이 경제성장 속도와 무관하게 일어나고 있다는 사실이다. 10년, 20년, 혹은 40년의 기간을 보더라도 선진국들 간에 1인당 국민소득의 증가와 기대수명의 변화 사이에는 상관관계가 거의 혹은 전혀 나타나지 않고 있다.[393]

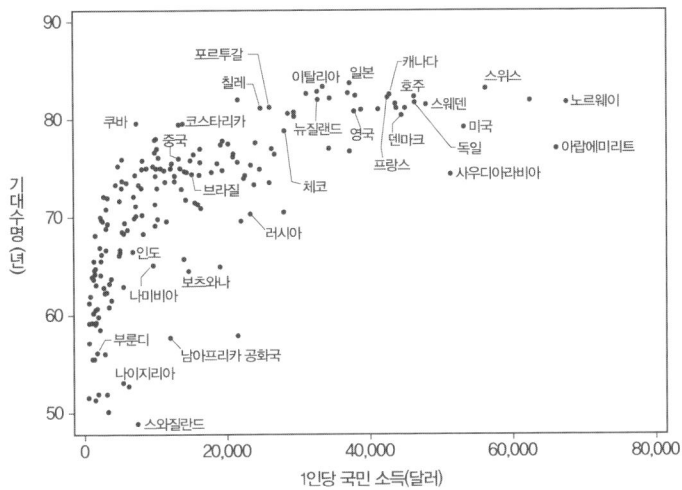

그림 7.1: 경제발전이 높은 수준에 이르면 기대수명은 안정된다.

    기대수명 대신 행복척도를 보더라도 비슷한 패턴이 나타난다. 경제발전의 초기 단계에 빠르게 상승하는 행복수준은 국가가 계속해서 부유해지더라도 어느 순간 일정해진다. 이런 데이터에서 단순하지만 근본적인 진실을 알 수 있다. 생활필수품이 충분하지 않은 저개발 국가의 사람들에게 경제발전과 물질적 생활수준의 향상은 여전히 행복을 가져오는 중요한 동인이다. 그러나 부유한 국가에 사는 사람들은 더 많이 가진다고 해도 별 다른 차이를 느끼지 못한다. 가장 절실한 욕구가 충족되고 나면 그 이후로는 증가하는 소득분에 수확체감의 법칙이 적용된다. 이는 오랜 기간 경제발전으로 국가가 부유해지면 어느 지점에서 거의 반드시 나타나는 패턴이다. 저소득 국가에서는 더 높은 물질적 생활수준이 계속해서 요구되겠지만, 부유한 사회에서는 더 높은 물질적 생활수준이 행복에 더 이상 중요하게 기여하지 않기 때문이다. 많이 가진 사람이 조금 더 가진다고 해서 큰 차이가 생기지 않는다는 뜻이다. 그림 7.1로 미루어 볼 때 정확하게 규정된 소득의 임계 수준이나 물질적 충분함에 기준이 있다기보다는 경제성장이 행복에 기여하는 바가 서서히 감소하는 길고 느린 이행기에 이른 듯하다.

참진보지수(Genuine Progress Indicator, GPI)는 국내총생산(GDP)보다 한 국가의 행복수준을 더 잘 측정하기 위해 만들어졌다. 인간의 정서적·사회적·경제적인 모든 것을 삶의 경험으로 반영하는 주관적 행복척도와는 달리, 참진보지수는 GDP처럼 경제적 거래의 가치만을 측정하지만 중요한 몇 가지에서 조정 과정을 거친 척도다. 경제적 활동이지만 교통사고, 대기오염, 환경 훼손, 여가 상실과 같이 사회에 해를 끼치는 요인을 GDP에서 뺀 다음 돌봄과 자원봉사 등 무보수 노동과 같은 사회적 활동 가치를 더해서 산출한다. 취지는 긍정적 가치를 생산하는 일을 경제활동으로 평가하고자 하는 것이다. 현재는 최소 17개 선진국에서 GPI를 측정하고 있으며, 이런 결과는 경제적 행복이 더 이상 경제성장과 함께 증가하지 않는다는 사실을 입증한다.[392]

이 국가들의 데이터 평균을 보면 1인당 GDP는 지속적으로 크게 증가하고 있음에도 경제적 행복척도는 1970년대 말에 정점을 찍었다는 사실을 알 수 있다. 그림 7.2는 미국 데이터를 보여준다. 그림 7.2에 나타난 미국의 생활만족도 데이터가 보여주듯이, 만약 경제성장이 부정적인 결과를 더 적게 유발해서 GPI가 계속 증

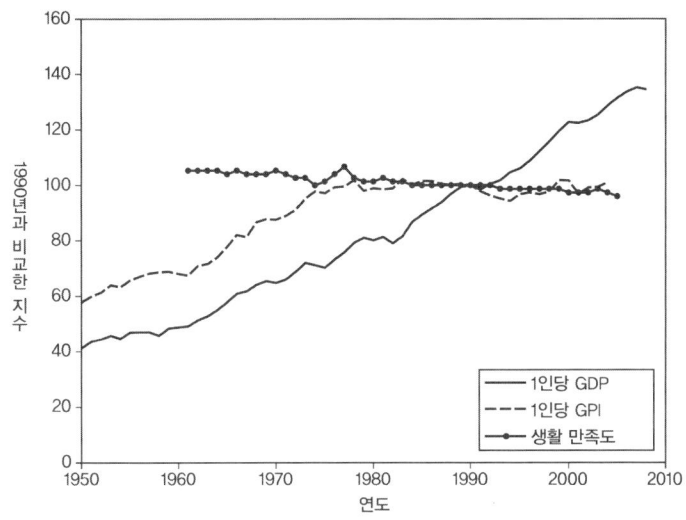

그림 7.2: 1인당 GDP는 계속해서 증가하고 있지만 생활만족도와 GPI는 더 이상 증가하지 않는다. 1950년부터 2008년까지 미국의 데이터.[392]

가했다고 하더라도 반드시 인간의 주관적인 행복의 증가로 이어졌다고는 볼 수 없다. 생산의 증가에서 유발되는 행복의 수확체감 과정은 이보다는 좀더 본질적이다. 문제는 단순히 경제활동에서 '나쁜 요소'를 빼는 것만이 중요한 게 아니라 이미 가진 것이 많을수록 추가적인 소비에서 얻는 행복이 감소한다는 사실이다. 요컨대 인간은 심지어 좋은 물건에도 '질릴 수' 있는 것이다.

경제성장이 모든 사회의 행복을 더 이상 증가시키지 않는 순간, 지속적인 경제성장은 합리적인 근거를 잃는다. 하지만 모든 사람의 전반적인 행복에 더 이상 기여하지 못하고 환경에도 심각한 피해를 초래함에도 불구하고, 지위 경쟁은 더 높은 소득에 대한 모든 사람들의 욕망을 계속해서 자극하고 있다.

성장 위주의 경제정책 방향을 바꾸려는 시도에 반대하는 측은 흔히 그렇게 하면 혁신이 위축된다는 논거를 든다. 그러나 탄소 배출을 줄이고 재생 불가능한 자원 사용을 감축하면서 지속가능한 높은 삶의 질을 달성하려면 분명히 새로운 목적에 부합하는 기술 변화가 나타나야 한다. 더 깨끗하고 자원을 효율적으로 사용하는 생활방식을 개발하는데 새로운 기술을 활용해야 한다. 우리는 경제성장 대신 지속가능한 행복을 '키워' 나가야 한다.

생태 경제학자이자 서리 대학에서 지속가능한 발전을 가르치는 교수 팀 잭슨Tim Jackson이 주장하듯이, 이제 우리는 성장 없이 행복 수준을 높여 나가야 한다.[394] 또 지속적인 혁신이 생산성을 높이듯이 우리는 혁신을 활용해 소비가 아니라 여가에 쏟을 시간을 늘려야 한다. 여가는 필요의 요구에서 벗어나 친구와 가족, 공동체와 함께 보내고 즐기는 시간을 늘려서 행복에 크게 기여한다. 이런 변화는 앞으로 자동화와 인공지능이 다양한 고용형태를 대체하는 과정에서 늘어나는 취약계층의 실업이 아니라 모두의 여가시간을 늘리는 데 이용하는 것이 중요하다.[202]

새로운 경제를 요구하는 기후변화

부유한 국가에서 경제성장이 인간의 삶의 질을 더 이상 향상시키지 못한다는 사실이 밝혀진 시기에 환경이 성장에 미치는 한계를 알아차리게 됐다는 점은 놀라운 우연이다. 회의론자들은 계속적으로 무시하고 있지만 탄소 배출이 초래하는 결과를 보여주는 과학적 증거는 반박할 여지없이 분명하다. 2013년 5월 대기 중 이산화탄소 농도(어떤 지역의 오염원에서도 멀리 떨어진 태평양 한가운데에 있는 하와이 마우나로아에서 측정)는 사상 최초로 400ppm(parts per million)을 초과했다. 이는 산업화 이전보다 40퍼센트 높고 인류가 출현한 이래 가장 높은 수치다.

인간의 활동이 기후를 어떻게 바꿀 수 있는지 상상하기 어렵다면 지름 30cm 지구본을 기준으로 지구 대기의 95퍼센트는 신용카드 두께의 약 4분의 1에 지나지 않는 아주 얇은 층 속에 몰려 있다고 생각하면 도움이 될 것이다. 이제 그 층 속으로 매년 이산화탄소 36Gt(기가톤, 1기가톤=10억 톤)을 배출한다고 상상해 보라.

지구 온난화는 이산화탄소를 비롯한 여러 온실가스 농도의 증가가 유발하는 피할 수 없는 결과다. 온실가스는 대기 속으로 들어오는 태양 광선을 막지 않지만 태양 광선으로 발생한 열은 우주로 빠져나가지 못하도록 막는다. 대기 중에 이산화탄소 수준을 증가시키는 주요 원인인 석유, 석탄 및 천연가스의 연소, 삼림 벌채와 시멘트 생산이 각각 얼마나 심각한 영향을 미치는지는 잘 알려져 있다. 미국항공우주국(NASA)과 기후변화에 관한 정부 간 협의체(Intergovernmental Panel on Climate Change, IPCC)와 같은 주요 기관이 내놓은 측정치를 보면 이산화탄소 농도와 지구의 평균기온이 거의 정확히 같은 비율로 증가하는 추세를 확인할 수 있다. 극지방 빙원이 빠르게 줄어들고 해수면이 상승하고 있음을 보여주는 자료도 있다.

2007년 제임스 핸슨James Hansen(당시 미국 항공우주국 고다드 우주연구소 소장)은 국제 과학팀과 함께 실시한 연구를 통해 지구 기온의 상승치를 섭씨 2도(한때 비교적 안전하다고 간주됐던 수준) 이하로 유지할 수 있는 대기 중 이산화탄소 농도 상한이 350ppm이라고 추산했다.[395]

10년이 지난 지금, 이미 지구의 평균온도는 섭씨 1도 증가했고 그 결과는 애초에 섭씨 2도 상승이 가져다 줄 것이라고 예측했던 바에 가깝다. 또한 지구 온도에 '안전한' 상승이란 없는 듯하다. 2009년 스위스 제네바에 본부를 두고 있으며 전 국제연합 사무총장 코피 아난Kofi Annan이 주도했던 비영리기관 세계 인도주의 포럼 Global Humanitarian Forum은, 기후변화가 폭염과 가뭄, 물 부족, 홍수를 통해 이미 매년 30만 명의 사망자를 내고 있고 벌써 2,600만 명이 터전을 잃었으며 2020년이 되면 사망자 수가 세 배로 증가할 것으로 추정했다. 이런 사망 건수 90퍼센트가 일인당 탄소 배출량이 높은 부유한 국가가 아니라 개발도상국에서 일어났다. 세계보건기구는 2030년에서 2050년 사이에 홍수와 가뭄, 흉작을 유발하는 지구 온난화로 인한 열 노출, 설사, 말라리아, 아동의 영양실조로만 매년 사망자 25만 명이 추가로 발생할 것이라고 추정했다.[396]

지구 온난화는 이전 추정치보다 더 빠르게 진행되고 있다. 미국 해양대기청National Oceanic and Atmospheric Administration은 2016년 지구의 평균기온이 관측 이래 최고였다고 보도했다. 또한 기상관측 사상 가장 무더웠던 연도 1위부터 16위까지가 모두 1998년부터 2015년 사이에 나타났다. 높은 이산화탄소 농도로 이미 시작된 몇몇 효과들은 오랜 기간에 걸쳐 서서히 계속해서 영향력을 발휘할 것이므로 지금 당장 대기 중 이산화탄소 농도 증가를 멈춘다고 하더라도 해수면 상승(현재 연간 약 3밀리미터)과 기후변화는 먼 미래까지도 지속될 것이다.[397] 대기 중 이산화탄소 농도를 안정화하려면 전 세계에서 인간의 활동으로 유발되는 탄소 배출량을 1990년도 수준의 80퍼센트까지 낮춰야 할 것으로 추정된다.[398]

그러나 인간의 활동이 유발하는 환경 위기는 기후변화보다도 더 크고 광범위하게 퍼져 있다. 환경 위기는 토양 침식, 삼림 벌채, 지하수 염류화, 살충제와 농약이 미치는 침투성 영향, 독성 화학 폐기물, 멸종, 해양 산성화, 어류자원 고갈, 상수도 시설에의 오염물질 배출 등 매우 다양한 파괴 형태로 나타난다.[399]

많은 기후 과학자들은 세계의 온실가스 배출을 신속하고 충분하게 과감히 줄이지 않으면 현재 초등학생이 중년이 되는 2060년에는 우리가 섭씨 4도의 지구 온난화가 초래할 끔찍한 파괴적인 결과에 직면할 것이라고 믿는다. 최근 여러 선진국에서 탄소 배출량이 상당히 줄어들었다. 그 일부는 단순히 제조업 부문이 쇠퇴하고 중국 같은 수출주력 국가에 대한 의존도가 높아진 결과이지만 가장 오염이 심한 에너지원 중 하나인 석탄을 석유와 천연가스로 대체한 것이 중요한 요인으로 작용했다. 석탄 사용이 완전히 중단되고 나면 탄소 배출량의 추가적인 감소는 아마 상당히 더 어려워질 것이다. 개발도상국의 경제발전에 활기를 불어넣을 깨끗한 동력원 개발이 특히 시급하다.

기후변화와 환경 파괴가 유발하는 비용이 무서울 정도로 명백히 드러나고 있는 순간에도 이 위기에 대처하는 긴급한 정치적 행동이 나타날 기미가 보이지 않는다. 왜 그럴까? 기후변화를 부정하는 것도 한 이유겠지만, 중요한 이유는 탄소배출 감소를 달갑지 않은 긴축행위로 보는 인식이다. 사람들은 탄소배출 감소가 실질소득과 물질적 생활수준을 낮춰 '삶의 질'까지 덩달아 낮추는 탄소세 같은 정책을 의미한다고 추측한다. 저공해 차량 엔진과 친환경 전구 같은 신기술은 비싼 에너지를 아껴서 실질소득을 늘리는 역할을 할 때에만 도입된다. 연비가 좋은 차량이란 더 멀리까지 갈 수 있거나 연료비를 아껴서 다른 소비재에 쓸 수 있다는 뜻이다.

요약하면, 지속가능성은 기후 과학이 시사하는 위협적인 결과에 직면해 현재의 라이프스타일과 생활방식을 최대한 지킬 수 있도록 제시될 때 환영받는다. 그러나 진실은 거의 정반대다. 사회 조직에 근본적인 변화를 단행하지 않는 한, 지속가능성은 앞으로 계속 달성할 수 없는 목표일 것이다.

변화하는 삶의 토대

지구상의 삶은 그 어느 때보다도 빠르게 바뀌고 있으며 지금은 인류 역사상 가장 큰 이행기에 접어들기 직전이다. 여기에는 적어도 다섯 가지 중요한 요소가 있다. 첫 번째는 앞에서 살펴봤듯이 행복과 경제성장의 분리다. 두 번째는 환경 위기로, 이는 경제와 생활방식에 동력을 제공하는 방식을 바꾸지 못하면 재앙에 직면하게 될 것이라는 의미다. '여느 때와 다름없는' 무관심은 해결책이 아니다. 세 번째는 '세계화' 과정인데, 이는 전적으로 현대적 과정이라기보다 장기적 이행 과정의 일부다. 즉 스스로 소비하기 위해 작물을 생산하는 자급자족의 농업에서 국제적 상호의존의 체계로 이행하는 과정이며, 이 체계에서 우리는 전자통신의 도움을 받는 전세계적 생산 및 소비 네트워크에 의존하고 또 기여한다. 모든 인류를 하나의 거대한 체계로 연결하는 이 과정은 단세포 생물에서 다세포 생물로 발달하는 이행기와 유사한 전지구적 유기체의 형성처럼 보인다.[400]

이와 관련된 네 번째 요소는 전례 없는 규모로 점점 빠르게 발생하고 있는 이민과 혼성화다. 인류는 아프리카에서 최초로 출현했고 전 세계로 퍼져나가면서 문화적으로나 생물학적으로 다양해졌다. 이제 인류는 다시 하나로 합치고 있다. 해외여행, 이주, 국제결혼을 통해 우리는 그야말로 인류의 재통합과 다름없는 현상을 목격하고 있다. 그 과정에서 마찰을 빚고 급격한 이민이 저항에 부딪히는 일도 잦지만 인간의 발달 단계로 볼 때 인류의 재통합은 고무적인 동시에 장기적으로 볼 때 완전히 막을 수 없는 현상이다. 마지막 다섯 번째는 점점 가속화되는 기술 발전의 속도다. 전자공학, 인공지능, 생명공학, 나노기술 같은 영역에서 비롯되는 끝없는 혁신은 인간의 생활방식이 형성되는 풍경을 바꿔나가고 있다. 기술혁신은 현명하게 사용된다면 인간의 적응력을 높이는 한편 사회가 발전하고 인류가 지속가능성을 향해 나아가는 방법에서 선택지를 늘려줄 것이다.

인간의 생활방식이 수렵·채집과 농경사회를 거쳐 산업화로 발달해 나가면서 사회조직의 기반도 변화해 왔다. 4장에서는 초기 인류사회의 평등주의가 협력에 기초한 사냥을 바탕으로 수립됐다는 사실을 살펴봤다. 사냥은 개개인의 공헌도를 별도로 평가할 수 없는 협력이 필요한 활동일 뿐만 아니라 동물을 잡으면 짧은 기간에 한 가족이 다 먹어치울 수 없는 고기를 얻게 되므로 함께 나누는 것이 당연했다. 하지만 농경이 발달하면서 평등주의를 지지하던 기초가 사라졌다. 생산은 사람들이 자신의 땅에서 자신의 가족이 먹을 양식을 혼자의 노력으로 키우면서 개별화됐다. 그러므로 사냥이 본질적으로 평등주의였듯이 산업화 이전의 농경은 개인주의적이면서 불평등을 내포한다.

그러나 현대 산업생산의 복잡한 특징들은 우리를 본질적으로 상호의존적이고 협력 가능성이 잠재된 생활방식으로 되돌려 놓았다. 현대사회에서는 인간이 사용하고자 무엇인가를 스스로 생산하는 일은 거의 없고 매우 조직화된 집단에서 거의 전적으로 남을 위한 재화와 서비스를 생산한다. 사회구조적인 불평등은 이처럼 고도로 통합적이고 조직화된 행동이 필수적인 시대에 비합리적인 과거시대의 유물처럼 느껴진다.

산업화 이전의 농경사회에서 흔하게 나타났던 결핍의 시기도 불평등을 촉진했다. 동물과 인간사회에 나타나는 위계는 새가 먹이를 쪼아 먹는 순서처럼 모두 다 희소한 자원에 접근하는 특권에 관한 것이었다. 이런 위계는 진정으로 모두가 충분히 누릴 수 있는 자원이 없을 때에만 생길 수 있다. 농경사회는 작황이 좋지 않으면 적어도 가끔씩 굶주림에 시달리는 해가 있을 수밖에 없다. 반면 수많은 인류학적 증거가 시사하듯이 수렵·채집인들이 놀라울 정도로 평등할 수 있었던 중요한 전제조건은 바로 그들이 대단히 유복했다는 사실이다.[401-403] 이런 사회를 가리켜 '최초의 풍요로운 사회'라고 부르는데, 이는 본래 우리 선조들의 욕구가 거의 없었으며 또한 쉽게 충족될 수 있었기 때문이다.

수렵·채취인을 연구한 인류학적 논문에 따르면, 수렵·채집사회는 끊임없는 생존 투쟁과는 거리가 멀었고 과도한 소비보다 여가를 선호했으며 필요로 하는 모든 식량을 보통 하루에 두 시간에서 네 시간이면 전부 얻을 수 있었다.[404] 수렵·채집인들은 비상식량으로 비축할 수 있는 식용 동식물을 매우 많이 알았지만 대부분의 경우 선호하는 종류의 먹이만 선택할 수 있었다. 적게 소유하는 이유는 가난해서가 아니라 욕구가 적었기 때문이다. 남아 있는 뼈로 추측컨대, 수렵·채집인들은 현대인만큼 키가 큰 경우가 많았다. 인간의 건강이 나빠지고 신장이 줄어든 현상은 농경의 시작과 함께 시작됐다.[405, 406] 이런 현상은 계절에 따른 굶주림과 필수 영양소가 부족한 단일작물에 대한 의존, 병충해와 흉년에서 비롯된 영양의 결핍 및 질환 때문이었다.

농경이 수렵과 채집의 불확실성을 제거하고 생산을 늘려 사람들을 자유롭게 한 발견이라고 생각하는 경우가 많지만, 사실 이는 필요에서 기인했다. 수렵·채집인이 작물을 재배하지 않은 이유는 지각능력이 부족해서가 아니라 힘들게 종자를 채집하고 땅을 골라 파종하고 잡초를 뽑고 수확해서 탈곡하는 노동을 하지 않더라도 자연에서 자라는 동식물에서 필요한 식량을 모두 얻을 수 있었기 때문이다. 농경은 인구밀도가 야생에서 자라는 음식만으로는 편안하게 먹고 살 수 있는 수준을 넘어섰을 때 비로소 시작되었다.[403] 사람들은 어쩔 수 없는 상황 때문에 억지로 농경으로 떠밀렸다.

영국에서 일어난 첫 번째 산업혁명도 필요에서 발생했다.[403] 늘어나는 인구를 감당하기 위한 필요한 식량과 모직물, 장작, 말 운송을 위한 동물사료를 생산하는 토지에 부담이 점점 커졌다. 이런 부담은 산업혁명으로 면직물 수입과 함께 석탄과 운하로 완화되기 시작했다. 하지만 생활수준이 향상되는 분명한 징후가 나타나기까지는 거의 100년이 걸렸다. 현재 부유한 국가의 생활수준은 불가피한 필수품 부족이나 가난을 거뜬히 넘어서는 지점까지 높아졌다. 불평등과 최근의 긴축정책으로 노숙과 무료급식소로 내몰리는 사람들이 늘어나고 있기는 하지만, 부유한 나라에 사는 사람들 대부분은 따뜻한 집과 안락한 침대, 풍족한 음식을 누리고 있다. 3장에서 언급했듯이, 과시적 소비와 관련된 결핍과 유명 브랜드 상품을 구매하고 싶은 욕망은 지위 경쟁에 자극받고 불평등에 의해 강화된다.

현대의 경제발전은 인류를 상호의존적인 종으로 변화시키고 불가피한 결핍을 끝냄으로써 평등을 이룩할 수 있는 두 가지 필수조건을 되살려냈다. 생산의 협력적 특성과 높은 생활수준은 현재의 불평등 수준이 시대에 뒤쳐진 현상임을 의미한다. 장기적인 관점에서 볼 때 역사는 평등주의자 편이다. 현대의 생활수준은 인류가 진정한 결핍과 타인에게 자신이 소비할 물건을 빼앗기지 않도록 지켜야 할 필요에 근거해서 뒤떨어진 사회형태 안에 갇혀 있을 필요가 없음을 의미한다.

지금 우리 사회가 이대로 방치된다면 인류의 생존을 위협할 변화에 시달리게 될 것이다. 따라서 인류의 행복을 보장하기 위해 충족해야 할 조건과 우리가 나아가야 할 사회형태를 명확히 이해하는 것이 대단히 중요한 일이다.

불평등과 지속가능성

불평등과 환경적 위협, 그리고 더 높은 진정한 행복 수준을 달성하지 못하는 것 사이에는 강력한 연관관계가 있다. 그중에서 가장 명백한 관계는 불평등이 심할수록 소비주의와 지위 과시용 소비가 심각해지는 현상이다. 물질적 차이가 심할수록 지위 격차가 벌어지면서 사람들은 남들에게 자신이 어떤 인상을 줄지 더 많이 걱정한다. 또 지위와 성공을 과시하고 서로에게 자신의 '가치'를 전달하려고 하면서 돈이 한층 더 중요해진다. 그 결과 노동시간은 길어지고 저축액은 줄어들어 더 많은 빚을 지고 지위를 상징하는 상표에 더 많은 돈을 지출한다.

행복과 만족을 선사한다는 광고주의 약속과 달리, 심리학 연구들은 지위 불안이 소비주의를 부추긴다는 결과를 내놓는다. 최근에 행복의 측면과 '물질주의적'이고 소비주의 성향 간의 관계를 살펴본 250건이 넘는 연구결과를 검토한 조사는 '폭넓은 유형의 개인 행복과 삶에서 물질적 추구의 우선순위 사이에 명백하고 일관된 반비례 관계'[407]를 발견했다. 물질주의와 낮은 행복수준 간의 관계는 '부정적인 자기평가'와 '자율성·능력·관계욕구의 충족 수준 미달'과 관련이 있는 것으로 보였다. 사람들은 불안과 자기 회의를 느낄 때 소유에서 위안을 찾는다. 같은 조사에서는 심각한 개인 부채를 지고 있는 사람, 특히 전당포와 고리대금업자에게 돈을 빌린 사람들이 일반적으로 정신질환을 앓는 비율이 높다는 사실도 발견했다.[408] 쇼핑을 '기분전환 요법'이라고 부르는 이유가 바로 지위 불안을 달래기 때문이다. 실제로 마케팅과 패션업계는 이런 관계를 교묘하고도 끈질기게 이용한다.

그러나 지위 경쟁은 제로섬 게임이다. 위계적인 서열체계에서는 한 사람의 지위가 올라가면 다른 사람의 지위는 내려간다. 서로 비교해서 모두의 지위가 높아질 수는 없다. 누군가가 남보다 상대적으로 소득이 증가해서 계층이 상승하고 더 행복해진다고 하더라도 모든 사람이 그런 상대적 지위 상승의 혜택을 누릴 수는 없는 것이다. 설사 '낙수 효과'가 정말로 일어나서 경제성장으로 모든 사람이 더 부유해진다고 하더라도 전반적인 행복 수준은 더 이상 상승하지 않는다. 그러므로 부유한 국가에서 더 높은 소득을 바라는 개인들의 욕구가 경제성장을 촉구하는 사회적 요구로 이어질 것이라는 생각은 더 이상 타당하지 않다. 소비주의를 줄이려면, 또 소비주의가 사람들의 재산과 세상에 미치는 해악을 줄이려면 지위 경쟁을 심화시키는 불평등을 줄여야 한다. 그렇지 않으면 계속해서 남에게 뒤지지 않으려고 하거나 서로 우위를 차지하려고 애쓰는 동안, 앞 장에서 살펴본 사회계층의 차별화에 박차를 가하는 바로 그 에너지가 끝없는 소비를 계속해서 부추길 것이다.

현재 부유한 국가의 소비량이 비슷한 수준의 행복을 충분히 뒷받침해줄 수 있는 정도보다 얼마나 더 많은지는 말하기 어렵다. 행복을 측정하는 주요 척도로 기대수명을 꼽는다면 이산화탄소 배출량과 기대수명의 관계는 그림 7.1에서 봤던 1인당 GDP와 기대수명의 관계와 매우 비슷하다. 부유한 국가들에 비해 소득 수준이 훨씬 낮음에도 비슷한 기대수명을 나타내는 나라들이 있듯이, 부유한 국가들의 1인당 평균 탄소 배출량과 비교해 3분의 1도 안 되는 탄소를 배출하면서도 기대수명이 높은 나라들이 있다.

물질적 생활수준의 증가가 행복에 기여할 수 있는 한계에 도달함으로써, 이제는 사회적 환경 및 관계의 개선이 지속가능성과 조화를 이루는 삶의 질에 중요한 진보를 가져다준다는 것을 인식해야 한다. 공동체 생활이 빈약하고 지위 욕구가 극심한 불평등 사회는 인정과 존중을 받을 기회가 적은 사람들에게 심각한 결과를 초래한다. 미국 카운티 3,144개 데이터를 분석한 연구에서 총기 통제와 빈곤 및 다른 여러 요인을 감안하더라도 총기 난사(희생자가 3명 이상 발생한 총기 사건)는 불평등의 증가가 영향을 미친 것으로 나타났다.[409] 분노에 가득 찬 자살 총격 중에서 자신을 무시하지 말라는 필사적인 욕구를 표현한 사건이 얼마나 많을까? 죽기 전에 남을 죽이는 행위는 대개 자신이 패배자였다는 감정에 항의하는 시위다. 대의라는 명목, 더 큰 공익이라는 명목으로 행하는 살해는 적어도 가해자 마음속에서는 명예로운 행위일 수 있다. 이런 행위까지 치닫는 사람은 매우 극소수에 불과하지만, 이는 그들의 고통으로 인해 타인을 처벌하려 하지 않는 수많은 사람들의 고통스런 경험을 단적으로 말해준다.

앞으로는 사회관계와 사회적 환경의 질 개선이 행복의 증가를 주도할 것이다. 이는 환경의 지속가능성과 완전히 양립할 수도 있다. 앞에서 우리는 이미 평등한 사회에 사는 사람일수록 노인, 장애인, 나아가 그 누구라도 남을 더 기꺼이 돕는다는 사실을 살펴봤다.[39] 또 평등한 사회에서는 공동체 생활이 더 견고하고 사람들이 서로를 믿을 수 있다고 느낄 가능성이 훨씬 더 높다는 사실도 살펴봤다. 불평등 수준이 증가하면서 이 모두가 감소하는 한편, 사회생활이 위축되고 살인율로 측정된 폭력 사건은 증가한다.[38, 410]

남아프리카공화국과 멕시코 등 불평등 수준이 가장 높은 국가에서는 신뢰와 호혜가 두려움으로 대체됐다는 신호를 어디에서나 볼 수 있다. 집 주변은 철조망을 얹은 높은 담이나 전기 울타리로 둘러싸여 있고 창문과 현관에는 방범창이 달려 있다. 여행안내서는 관광객들에게 밤에 나다니지 말라고 지시한다. 이처럼 친목이 두려움으로 바뀌는 전환은 불평등이 인간사회에 가하는 해악의 핵심을 짚어낸다. 불평등이 사회관계에서 정말로 이 같은 비극적인 변화를 가져온다는 증거는 소득 격차가 확대되면서 '경비' 업종(안전요원, 경찰, 교도관 등)에 종사하는 노동인구 비율이 증가하고 있다는 연

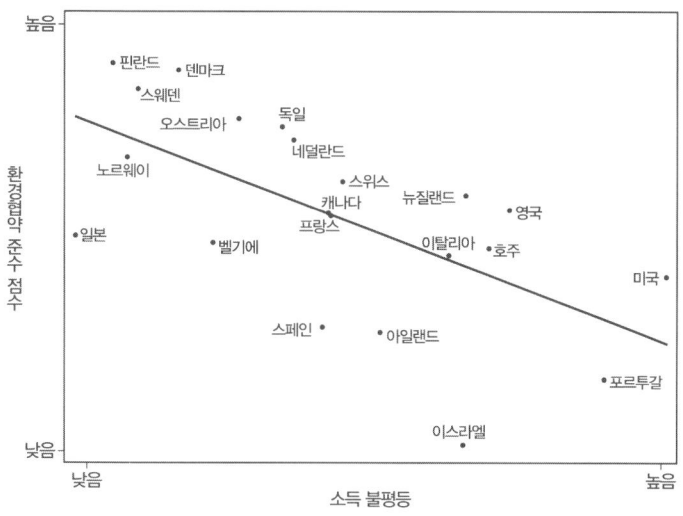

그림 7.3: 평등한 국가의 경제 지도자들은 국제환경협약 준수를 더 중요하게 여긴다.[414]

구결과에서도 찾아볼 수 있다.[411, 412] 이런 직종은 사람들을 서로에게서 보호하는 업무다. 심각한 불평등이 사회관계에 미치는 영향만큼이나 실제로 인간의 삶의 질에 해를 끼치는 요소는 드물다.

낮은 불평등 수준이 조성하는 견고한 공동체 생활과 바람직한 사회통합은 공공 의식을 고취시키고 이기심을 줄임으로써 상호 의식과 협동심을 강화한다. 전 세계가 환경 친화적인 생활방식을 향해 나아간다면, 이전 그 어느 때보다도 공공선을 기반으로 행동한다는 의미이자 전체 인류의 이익을 위해 행동한다는 뜻일 것이다. 그러나 불평등이 조장하는 지위 불안과 개인주의는 인류 전체를 위협하는 문제에 대처할 행동 수단과 의지를 모두 꺾고 있다. 현재 밝혀지고 있는 환경 재앙의 본질을 이해하고 그 재앙이 초래할 가혹한 영향을 방지할 수단을 실천하려면 우리는 공익을 위해 행동해야 한다.

기업분야에서 지도적인 인사들의 의견을 수렴한 국제적 설문조사에서 국제환경보호협약을 얼마나 중요하게 여기는지 물었다.[413] 그림 7.3에서 알 수 있듯이 평등한 국가의 기업 리더일수록 환경협약을 훨씬 더 중요하게 평가했다.[414] 재활용에 관해서도 비슷한 패턴이 나타났다. 평등한 국가일수록 각종 쓰레기를 재활용하는 비율이 더 높다.[1] 두 지표는 평등한 사회에 사는 사람들이 덜 이기적이고 더 기꺼이 공익을 추구한다는 사실을 보여준다.

사회 구성원의 공익추구 의향에 영향을 미치는 과정은 사회가 새로운 환경과 문제에 적응할 수 있을지 여부를 결정한다. 연구자들은 '인간과 자연의 역학Human and Natural Dynamics'이라는 수학모형을 사용해 사회가 환경자원의 부족현상에 직면했을 때 더 큰 경제적 불평등으로 분열된 사회가 비교적 평등한 사회보다 붕괴할 위험에 처할 가능성이 훨씬 높다는 사실을 보여줬다.[415] 우리가 직면한 환경 위기의 심각성에 대응하는 전략 중에서 광범위하게 지지를 얻은 대책이 아직 없다는 사실은, 많은 사회에서 불평등 수준이 지나치게 높고 사리사욕 추구가 너무 강해서 국민과 정치인들이 지속가능성으로 나아가는 이행 과정에 효과적으로 집중하기 어렵다는 점을 시사한다.

평등의 확대는 지속가능성으로 나아가는 것과 동일선상에 있을 뿐만 아니라 그 전제 조건이기도 하다. 기만적으로 환경을 파괴하는 사회에서 참되고 사회적인 것을 행복의 원천으로 추구하는 사회로 나아가려면 평등의 확대가 핵심적이다. 지속가능성으로 나아가려면 달갑지 않은 긴축 행위로 인식하는 대신, 더 높은 소득과 소비주의가 달성할 수 없는 방식으로 현대적 생활의 진정한 주관적 삶의 질을 향상시켜 나가야 한다. 이 책의 마지막 장인 다음 장에서는 어떻게 불평등을 크게 줄일 수 있을지 논의하고자 한다.

8장
더 나은 세상, 대전환, 왜 지금인가?

지금 우리는 사회의 수직적이고 위계적인 측면을 확장해 나갈지 아니면 수평적이고 평등한 측면을 확장해 나갈지, 불평등과 지위 분열을 심화시켜 나갈지 아니면 약화시킬지, 우월감과 열등감의 표출을 늘려 나갈지 아니면 이를 줄이고 사회관계의 질과 사회 전체의 행복을 향상해 나갈지를 결정해야 하는 선택에 직면해 있다. 지금까지 살펴본 증거에서는 불평등 수준이 높을수록 사회적 불안 수준이 증가하고 전 인류에 심리적 비용과 사회적 비용이 늘어남을 알 수 있었다.

계층과 지위 분열을 개탄한다고 주장하면서도 극심한 소득 격차는 중요하지 않다고 생각하는 사람은 앞으로도 계속 있을 것이다. 정치적 이념과 무관하게 수많은 정치인과 정책 입안자들은 아이들에게 더욱 동등한 기회를 부여하고 교육 성취도 격차를 줄이며 사회적 이동성을 증가시켜 계층 분열을 최소화하려는 바램을 표현한다. 공동체 의식이 투철하고 더욱 통합적인 사회를 바란다고 말하는 이들도 있다. 그러나 이런 목표와 가치를 표명함에도 불구하고 많은 정치인들이 소득 격차를 줄이자는 대중의 요구를 '질투의 정치'로 간주하고 여전히 무시한다. 따라서 소득 격차의 확대가 실제로 계층 및 지위 분열을 심화시키는 원인이라는 증거를 간단히 요약해 제시하고자 한다.

불평등으로 인한 다섯 가지 문제들

1. 불평등은 사회적 기울기가 나타나는 문제를 악화시킨다

국가 간 비교에서 소득 격차가 클수록 사회적 기울기가 나타나는 거의 모든 문제(즉 사회계층에서 아래로 내려갈수록 더 흔해지는 문제)가 더 빈번하게 나타난다는 사실을 알 수 있다. 예를 들어 하위층으로 내려갈수록 건강상태가 나빠지고, 불평등한 사회일수록 구성원 대부분의 건강수준이 낮다. 폭력(살인율로 측정), 10대 출산율, 학생들의 낮은 교육 성취도, 약물 남용, 정신질환, 아동 행복, 수감률과 비만율 등 수많은 쟁점에서 같은 경향이 나타난다.

《평등이 답이다》에서는 선진국 중 스칸디나비아 국가들과 일본처럼 비교적 평등한 사회에 비해 미국과 영국처럼 비교적 불평등한 사회에서 이 모든 문제가 2배에서 10배 더 빈번하게 발생한다는 사실을 밝혔다. 불평등은 가장 빈곤한 계층에 제일 큰 영향을 미치며, 이보다는 정도가 약할지라도 좋은 교육을 받고 취직한 고소득자를 포함한 부유층에게도 영향을 미친다. 그 결과 불평등한 사회에서는 건강문제와 사회문제에 가파른 사회적 기울기가 나타나고 부자와 빈자의 경험과 삶의 질에 커다란 차이가 발생한다.

이 책의 머리말에 요약했듯이 《평등이 답이다》에서 우리는 모든 문제가 불평등과 관련이 있다기보다는 구체적으로 사회적 기울기가 나타나는 문제와 불평등과 관련이 있다는 가설을 세웠다. 우리 저자들은 사망률을 분석하여 이 가설을 검증했다.[416] 예상대로 빈곤층에서 더 흔하게 나타나는 사망률과 사망 원인(심장 질환, 호흡기 질환, 유아 사망률)은 불평등한 사회일수록 훨씬 더 흔하게 나타났다. 유방암과 전립선암처럼 사회적 기울기가 나타나지 않는 질환은 불평등과 무관한 것처럼 보였다. 이후 다른 연구자들도 소득 격차가 클수록 사회집단 간에 건강 불평등 정도가 증가하는 경향을 확인했다.[417]

만약 소득 격차가 큰 사회일수록 사회적 지위와 관련된 문제가 악화된다면, 이는 소득 불평등이 클수록 사회적 기울기를 유발하는 과정이 더욱 공고해진다는 사실을 강하게 암시한다. 소득 불평등의 확대는 계층과 지위를 나타내는 다양한 징조와 전혀 무관하지 않을 뿐만 아니라 분열을 초래하는 계층과 지위의 영향력을 강화해서 사회를 더욱 위계적으로 만든다.

2. 불평등은 사회통합에 영향을 미친다

소득 격차가 큰 국가일수록 사회적 이동성이 낮아지는 경향이 있다. 5장에서 살펴봤듯이 소득 격차가 큰 사회일수록 계층 장벽이 높아지고 사회적 위계가 엄격해지는 한편 심지어 아이들에게조차 기회가 불평등하게 주어지므로, 이런 사회의 구성원은 태어난 계층에 계속 머무를 가능성이 높다. 마찬가지로 소득 격차가 커지면 서로 다른 계층의 구성원과 결혼하는 경우도 드물어진다. 같은 맥락에서 부자와 빈자 간의 주거지 분리 현상도 더욱 뚜렷해진다.[418]

이 세 가지 사항은 모두 불평등이 커질수록 서로 다른 사회계층의 구성원들 사이에 문화적, 사회적, 물리적 차이가 점점 커짐으로써 서로 멀어짐을 의미한다. 계층과 지위가 우리의 삶을 점점

과하게 규정하고 제한하면서 사회조직이 모두에게 피해를 입힌다. 불평등한 사회일수록 소득과 자신이 속한다고 생각하는 계층 사이를 더 강하게 연관시킨다는 연구결과도 있다. 동시에 스스로 사회적 지위가 낮다고 생각하는 사람이 증가한다.[419]

3. 불평등은 사회결속력에 영향을 미친다

서론과 1장에서는 불평등한 사회일수록 지위 불안 수준이 증가하는 양상을 살펴봤다. 불평등한 사회에서는 모두가 남들이 자신의 지위를 어떻게 판단할지를 더 많이 걱정한다. 그 결과 사회적 만남에서 점점 더 많은 스트레스와 불편함을 느끼게 되고 결국에는 '교제를 피해 혼자 지낼' 가능성이 높아진다.

불평등이 심한 사회에서는 공동체 생활이 빈약해지고 개인 간 신뢰 수준이 하락한다. 이는 지위 불안에서 비롯되는 스트레스로 사람들이 사교 모임을 꺼리게 되기 때문이다. 불평등으로 사회생활에서 스트레스가 점점 증가하면서 불안을 가라앉히고 서로 어울릴 수 있도록 술과 약물에 의존하는 경우도 증가한다. 그러므로 3장에서는 불평등한 사회일수록 약물 남용이 더욱 흔하게 발생한다는 사실을 살펴봤다.

4. 불평등은 지위 불안을 증가시킨다

우리는 또한 사회적 평가에 대한 불안 수준이 높아질 때 나타나는 심리적 반응에 대한 증거를 살펴봤다. 자신감 부족과 낮은 자존감에 시달리면 우울증과 불안장애가 증가한다. 이보다 예측가능성은 낮지만 불평등한 국가일수록 조현병과 정신병적 증상 유병률이 높게 나타나는 현상도 지배행동체계에 관한 연구에 비추어 이해할 수 있다. 이런 현상은 《평등이 답이다》에서 처음으로 제시했고, 이 책의 1장에서 3장에 걸쳐 소개한 수많은 연구에서 검증한 불평등과 정신질환과의 관계를 뒷받침한다. 이런 관계는 불평등이 사회적 상호작용과 대인관계에서 느끼는 감각에 어떻게 손상을 입히는지를 보여준다.

2장에서는 사회적 평가에 대한 위협이 고조되면 사람들이 자신의 장점과 성취에 겸손을 표시하는 대신 이를 과시하는 경향이 있다는 사실을 살펴봤다. 이런 경향은 불평등한 사회일수록 타인보다 자기 자신을 높게 평가하는 '자기고양' 편향이 더 흔하게 나타난다는 사실에서 명확히 알 수 있다. 국가 간의 자기도취증 수준을 비교할 수 있는 데이터는 부족하지만, 미국의 경우에 불평등이 증가하면서 자기도취증이 더 빈번하게 발생하고 있다는 사실을 알려줬다.

5. 불평등은 소비주의와 과시적 소비를 강화한다

마지막 다섯 번째로 소득 격차가 클수록 지위에 관한 걱정이 커진다는 증거는 소비주의와 돈이 중요해진다는 것과 연관된다. 사람들은 자신의 가치를 보여주고자 돈을 쓰는 경향이 있으므로 지위 불안의 증가는 불평등한 사회에서 돈이 한층 더 중요해진다는 것을 의미한다. 불평등한 사회일수록 사람들은 더 오래 일하고도 빚을 더 많이 지며 파산할 가능성이 높다. 경제적 수단에 의한 자기

강화라고 볼 수 있는 과시적 소비도 불평등한 사회일수록 증가한다.[420-422]

미국에서 비교적 평등주의를 추구하는 학생들보다 그렇지 않은 학생들이 좋은 점수를 얻고자 부정행위(인터넷에서 학기말 과제를 구매)를 할 가능성이 높음을 보여주는 데이터에서도 사회적 지위에 관한 걱정과 자기강화 욕구가 증가하고 있음을 분명히 알 수 있다.[423]

이 같은 수많은 증거에서 매우 긍정적인 이면은 그것들이 인구 대다수의 삶의 질과 행복을 향상시키는 중요한 새로운 정책 수단을 암시하고 있다는 점이다. 이제 우리는 계층과 지위의 힘을 줄이는 방법을 알고 있다. 전체 사회가 지위 서열의 각 계층에 속한 사람들이 자신보다 낮은 계층 사람들을 배제하도록 부추기는 위계적인 사회구조에서 벗어날 수 있다. 사회적 불안과 자신감 부족을 조장하는 비열한 모든 것들에 종말을 고해야 사회생활을 재건할 수 있다.

적정 수준의 불평등은 존재하는가?

행복을 극대화하려면 소득 격차를 얼마나 줄여야 하는지는 정확하게 말할 수 없다. 다만 우리가 알고 있는 것은 비교적 평등한 국가들 사이에서도 우리 저자들이 직접 만든 건강 및 사회문제 지수와 유니세프가 발표하는 아동행복지수가 모두 다 같은 수준으로 수렴되지 않고 가장 불평등한 선진국에서 가장 평등한 선진국으로 갈수록 계속 개선되는 양상을 나타낸다는 사실이다. 이는 '적어도' 가장 평등한 선진국에 속하는 스칸디나비아 국가들에서 볼 수 있는 평등 수준까지는 평등 수준이 높아질수록 혜택이 계속 증가한다는 것을 시사한다. 그 수준 이상에 관해서는 데이터가 없으므로 어떤 일이 일어날지는 말할 수 없다. 하지만 불평등한 국가 대부분이 소득 격차를 스칸디나비아 국가 수준으로 줄여 나갈 즈음에는 아마도 평등 수준을 더 향상할 가치가 있을지 증명할 수 있는 국가들의 사례가 나타날 것이다.

또 어떤 수준의 평등이 바람직할지는 환경에 따라 다를 수도 있다. 예를 들어 지리적 이동이 활발해서 정착 공동체가 부족한 사회라면 안정적인 사회보다 평등이 한층 더 중요할 가능성이 높다. 공동체 생활이 약할수록 사회분열을 가속화하는 원인을 차단하는 것이 더 중요하다.

부유하고 비교적 평등한 선진국에서는 전체 인구 최상위 20퍼센트의 소득이 20퍼센트의 최하위 소득보다 3.5배에서 4배 더 많다. 미국과 영국처럼 불평등한 선진국의 경우 이 격차는 약 2배 더 크다. 그러므로 불평등한 국가들은 최상위 20퍼센트와 최하위 20퍼센트의 소득 격차를 적어도 절반으로 줄여 나가는 것을 목표로 삼아야 한다. 이렇게 한다고 해도 1960년대와 1970년대 초에 경험했던 수준으로 불평등을 줄여나가는 데 불과하지만 최고 세율과 사회보장의 혜택을 다소 조정하는 정도로는 결코 이 목표를 빠르게 달성할 수 없을 것이다.

불평등의 변화 추세

소득 격차의 감소는 환경의 지속가능성을 촉진하고 모든 사람의 행복을 증진시킨다는 측면에서 상당한 혜택을 가져오므로 쉽게 달성할 수 있을 거라고 기대하는 사람이 있을지도 모르겠다. 그러나 어느 사회에서든 소득과 부의 분배는 권력 분배의 핵심적인 특징을 반영하며, 어떤 아이디어나 정책의 효능 그 자체로는 실행을 담보하지 못한다. 소득 격차의 감소라는 과제를 제대로 이해하려면 먼저 과거에 중대한 소득분배의 변화를 유발했던 힘들을 검토해야 한다.

그림 8.1은 부유한 국가들의 장기적인 소득 불평등의 추세를 보여준다. 1930년에서 2014년 사이에 나타난 주요 변화는 여러 선진국에 나타나는 광범위한 패턴을 분명하게 보여준다. 이는 경기변동과 같은 단기적 요인을 반영하지 않는다. 불평등은 1930년대 정점을 찍고 그때부터 장기간 하락하며, 정확한 하락 시점은 국가별로 또는 소득 불평등 척도별로 5년에서 10년 정도 차이가 나타난다. 이러한 하락 추세는 1970년대까지 계속된다. 그러나 대략 1980년 또는 몇몇 국가에서는 이보다 다소 늦은 시기부터 불평등이 다시 상승하기 시작해서 21세기 초에 이르면 1920년대 이후 보

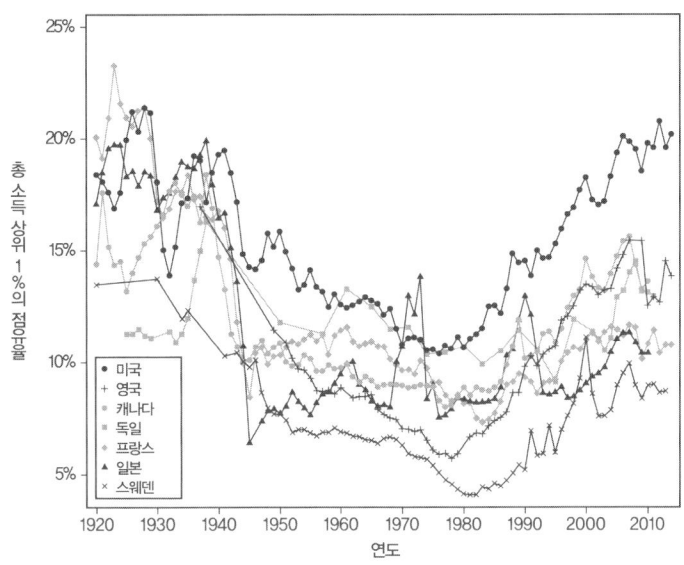

그림 8.1: 상위 1퍼센트가 차지하는 소득 점유율 추세.

지 못한 불평등 수준으로 되돌아간 국가들도 나타났다.

불평등이 먼저 장기간에 걸쳐 하락하다가 다시 상승하는 전반적인 추세는 노동운동이 강화되다가 다시 약화되는 추세와 이와 함께 나타난 정치 이념을 반영한다. 사회에 대항하는 목소리로 노동조합에 가입한 노동인구의 비율을 노동운동이 발휘하는 영향력의 척도로 본다면, 불평등과의 관계가 매우 분명하게 나타난다. 그림 8.2는 1966년에서 1994년 사이의 다양한 지점에서 OECD 16개국 노동조합에 가입한 노동인구의 비율과 불평등 간의 관계를 보여준다.[424]

노동조합 가입 비율이 낮아질 때(그림 8.2에서 왼쪽으로 갈수록)는 언제

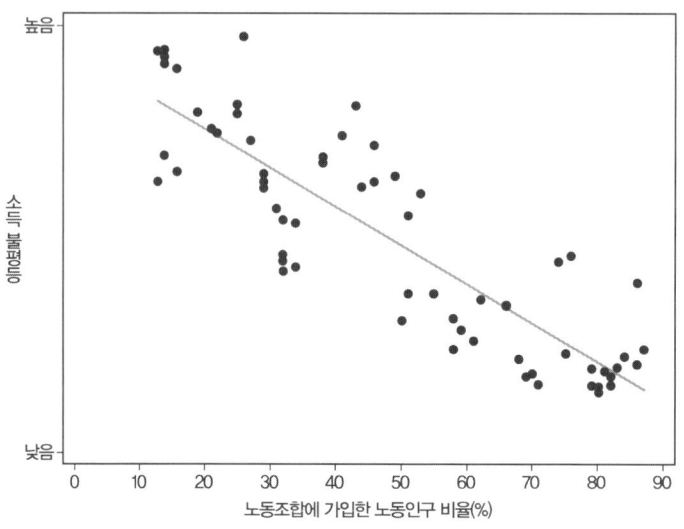

그림 8.2: 노동조합이 약할 때 불평등이 증가한다. 1966년부터 1994년까지 OECD 16개국 데이터.[424]

나 어디서나 불평등이 커진다. 이 관계는 수많은 국가에서 장기간에 걸쳐 반복적으로 발견되었다. 그림 8.3은 미국에서 노동조합의 영향력이 증가하면 불평등 수준이 감소하다가 노동조합의 영향력이 감소하면 불평등 수준이 다시 증가하는 추세를 보여준다.[425]

그렇지만 노동조합의 가입률과 불평등 간의 연관성을 단순히 노동조합이 조합원 임금을 상승시키는 능력을 반영한 것으로 판단해서는 안 된다. 오히려 이 관계는 전체적으로 진보정치의 영향력이 커지다가 줄어드는 과정을 나타낸다. 부와 소득 분배에 중요한 영향을 미친 요인은 노동운동의 이념과 정치로 가장 명백하게 표현되는 사회가치체계의 힘이었다. 여기에 공산주의에 대한 두

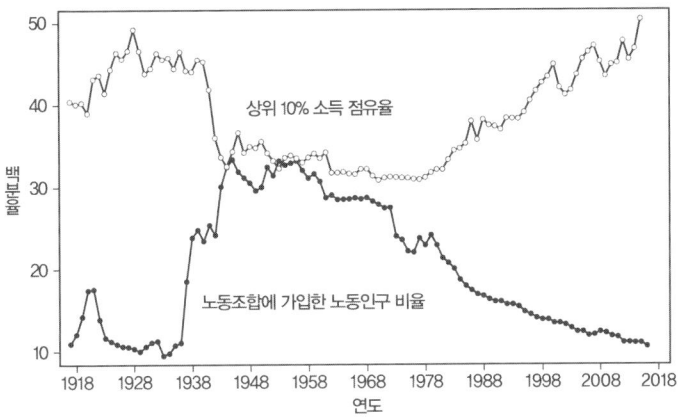

그림 8.3: 1918년부터 2008년까지 미국에서 노동조합의 영향력과 불평등의 변화 추세.[425]

려움과 1930년대 발생한 경제공황을 마르크스가 예언한 자본주의의 붕괴로 해석할 수 있다는 우려가 함께 나타났다. 대공황 발생 당시 미국에 뉴딜정책을 도입해 소득 격차를 급격하게 줄인 루스벨트 대통령은 기업가와 부자들에게 자본주의 체제를 유지하려면 개혁이 필요하다고 설명했다. 실제로 루스벨트 대통령은 자본주의를 자본주의로부터 구제했다는 평가를 받기도 한다. 그렇다면 불평등 감소는 정체성과 목적 의식의 공유로 사람들을 한데 모은 집단적 운동과 그 운동이 제기한 위협의 인식에서 비롯된 산물이었다. 현재 불평등의 영향으로 고통받고 있는 수많은 사람들은 공동의 목적을 위해 단결하고 반드시 관철해야 할 요구를 내세우면서 진보적 정치세력을 형성하는 데는 실패했다.

1960년대 말까지 공산주의 중앙집중계획은 여러 단점이 있음에도 자본주의보다 더 효율적이며 더 빠른 경제성장률을 달성(미국 중

양정보부 추정)한다고 흔히 생각되었다. 1970년대와 1980년대 소비에트 연합과 그 위성국들의 경제성장이 둔화되면서 비로소 이런 관점이 뒤집혔다. 1980년을 전후로 나타난 불평등의 확대는 대체로 미국 레이건 대통령과 영국 마거릿 대처 수상이 옹호하고 공포했던 신자유주의 이념의 정치적 영향력에서 비롯됐다. 여러 국가에서 노동조합의 힘을 약화시키는 법안이 속속 통과됐다. 공익기업, 운송회사, 상호회사들이 민영화되면서 회사 내의 임금 격차가 빠르게 확대되고 부자들에게 부과되는 세금이 급격히 줄어들었다.

그러나 최고 세율을 80퍼센트 이상에서 때로는 절반 가까이 인하하자 예상치 못한 결과가 나타났다. 최고 '세전'소득의 상승이 완화되는 대신 정반대 효과가 나타났다. 부자들은 소득 증가분에서 자신의 호주머니에 넣을 수 있는 비율이 증가했기 때문에 세전소득을 늘리고자 하는 욕구가 훨씬 더 강해졌다. 그 결과 OECD 국가 전반에 정부가 최고 세율을 가장 급격하게 인하한 곳에서 부자들의 세전소득이 더 빠르게 증가하는 경향이 강하게 나타났다. 말하자면 최고 세율이 크게 감소할수록 부자들의 세전소득이 빠르게 증가했다.[426] 높은 최고 세율은 임금 상한을 제한하는 기능을 수행했다. 그런데 이런 제한이 사라지자 부자들은 조세 부담의 감소와 세전소득의 급증, 둘 모두로부터 이득을 얻었다.

공식적으로는 경제성장을 촉진한다는 명목을 내세웠으나 역설적이게도 최고 세율의 인하는 경제성장률의 하락과 관계가 있음이 밝혀졌다. 국제통화기금의 연구 보고서는 5장에서 이미 지적했듯이 불평등은 경제성장에 해롭지만, 재분배는 경제성장에 악

영향을 미치지 않는다고 보고한다.²⁷⁰

불평등에 주요한 변화를 일으키는 동인(그림 8.3에서 볼 수 있듯이)으로 '시장의 힘'에 맞서는 정치의 중심적 역할을 여러 국가의 경험에서 확인할 수 있다. 1993년 세계은행은 한때 '호랑이 경제'로 알려졌던 일본, 한국, 타이완, 싱가포르, 홍콩, 타이, 말레이시아, 인도네시아 8개국을 다룬 보고서에서 같은 점을 지적했다.⁴²⁷ 이 보고서는 이런 국가들이 1960년부터 1980년에 이르는 기간 동안 잘 알려진 '동반 성장' 계획과 실천으로 소득 격차를 어떻게 줄였는지 설명한다. 이 국가들은 토지 개혁과 비료 가격의 인하 및 농촌 소득증대를 위한 보조금, 재산분배 프로그램, 대규모 공공주택 건설계획, 노동자협동조합 지원 등 다양한 정책을 실시했다. 세계은행 보고서는 왜 이들 국가가 보다 평등주의적인 정책을 추구했는지도 숙고한다. 이 보고서는 주로 각국 정부가 흔히 공산주의 체제라는 경쟁국으로부터 비롯되는 정통성 위협에 직면해 있었기 때문에 폭넓은 대중의 지지를 획득할 필요로 불평등을 줄여 나갔다고 설명한다. 예를 들어 한국은 북한과 이념경쟁 중이었고, 타이완과 홍콩은 중국의 소유권 주장에 직면해 있었다. 또 공산 게릴라 부대가 널리 활동하고 있었다.

따라서 부유한 선진국들과 마찬가지로 이들 국가의 경우 지난 세기 불평등에 주요한 변화가 발생한 이유가 정치와 이념적 과정이 아닌 단순히 세계화나 기술 발전이 일으킨 비인격적인 시장의 힘에 있었다고 가정한다면, 이는 잘못이다.⁴²⁸ 소득 분배를 결정한 주요 동인은 어쩔 수 없는 비인격적인 경제적 힘이 아니라 정치와 정책이었다.

흔들리는 정치

최근 형세가 뒤집힌 정치를 보고 있노라면 진보의 가능성에 회의를 느끼는 사람이 많다. 불평등이 심각해지면서 1920년대와 비슷한 정치의 양극화가 나타났다. 폴 크루그먼Paul Krugman은 1960년대와 1970년대에는 미국 의회에서 공화당과 민주당 표결에 공통부분이 많았지만 불평등이 증가하면서 이제는 이런 양상이 완전히 사라졌다고 설명한다.428 유럽에서도 이와 비슷한 정치의 양극화 현상이 뚜렷하게 나타나고 있다. 이미 오래전에 불평등의 희생자들 편에 서기를 포기한 기존의 중도좌파 정당뿐만 아니라 전반적으로 더욱 불평등한 사회에서 생겨나고 있는 반사회적 가치가 극우 정당과 극좌 정당의 부활을 부추기고 있다. 미국에서는 소수집단 유권자가 도널드 트럼프를 대통령으로 뽑았다. 어쩌면 자칭 사회주의자인 버니 샌더스Bernie Sanders가 힐러리 클린턴Hillary Clinton보다 트럼프에게 이길 가능성이 높았을지도 모른다.

  최근 중도파 정당이 좌파와 우파 유권자 모두에게 외면받는 현상은 특정 선거에서 그들이 어느 방향으로 기울지 결정하는 고려사항보다 더 근본적인 정서를 반영한다. 그 변화가 '무엇이어야 하는가'라는 생각은 현실에서 찾아보기 쉽지 않아 보이지만, 정치

비평가들은 모두가 변화를 향한 이 깊은 열망을 파악하고자 한다. 역사분석에서 마르크스의 중요한 사상 중 하나는 '생산과 산업시스템의 발전이 사회와 정치조직에 어떤 근본적인 변화를 일으켰는가'라는 것이었다. 우리의 사회체제가 몰라보게 바뀐 동시에 전적으로 상호 의존하는 글로벌 네트워크 속으로 들어갔고 기술 진보가 우리의 경제와 삶을 완전히 바꿔놓았다는 사실은 마르크스주의자가 아니라도 알 수 있다. 그럼에도 우리는 분명 아직 새로운 탈자본주의 사회, 결핍 없는 세계로 진입하지 못했다. 대신 새로운 생산시스템은 200년 전 사람들도 금방 알아볼 수 있게끔 계속해서 조직화되고 있다.

우리는 신체적으로 전례 없는 편안함을 누리고 있지만 행복하지 않으며 정신질환이라는 거대한 짐으로 고통 받고 있다. 사람들의 열망을 결정하고 성공을 규정하는 소위 능력주의가 거짓에 근거한 시대착오적 제도로 밝혀지고 있다. 국제관계는 국제적 협력과 상호 지원을 발전시키는 대신 역효과를 낳기 쉬운 군사비 증대가 최선이라는 듯이 전개되고 있다. 또한 적절한 구조적 틀을 갖추지 못한 까닭에 기후변화, 절실한 난민·이주자의 증가, 다국적 기업의 비민주적이고 통제되지 않는 권력 강화, 강제력 있는 국제법의 부족, 조세정의 네트워크Tax Justice Network가 조세 피난처에 숨겨져 있다고 추산한 21조에서 32조 달러(세계 연생산의 20퍼센트에서 30퍼센트) 등 점점 늘어나는 국제적 문제에 제대로 대처하지 못하고 있다. 각각의 쟁점만 보면 적어도 어느 방향으로 진보해야 하는지 쉽게 알 수 있는데도 어떻게 변화해야 할지는 막막하기만 하다.

그렇지만 변화가 시작되었다는 징조는 있다. 세계 탄소 배출량은 정점을 찍고 증가를 멈췄다. 하지만 지구 온도를 높이지 않고 흡수할 수 있는 양보다 훨씬 많은 360억 톤에 달하는 이산화탄소가 매년 대기 중으로 배출되고 있는 까닭에 우리 앞에는 여전히 대단히 심각한 과제가 도사리고 있다.

틀림없이 2008년 경제위기와 점령운동Occupy movement에 영향을 받은 세계 지도자들도 아직 행동에 옮기지는 않지만 말로는 평등의 확대라는 대의를 언급하고 있다. 오바마 대통령은 불평등을 '우리 시대를 규정하는 도전 과제'라고 지칭했다.[429] 프란치스코 교황은 불평등을 '사회악의 근원'이라고 표현했다.[430] 당시 UN 사무총장 반기문과 IMF 총재 크리스틴 라가르드Christine Lagarde도 역시 이와 비슷하게 강한 발언을 했다.[431, 432] 대부분 국가들의 여론조사는 비록 소득 격차가 얼마나 큰지 과소평가하는 경우가 많았지만 국민 대다수, 때로는 80퍼센트에 이르는 사람들이 소득 격차가 너무 크다고 생각한다는 것을 보여준다. 미국에서 실시한 조사 프로젝트에서 스웨덴과 미국의 재산 분배를 표기한 '정보 표시를 하지 않은' 도표를 사람들에게 보여줬다. 응답자 약 90퍼센트가 미국에 비해 공평한 스웨덴의 재산 분배를 선호했다. 흥미롭게도 그 비율은 공화당 지지자와 민주당 지지자, 부자와 빈자, 남녀 사이에 큰 차이가 나타나지 않았다.[433]

이런 여론에도 불구하고 불평등을 낮추기 위한 행동은 별로 나타나지 않고 있다. 생활임금운동Living Wage movement은 영국의 대규모 공공부문과 민간부문 기관들이 직원에게 지급하는 최저 임금을 인상하도록 이끌었다.⁴³⁴ 영국에서는 대부분 노동당이 감독하고 있는 지방정부 약 25곳이 공정위원회Fairness Commission를 설립해 지역 단위로 임금 격차를 줄이는 정책을 권고하고 있다.⁴³⁵ 국제적 차원에서는 OECD가 조세 피난처와 은행계좌 정보를 조세 당국과 공유하는 협약을 체결하여 조세회피에 대한 조치를 취해 왔다.⁴³⁶ 그러나 2008년 경제위기가 발생한 이래 지금까지 OECD 국가에서 소득 격차가 줄어드는 일반적 경향은 전혀 찾아볼 수가 없다.

정치적 압력은 불평등의 대폭 감소로 유도할 수 있지만, 그림 8.1의 1980년대 이후가 보여주듯 그런 압력이 약해지면 곧바로 다시 불평등이 확대된다. 노동운동이 약화되고 사회민주 정당들이 보수 노선을 타면서 1920년대 이후 이룩한 사회 진보가 상당 부분 물거품으로 돌아갔다. 신문 보도에 따르면, 19세기 이래 현재 그 어느 때보다도 많은 영국 가정들이 가사 도우미를 고용하고 있으며,⁴³⁷, ⁴³⁸ 무료 급식소와 푸드 뱅크가 다시 등장했다. 또 엄청나게 높은 임금을 받는 사람들이 자손 대대로 상속받은 재산과 여가를 즐길 수 있는 새로운 왕국을 세우고 있다.

이런 역전 현상은 이전 세대가 사회의 깊숙한 곳까지 진보를 새겨놓도록 할 수 있는 제도적 변화를 이룩하는 데 실패했다는 뜻이다. 조세와 사회보장제도를 통한 소득 재분배에 지나치게 의지한 불평등의 감소는 정치 이념의 향방에 따라 서명 한 번에 수포로 돌아갈 수 있다. 평등의 확대를 향한 지속적인 진보는 더 단단한 기반을 제공할 수 있는 경제 민주주의 확대와 같은 구조적 변화를 구축하는 데 달려 있다.

경제 민주주의

지난 세대에 소득 격차를 확대한 주요 요인은 최고 부유층의 세전소득이 다른 모든 세전소득에 비해 훨씬 급격하게 증가한 추세에서 찾을 수 있다. 그림 8.4는 1960년대 중반부터 2015년까지 미국에서 가장 큰 350개 기업이 확대한 소득 격차의 추세를 나타낸다. 1970년대에 같은 기업에서 CEO와 '생산직 노동자' 급여 차이는 평균 20 대 1에서 30 대 1 사이였으나, 2010년에 이르면 이 차이는 200 대 1에서 400 대 1 사이로 10배 증가했다.[439]

반면 최빈층 절반은 소득이 지난 세대 내내 침체 양상을 나타냈다. 앞에서 살펴봤듯이 이같은 소득 격차의 확대는 개인의 가치와 능력 차이가 더 벌어지고 있다는 인식과 함께 상류층의 자만심과 특권 의식의 증가에 반영돼 왔다.

이처럼 거대한 소득 격차는 민간부문의 거의 모든 영역에서 발생하고 있다. 지방정부, 의료 서비스, 대학교, 경찰, 군대와 같은 공공부문의 경우에는 소득 격차가 매우 현저하게 적으며 대개 20 대 1을 넘지 않고 10 대 1정도까지 낮은 경우도 있다. 20세기 후반 공공부문과 민간부문의 소득 격차가 얼마나 심하게 벌어졌는지는 1980년대 이후 공공기업과 상호회사가 민영화된 이후에 CEO 급여 인상분에 뚜렷하게 반영되어 나타났다. 민간부문의 경영진 보수가 기업실적에 의해 정당화되기는커녕 그 둘 사이에는 아무런 관계가 없다는 사실이 이제 널리 받아들여지고 있다.[440]

미국 429개 기업을 대상으로 실시한 연구에서는 CEO가 중위

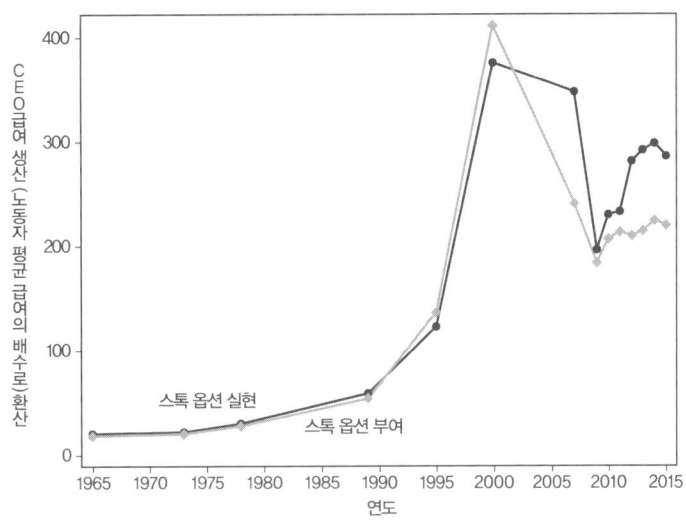

그림 8.4: 미국 350개 기업의 CEO 급여 대비 생산직 노동자의 평균 급여 비율의 변화양상.[439]

CEO 급여보다 많은 보수를 받는 경우 이보다 적은 보수를 받는 경우보다도 10년 동안 주주 수익이 훨씬 더 낮게 나타났다는 결과를 얻었다. 그림 8.5가 이를 보여준다.

소규모 종업원 집단은 각 집단 구성원이 똑같은 급여를 받을 때 생산성이 더 높다는 증거도 있다. 인도 제조업 종사자 378명을 대상으로 한 실험에서 집단 구성원 간의 급여 차이가 있는 경우와 없는 경우의 실적을 비교했다. 그 결과 구성원 간의 급여 차이가 있는 집단은 급여 차이가 없는 집단보다 대체로 생산성이 낮고 결근율이 높았다.[442] 지금까지 살펴본 불평등의 영향을 고려하면, 이런 결과는 집단 구성원 간의 협력, 신뢰, 유대감 차이를 반영하는 것으로 보인다.

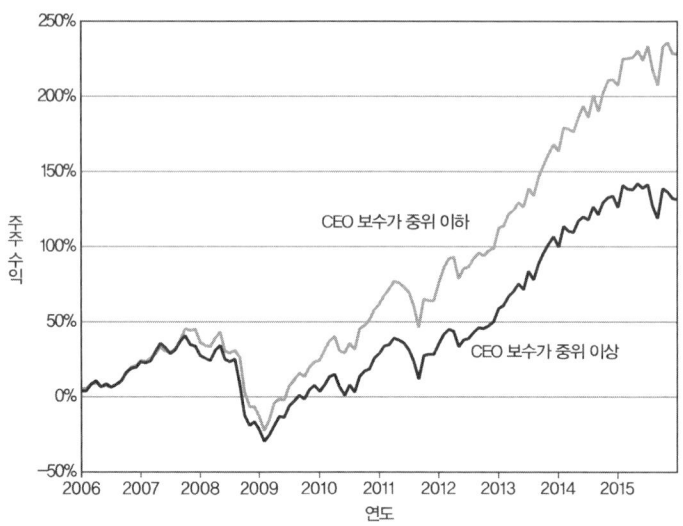

그림 8.5: 미국 429개 기업 중 CEO 급여가 적은 회사가 더 높은 실적을 나타낸다.[441]

조세와 사회보장 혜택을 통한 소득 재분배는 많은 사람들이 세금을 그들이 벌고 가질 권리가 있다고 생각하는 소득을 합법적으로 빼앗아가는 것으로 생각하는 경우에 특히 취약한데, 그 이유는 쉽게 뒤집히기 때문이다. 그러나 아무런 도움 없이 자신의 힘으로만 소득을 올렸다는 주장은 수많은 타인의 기여에 의존하기보다 자급자족하는 소작농처럼 고립상태에서 필요한 물품을 모두 생산했을 때나 진실일 수 있다. 인간의 소득은 공동으로 생산한 것에서 더 많거나 적은 몫을 뽑아낼 수 있는 능력을 반영한다. 작업의 난이도조차도 보상과 특별한 관련성을 지니지 않는다.[443] 기술이 있고 잘 교육받은 노동자들뿐만 아니라 부자나 CEO들도 교통, 통신, 전력, 상수도 같은 사회기반 시설이 없는 빈곤한 사회에 살

있더라도 부자가 됐을 사람은 극소수에 불과할 것이다. 또 경제학자들이 언제나 명확히 밝혀왔듯이 고용주는 노동가치가 급여보다 크다고 생각하는 사람만 고용한다.

무엇보다도 '상여금 문화'와 최상위 소득의 급속한 증가에 기인한 불평등의 증가는 권력자의 사리사욕 추구를 효과적이고 민주적으로 제한할 수 있는 수단이 없음을 보여준다. 조세제도든 노동조합의 힘이든 혹은 한때 '사회주의 운동'이라고 불렸던 정치 세력이든 마찬가지다. 이런 흐름을 뒤집으려면 효과적인 새로운 제약을 고안해서 경제 시스템 안에 영구적으로 통합시켜야 한다. 민주주의가 시장의 효과와 모순되지 않으면서도 이를 조정할 수 있는 방식으로 경제영역까지 영향력을 확장해 나가야 한다. 모든 현대적 경제활동이 실제로 상호의존적이고 협력적 활동이라는 사실은 이로부터의 소득 분배와 조직의 통제 방식에 반영돼야 한다.

현재 유럽연합 회원국 약 절반이 기업 이사회나 보수 위원회에 종업원 대표를 포함시켜야 한다는 입법 규정을 갖추고 있다.443, 445 2013년 영국(미국과 마찬가지로 종업원 대표가 법률상 요건이 아니다)에서 실시한 한 설문조사에서 전체인구 76퍼센트가 종업원 대표를 기업 이사회에 참여시키는 데 찬성했다.446 미국에서 실시한 종업원 설문조사들에서도 역시 대다수가 의사결정에 좀더 참여하고 싶다고 응답했다.447 2016년 영국 보수당 총리로 정권을 잡은 테레사 메이는 이 방향으로 적어도 첫발은 내딛고자 하는 의욕을 보였다. 그러나 얼마 되지 않아 메이 총리는 이 생각을 접었다.

독일에서는 1951년 탄광업과 철강산업에서 '공동 결정권Right

of Co-determination'이 확립됐다. 1976년에는 공동결정권이 종업원 2,000명 이상인 모든 기업에 확대 적용되었다. 종업원 수가 500명에서 2,000명 사이인 상장기업(가족소유기업 제외)은 이사회 구성원 3분의 1을 종업원 대표로 선발해야 한다. 국가마다 입법의 강도가 다르고 큰 차이를 가져오기에는 미약한 경우가 많지만, 연구들은 이사회에 종업원 대표가 있는 기업이 기업 내의 임금 격차가 비교적 적은 경향을 나타낸다고 보고한다.[448] 또 이와 관련된 강력한 법 규정이 있는 국가는 그렇지 않은 국가보다 1980년 이후 불평등 수준이 더 적게 상승한 것으로 보인다. 종업원 대표가 기업실적에 미치는 효과를 살펴본 독일의 대규모 연구에서는 종업원 대표가 기업의 효율성과 시장가치를 높인다는 결과를 얻었다.[449]

종업원 대표들은 이사회에 정보와 이해력을 높여 의사결정의 질을 향상시키고 기업 가치를 상승시켰다. '무역, 운송, 컴퓨터, 제약, 기타 제조업' 등 더욱 강력한 조정과 활동의 통합, 정보 공유를 필요로 하는 부문의 기업들이 종업원 대표를 도입하여 가장 큰 혜택을 얻었다. (그러나 해당 기업의 종업원이 아닌 외부의 노동조합 임원이 종업원을 대표하는 경우에는 정보의 흐름 개선으로 인한 혜택 효과를 찾아볼 수 없었다.) 경영진에 더 많은 정보를 제공하는 장점 이외에도 기업조직 전체에 전략과 이윤에 관한 의사소통이 활발해져 노동자와 노동조합에게도 혜택이 돌아갔다.

기업 이사회에 종업원 대표를 참여시키는 입법 규정을 강화하는 동시에 협동조합과 종업원 소유회사와 같이 좀더 철저하게 민주적 기관으로 구성되는 경제부문을 늘려나가는 정책도 필요하다. 협동조합의 임금 격차는 다른 어느 곳과 비교하더라도 훨씬 적다. 몬드라곤Mondragon 협동조합 그룹은 스페인 바스크 지방에서 60년 전 설립된 기업으로, 현재 약 8만 명에 가까운 사람을 고용하고 있다. 스페인에서는 높은 임금을 지급하는 다른 기업이 고급 인력을 빼내가는 경향이 있음에도 몬드라곤 협동조합의 최고 임금과 최저 임금의 비율은 약 5 대 1이며 6 대 1을 넘기는 경우는 극히 드물다.

협동조합과 종업원 소유회사는 임금 격차를 줄일 뿐만 아니라 외부 주주로부터 종업원에게로 부를 재분배하고 동시에 불로 소득을 줄인다. 이런 기업들은 부의 재분배를 확장하여 경제학자인 토마 피케티Thomas Piketty가 《21세기 자본Capital》에서 제기한 핵심문제를 해결하는 데 기여한다.[450] 자본수익이 다른 소득보다 빠르게 증가하므로 불평등을 증가시킨다는 피케티의 주장은 부유한 일부 사람들의 손에 부가 집중돼 있다는 사실을 근거로 한다. 경제 민주주의는 부의 소유와 이로부터의 수입 모두를 더 널리 퍼트릴 가장 좋은 방법일 수 있다.

협동조합과 종업원 소유회사는 직무 관계를 바꾸고 직무 경험을 개선한다. 로버트 오크쇼트Robert Oakeshott가 저서 《일과 공정성Jobs and Fairness》에서 말하듯이 종업원의 기업 인수는 회사를 일개 건물에서 공동체로 바꿀 수 있다.[451] 자신의 이웃에 누가 사는지도 모르는 사람이 많고 활발한 지역 공동체 생활이 거의 없는 현실에서 서로 가장 많이 관계를 맺으며 공동체 의식을 복구할 수 있는 곳이 바로 직장이다. 대다수의 사람들이 근무처를 딱히 공동체라고 여기지 않는 주요 이유는 직장이 바로 소득 격차가 처음으로 생기는 곳이자 상관에서 부하에 이르는 위계적인 '계통관리' 체계에 의해 사람들이 나뉘는 곳이라는 데 있다. 종업원 소유회사와 협동조합과 같이 더 민주적인 경제제도는 직무 위계의 본질을 개혁하고 분열을 초래하는 소득 격차를 감소시킴으로써 직장에서 사회적 결속력과 호혜 관계를 형성하고 더 광범위한 공동체 생활을 강화하는 데 있다.[452, 453]

민주적이고 평등한 기업형태가 지니는 또 하나의 중대한 이점은 높은 생산성이다. 경제 민주주의 유형에 대한 대부분의 평가는 종업원 대표제도로 매우 부분적인 전진을 보인 기업들을 살펴보는 데 그쳤다. 하지만 종업원 주식소유제도에 대한 효과 분석을 포함해서 수백 개의 기업을 대상으로 민주적 시스템을 도입하기 이전과 이후의 실적 데이터를 비교하는 등 잘 통제된 수많은 대규모 연구들이 존재한다.[454] 연구들은 이런 비교에서 참여적 경영과 결합할 때만 확실한 생산성 향상이 나타났다는 것을 보여준다.[455, 456] 한 보고서의 일부분을 소개한다.

종업원 주식보유제도와 참여적 경영이 결합된 경우에 상당한 이익이 발생한다고 말할 수 있다. 그러나 종업원의 주식 보유나 참여적 경영 각각 하나만으로는 기껏해야 간헐적이거나 단기적 결과만 얻을 수 있을 뿐이다. 종업원 주식보유제도가 없을 때 참여적 경영의 효과는 단기에 그친다. 종업원의 주식보유제도는 참여를 지속시키는 문화적 접착제 역할을 수행하는 것으로 보인다.[457]

필드 피셔 워터하우스(Field Fisher Waterhouse, 영국 런던 소재 국제법무법인·옮긴이)가 수집한 자료에 따르면, 1992년부터 2012년 사이에 완전한 종업원 소유 주가지수Employee Owneship Share Index는 648퍼센트 상승하여 245퍼센트 상승한 FTSE(Financial Times Stock Exchange, 영국 경제일간지〈파이낸셜 타임스〉와 런던국제증권거래소가 1995년 공동으로 설립한 FTSE 인터내셔널사에서 발표하는 지수·옮긴이) 전 종목 주가지수에 비해 2.5배 이상 더 높았다. 100건이 넘는 연구를 살펴본 최근 분석에서 종업원 소유회사는 실적이 더 뛰어날 뿐만 아니라 종업원 간의 불평등도 줄인 것으로 나타났다.[458]

그렇지만 완전한 종업원 소유회사가 모든 종업원의 소유인 것은 아니다. 개중에는 소수의 고위 관리자들이 소유한 기업도 있다. 그러나 증거를 분석한 결과, '폭넓은 소유권[즉 더 높은 비율의 직원들이 소유권을 공유]이 그렇지 않은 경우에 비해 생산성을 4퍼센트까지 더 상승'[459]시킨다. 영국정부가 의뢰한 연구를 포함해 다른 여러 분석도 비슷한 결론에 이르렀다.[456, 460, 461]

이와 같은 여러 증거들은 종업원 소유회사가 생산성을 높일 뿐만 아니라 혁신과 불황을 견디는 능력과 병가 및 직원 만족도, 그리고 평등 측면에서 다른 기업을 능가한다는 것을 시사한다. 흥미로운 결과는 민주적 기업일수록 생산성이 높고 임금 격차가 낮은 반면 비민주적 기업 가운데서 CEO부터 아래로 내려갈수록 직원 간의 임금 격차가 큰 회사가 생산성이 낮게 나타난다는 것이다.[462] 민주적 기업에서 유일한 옥에 티는 진정으로 참여적 경영이 어렵고 더욱 형식적인 대표구조가 필요하지만 부재한 대기업에서는 그 장점이 감소한다는(역전되지는 않지만) 것이다.

이와 달리 외부주주가 의사결정에 참여하면 기업 실적에 방해가 되는 경우가 많다. 주주는 그들이 주식을 소유한 회사의 운영 방식을 자세히 모를 뿐만 아니라 주주가 관심 갖는 주가변동은 해당 기업에 거의 혹은 전혀 영향을 미치지 않는다. 이사회 보고서와 권고 사항을 면밀히 검토하는 게 회사에 이로울 때도 주주는 그렇게 할 능력이나 의향이 부족한 경우가 많으며, 대개 연례 주주총회에서 거수기 역할을 하는 데 그치기 십상이다.

협동조합과 종업원이 소유하는 기업부문을 개발해야 하는 중대한 이유 중 하나는 평등과 지속가능성의 상관관계다. 미국의 환경운동 선구자 머레이 북친Murray Bookchin은 "인간에게 호흡하지 말라고 '설득'할 수 없듯이 기업에게 성장을 제한하라고 '설득'할 수 없다"[463]라고 말했다. 성장에 집중하는 기업의 행태는 외부 주주의 수익을 극대화해야 하는 필요성과 기업의 부와 권력을 상부에 집중하는 작동 방식에서 비롯된다. 구조변화가 없는 상황에서 상위 계층의 자기권력 강화나 이윤 동기의 영향력이 약화될 기미는 거의 눈에 띄지 않는다.[464]

반면 협동조합은 공동체로서 행동할 가능성이 높고 성장을 최우선 순위로 삼을 가능성은 낮다. 같은 이유로 협동조합은 윤리적으로나 환경적 측면에서 바람직한 행보를 보일 가능성이 높아 보인다. 오스트리아, 이탈리아, 독일에서 서로 상반되는 조직 민주주의 수준을 나타내는 기업 22곳의 종업원을 대상으로 실시한 연구에서는 민주주의 수준이 높을수록 사내 '사회도덕적' 분위기가 개선될 뿐만 아니라 종업원의 시민정신과 친사회적 관점의 수용 및 상호 협력하는 경향도 증가했다.[465, 466] 그렇지만 더 높은 수준의 민주적 기업들이 공익에 바람직한 방향으로 행동하도록 하려면 이사회에 종업원 대표와 함께 공동체 및 소비자 대표를 참여시키지 않을 이유가 없다.

왜 지금인가?

대다수 종업원이 의사결정 과정에 좀더 적극적으로 참여하고 영향력을 행사할 수 있는 시스템을 바라고 있음에도, 대부분의 기업들은 법으로 규정되지 않는 한 종업원 민주주의를 향해 나아가려는 움직임을 거의 혹은 전혀 보이지 않는다.[447] 그 결과 종업원들은 본인의 역할이 외부 주주의 관심과 이익에 봉사하는 것을 알고 있지만 이를 보장하려는 일선관리체계가 유발하는 골치 아픈 문제까지 더해져 불만을 느낄 가능성이 높다.

이런 문제는 결코 사소하게 넘길 일이 아니다. 자신의 업무를 통제할 수 없다고 느끼는 감정은 건강에 중대한 영향을 미친다고 알려져 있는데, 그 주요 원인은 스트레스 증가에 있다.[467, 468] 현대적 생산의 복잡성이 더욱 증가하는 환경을 고려할 때 업무 통제권의 극대화를 위해 직장 내 민주주주는 더욱 시급한 일이다.[469] 제도상 부당함과 책임감 결여, 공평한 대우를 받고 있다고 느끼는지 여부와 같은 광범위한 쟁점도 노화에 따른 정신적 기능의 저하를 가속화시키는 등 건강에 해를 끼친다고 알려져 있다.470-472 심지어 초등학생 사이에서도 불공평한 대우를 받는다는 느낌은 극심한 스트레스 요인이다. 21개국 초등학생을 대상으로 실시한 연구는 그중 19개국 어린이들이 교사에게 부당한 대우를 받는다고 느꼈을 때 두통에 더 많이 시달린다는 사실을 발견했다.

민주적 기업일수록 이직률이 한결같이 더 낮다는 증거에서 사람들이 민주적 기업을 선호한다고 유추할 수 있다. 일을 하기에 가장 좋은 직장 목록에 이런 기업들이 계속 오르는 경향에서 이런 추측을 확인할 수 있다. 협동조합과 종업원이 소유한 기업에서는 많은 직원이 직장 상사에게 자주 느끼지만 말 못하는 적대감과 마찰이 적다. 특히 직간접적으로 고위 관리자 임명에 영향력을 발휘할 수 있는 종업원에게 고위 관리자가 책임을 지는 기업의 경우는 더욱 그렇다.

기존의 기업 소유와 통제 형태가 점점 비생산적인 구시대의 유물이 되어가고 있다는 사실은 경제 민주주의를 옹호하는 또 하나의 이유다. 영국노동조합회의Trades Union Congress가 발표한 〈이사회의 노동자Workers on Board〉라는 보고서는 전통적인 주식 소유형태가 어떻게 현대 기업에 점점 부적절해지고 있는지 설명한다.473 이 보고서는 1960년대에는 소수의 기업에 장기적인 이해관계를 지닌 개인이 주식 대부분을 소유했으며, 주식 보유자는 해당 기업을 유심히 지켜보면서 상당한 관심을 가졌다고 지적한다. 당시 사람들은 한 회사의 주식을 평균 7년 동안 보유했다. 그러나 현재는 수많은 국가에 위치한 수백수천 개 기업에 분산 투자하는 금융기관이 주식 대부분을 소유하고 있다. 이런 금융기관은 대개 그저 컴퓨터 알고리즘이 알려주는 대로 단기 주식거래로 수익을 내므로 주식을 보유하는 평균 시간이 1분 이하이며, 따라서 해당 기업에 장기적으로는 물론 단기적으로도 관심이 없고 잘 알지도 못한다. 이렇게 빈번하게 주식을 매매하는 금융기관을 제외하더라도 주식 보유기간은 평균 몇 개월에 불과하다. 대규모 상장기업은 주주가 수천 명, 심지어 수만 명에 이르며 누가 주주인지 전체 정보를 획득하기조차 어려운 지경이다.

동시에 현대의 생산과정은 수많은 사람의 전문기술과 지식을 한꺼번에 투입해야 하는 경우가 점점 늘어나고 있는 까닭에, 이제 기업의 가치는 사옥과 자본 설비보다는 종업원의 기량과 전문기술, 노하우를 결합한 총체라 할 수 있다. 기업 매매가 점점 인적자원을 집단으로 사고파는 행위에 가까워지고 있다는 뜻이다. 이는 소름 끼치도록 시대착오적인 개념으로 그 종업원 집단이 기업을 더욱 성공적으로 경영할 수 있는 경우라면 특히 더 그렇다. 그 매매의 목적은 당연히 인적 집단인 종업원들이 생산하는 계속적 이익에 대한 권리를 사는 것이다.

그러나 민주적 기업일수록 생산성이 높고 현대적인 주식 보유가 시대착오적인 관습이 됐다면 어째서 민주주의가 경제부문으로 급속히 확장되지 않을까? 그 답은 기업이 단순히 모두가 필요로 하는 재화와 서비스를 생산하고자 존재하는 게 아니라는 데 있다. 기업은 본질적으로 권력과 부를 최상위층 몇 명에게 집중시키는 경향이 있다. 그 결과 '기업의 일인자'는 개인의 사적 이익과 회사를 위한 최선 사이에서 이해관계가 충돌한다. CEO가 보수를 비교적 적게 받는 기업이 많이 받는 기업보다 실적이 좋다는 사실을 나타낸 그림 8.5에서도 이 문제를 확인할 수 있다. 월등히 높은 연봉은 기본 관심사가 기업의 이익이 아니라 자기 향상인 사람들에게 특히 매력적일 수 있다는 면에서 위험하다.

다수의 다국적 기업이 여러 국가 전체의 GDP보다 더 큰 매출을 올리고 있다. 이들 가운데 몇몇 기업은 노르웨이와 뉴질랜드 같은 국가보다 더 큰 매출을 올리지만 민주적 책임을 외면한 채 세금은 거의 혹은 아예 내지 않는 경우도 흔하다. 2008년 미국회계감사원은 미국 100대 기업 중 83곳이 조세 피난처에 설립한 자회사를 이용해 세금 납부를 회피했다고 보고했다. 조세정의 네트워크는 유럽의 100대 기업 중 99곳이 같은 방법을 이용한다고 발표했다. 그러면서도 이런 기업들은 운송 시스템부터 교육과 경찰에 이르기까지 남들이 비용을 대는 공공 기반 시설에 의존한다.

기업의 사회적 책임에 관한 프로그램이 지지를 얻고 있지만 회사 이익에 최선인 행위가 사회전체에 이익이 되지 않는 경우는 아주 흔하다. 실제로 대기업은 사회에서 점점 반사회적인 역할을 하고 있다. 뉴욕 시립대 공공보건학과 석좌교수 니콜라스 프레우덴버그Nicholas Freudenberg는 《치명적이나 합법적인Lethal But Legal》에서 식품, 담배, 알코올, 총기, 제약, 기업식 농업과 자동차 산업이 공공보건에 가장 중대한 위협을 가하는 주체에 속한다는 방대하고 구체적인 증거를 제시한다.[474] 비만 인구를 줄이려는 노력에 맞서 싸우는 식품 제조업계이든, 디젤 자동차 엔진 배기가스를 조작하는 자동차 산업이든 결국 이들이 초래한 비용은 수많은 인간의 생명이다. 프레우덴버그는 기업이 어떻게 광고비용과 정치적 영향력, 언론을 이용해 자사 제품의 해악을 밝힌 과학적 연구 증거를 반박하고 위험을 줄이려는 모든 입법적 시도에 맞서 싸우는지를 보여준다.

 기업들은 규제기관에서 자사의 이익을 지켜줄 사람들을 포섭하고 자사 제품이 해롭다는 막대한 증거가 있는데도 계속해서 판매하고자 정치인들에게 엄청난 로비 자금을 제공한다. 건강을 해치지 않는 제품을 만드는 기업이라도 지구 온난화가 유발할 최악의 사태를 피하려면 탄소 배출량을 적어도 80퍼센트까지 줄여야 한다는 증거가 넘쳐나는데도 여전히 판매와 소비의 극대화를 목표로 하고 있다. 현대사회의 지혜를 모은다면 공익과 인류, 지구에 이로운 방향으로 생산이 이루어지도록 보장하는 방안을 찾을 수 있을 것이다.

대전환

기존의 사회구조는 현재 우리 모두에게 거대한 비용을 부과하고 있다. 앞서 살펴보았듯이, 이는 행복을 창조하기에 비효율적인 방법이다. 지금보다 더 평등한 사회는 모두에게 바람직할 뿐만 아니라 더 저렴한 비용이 든다. 이퀄러티 트러스트 계산에 따르면 영국이 불평등을 OECD 국가의 평균 수준까지만 줄이더라도 신체 및 정신건강의 향상과 폭력 및 수감률 감소에서 비롯되는 비용만 매년 390억 파운드(약 58조 원)를 아낄 수 있다.[475] 불평등이 수많은 사회적 장애 측면을 예측하는 강력한 변수라는 점으로 미루어 볼 때 전체 비용의 감소분은 이보다 더 많을 것이다.

  1970년대 영국은 현재 스칸디나비아 국가들만큼 평등했다. 그때 이후로 영국은 소득 상위 20퍼센트와 하위 20퍼센트 사이의 격차가 급격히 확대되어 지금은 스칸디나비아 국가들의 두 배에 달한다. 상위 소득이 불평등 증가에 미치는 영향은 빈곤과 낮은 소득만큼이나 심각하다. 평등 수준은 세전소득 격차를 줄이거나 누진세 및 사회보장 혜택의 확대로 소득을 재분배함으로써 증대할 수 있다. 비교적 평등한 국가나 미국 주들의 사례로 볼 때, 평등 수준을 높이기 위해 택하는 구체적인 방법은 실제로 달성하는 평등 수준보다 중요하지 않다. 두 접근법 모두가 평등 수준의 향상이라는 사회적 편익을 가져오는 것처럼 보이며, 따라서 두 방법 모두 추구해야 한다.

  재분배 정책 측면에서 볼 때 역외 조세 피난처를 비롯한 여러 조세회피 수단을 타파할 조치는 누진세를 다시 강화하기 위해 분명히 필요한 사전 단계다. 평등의 확대는 사회 하층민에 대한 편견을 줄이는 역할을 하므로 평등이 확대되면 좀더 수월하게 더 관대한 사회보장제도의 혜택을 제공할 수 있게 될 것이다. 좀더 급진적인 조세개혁과 복지제도로는 기본소득과 토지세 계획을 들

수 있다. 학계 및 정책 전문가들 사이에서 두 가지 제도를 모두 옹호하는 사람들을 찾아볼 수 있으며 추천하는 사람도 많다.[476-479] 실제로 자동화와 인공지능이 많은 일자리를 대체할 것이라는 전망이 증가하는 가운데 어쩌면 기본소득은 불가피한 정책이 될 수도 있다.

세전소득 격차에 관해서는 여러 국가에서 최저 임금을 인상하거나 고용주에게 법적 최저 임금보다 상당히 높은 '생활 임금'을 지급하라고 권하는 캠페인을 벌여 왔다. 그러나 세전소득 격차를 성공적으로 줄이려면 정부가 노동에 대한 수요와 경쟁을 강화하기에 충분히 낮은 실업률을 유지하도록 경제를 관리해야 할 것이다. 그림 8.2와 8.3에서 볼 수 있듯이 역사적으로 노동조합은 불평등의 감소에 핵심적 역할을 수행했다. 산업구조가 대규모 중공업 위주에서 소규모 서비스업 위주로 옮겨가면서 노동조합이 예전만큼 강력한 영향력을 되찾을 가능성은 낮지만 조합원을 대표해서 행동하는 노동조합의 합법적인 능력은 회복되어야 한다.

노동조합의 영향력이 약한 지금, 정상적인 임금협상 체제를 유지하려면 비노조원의 낮은 임금에 대응하는 것이 한층 더 중요하다. 이 문제에 대응할 해결책으로 최저임금 협정을 체결하고 감독하도록 노동조합과 고용주, 전문가로 구성된 국가임금협의회를 재건하는 방법을 들 수 있다. 고용주가 책임을 무시하고 종업원에 대한 의무의 실행을 회피하고자 자영업과 0시간 고용계약 개념을 사용해 유급 휴가, 연금, 병가 등을 주지 않는 분야에는 특히 이 방식을 긴급하게 도입해야 한다.[480]

그러나 가장 중요한 장기 대책은 경제부문에 민주주의를 확장해 나감으로써 세전소득 격차를 줄이는 것이다. 이 목적으로 꾸려질 정책협의회는 경제계로부터 강력한 반발에 부딪힐 것이다. 그러나 앞에서 살펴봤듯이 CEO와 주주들이 항상 기업의 이익을 최우선으로 생각하는 옹호자는 아니다. 마찬가지로 마치 공공선만을 생각한다는 듯이 성장의 장점과 규제의 단점을 이념적으로 해석해 제시하더라도, 이는 부유한 소수가 자신의 이익을 정당화하고 보호하려는 의지를 반영한 경우가 흔하다. 정책을 개발하려면 수많은 토론 과정이 필요하다. 특정 집단의 이익에 부응하는 이념이 끊임없이 정책방향을 탈선시키려고 애쓸 것이기 때문에, 이는 중요한 사항이다. 과거에는 서로 다른 계층 이익이 서로 다른 계층 이념을 낳는다는 인식이 부분적으로 빈곤층의 이익을 보호했다. 그러나 진보정당의 정치 지도자들마저 부유층과 지나치게 친밀해지면서 이런 관념이 사라졌다. 유권자들은 트럼프 대통령만큼 부유한 사람이 최빈층의 이익을 위해 애쓸 것이라고 믿기 시작했다.

때때로 존경할 만한 예외가 있지만, 민주주의가 확대되면 권력이 축소되는 사람이 이런 정책을 지지하는 경우는 드물다. 반발이 강할 것이지만 경제 민주화는 대중들이 인식하는 정치적 목표가 되어야 한다. 모든 진보적 정치인들은 인류가 나아갈 진보의 다음 주요 단계로 경제 민주화를 지지하고 옹호해야 한다. 경제 민주화가 현재 수준보다 더 높은 삶의 질을 실현할 수 있는 지속가능한 미래로 나아가는 이행 과정의 일부라는 대중적 인식을 창출해야만 한다. 지금 필요한 것은 혁명이 아니라 점진적이고 광범위한 전환이다.

이 과정을 촉진하려면 현재 각국에 존재하는 종업원 소유회사와 협동조합의 인지도를 높여야 한다. 이런 기업들은 이미 상당한 영향력을 지니고 있다. 다른 많은 국가보다 민주적인 경제부문이 취약한 영국에서도 종업원 소유회사와 협동조합이 500개 가까이 존재하며, 이런 기업들의 연간 총매출은 107억 파운드(약 15조 9,100억 원), 종업원 수도 10만 명에 이른다. 영국의 종업원소유조합 Employee Ownership Association에 따르면 지난 몇 년 동안 이 경제부문은 연간 9퍼센트 속도로 계속해서 성장하고 있다.

에이럽Arup, 스코트 베이더Scott Bader, 스완모튼Swann-Morton, 존 루이스John Lewis와 같은 대기업을 포함해 민주적 사업모델을 적용해 크게 성공을 거둔 기업에도 관심을 기울여야 한다. 미국의 최대 종업원 소유회사는 1,000개가 넘는 점포를 운영하고 17만 5,000명의 종업원 수에 연매출 300억 달러를 달성하고 있는 퍼블릭스 슈퍼마켓Publix Super Markets이다. 이는 미국 비공개 기업 중 열 번째 안에 꼽히는 규모다. 전·현직 종업원이 회사주식 80퍼센트를 소유하고 있으며 창업주 가족이 나머지 20퍼센트를 보유하고 있다. 종업원 수 2만 명에 이르는 사진 서비스 업체인 라이프터치Lifetouch를 비롯해 주식 전체를 종업원이 보유하고 있는 미국 대기업도 많이 있다.

회사 로고에 기업의 지위를 표시하여 자신의 회사가 공평하고 민주주의에 공헌하고 있다는 점을 드러내도록 장려하는 것도 전체 부문의 인지도를 높이는 방법 중 하나다. 이런 기업의 가시성을 높이고 사람들이 이들 기업의 윤리성과 실질적인 이점을 더 잘 인식할 수 있도록 '공정무역' 사례 등을 참고해서 '민주적 기업'

로고를 마련하는 방법도 도움이 될 수 있다. 소비자 운동은 기업이 자사 판매에 악영향을 미칠 수 있는 평판 문제에 대단히 민감하다는 사실을 보여줬다. 기업이 다양한 사회적, 환경적, 윤리적 기준을 충족한다고 증명하기 위해 사용하는 기준에 기업에 대한 평판도 포함시킬 수 있을 것이다.

민주적 기업의 성장을 돕는 좀더 직접적인 접근방법은 사람들이 민주적 기업들 중에서 쇼핑을 하거나 은행 업무를 보고 공공설비 공급업체를 선택할 수 있는 전용 인터넷 포털을 만드는 것이다. 고객이 상품 범주를 선택하면 해당 상품과 서비스를 제공하는 민주적 기업들로 연결해 주는 웹사이트다. 시간이 흐르고 자리를 잡으면 이런 인터넷 포털은 조세회피와 종업원에 대한 부당한 처우 전력이 없는 기업들로 이뤄진 아마존의 평등주의 버전으로 기능할 수 있을 것이다. 이런 웹사이트는 민주적 경제부문에 시장우위를 더할 뿐만 아니라 일반 대중이 민주적 사업모델이 지니는 실질적이고 윤리적인 이점을 인식하는 인지도 역시 높일 것이다.

경제 민주주의를 제안하고 이를 정치적 의제 중심에 놓으려면 결국 입법상 변화가 뒷받침되어야 할 것이다. 그 첫 번째 목표는 소규모 기업 대부분이 이사회와 보수 위원회에 종업원 대표를 두는 것을 법으로 강제하는 것이다. 경제 민주주의가 뿌리내리려면 시간이 갈수록 기업 이사회와 보수 위원회에 소속된 종업원 대표의 비율이 늘어나서 종국에는 종업원 대표가 과반수를 넘기는 지배체제로 가야 한다. 주식의 일부를 매년 종업원이 관리하는 신탁기금으로 이전하도록 하는 것도 점진적으로 통제의 전환을 확립하는 방식이라 할 수 있다. 매년 2퍼센트씩만 이전하더라도 25년이 지나면 종업원이 과반수 지배력을 갖게 될 것이다. 스웨덴 노동조합들이 한때 기업에 대한 종업원의 지배력을 높이고자 종업원투자기금Employee Investment Fund이라는 제도를 제안한 적이 있다. 이 제도는 1983년 미약한 형태로 마련됐고 의결권을 지니고 집단적으로 통제되는 종업원기금에 이윤 일부분을 지급하는 기업들이 참여했다.[481] 스웨덴경영자협회는 이에 격렬하게 반발했고 스웨덴의 경제 안정화와 민주화에 제대로 기여하기에 충분할 정도로 많은 기금이 모이기 이전이었던 1991년에 사회민주당이 정권을 잃었을 때 폐지되었다. 그럼에도 재무적 성과와 참여 기업들이 얻은 귀중한 경험이라는 측면에서 이런 기금이 효과적으로 작동할 수 있다는 사실은 입증됐다.

경제 민주주의를 증진하는 법률을 제정하기 전이라도 공공부문의 계약 체결이나 법인세 감면 같은 조건으로 경제 민주주의를 실행할 수 있다. 로드아일랜드주와 캘리포니아주에서는 임금 격차가 적은 기업에게 법인세를 감면해주고 정부계약을 심사할 때 우대하는 입법 계획이 있었다. 이밖에 다른 곳에는 공공지출을 '공동체의 번영 구축'을 발전시키고 촉진하는데 사용하는 계획도 있다. 이런 계획에서는 지역 병원, 대학교, 시 정부와 같은 지역의 공공부문 '지주' 기관의 지출이 지역경제로 흘러들어가도록 한다. 이런 계획이 목표하는 바는 종업원들이 통제하는 지속가능한 기업을 발전시키고 지역개발이 지역 공동체의 통제 하에서 이루어지도록 보장하는 것이다.

오하이오주 클리블랜드에 있는 민주주의 협력Democracy Collaborative은 큰 성공을 거둔 스페인 몬드라곤 협동조합 그룹을 모방해서 '에버그린 협동조합Evergreen Cooperative'을 설립했다. 현재 에버그린 협동조합은 에너지를 생산하는 오하이오 태양에너지 협동조합Ohio Cooperative Solar, 온실 5에이커에 채소를 기르는 그린 도시농부 협동조합Green City Growers Cooperative, 지역병원과 호텔을 상대하는 에버그린 세탁 협동조합Evergreen Cooperative Laundry으로 이루어져 있다. 영국 랭커셔 프레스턴도 지출에서 더 높은 비율을 지역 번영의 구축과 지역기업의 후원에 쓰고자 지역 공공부문 기관들에게 동의를 얻어 비슷한 계획을 시작했다.

영국종업원소유조합과 영국협동조합연맹Co-operatives UK은 종업원 지배기업의 성장을 가속화하는 정책 제안을 제시해 왔다. 두 기관 모두 이 부분의 성장을 가로막는 주요 장애물로 법률고문과 재정고문 전문가들이 이런 모델을 제대로 인식하고 있지 못하다는 점을 꼽았다. 그 결과 사업을 시작할 때나 대규모 확장을 기획할 때, 창립자의 은퇴로 승계문제를 다뤄야 할 때, 기업구제가 필요할 때 등 기업의 중요 성장단계에서 민주적 모델을 선택지로 고려하는 경우가 적다. 대중적 인식이 증가하면 법률과 재정고문 전문가의 관심과 지식부족의 문제도 줄어들고 기업을 담당하는 정부 부처들도 종업원 소유의 설립이나 전환에 필요한 지원과 조언을 제공할 수 있을 것이다. 또 종업원 소유회사와 협동조합의 설립 방법에 관한 교육과 자문 서비스도 제공할 수 있을 것이다.

일반적으로 은행은 협동조합을 잘 모르기 때문에 종업원의 기업인수자금용 대출금 처리에 어려움이 발생하는 경우가 많다. 이 목적으로 특별대출제도를 마련해야 한다는 강력한 논거가 존재한다. 이상적으로는 정부가 세금 혜택, 자문 및 지원 서비스, 잘 준비된 지배구조의 원칙, 자금원을 모두 갖춘, 민주적 경제부문을 육성하기 위한 정책의 패키지를 만들어내야 한다.

종업원 소유회사와 협동조합 설립 시에는 모든 경우에 기업을 외부 주주에 되팔 수 없도록 설계해야 한다. 과거에는 이를 강제하는 실효성 있는 규정이 없어 '주식화'라는 대세에 밀려 더 민주적 부문에서 좀더 빠른 성장을 이룰 수 없었다.

마지막으로 기업 이사회 일원으로 새로운 역할을 맡게 되는 종업원은 경영, 상법, 회계, 경제학 같은 분야에 대한 교육을 받아야 한다. 선택지는 학교 운영위원 교육용으로 만든 학습 프로그램 같은 초단기 강좌부터 석사학위 과정에 이르기까지 다양할 것이다. 이 같은 예비과정의 제공은 선출된 이사진 사이에서 종업원 대표의 자신감과 의사결정의 질을 높이는 동시에 경제 민주주의로 이행을 완수하겠다는 정부의 약속이 진지하다는 것을 대중에 전달하는 역할도 한다.

새로운 사회를 만들려면 직장 민주주의를 위한 압력보다 훨씬 많은 것이 필요하다. 이번 장의 중심주제가 바로 이것이었는데, 더 나은 소득 평등의 확대를 우리 사회에 좀더 근본적으로 새겨 넣는 구조적 변화를 이루지 못한다면 불평등 수준은 여론 향방에 따라 그저 오르락내리락만 하게 될 것이다. 앞서 제시한 제안이 달성하고자 하는 불평등 감소를 이루지 못한다면, 아마 우리는 기후변화에 지고 말 것이라는 점을 받아들여야 할 것이다.

2015년 12월 195개국이 자발적으로 탄소 배출을 줄이기로 합의했던 파리기후협정이 목표를 달성하지 못할 것이라는 기미가 이미 나타나고 있다. 만약 이들 국가들이 합의대로 탄소 배출을 줄인다면 상당한 참사를 초래할 수 있는 섭씨 3도 이하로 지구 온난화를 유지하고 예정대로 나아갈 수 있을 것이다. 그러나 선출된 정부가 환경이나 국민건강을 보호하는 법률을 제정하여 기업의 상업적 전망에 손해를 끼친 경우에 기업이 고소할 수 있도록 허용한 국제무역협정의 사례와 달리, 기후협정에는 강제 규정이 없다. 저탄소 경제로 나아가는 이행은 오래 미룰수록 더욱 갑작스럽고 어려우며 충격적인 과정이 될 것이다. 새로운 사회를 열어가는 새로운 전망이 점점 더 절실하게 필요하다.

새로운 사회 창조

평등의 확대는 더 나은 사회를 만드는 데 가장 중요한 요소다. 사회 전체적으로 봤을 때 평등의 확대는 바람직한 사회관계 형성의 근본이기 때문이다. 인간사회의 사회적 지위체계(동물사회에서 지배적 위계체계나 먹이 먹는 순서처럼)는 힘을 기준으로 순서를 정한다. 이는 나머지 사람들의 필요를 무시한 채 상류층에게 자원에 접근할 수 있는 특권을 제공한다. 다른 모든 동물과 마찬가지로 인간도 역시 모두 똑같은 기본 욕구를 지니므로 희소한 자원에 대한 접근권을 공유할 것인지, 동맹자로서 협력할 것인지, 경쟁자로서 다툴 것인지의 문제가 언제나 발생한다. 협력과 호혜를 바탕으로 하는 사회에 살고 싶은가, 경쟁사회에 살고 싶은가?

4장에서는 17세기에 토머스 홉스가 '만인의 만인에 대한 투쟁'을 이야기하면서 갈등 회피를 자신의 정치철학 핵심으로 삼았다고 언급했다. 홉스는 평화를 유지하는 유일한 방법이 평화를 강제할 수 있는 절대 권력을 지닌 군주라고 생각했다. 그는 정부가 생겨나기 오래전 선사시대의 인간사회가 음식을 공유하는 체제였고 높은 수준의 평등을 유지했다는 사실을 몰랐다. 마셜 살린스가 지적했듯이 사람들은 평화 유지와 희소한 자원을 두고 홉스주의적 갈등을 피하고자 이런 활동에 참여했다.[210] 살린스가 '선물은 친구를 만들고 친구는 선물을 만든다'라고 말한 이유는 선물이 주는 사람과 받는 사람이 서로의 필요를 알아차리고 존중하며 대응한다는 사실을 가장 구체적인 용어로 상징하기 때문이다.[210]

그 결과로 우리는 인류가 이 땅에 존재한 이래 90퍼센트가 넘는 기간 동안 현대인의 눈으로는 믿기 어려울 정도로 평등한 수준의 사회에서 살았다.[216, 218] 그러나 현대인도 여전히 음식을 나누고 함께 식사를 한다. 왜냐하면 그것은 필수품을 얻기 위한 경쟁이 아니라 공유에 기초한 관계의 표현이기 때문이다. 앞에서 살펴봤듯이 세계의 주요 종교도 같은 메시지를 담고 있다.

사실 인간은 마음속에 근본적으로 서로 다른 두 가지 사회전략을 품고 있다(4장에서 살펴본 인간 본성의 두 가지 측면). 하나는 우정을 기반으로 하고, 다른 하나는 우월성과 열등성이라는 개념을 기반으로 하는 전략이다. 인간은 누구나 어떻게 친구를 사귀고 귀중하게 여기는지 아는 동시에 속물근성, 하류층에 대한 편견, 출세 지향이 어떻게 작용하는지도 안다. 이런 전략을 어느 정도 사용하고 얼마나 이에 노출되는지는 사회생활 전반에 걸쳐 파급효과를 가져오고 인간의 심리와 사회관습에 영향을 미친다.

사회적 위계의 힘과 지위의 중요성은 한 사회가 평등에서 얼마나 멀리 벗어나 있는지 알려주는 지표 역할을 한다. 상호성과 호혜, 공유에서 멀리 떨어져 있을수록 각자 자력으로 살아남아야 한다는 기본 메시지가 강해진다. 지위와 자기 발전에 더욱 관심을 쏟게 되면서 한층 더 반사회적 형태로 내몰리는 동시에 공동체 생활과 신뢰, 서로 기꺼이 도우려는 마음들이 모두 위축된다.

진보정치의 핵심에는 불평등이 언제나 분열을 유발하고 사회를 좀먹는다는 직관이 있었다. 이제는 이 직관이 진실임을 증명하는 국가별 비교 자료가 있다. 계층 구분과 지위 서열에서 해방된 사회와 지속가능성을 향해 나아가는 움직임도 우리 모두에게 더욱 나은 사회로 가는 이행 과정의 일부다. 이제는 새로운 행복을 증진하는 새로운 시대를 열어나가야 한다. 경제성장의 수익 체감이 발생하는 시대가 아니라 평등의 확대가 자신감, 타인과의 관계, 물리적 환경과 사회적 환경의 질에 기여함으로써 얻게 되는 진짜 이득의 시대를 만들어 나가야 한다. 과시적 소비를 유발하는 지독한 낭비에 불과한 지위 경쟁을 줄인다면 기꺼이 공익을 위해 행동하려는 의향도 늘어날 것이다.

이제 더욱 큰 성취감을 부여하고 지속가능한 생활방식을 향해 나아갈 수 있도록 해 주는 동시에 삶의 질을 높이는 핵심적인 진보 네 가지를 요약해 보자. 첫째는 평등이 더욱 확대되면 지위가 덜 중요해지고 어색한 계층 구분이 해소되기 시작한다. 또 사회적 상호작용을 억제하는 사회적 불안이 줄어들고 사람들이 낮은 자존감, 자기회의, 자신감 문제로 덜 시달리는 세상을 얻는다. 그러면 불안에 대처하고 다른 사람과 만날 때 불편한 마음을 덜고자 자주 사용하는 술과 약물에 기댈 필요가 줄어들 것이다. 자기도취적 자기연출을 해야 할 필요도 줄어들고 외모를 꾸미려고 과소비할 필요도 줄어든다. 요컨대 보다 견고한 공동체에서 우정과 유쾌함이 주는 즐거움을 만끽하고 기본적인 사회적 욕구를 충족시킬 수 있는 더 좋은 사회를 얻고 느긋하게 즐기는 사회생활을 향해 나아갈 것이다.

둘째는 소비와 지위가 극대화된 사회에서, 생산성의 증가로 더 많은 여가시간을 확보하고 노동시간을 단축하는 사회로 나아가는 것이다. 영국의 신경제재단New Economics Foundation은 주당 21시간 노동을 목표로 삼아야 한다고 제안한다. 국가 간 노동시간은 크게 차이가 나지만 일인당 GNP에는 별 영향을 미치지 않는 것으로 보인다.[482] 우리는 가족, 자녀와 함께 더 많은 시간을 보내야 하고, 친구와 노약자를 아끼고 돌보며 공동체 생활을 즐기는 데 더 많은 시간을 사용해야 한다. 미래에는 생산성의 상승이 소득과 이윤의 증가 대신 노동시간의 감소로 이어져야 한다. 장기간에 걸쳐 매년 2퍼센트씩 노동 생산성을 높인다면 10년 후에는 일주일에 하루를 더 쉬더라도 현재와 똑같은 물질적 생활수준을 누릴 수 있다. 또한 부모와 자녀 간에 평균 연령의 차이가 약 30세라는 사실을 감안할 때 자녀 세대의 삶은 완전히 바뀔 것이다.

하지만 직장 내 민주주의가 확대되고 노동시간이 줄어들면 영국에서는 매우 낮았던 생산성 성장률이 연간 3퍼센트로 높아질 수 있을 것이다. 그러면 7년 내에 하루를 더 쉴 수 있고 24년 안에 주당 근무시간을 절반으로 줄일 수 있다. 만약 일부의 연구결과처럼 모든 직업 중 거의 절반이 컴퓨터화와 자동화에 취약하다면,[483] 기술발전의 혜택을 누리고자 할 때 노동시간을 줄여 일자리를 나누는 일은 점점 더 중요해질 것이다. 그러지 못하면 실업자와 과로 노동자 사이에 분열이 점점 커질 가능성이 높다.

셋째는 고용에서 민주주의의 확대가 가져다주는 노동생활의 질적 향상이다. 인적집단이 중심인 기업의 지배권을 사고팔 수 있는 현재의 시대착오적 시스템은 단계적으로 폐지해야 한다. 계통 관리와 제도화되고 표준화된 엄격한 위계적인 서열체계는 종업원의 업무 통제권과 발언권을 빼앗는다. 협동조합과 종업원 소유회사(공동체와 소비자 대표 유무와 무관하게)와 같은 민주적 기업에 근무한다는 것은 경영진이 종업원에게 책임을 져야 한다는 것을 의미한다. 사회적 의무가 위계를 압도할 것이며 임금 격차가 대폭 줄어들어 지위 구분이 감소할 것이다. 그러므로 인간의 발달 과정에서 다음 단계는 민주주의를 노동생활로 확대해 나가는 것이어야 한다. 직장은 인간이 자존감을 발견하고 가치있는 공헌을 한다는 경험을 하는 곳이어야 한다. 수많은 사람들의 삶의 잠재력을 손상시키는 고용체제를 더 이상 수용해서는 안 된다.

넷째는 더 평등한 사회에 살면 얻게 될 건강과 사회적 혜택이다. 지금보다 사회가 더 평등해지면 사회 하류층으로 내려갈수록 빈번하게 발생하는 거의 모든 문제가 대폭 감소할 것이다. 더 평등한 사회에서 사람들은 육체적으로나 정신적으로 더 건강할 것이고 아동의 행복수준도 높아질 것이다. 폭력과 수감자가 줄어들고 약물 중독이 감소하며 아이들에게 더 평등한 기회가 주어질 것이다. 더 평등한 사회는 모든 사람들에게 심리사회적인 행복을 가져올 것이다.

이처럼 사회기능이 향상되면 우리의 삶의 질이 실질적이고 눈에 띄게 개선됨은 물론 환경적인 지속가능성도 실현가능할 수 있을 것이다. 지위 불안이 감소하면 가장 뚜렷한 과시적 소비뿐만 아니라 수준을 유지하고 남들에게 뒤처지지 않으려고 방어적으로 행하게 되는 엄청난 낭비적인 소비도 줄어들 것이다. 물건을 새로 사는 대신 고쳐 쓰려할 것이고 어쩌면 제품설계 자체도 수리에 용이하게 바뀔지도 모른다. 개인주의가 쇠락하고 공동체 생활이 강화되면 자가용차를 비롯한 여러 개인용 설비에 대한 수요가 줄어들 수 있다. 무엇보다도 평등이 확대되면 사람들이 경제적·정치적 이해관계로 분열할 일이 줄어들고 공익을 위해 더 쉽게 행동할 수 있을 것이다.

이상에서 제안한 변화는 비현실적이지도 이상적이지도 않다. 이는 불평등이 이미 끼치고 있는 피해와 기후변화가 유발할 끔찍한 혼란에 대처하기 위해 필요한 대응책들이다. 최근 수십 년에 걸쳐 개발도상국이 경제성장을 이룩한 덕분에 세계의 빈곤(하루 2달러 미만으로 살아가는 인구)은 급격하게 감소했다. 그러나 만약 우리가 탄소배출 감소와 환경보호에 실패한다면 이런 발전은 심각한 위협에 직면하게 될 것이다. 경제가 성장한다고 해서 더 이상 행복의 척도가 상승하지 않는 부유한 국가의 경우 분명히 현재의 구조는 인간의 행복을 창출할 수 있는 효율적 방식이 아니다.

더 나은 사회라는 개념을 공유하면 정책에 일관성이 생긴다. 더 나은 미래라는 버전은 또한 기회주의와 편의에 따라 움직이는 정치체제에 함몰된 듯한 이상주의와 원칙을 되살릴 수 있을 것이다. 우리 모두는 잘 인식되지 않지만 지극히 강력한 사회적 힘에 너무나 오랫동안 시달려 왔다. 이 같은 사회적 힘을 분석한 과학적인 증거에 기초한 더 나은 연구들이 그로 인해 발생한 매우 심각한 인류의 문제와 환경문제를 해결하는 데 도움을 주길 바란다.

그러나 이와 같은 규모의 변화는 많은 사람들이 변화를 이끌어내고자 최선을 다할 때에만 달성될 수 있다. 1970년대 후반 이후로 진보 정치는 더 나은 사회형태가 가능하다는 믿음을 잃었거나 사람들에게 정치가 더 나은 사회를 달성하기 위한 경로라고 설득하는 능력을 잃어버린 것처럼 보인다. 그 결과 거의 아무런 반발 없이 신자유주의가 부상했다. 지구 온난화와 재앙을 초래할 기후변화가 진행되고 있다는 증거에 맞서, 세계는 급진적 대안을 필요로 한다. 환경적으로 지속가능할 뿐만 아니라 대다수가 더 높은 삶의 질을 누리는 미래사회의 뚜렷한 비전이 필요하다. 그래야만 사람들은 그런 사회를 실현하는 기나긴 과업에 최선을 다할 것이다.

감사의 말

샨 바히디Shan Vahidy, 스튜어트 프로핏Stuart Proffitt, 벤 시니어Ben Sinyor가 각각 세 차례에 걸쳐 이 책의 편집에 수고해 주었다. 세 사람은 이 책의 논점을 신중하게 생각하고 더 명확하고 품격 있게 표현할 수 있는 방법을 제시해 주었다. 무척 영광이다. 각각의 편집자는 통독을 빠르게 한 뒤 구두로 몇 가지를 지적하고 사소한 철자와 문법 오류를 수정하는 대신, 거의 모든 장마다 원고에 상세한 메모와 더불어 근본적으로 고려해야 할 사항을 길게 적어 전달했다. 편집 단계마다 훌륭한 편집자 덕분에 더 높은 수준의 전문성에 다가가고 있다고 느꼈다. 보기 드물게 뛰어난 편집자 세 사람이 이 책에 지대한 관심을 기울여 준 것은 정말 큰 행운이다.

원고 초안을 읽고 의견을 제공해 준 요크대학 케이트 피킷 연구팀은 유용한 조언을 상세하게 제공했다. 타인이 자기 연구를 읽는 두려움은 학생들만 느끼는 감정이 아니다! 피파 버드Pippa Bird, 데보라 박스Deborah Box, 알렉스 크리스텐슨Alex Christensen, 홀리 에섹스Holly Essex, 로나 프레이저Lorna Fraser, 스튜어트 자비스Stuart Jarvis, 벤 말리코트Ben Mallicoat, 매들린 파워Madeleine Power, 스테파니 프래디Stephanie Prady, 케이티 피버스Katie Pybus, 마레나 세바요스 라스가도Marena Ceballos Rasgado, 누르타 업호프Noortje Uphoff, 티파니 양Tiffany Yang에게 감사한다. 초안을 정성스럽게 지적해 준 션 베인Sean Baine, 대니 도링Danny

Dorling, 앨리슨 퀵Allison Quick과 지난 몇 해 동안 성원을 보내준 수많은 동료와 그들의 가족들에게도 매우 큰 신세를 졌다. 바버라 에이브럼스Barbara Abrams, 크리스토 알보르Christo Albor, 디미트리스 발라스Dimitris Ballas, 스티븐 베즈루츠카Stephen Bezruchka, 카렌 블로어Karen Bloor, 조너선 브래드쇼Jonathan Bradshaw, 발티카 카비에세스Baltica Cabieses, 헬레나 크로닌Helena Cronin, 마틴 달리Martin Daly, 대니 도링, 앨리슨 도링Alison Dorling, 프랭크 엘가Frank Elgar, 마누엘 안토니오 에스피노사Manuel Antonio Espinoza, 폴 길버트Paul Gilbert, 힐러리 그레이엄Hilary Graham, 셰리 존슨Sheri Johnson, 가와치 이치로Ichiro Kawachi, 세바스찬 크레이머Sebastian Kraemer, 로지 매키첸Rosie McEachen, 안나마리 머서Annamarie Mercer, 존 민튼Jon Minton, 마틴 오닐Martin O'Neill, 애니 퀵Annie Quick, 엑토르 루프란코스Hector Rufrancos, 트레버 셸던Trevor Sheldon, 데보라 스미스Deborah Smith, 수부 수브라마니안Subu' Subramanian, 렌 사임Len Syme, 로라 밴더블로에멘Laura Vanderbloemen, 존 라이트John Wright에게 감사한다. 또한 부탄 국제 전문가 실무단의 일원으로 함께 일하다가 현재 행복경제동맹(Wellbeing Economy Alliance, WE-All) 일원이 된 우리의 '버스 가족' 밥 코스탄자Bob Costanza, 로렌조 피오라몬티Lorenzo Fioramonti, 엔리코 지오바니니Enrico Giovannini, 이다 쿠비셰프스키Ida Kubiszewski, 헌터 로빈스Hunter Lovins, 재키 맥글레이드Jacquie McGlade, 라스 모텐슨Lars Mortensen, 크리스틴 발라 라그나스도터Kristin Vala Ragnarsdottir, 데브라 로버츠Debra Roberts, 로베르토 데 보글리Roberto de Vogli, 스튜어트 월리스Stewart Wallis에게도 감사 인사를 전한다. 덕분에 우리는 사고와 세계를 넓힐 수 있었다.

이 책에 실린 그래프는 다양한 나라에서 수많은 연구자들이 내놓은 결과를 반영한다. 그림을 일관된 형태로 수정해 그릴 수 있도록 리서치 데이터 원본을 보내준 리처드 레이트Richard Layte(그림 2.1), 조너선 번스Jonathan Burns(그림 2.6), 스티브 러프넌Steve Loughnan과 피터 쿠픈스Peter Kuppens(그림 3.1), 폴 피프Paul Pif (그림 3.3과 3.4), 마테오 이아코비엘로Matteo Iacoviello(그림 4.4), 프랭크 엘가Frank Elgar(그림 5.2), 린지 맥밀런Lindsey Macmillan과 클레어 크로퍼드Claire Crawford(그림 6.3), 이다 쿠비세프스키(그림 8.2), 콜린 고든Colin Gordon(그림 9.3), 래리 미셸Larry Mishel(그림 9.4)에게 특히 큰 도움을 받았다.

이퀄러티 트러스트The Equality Trust(www.equalitytrust.org.uk)의 전·현직 직원, 자원봉사자, 고문, 임원과 이사들에게도 감사를 전한다. 특히 불평등을 일반대중에게 널리 알리는 일에 애써온 공동창립자이자 이사회 의장 빌 케리Bill Kerry, 션 베인, 완다 위포스카Wanda Wyporska 이사에게 각별한 감사의 뜻을 전한다. 조셉 로운트리 자선기금Joseph Rowntree Charitable Trust, 사회 변화를 위한 네트워크Network for Social Change, 튜더 트러스트Tudor Trust, 베리 에미엘과 노먼 멜버른 트러스트를 비롯한 여러 개인과 연계 지역 집단 및 기금 제공자 등 이퀄러티 트러스트를 뒷받침해 준 많은 후원자에게 감사한다. 다큐멘터리 영화 〈디바이드The Divide〉를 만든 다트머스 필름Dartmouth Films의 감독 캐서린 라운드Katharine Round와 프로듀서 크리스토 허드Christo Hird에게 감사한다. 이 영화는 우리의 연구를 감명 깊게 해석해 새로운 관중에게 불평등의 영향력을 전달했다. 두 사람 모두에게 감사 인사를 전한다. 마지막으로 시간을 내서 우리의 연구를 읽고 강연에 우리를 초대하고 격려의 말을 전하거나 메시지를 전달해 준 모든 이에게 감사를 표한다. 모든 분들에게 각각 감사 인사를 전할 수 있기를 바라며 여러분이 우리의 여정에 계속 함께 하길 기원한다.

부록

자원

이퀄러티 트러스트 The Equality Trust

더 나은 사회를 만들고자 한다면 반드시 행동에 나서야 한다. 2009년 우리 저자들은 빌 케리와 함께 이퀄러티 트러스트를 설립했다. 이퀄러티 트러스트는 현재 잉글랜드와 웨일스에서 활동하는 자선단체로, 경제적 불평등을 줄여나감으로써 영국 내 삶의 질 향상에 힘쓰고 있다. 다른 단체들과 함께 변화를 추구하는 사회운동 구축에 애쓰고 있는 이퀄러티 트러스트는 최신 연구를 분석·전파하고 확실한 증거를 바탕으로 한 논의를 장려하는 동시에 왕성한 지방단체 네트워크를 지원한다. 이퀄러티 트러스트의 홈페이지 www.equalitytrust.org.uk를 방문하면 온라인으로 뉴스레터를 신청할 수 있고 정보와 자원, 참여방법, 이벤트 소식을 찾을 수 있다. 페이스북 페이지 https://www.facebook.com/equalitytrust와 트위터 계정 @equalitytrust에서도 이퀄러티 트러스트를 만날 수 있다.

행복경제동맹(The Wellbeing Economy Alliance, WE-All)

행복경제동맹은 국내총생산을 극대화 대신 지속가능한 행복의 구축을 추구하는 국제 신경제 운동을 창조하고자 설립한 새로운 글로벌 캠페인 조직이다. 경제적인 변혁이 필요하다는 인식은 널리 퍼져있는 반면 실질적인 변화는 빠르게 일어나고 있지 않다. 행복경제동맹은 세계 각지에서 이미 진행 중인 모범적이지만 서로 단절된 협의체들을 합쳐 사업체, 신념과 가치로 조직된 집단들, 학계와 싱크탱크, 시민사회단체, 정부, 이미 새로운 경제전략을 실행하고 있는 지자체와 기관의 혁신자와 같은 다양한 주체를 중심으로 일곱 가지 변화운동을 추진할 것이다. 점점 더 많은 기관들이 파트너로 행복경제동맹에 가입하고 있으며, 스코틀랜드 정부가 주도하고 OECD의 후원을 받아 코스타리카, 뉴질랜드, 슬로베니아, 스코틀랜드를 비롯한 여러 국가의 정부들이 새로운 경제계획의 실행에 앞장서고 있다. 행복경제동맹은 전 세계 시민운동과 더불어 국제 신경제 운동을 구축하기 위한 새로운 논리를 개발하고 전파할 것이다. 행복경제동맹은 유사 기관들과 함께 지속가능한 행복에 전념하는 경제 시스템으로 좀더 빠르게 나아갈 날을 고대한다(wellbeingeconomy.org).

유용한 링크

불평등 연구와 캠페인에 관심 있는 독자들에게 유용한 훌륭한 웹사이트와 온라인 자료를 소개한다.

- Inequality.org 워싱턴 DC에 있는 싱크탱크 정책연구원Institute for Policy Studies이 진행하는 프로젝트.
- http://toomuchonline.org/ 정책연구원이 미국 및 세계 각지의 무절제와 불평등을 탐색해서 매달 발행하는 프로젝트.
- http://www.resolutionfoundation.org/ 저소득층에서 중간소득층 사람들의 생활수준을 향상하고자 애쓰는 영국 싱크탱크.
- http://highpaycentre.org/ 소득 수준 상위권의 임금을 집중적으로 연구하는 영국 싱크탱크로 갑부와 나머지 인구 간 소득 격차를 줄이는 활동을 벌이고 있다.
- http://policy-practice.oxfam.org.uk/our-work/inequality 극심한 불평등의 감소 캠페인을 벌이고 있는 국제 빈민구호 자선단체 옥스팜.
- 불평등과 기후변화, 대안 경제정책에 관한 정보는 다음 링크를 참고하라.
- 신경제 재단 The New Economics Foundation: http://www.neweconomics.org
- 지속가능성과 번영동맹 The Alliance for Sustainability and Prosperity: http://www.asap4all.com

소득 불평등이 영향을 미치는 건강문제와 사회문제 목록

이 표는 연구자들이 건강문제와 사회문제가 소득 불평등과 유의미한 관계가 있다고 입증하고 피어 리뷰 저널에 발표한 논문을 정리했다. 문제별로 수백 건의 연구가 있는 분야도 있고 단 한 건인 분야도 있으며, 참고문헌은 '예시'로 든 것이다. 이는 문제나 연구를 전부 포괄해서 나열한 목록이 아니라 학술 문헌을 검색하려는 독자들을 돕고자 작성한 자료다. 가능한 경우에는 다양한 연구를 포괄하는 관련 검토 논문을 인용했다.

건강 및 사회문제	국가 간 비교 연구	미국 주별 비교 연구	종단 분석 및 시계열 분석
신체 건강(건강과 불평등 관련 문헌의 인과관계 분석은 Pickett and Wilkinson 2015[3] 을 참조)			
기대수명	Wilkinson and Pickett 2006[2] Babones 2008[484]	Clarkwest 2008[485]	Zheng 2012[486] Pickett and Wilkinson 2015[3]
유아 사망률	Ram 2005[490] Ram 2006[488] Kim and Saada 2013[487]	Kim and Saada 2013[487]	Torre and Myrskyla 2014[489]
사망률(성인)	Wilkinson and Pickett 2006[2]	Ram 2005[490]	Zheng 2012[486] Torre and Myrskyla 2014[489]
비만	Pickett, Kelly et al. 2005[171]	Pickett and Wilkinson 2012[491]	
후천성면역결핍증 감염	Drain, Smith et al. 2004[492]	Buot, Docena et al. 2014[493]	
정신 건강 및 행복			
정신질환(전체)	Pickett and Wilkinson 2010[59] Ribeiro et al. 2017[60]	Ribeiro, Bauer et al. 2017[60]	
우울증/우울 증상	Steptoe, Tsuda et al. 2007[94] Patel, Burns et al. 2018[512]	Messias, Eaton et al. 2011[96] Patel, Burns et al. 2018[512]	
조현병	Burns, Tomita et al. 2014[101]		

건강 및 사회문제	국가 간 비교 연구	미국 주별 비교 연구	종단 분석 및 시계열 분석
정신병적 증상	Johnson, Wibbels et al. 2015[102]		
지위 불안	Layte and Whelan 2014[57]		
자기강화	Loughnan, Kuppens et al. 2011[112]		
자기도취증			Wilkinson and Pickett 2017[123]
약물 남용 및 중독사	Wilkinson and Pickett 2009[494] Cutright and Fernquist 2011[168]	Wilkinson and Pickett 2007[496] Gray 2016[495]	
문제성 도박	Wilkinson and Pickett 2017[123]		
사회적 결속력			
신뢰/사회적 자본	Freitag and Buhlmann 2009[497] Elgar and Aitken 2011[73]	Kawachi and Kennedy 1997[498]	Uslaner and Brown 2005[40]
연대	Paskov and Dewilde 2012[39]		
상냥함		de Vries, Gosling et al. 2011[105]	
시민 참여	Lancee and Van de Werfhorst 2012[37]		
문화 참여	Szlendak and Karwacki 2012[377]		
애매한 고정관념	Durante, Fiske et al. 2013[154]		
사회적 비교		Cheung and Lucas 2016[499]	
살인율	Ouimet 2012[500] Daly 2016*[38]	Glaeser, Resseger et al. 2008[501] Daly 2016*[38]	Rufrancos, Power et al. 2013[410] Daly 2016*[38]
수감률	Wilkinson and Pickett 2007[496]	Wilkinson and Pickett 2007[496]	

건강 및 사회문제	국가 간 비교 연구	미국 주별 비교 연구	종단 분석 및 시계열 분석
여성 지위	Wilkinson and Pickett 2009[494]	Kawachi and Kennedy 1999[502]	
아동의 인생 기회			
아동 행복	Pickett and Wilkinson 2007[189]	Pickett and Wilkinson 2007[189]	Pickett and Wilkinson 2015[190]
집단 따돌림	Elgar, Craig et al. 2009[233]		
아동학대		Eckenrode, Smith et al. 2014[247]	
교육 성취도	Wilkinson and Pickett 2007[496]	Wilkinson and Pickett 2007[496]	
중퇴율		Wilkinson and Pickett 2007[496]	
사회적 이동성	Corak 2016[341]	Chetty, Hendren et al. 2014[503]	
10대 출산	Pickett, Mookherjee et al. 2005[335]	Kearney and Levine 2012[504]	
환경문제(포괄적인 분석과 검토는 Boyce 1994[505]와 Cushing, Morello-Frosch et al. 2015[506]을 참조)			
생물다양성	Mikkelson, Gonzalez et al. 2007[508] Holland, Peterson et al. 2009[507]		
물/육류/석유 소비	Stotesbury and Dorling 2015[509]		
이산화탄소 배출/대기 오염	Drabo 2011[510] Cushing, Morello-Frosch et al. 2015[506]	Jorgenson, Schor et al. 2015[511]	
지위 지향적 소비	Walasek and Brown 2015[421]	Walasek and Brown 2015[422]	
국제환경협약 준수	Wilkinson, Pickett et al. 2010[414]		

*마틴 데일리Martin Daly는 저서 《경쟁 죽이기Killing the Competition》에서 35년 이상에 걸쳐 자신과 다른 학자들이 실시한 연구를 요약하고 인용한다.

참고문헌

1. Wilkinson, R. G. and Pickett, K. E., *The Spirit Level: Why Equality is Better for Everyone*. London: Penguin, 2010.
2. Wilkinson, R. G. and Pickett, K. E., 'Income inequality and population health: a review and explanation of the evidence', *Social Science & Medicine* 2006; 62 (7): 1768–84.
3. Pickett, K. E. and Wilkinson, R. G., 'Income inequality and health: a causal review', *Social Science & Medicine* 2015; 128: 316–26.
4. Popper, K., *Conjectures and Refutations: The Growth of Scientific Knowledge*. Abingdon: Routledge, 2014.
5. Cooley, C. H., *Human Nature and the Social Order*. Piscataway, NJ: Transaction Books, 1992.
6. Beck, M., 'Party on: a survival guide for social-phobes', *O Magazine*, 23 November 2011, http://marthabeck.com/page/48/.
7. Adler, A., *What Life Should Mean To You*. 1931.
8. Zimbardo, P. G., *Shyness: What It Is, What To Do About It*. Boston, Mass.: Da Capo Press, 1990.
9. Burstein, M., Ameli-Grillon, L. and Merikangas, K. R., 'Shyness versus social phobia in US youth', *Pediatrics 2011*; 128 (5): 917–25.
10. Henderson, L. and Zimbardo, P., 'Shyness, social anxiety, and social anxiety disorder', *Social Anxiety: Clinical, Developmental, and Social Perspectives* 2010; 2: 65–92.
11. Kessler, R. C., Chiu, W. T., Demler, O., Merikangas, K. R. and Walters, E. E., 'Prevalence, severity, and comorbidity of 12-month DSM-IV disorders in the National Comorbidity Survey Replication', *Archives of General Psychiatry* 2005; 62 (6): 617–27.
12. Cox, B. J., MacPherson, P. S. and Enns, M. W., 'Psychiatric correlates of childhood shyness in a nationally representative sample', *Behaviour Research and Therapy* 2005; 43 (8): 1019–27.
13. Kessler, R. C., Angermeyer, M., Anthony, J. C., et al., 'Lifetime prevalence and age-of-onset distributions of mental disorders in the World Health Organization's World Mental Health Survey Initiative', *World Psychiatry* 2007; 6 (3): 168–76.
14. Twenge, J. M., 'The age of anxiety? Birth cohort change in anxiety and neuroticism, 1952–1993', *Journal of Personality & Social Psychology* 2000; 79 (6): 1007–21.
15. Collishaw, S., Maughan, B., Natarajan, L. and Pickles, A., 'Trends in adolescent emotional problems in England: a comparison of two national cohorts twenty years apart', *Journal of Child Psychology & Psychiatry* 2010; 51 (8): 885–94.
16. American Psychological Association, 'Stress in America: coping with change', *Stress in*

America Survey, 2017.
17 Luttmer, E. F., 'Neighbors as negatives: relative earnings and well-being', *The Quarterly Journal of Economics* 2005; 120 (3): 963–1002.
18 Ferrer-i-Carbonell, A., 'Income and well-being: an empirical analysis of the comparison income effect', *Journal of Public Economics* 2005; 89 (5): 997–1019.
19 Brooks, D., 'The epidemic of worry', *New York Times* 25 October 2016.
20 Greenfeld, L., 'The maddening of America', *Project Syndicate* 25 July 2013.
21 Manger, W., 'The anxiety epidemic sweeping Britain – are you at risk and what can you do?' *Daily Mirror* 6 June 2016.
22 Kelley, M., 'An anxiety epidemic is sweeping the US', *The Atlantic* 2012.
23 Angell, M., 'The epidemic of mental illness: Why', *New York Review of Books* 2011; 58 (11): 20–22.
24 Hutton, W., 'Only fundamental social change can defeat the anxiety epidemic', *Observer* 8 May 2016.
25 Angell, M., 'The epidemic of mental illness: Why', *New York Review of Books* 2011; 58 (11): 20–22.
26 Swinton Insurance, 'No place like home. Manchester', reported on Mumsnet.com, 19 November 2013.
27 Findley, A., 'Do you do a special clean up for visitors or just go with the flow?' *Apartment Therapy*, http://www.apartmenttherapy.com/do-quickly-clean-for-guests-179438, 2012.
28 Holt-Lunstad, J., Smith, T. B. and Layton, J.B., 'Social relationships and mortality risk: a meta-analytic review', *PLoS Medicine* 2010; 7 (7): e1000316.
29 Kiecolt-Glaser, J. K., Loving, T. J., Stowell, J. R., et al., 'Hostile marital interactions, proinflammatory cytokine production, and wound healing', *Archives of General Psychiatry* 2005; 62 (12): 1377–84.
30 Cohen, S., 'Keynote presentation at the Eight International Congress of Behavioral Medicine: the Pittsburgh common cold studies: psychosocial predictors of susceptibility to respiratory infectious illness', *International Journal of Behavioral Medicine* 2005; 12 (3): 123–31.
31 Russ, T. C., Stamatakis, E., Hamer, M., et al., 'Association between psychological distress and mortality: individual participant pooled analysis of 10 prospective cohort studies', *British Medical Journal* 2012; 345: e4933.
32 Holahan, C. J. and Moos, R. H., 'Social support and psychological distress: a longitudinal analysis', *Journal of Abnormal Psychology* 1981; 90 (4): 365–70.
33 Saltzman, K. M. and Holahan, C. J., 'Social support, self-efficacy, and depressive symptoms: an integrative model', *Journal of Social & Clinical Psychology* 2002; 21 (3): 309–22.
34 Layard, R., *Happiness: Lessons from a New Science*. London: Allen Lane, 2005.
35 Rodriguez-Pose, A. and von Berlepsch, V., 'Social capital and individual happiness in

Europe', *Journal of Happiness Studies* 2014; 15(2): 357–86.

36 Powdthavee, N., 'Putting a price tag on friends, relatives, and neighbours: using surveys of life satisfaction to value social relationships', *Journal of SocioEconomics* 2008; 37 (4): 1459–80.

37 Lancee, B. and Van de Werfhorst, H. G., 'Income inequality and participation: a comparison of 24 European countries', *Social Science Research* 2012; 41 (5): 1166–78.

38 Daly, M., *Killing the Competition: Economic Inequality and Homicide*. New Brunswick, NJ: Transaction, 2016.

39 Paskov, M. and Dewilde, C., 'Income inequality and solidarity in Europe', *Research in Social Stratification and Mobility* 2012; 30 (4): 415–32.

40 Uslaner, E. M. and Brown, M., 'Inequality, trust, and civic engagement', *American Politics Research* 2005; 33 (6): 868–94.

41 Sonenscher, M., *Sansculottes: An Eighteenth century Emblem in the French Revolution*. Princeton, NJ: Princeton University Press, 2008.

42 Diamond, J. M., *The World Until Yesterday: What Can We Learn From Traditional Societies?* New York: Viking, 2012.

43 Scott, J. C., *Against the Grain*. New Haven, Conn.: Yale University Press, 2017.

44 Boehm, C., *Hierarchy in the Forest: The Evolution of Egalitarian Behavior*. Cambridge, Mass.: Harvard University Press, 1999.

45 Karnehed, N. E., Rasmussen, F., Hemmingsson, T. and Tynelius, P., 'Obesity in young adulthood is related to social mobility among Swedish men', *Obesity* 2008; 16 (3): 654–8.

46 Harper, B., 'Beauty, stature and the labour market: a British cohort study', *Oxford Bulletin of Economics and Statistics* 2000; 62 (s1): 771–800.

47 Bourdieu, P., *Distinction: A Social Critique of the Judgement of Taste*. London: Routledge, 1984.

48 Veblen, T., *The Theory of The Leisure Class*. Oxford: Oxford University Press, 2007.

49 Heffetz, O., 'A test of conspicuous consumption: visibility and income elasticities', *Review of Economics and Statistics* 2011; 93 (4): 1101–17.

50 Wilkinson, R. and Pickett, K., 'The poison of inequality was behind last summer's riots', *Guardian* 5 August 2012.

51 Carroll, D., Ring, C., Hunt, K., Ford, G. and Macintyre, S., 'Blood pressure reactions to stress and the prediction of future blood pressure: effects of sex, age, and socioeconomic position', *Psychosomatic Medicine* 2003; 65 (6): 1058–64.

52 Matthews, K. A., Katholi, C. R., McCreath, H., et al., 'Blood pressure reactivity to psychological stress predicts hypertension in the CARDIA study', *Circulation* 2004; 110 (1): 74–8.

53 Dressler, W. W., 'Modernization, stress, and blood pressure: new directions in research', *Human Biology* 1999: 583–605.

54 Rodriguez, B. L., Labarthe, D. R., Huang, B. and Lopez-Gomez, J., 'Rise of blood pressure

with age. New evidence of population differences', *Hypertension* 1994; 24 (6): 779–85.
55 Waldron, I., Nowotarski, M., Freimer, M., Henry, J. P., Post, N. and Witten, C., 'Cross-cultural variation in blood pressure: a quantitative analysis of the relationships of blood pressure to cultural characteristics, salt consumption and body weight', *Social Science & Medicine* 1982; 16 (4): 419–30.
56 Timio, M., Verdecchia, P., Venanzi, S., et al., 'Age and blood pressure changes. A 20-year follow-up study in nuns in a secluded order', *Hypertension* 1988; 12 (4): 457–61.
57 Layte, R. and Whelan, C., 'Who feels inferior? A test of the status anxiety hypothesis of social inequalities in health', *European Sociological Review* 2014; 30: 525–35.
58 Dickerson, S. S. and Kemeny, M. E., 'Acute stressors and cortisol responses: a theoretical integration and synthesis of laboratory research', *Psychological Bulletin* 2004; 130 (3): 355–91.
59 Pickett, K. E. and Wilkinson, R. G., 'Inequality: an underacknowledged source of mental illness and distress', *British Journal of Psychiatry* 2010; 197: 426–8 .
60 Ribeiro, W. S., Bauer, A., Andrade, M. C. R., et al., 'Income inequality and mental illness-related morbidity and resilience: a systematic review and meta-analysis', *Lancet Psychiatry* 2017; 4 (7): 554–62.
61 Summerfield, D. A., 'Income inequality and mental health problems', *British Journal of Psychiatry* 2011; 198 (3): 239.
62 Demyttenaere, K., Bruffaerts, R., Posada-Villa, J., et al., 'Prevalence, severity, and unmet need for treatment of mental disorders in the World Health Organization World Mental Health Surveys', *Journal of the American Medical Association* 2004; 291 (21): 2581–90.
63 Australian Bureau of Statistics, *National Health Survey, Mental Health*, 2001. Canberra: Australian Bureau of Statistics, 2003.
64 WHO International Consortium in Psychiatric Epidemiology, 'Cross-national comparisons of the prevalences and correlates of mental disorders', *Bulletin of the World Health Organization* 2000; 78 (4): 413–26.
65 Office for National Statistics, *Psychiatric Morbidity Among Adults Living in Private Households*, 2000. London: HMSO, 2001.
66 Case, A. and Deaton, A., 'Rising morbidity and mortality in midlife among white non-Hispanic Americans in the 21st century', *Proceedings of the National Academy of Sciences of the USA* 2015; 112 (49): 15078–83.
67 Minton, J. W., Pickett, K. E., Shaw, R., Vanderbloemen, L., Green, M. and McCartney, G. M., 'Two cheers for a small giant? Why we need better ways of seeing data: a commentary on: "Rising morbidity and mortality in midlife among white non-Hispanic Americans in the 21st century" ', *International Journal of Epidemiology* 2016; doi: 10.1093/ije/dyw095.
68 Brugha, T. S., 'The end of the beginning: a requiem for the categorization of mental disorder?' *Psychological Medicine* 2002; 32 (7): 1149–54.
69 McManus, S., Meltzer, H., Brugha, T., Bebbington, P. and Jenkins, R., *Adult Psychiatric*

Morbidity in England, 2007: Results of a Household Survey. Leeds: NHS Information Centre, 2009.

70 Johnson, S. L., Leedom, L. J. and Muhtadie, L., 'The dominance behavioral system and psychopathology: evidence from self-report, observational, and biological studies', *Psychological Bulletin* 2012; 138 (4): 692–743.

71 Dabbs, J. M., Carr, T. S., Frady, R. L. and Riad, J. K., 'Testosterone, crime, and misbehavior among 692 male prison inmates', *Personality and Individual Differences* 1995; 18 (5): 627–33.

72 Layte, R., 'The association between income inequality and mental health: testing status anxiety, social capital, and neo-materialist explanations', *European Sociological Review* 2012; 28 (4): 498–511.

73 Elgar, F. J. and Aitken, N., 'Income inequality, trust and homicide in 33 countries', *European Journal of Public Health* 2011; 21 (2): 241–6.

74 Brunner, E., Marmot, M., Canner, R., Beksinska, M., Davey Smith, G. and O'Brien, J., 'Childhood social circumstances and psychosocial and behavioural factors as determinants of plasma fibrinogen', *Lancet* 1996; 347 (9007): 1008–13.

75 Staugaard, S. R., 'Threatening faces and social anxiety: a literature review', *Clinical Psychology Review* 2010; 30 (6): 669–90.

76 Gilbert, P., *The Compassionate Mind*. London: Constable, 2010.

77 World Health Organization. Fact sheet-depression: http://www.who.int/mediacentre/factsheets/fs369/en/,2017.

78 Gilbert, P., Broomhead, C., Irons, C., et al., 'Development of a striving to avoid inferiority scale', *British Journal of Social Psychology* 2007; 46 (Pt 3): 633–48.

79 Gilbert, P., McEwan, K., Bellew, R., Mills, A. and Gale, C., 'The dark side of competition: how competitive behaviour and striving to avoid inferiority are linked to depression, anxiety, stress and self-harm', *Psychology & Psychotherapy* 2009; 82 (Pt 2): 123–36.

80 Brooks, F., Magnusson, J., Klemera, E., et al., *HBSC England National Report: Health Behaviour in Schoolaged Children (HBSC)*. World Health Organization Collaborative Cross National Study, University of Hertfordshire, 2015.

81 Martin, G., Swannell, S. V., Hazell, P. L., Harrison, J. E. and Taylor, A. W., 'Self-injury in Australia: a community survey', *Medical Journal of Australia* 2010; 193 (9): 506–10.

82 Muehlenkamp, J. J., Claes, L., Havertape, L. and Plener, P. L., 'International prevalence of adolescent non-suicidal self-injury and deliberate self-harm', *Child & Adolescent Psychiatry & Mental Health* 2012; 6 (10): 1–9.

83 Gilbert, P., McEwan, K., Irons, C., et al., 'Self-harm in a mixed clinical population: the roles of self-criticism, shame, and social rank', *British Journal of Clinical Psychology* 2010; 49 (Pt 4): 563–76.

84 Eisenberger, N. I., Lieberman, M. D. and Williams, K. D., 'Does rejection hurt? An fMRI study of social exclusion', *Science* 2003; 302 (5643): 290–92.

85 DeWall, C. N., MacDonald, G., Webster, G. D., et al., 'Acetaminophen reduces social pain: behavioral and neural evidence', *Psychological Science* 2010; 21 (7): 931–7.

86 Sherman, G. D., Lee, J. J., Cuddy, A. J., et al., 'Leadership is associated with lower levels of stress', *Proceedings of the National Academy of Sciences of the USA* 2012; 109 (44): 17903–7.

87 Wood, A. M., Boyce, C. J., Moore, S. C. and Brown, G. D., 'An evolutionary based social rank explanation of why low income predicts mental distress: a 17 year cohort study of 30,000 people', *Journal of Affective Disorders* 2012; 136 (3): 882–8.

88 Wetherall, K., Daly, M., Robb, K. A., Wood, A. M. and O'Connor, R. C., 'Explaining the income and suicidality relationship: income rank is more strongly associated with suicidal thoughts and attempts than income', *Social Psychiatry & Psychiatric Epidemiology* 2015; 50 (6): 929–37.

89 Osafo Hounkpatin, H., Wood, A. M., Brown, G. D. A. and Dunn, G., 'Why does income relate to depressive symptoms? Testing the income rank hypothesis longitudinally', *Social Indicators Research* 2015; 124 (2): 637–55.

90 Daly, M., Boyce, C. and Wood, A., 'A social rank explanation of how money influences health', *Health Psychology* 2015; 34 (3): 222.

91 Elgar, F. J., De Clercq, B., Schnohr, C. W., et al, 'Absolute and relative family affluence and psychosomatic symptoms in adolescents', *Social Science & Medicine* 2013; 91: 25–31.

92 Bannink, R., Pearce, A. and Hope, S., 'Family income and young adolescents' perceived social position: associations with self-esteem and life satisfaction in the UK Millennium Cohort Study', *Archives of Disease in Childhood* 2016; 101 (10): 917–21.

93 Melgar, N. and Rossi, M., 'A cross-country analysis of the risk factors for depression at the micro and macro level', *IDB Working Paper Series*. Inter-American Development Bank, 2010.

94 Steptoe, A., Tsuda, A., Tanaka, Y. and Wardle, J., 'Depressive symptoms, socio-economic background, sense of control, and cultural factors in university students from 23 countries', *International Journal of Behavioral Medicine* 2007; 14 (2): 97–107.

95 Cifuentes, M., Sembajwe, G., Tak, S., Gore, R., Kriebel, D. and Punnett, L. 'The association of major depressive episodes with income inequality and the human development index', *Social Science & Medicine* 2008; 67 (4): 529–39.

96 Messias, E., Eaton, W. W. and Grooms, A. N., 'Economic grand rounds: income inequality and depression prevalence across the United States: an ecological study', *Psychiatric Services* 2011; 62 (7): 710–12.

97 Fan, A. Z., Strasser, S., Zhang, X., et al., 'State-level socioeconomic factors are associated with current depression among US adults in 2006 and 2008', *Journal of Public Health & Epidemiology* 2011; 3 (10): 462–70.

98 Muramatsu, N., 'County-level income inequality and depression among older Americans', *Health Services Research* 2003; 38 (6p2): 1863–84.

99 Paskov, M. and Richards, L., 'Is social status inequality bad for the mental health of

nations?' 3rd International European Social Survey Conference Blog Post, 11 July 2016, https://essconf2016.wordpress.com/2016/07/11/is-social- status-inequality-bad/.

100   Johnson, S. L. and Carver, C. S., 'The dominance behavioral system and manic temperament: motivation for dominance, self-perceptions of power, and socially dominant behaviors', *Journal of Affective Disorders* 2012; 142(1-3): 275–82.

101   Burns, J. K., Tomita, A. and Kapadia, A. S., 'Income inequality and schizophrenia: increased schizophrenia incidence in countries with high levels of income inequality', *International Journal of Social Psychiatry* 2014: 60 (2): 185–96.

102   Johnson, S. L., Wibbels, E. and Wilkinson, R., 'Economic inequality is related to cross-national prevalence of psychotic symptoms', *Social Psychiatry & Psychiatric Epidemiology* 2015; 50 (12): 1799–807.

103   Twenge, J. M., Zhang, L. and Im, C., 'It's beyond my control: a cross-temporal meta-analysis of increasing externality in locus of control, 1960–2002', *Personality & Social Psychology Review* 2004; 8 (3): 308–19.

104   Haushofer, J., 'The psychology of poverty: evidence from 43 countries', Massachusetts Instititute of Technology Working Paper, 2013, http://web.mit.edu/joha/www/publications/Haushofer_Psychology_of_Poverty/ 2013.09.14.pdf.

105   de Vries, R., Gosling, S. and Potter, J., 'Income inequality and personality: are less equal U.S. states less agreeable?' *Social Science & Medicine* 2011; 72 (12): 1978–85.

106   Paskov, M., Gërxhani, K. and Van der Werfhorst, G., 'Giving up on the Joneses? The relationship between income inequality and status-seeking', *European Sociological Review* 2016, doi: https://doi.org/10.1093/esr/jcw052.

107   Kawachi, I., Kennedy, B. P., Lochner, K. and Prothrow-Stith, D., 'Social capital, income inequality, and mortality', *American Journal of Public Health* 1997; 87 (9): 1491–8.

108   'Local health outcomes predict Trumpward swings', *The Economist* 19 November 2016.

109   Darvas, Z. and Efstathiou, K., 'Income inequality boosted Trump vote', Bruegel, 2016, http://bruegel.org/2016/11/income-inequality-boosted-trump-vote/.

110   Barford, A., Dorling, D. and Pickett, K., 'Re-evaluating self-evaluation. A commentary on Jen, Jones, and Johnston (68:4, 2009)', *Social Science & Medicine* 2010; 70 (4): 496–7; discussion 98–500.

111   Abdallah, S., Thompson, S. and Marks, N., 'Estimating worldwide life satisfaction', *Ecological Economics* 2008; 65 (1): 35–47.

112   Loughnan, S., Kuppens, P., Allik, J., et al., 'Economic inequality is linked to biased self-perception', *Psychological Science* 2011; 22 (10): 1254–8 .

113   Cross, K. P., 'Not can, but will college teaching be improved?' *New Directions for Higher Education* 1977; 17: 1–15.

114   Alicke, M. D. and Govorun, O., 'The better-than-average effect', in M. D. Alicke, D. Dunning and J. Krueger (eds.), *The Self in Social Judgment*. New York: Psychology Press, 2005, pp. 85–106.

115 Svenson, O., 'Are we all less risky and more skillful than our fellow drivers?' *Acta Psychologica* 1981; 47 (2): 143–8.

116 Hughes, B. L. and Beer, J. S., 'Protecting the self: the effect of social-evaluative threat on neural representations of self', *Journal of Cognitive Neuroscience* 2013; 25 (4): 613-22.

117 Campbell, W. K. and Sedikides, C., 'Self-threat magnifies the self-serving bias: a meta-analytic integration', *Review of General Psychology* 1999; 3 (1): 23–43.

118 Brown, J. D., 'Understanding the better than average effect: motives (still) matter', *Personality and Social Psychology Bulletin* 2012; 38 (2): 209–19.

119 Twenge, J. M. and Campbell, W. K., *The Narcissism Epidemic: Living in the Age of Entitlement*. New York: Simon and Schuster, 2009.

120 *Washington Post*-Kaiser Family Foundation. Poll, 2011, http://www.washingtonpost.com/wp-srv/politics/polls/postkaiserpoll_110211.html.

121 Twenge, J. M., Konrath, S., Foster, J. D., Campbell, W. K. and Bushman, B. J., 'Egos inflating over time: a cross-temporal meta-analysis of the Narcissistic Personality Inventory', *Journal of Personality* 2008; 76 (4): 875–902.

122 Piketty, T. and Saez, E., 'Income and wage inequality in the US 1913–2002', in A. Atkinson and T. Piketty (eds.), *Top Incomes Over The Twentieth Century*. Oxford: Oxford University Press, 2007.

123 Wilkinson, R. G. and Pickett, K. E., 'The enemy between us: the psychological and social costs of inequality', *European Journal of Social Psychology* 2017; 47: 11–24.

124 Martin, S. R., Côté, S. and Woodruff, T., 'Echoes of our upbringing: how growing up wealthy or poor relates to narcissism, leader behavior, and leader effectiveness', *Academy of Management Journal* 2016; 59 (6): 2157–77.

125 Schor, J. B., *The Overspent American: Why We Want What We Don't Need*. New York: HarperCollins, 1999.

126 Twenge, J. M., Campbell, W. K. and Freeman, E. C., 'Generational differences in young adults' life goals, concern for others, and civic orientation, 1966– 2009', *Journal of Personality and Social Psychology* 2012; 102 (5): 1045–62.

127 Twenge, J. M. and Donnelly, K., 'Generational differences in American students' reasons for going to college, 1971–2014: the rise of extrinsic motives', *Journal of Social Psychology* 2016: 1–10.

128 Tanenbaum, L., *Catfight: Women and Competition*. New York: Seven Stories Press, 2002.

129 Patalay, P. and Fitzsimons, E., *Mental Illhealth Among Children of the New Century: Trends across Childhood with a Focus on Age* 14. London: Centre for Longitudinal Studies, 2017.

130 Bhatia, R., 'Why women aren't the only ones pressured into looking good any more as their male counterparts are now lurking closer than ever', *Daily Mail* 12 February 2012.

131 American Society of Plastic Surgeons, '2013 cosmetic plastic surgery statistics', *Plastic Surgery Statistics Report*, 2014, www.plasticsurgery.org.

132 American Society for Aesthetic Plastic Surgery, 'Quick facts: highlights of the ASAPS

2013 statistics on cosmetic surgery', 2014, www.surgery.org.
133 British Association of Aesthetic Plastic Surgeons, 'Britain sucks', 2014, http://baaps.org.uk/about-us/press-releases/1833-britain-sucks.
134 von Soest, T., Kvalem, I. L. and Wichstrom, L., 'Predictors of cosmetic surgery and its effects on psychological factors and mental health: a population-based follow-up study among Norwegian females', *Psychological Medicine* 2012; 42 (3): 617–26.
135 Sarwer, D. B., Zanville, H. A., LaRossa, D., et al., 'Mental health histories and psychiatric medication usage among persons who sought cosmetic surgery', *Plastic and Reconstructive Surgery* 2004; 114 (7): 1927–33.
136 Grubb, J., Exline, J., McCain, J. and Campbell, W. K., 'Of course we're narcissistic: emerging adult reactions to generational differences in trait narcissism and entitlement', Society for Personality and Social Psychology, 17th Annual Convention. San Diego, 2016.
137 Babiak, P. and Hare, R. D., *Snakes in Suits: When Psychopaths Go to Work* : New York: HarperCollins, 2007.
138 Ronson, J., *The Psychopath Test*. London: Picador, 2011.
139 Byrne, J. A., *Chainsaw: The Notorious Career of Al Dunlap In The Era of ProfitAtAnyPrice*. New York: HarperBusiness, 1999.
140 Board, B. J. and Fritzon, K., 'Disordered personalities at work', *Psychology, Crime & Law* 2005; 11 (1): 17–32.
141 Bakan, J., *The Corporation: The Pathological Pursuit of Profit and Power*. New York: Simon and Schuster, 2003.
142 Blackburn, S., *Mirror, Mirror: The Uses and Abuses of Selflove*. Oxford: Princeton University Press, 2014.
143 Piff, P. K., Kraus, M. W., Côté, S., Cheng, B. H. and Keltner, D., 'Having less, giving more: the influence of social class on prosocial behavior', *Journal of Personality and Social Psychology* 2010; 99 (5): 771–84.
144 Stern, K., 'Why the rich don't give to charity', *The Atlantic* April 2013.
145 Piff, P. K., Stancato, D. M., Côté, S., Mendoza-Denton, R. and Keltner, D., 'Higher social class predicts increased unethical behavior', *Proceedings of the National Academy of Sciences* 2012; 109 (11): 4086–91.
146 Piff, P. K., 'Wealth and the inflated self: class, entitlement, and narcissism', *Personality & Social Psychology Bulletin* 2014; 40 (1): 34–43.
147 Côté, S., House, J. and Willer, R., 'High economic inequality leads higher-income individuals to be less generous', *Proceedings of the National Academy of Sciences of the USA* 2015; 112 (52): 15838–43.
148 Paulhus, D. L., 'Interpersonal and intrapsychic adaptiveness of trait self-enhancement: a mixed blessing?' *Journal of Personality and Social Psychology* 1998; 74 (5): 1197.
149 Derue, D. S., Nahrgang, J.D., Wellman, N. and Humphrey, S. E., 'Trait and behavioral theories of leadership: an integration and meta-analytic test of their relative validity',

Personnel Psychology 2011; 64 (1): 7–52.
150 De Waal, F. B., *Good Natured: The Origins of Right and Wrong in Humans and Other Animals*. Cambridge, Mass.: Harvard University Press, 1996.
151 Clark, M. E., *In Search of Human Nature*. London: Routledge, 2002.
152 Baron-Cohen, S., *Zero Degrees of Empathy: A New Theory of Human Cruelty*. London: Penguin, 2011.
153 Fiske, S. T., *Envy Up, Scorn Down: How Status Divides Us*. New York: Russell Sage Foundation, 2011.
154 Durante, F., Fiske, S. T., Kervyn, N., et al., 'Nations' income inequality predicts ambivalence in stereotype content: how societies mind the gap', *British Journal of Social Psychology* 2013; 52 (4): 726–46.
155 Uslaner, E. M., *Segregation and Mistrust: Diversity, Isolation, and Social Cohesion*. Cambridge: Cambridge University Press, 2012.
156 Alexander, B. K., *The Globalization of Addiction: A Study in Poverty of the Spirit*. Oxford: Oxford University Press, 2008.
157 Erikson, E. H., 'Identity and the life cycle: selected papers', *Psychological Issues* 1959.
158 Bourgois, P., 'Lumpen abuse: the human cost of righteous neoliberalism', *City & Society* 2011; 23 (1): 2–12.
159 Baumeister, R. F., *Escaping the Self: Alcoholism, Spirituality, Masochism, and Other Flights From the Burden of Selfhood*. New York: Basic Books, 1991.
160 Thompson, D., *The Fix*. London: Collins, 2013.
161 Barton, A. and Husk, K., ' "I don't really like the pub [. . .]": reflections on young people and pre-loading alcohol', *Drugs and Alcohol Today* 2014; 14 (2): 58–66.
162 McCreanor, T., Lyons, A., Moewaka Barnes, H., et al., 'Drink a 12 box before you go': pre-loading among young people in Aotearoa New Zealand. *Ko–tuitui: New Zealand Journal of Social Sciences Online* 2015: 1–11.
163 Bolton, J. M., Robinson, J. and Sareen, J., 'Self-medication of mood disorders with alcohol and drugs in the National Epidemiologic Survey on Alcohol and Related Conditions', *Journal of Affective Disorders* 2009; 115 (3): 367–75.
164 Robinson, J., Sareen, J., Cox, B. J. and Bolton, J., 'Self-medication of anxiety disorders with alcohol and drugs: results from a nationally representative sample', *Journal of Anxiety Disorders* 2009; 23 (1): 38–45.
165 Galea, S., Ahern, J., Tracy, M. and Vlahov, D., 'Neighborhood income and income distribution and the use of cigarettes, alcohol, and marijuana', *American Journal of Preventive Medicine* 2007; 32 (6 Suppl): S195–S202.
166 Galea, S., Ahern, J., Vlahov, D., et al., 'Income distribution and risk of fatal drug overdose in New York City neighborhoods', *Drug & Alcohol Dependency* 2003; 70 (2): 139–48.
167 Elgar, F. J., Roberts, C., Parry-Langdon, N. and Boyce, W., 'Income inequality and alcohol use: a multilevel analysis of drinking and drunkenness in adolescents in 34

countries', *European Journal of Public Health* 2005; 15 (3): 245–50.

168 Cutright, P. and Fernquist, R. M., 'Predictors of per capita alcohol consumption and gender-specific liver cirrhosis mortality rates: thirteen European countries, circa 1970–1984 and 1995–2007', *OMEGA – Journal of Death and Dying* 2011; 62 (3): 269–83.

169 Dietze, P. M., Jolley, D. J., Chikritzhs, T. N., et al., 'Income inequality and alcohol attributable harm in Australia', *BMC Public Health* 2009; 9 (1): 70.

170 Karriker-Jaffe, K. J., Roberts, S. C. and Bond, J. 'Income inequality, alcohol use, and alcohol-related problems', *American Journal of Public Health* 2013; 103 (4): 649–56.

171 Pickett, K. E., Kelly, S., Brunner, E., Lobstein, T. and Wilkinson, R. G., 'Wider income gaps, wider waistbands? An ecological study of obesity and income inequality', *Journal of Epidemiology & Community Health* 2005; 59 (8): 670–74.

172 Bratanova, B., Loughnan, S., Klein, O., Claassen, A. and Wood, R., 'Poverty, inequality, and increased consumption of high calorie food: experimental evidence for a causal link', *Appetite* 2016; 100: 162–71.

173 Groesz, L. M., McCoy, S., Carl, J., et al., 'What is eating you? Stress and the drive to eat', *Appetite* 2012; 58 (2): 717–21.

174 Williams, R. J., Volberg, R. A. and Stevens, R. M. G., 'The population prevalence of problem gambling: methodological influences, standardized rates, jurisdictional differences and worldwide trends'. Ontario, Canada: Ontario Problem Gambling Research Centre & the Ontario Ministry of Health and Long Term Care, 2012.

175 Gentile, D., 'Pathological video-game use among youth ages 8 to 18. A national study', *Psychological Science* 2009; 20 (5): 594–602.

176 Gentile, D. A., Choo, H., Liau, A., et al., 'Pathological video game use among youths: a two-year longitudinal study', *Pediatrics* 2011; 127 (2): e319–e29.

177 Mentzoni, R. A., Brunborg, G. S., Molde, H., et al., 'Problematic video game use: estimated prevalence and associations with mental and physical health', *Cyberpsychology, Behavior, and Social Networking* 2011; 14 (10): 591–6.

178 Kuss, D. J., 'Internet gaming addiction: current perspectives', *Psychology Research and Behavior Management* 2013; 6: 125–37.

179 Metzner, R., 'Psychedelic, psychoactive, and addictive drugs and states of consciousness', in M. Earleywine (ed.), *Mind altering Drugs: The Science of Subjective Experience*. New York: Oxford University Press, 2005, pp. 25–48.

180 Li, D. X. and Guindon, G. E., 'Income, income inequality and youth smoking in low- and middle-income countries', *Addiction* 2013; 108 (4): 799–808.

181 Lawson, N., *All Consuming*. London: Penguin, 2009.

182 Wallop, H., *Consumed*. London: Collins, 2013.

183 Fox, K., *Watching the English: The Hidden Rules of English Behaviour*. London: Hodder and Staughton, 2004.

184 Wallace, M. and Spanner, C., *Chav!: A User's Guide to Britain's New Ruling Class*. London:

Random House, 2004.
185 Trentmann, F., *Empire of Things: How We Became a World of Consumers, From The Fifteenth Century to the TwentyFirst*. London: Penguin, 2016.
186 Briggs, D., *Deviance and Risk on Holiday: An Ethnography of British Tourists in Ibiza*. New York: Springer, 2013.
187 James, O., *Affluenza*. London: Vermilion, 2007.
188 UNICEF Innocenti Research Centre, *Child Poverty in Perspective: An Overview of Child Wellbeing in Rich Countries*. Florence: Innocenti Report Card 7, 2007.
189 Pickett, K. E. and Wilkinson, R. G., 'Child wellbeing and income inequality in rich societies: ecological cross sectional study', *British Medical Journal* 2007; 335 (7629): 1080.
190 Pickett, K. E. and Wilkinson, R. G., 'The ethical and policy implications of research on income inequality and child well-being', *Pediatrics* 2015; 135 Suppl 2: S39–47.
191 Boseley, S., 'British children: poorer, at greater risk and more insecure', *Guardian* 14 February 2007.
192 Ipsos-Mori and Nairn, A., *Children's Wellbeing in UK, Sweden and Spain: The role of Inequality and Materialism*. London: UNICEF UK, 2011.
193 Kasser, T., *The High Price of Materialism*. Cambridge, Mass.: MIT Press, 2003.
194 Kasser, T., 'Cultural values and the well-being of future generations: a cross-national study', *Journal of CrossCultural Psychology* 2011; 42 (2): 206-15.
195 Twenge, J. M. and Kasser, T., 'Generational changes in materialism and work centrality, 1976–2007: associations with temporal changes in societal insecurity and materialistic role modeling', *Personality and Social Psychology Bulletin* 2013; 39 (7): 883–97.
196 Weale, S., 'English children among the unhappiest in the world at school due to bullying', *Guardian* 19 August 2015.
197 Monbiot, G., 'Materialism: a system that eats us from the inside out', *Guardian* 9 December 2013, https://www.theguardian.com/commentisfree/2013/dec/09/materialism-system-eats-us-from-inside-out.
198 Earwicker, R., 'The impact of problem debt on health – a literature review', Equity Action – the EU Joint Action Programme on Health Inequalities, 2014, http://www.equityaction-project.eu/.
199 Iacoviello, M., 'Household debt and income inequality, 1963–2003', *Journal of Money, Credit and Banking* 2008; 40 (5): 929–65.
200 Klein, N., *No Logo*. London: Flamingo, 2001.
201 Schor, J. and White, K. E., *Plenitude: The New Economics of True Wealth*. New York: Penguin Press, 2010.
202 Skidelsky, E. and Skidelsky, R., *How Much is Enough?: Money and the Good Life*. London: Penguin, 2012.
203 Costanza, R., 'How to build a lagomist economy', *Guardian* 6 April 2015, https://www.theguardian.com/sustainable-business/2015/apr/06/lagomist-economy-consumerism-

quality-of-life.
204 Scheff, T. J., 'Shame and the social bond: a sociological theory', *Sociological Theory* 2000; 18 (1): 84–99.
205 Lewis, H. B., 'Shame and guilt in neurosis', *Psychoanalytic Review* 1971; 58 (3): 419.
206 Nathanson, D. L., *The Many Faces of Shame*. New York: Guilford Press, 1987.
207 Dunbar, R. I. M., 'Brains on two legs: group size and the evolution of intelligence', in F. B. de Waal (ed.), *Tree of Origin: What Primate Behavior Can Tell Us About Human Social Evolution*. Cambridge, Mass.: Harvard University Press, 2001.
208 Dunbar, R. I. M. and Shultz, S., 'Evolution in the social brain', *Science* 2007; 317 (5843): 1344–7.
209 MacLean, E. L., Sandel, A. A., Bray, J., et al., 'Group size predicts social but not nonsocial cognition in lemurs', *PLoS One* 2013; 8 (6): e66359.
210 Sahlins, M., *Stone Age Economics*. London: Routledge, 2003.
211 Hobbes, T., *Leviathan*. Oxford: Oxford University Press, 1998.
212 Richmond, B. G. and Jungers, W. L., 'Size variation and sexual dimorphism in *Australopithecus afarensis* and living hominoids', *Journal of Human Evolution* 1995; 29 (3): 229–45.
213 Mitani, J. C., Gros-Louis, J. and Richards, A. F., 'Sexual dimorphism, the operational sex ratio, and the intensity of male competition in polygynous primates', *The American Naturalist* 1996; 147 (6): 966–80.
214 Sapolsky, R. M., *Why Zebras Don't Get Ulcers: The Acclaimed Guide To Stress, StressRelated Diseases, And Coping*. New York: Henry Holt, 2004.
215 Woodburn, J., 'Egalitarian societies', *Man* 1982; 17: 431–51.
216 Erdal, D. and Whiten, A., 'Egalitarianism and Machiavellian intelligence in human evolution', in P. Mellars and K. Gibson (eds.), *Modelling the Early Human Mind*. Cambridge: McDonald Institute Monographs, 1996.
217 Boehm, C., 'Egalitarian behavior and reverse dominance hierarchy', *Current Anthropology* 1993; 34: 227–54.
218 Boehm, C., *Moral Origins: The Evolution of Virtue, Altruism, and Shame*. New York: Basic Books, 2012.
219 Fehr, E., Bernhard, H. and Rockenbach, B., 'Egalitarianism in young children', *Nature* 2008; 454 (7208): 1079.
220 Gintis, H., Van Schaik, C., Boehm, C., et al., 'Zoon politikon: the evolutionary origins of human political systems', *Current Anthropology* 2015; 56 (3): 340–41.
221 Erdal, D., Whiten, A., Boehm, C. and Knauft, B., *On Human Egalitarianism: An Evolutionary Product of Machiavellian Status Escalation?* Chicago: University of Chicago Press, 1994.
222 Price, T. D. and Feinman, G. M., *Foundations of Social Inequality*. New York: Springer Science & Business Media, 1995.

223   Price T. D. and Bar-Yosef, O., 'Traces of inequality at the origins of agriculture in the ancient Near East', in T. D. Price and G. M. Feinman (eds.), *Pathways to Power*. New York: Springer, 2010, pp. 147–68.

224   Bowles, S., Smith, E. A. and Borgerhoff Mulder, M., 'The emergence and persistence of inequality in premodern societies: introduction to the special section', *Current Anthropology* 2010; 51 (1): 7–17.

225   Hastorf, C. A., *Agriculture and the Onset of Political Inequality before the Inka*. Cambridge: Cambridge University Press, 1993.

226   Brosnan, S. F. and de Waal, F. B., 'Evolution of responses to (un) fairness', *Science* 2014; 346 (6207): 1251776.

227   Naito, T. and Washizu, N., 'Note on cultural universals and variations of gratitude from an East Asian point of view', *International Journal of Behavioral Science* 2015; 10 (2): 1–8.

228   McCullough, M. E., Kimeldorf, M. B. and Cohen, A. D., 'An adaptation for altruism: the social causes, social effects, and social evolution of gratitude', *Current Directions in Psychological Science* 2008; 17 (4): 281–5.

229   Mauss, M. and Halls, W. D., *The Gift: Forms and Functions of Exchange in Archaic Societies*. New York: W. W. Norton & Co., 1954.

230   Oosterbeek, H., Sloof, R. and Van De Kuilen, G., 'Cultural differences in ultimatum game experiments: evidence from a meta-analysis', *Experimental Economics* 2004; 7 (2): 171–88.

231   Frank, R. H., *Passions Within Reason: The Strategic Role of the Emotions*. New York: W. W. Norton & Co., 1988.

232   Fehr, E. and Gachter, S., 'Altruistic punishment in humans', *Nature* 2002; 415 (6868): 137–40.

233   Elgar, F. J., Craig, W., Boyce, W., Morgan, A. and Vella-Zarb, R., 'Income inequality and school bullying: multilevel study of adolescents in 37 countries', *Journal of Adolescent Health* 2009; 45 (4): 351–9.

234   DeBruine, L. M., Jones, B. C., Crawford, J. R., Welling, L. L. and Little, A. C., 'The health of a nation predicts their mate preferences: cross-cultural variation in women's preferences for masculinized male faces', *Proceedings of the Royal Society of London B: Biological Sciences* 2010; 277 (1692): 2405–10.

235   Brooks, R., Scott, I. M., Maklakov, A. A., et al., 'National income inequality predicts women's preferences for masculinized faces better than health does', *Proceedings of the Royal Society of London B: Biological Sciences* 2011; 278 (1707): 810–12.

236   Brooks, R., Scott, I. M., Maklakov, A. A., et al., 'National income inequality predicts women's preferences for masculinized faces better than health does', *Proceedings of the Royal Society of London B: Biological Sciences* 2011; 278 (1707): 810–12; discussion 13–14.

237   Kim, D. A., Benjamin, E. J., Fowler, J. H. and Christakis, N. A., 'Social connectedness is associated with fibrinogen level in a human social network', *Proceedings of the Royal Society*

of London B: Biological Sciences 2016; 283: 20160958.
238 Wilkinson, G. S., 'Reciprocal altruism in bats and other mammals', *Ethology and Sociobiology* 1988; 9 (2–4): 85–100.
239 Hauser, M. D., Chen, M. K., Chen, F. and Chuang, E., 'Give unto others: genetically unrelated cotton-top tamarin monkeys preferentially give food to those who altruistically give food back', *Proceedings of the Royal Society of London B: Biological Sciences* 2003; 270 (1531): 2363–70.
240 Kolominsky, Y., Igumnov, S. and Drozdovitch, V., 'The psychological development of children from Belarus exposed in the prenatal period to radiation from the Chernobyl atomic power plant', *Journal of Child Psychology and Psychiatry* 1999; 40 (2): 299–305.
241 Provençal, N. and Binder, E. B., 'The effects of early life stress on the epigenome: from the womb to adulthood and even before', *Experimental Neurology* 2015; 268:   10–20.
242 Anacker, C., O'Donnell, K. J. and Meaney, M. J., 'Early life adversity and the epigenetic programming of hypothalamic-pituitary-adrenal function', *Dialogues in Clinical Neuroscience* 2014; 16 (3): 321.
243 Lutz, P.-E., Almeida, D. M., Fiori, L. and Turecki, G., 'Childhood maltreatment and stress-related psychopathology: the epigenetic memory hypothesis', *Current Pharmaceutical Design* 2015; 21 (11): 1413–17.
244 Golldack, D., Lüking, I. and Yang, O., 'Plant tolerance to drought and salinity: stress regulating transcription factors and their functional significance in the cellular transcriptional network', *Plant Cell Reports* 2011; 30 (8): 1383–91.
245 Slavich, G. M. and Cole, S. W., 'The emerging field of human social genomics', *Clinical Psychological Science* 2013; 1 (3): 331–48.
246 Sapolsky, R. M., 'Stress, stress-related disease, and emotional regulation', in J. J. Gross (ed.), *Handbook of Emotion Regulation*. New York: Guilford Press, 2007, pp. 606–15.
247 Eckenrode, J., Smith, E. G., McCarthy, M. E. and Dineen, M., 'Income inequality and child maltreatment in the United States', *Pediatrics* 2014; 133 (3): 454–61.
248 Yehuda, R., Daskalakis, N. P., Bierer, L. M., et al., 'Holocaust exposure induced intergenerational effects on FKBP5 methylation', *Biological Psychiatry* 2016; 80 (5):   372–80.
249 McGuinness, D., McGlynn, L. M., Johnson, P. C., et al., 'Socio-economic status is associated with epigenetic differences in the pSoBid cohort', *International Journal of Epidemiology* 2012; 41 (1): 151–60.
250 Tung, J., Barreiro, L. B., Johnson, Z. P., et al., 'Social environment is associated with gene regulatory variation in the rhesus macaque immune system', *Proceedings of the National Academy of Sciences of the USA* 2012; 109 (17): 6490–95.
251 Sapolsky, R. M., Romero, L. M. and Munck, A. U., 'How do glucocorticoids influence stress responses? Integrating permissive, suppressive, stimulatory, and preparative actions', *Endocrine Reviews* 2000; 21 (1): 55–89.

252 Sen, A., 'Poor, relatively speaking', *Oxford Economic Papers* 1983: 153–69.
253 Walker, R., Kyomuhendo, G. B., Chase, E., et al., 'Poverty in global perspective: is shame a common denominator?' *Journal of Social Policy* 2013; 42 (2): 215–33.
254 Chance, M. R. A., 'Attention structure as the basis of primate rank orders', *Man* 1967; 2 (4): 503–18.
255 Pannozzo, P. L., Phillips, K. A., Haas, M. E. and Mintz, E. M., 'Social monitoring reflects dominance relationships in a small captive group of brown capuchin monkeys (*Cebus apella*)', *Ethology* 2007; 113 (9): 881–8.
256 Kalma, A., 'Hierarchisation and dominance assessment at first glance', *European Journal of Social Psychology* 1991; 21 (2): 165–81.
257 Brown, P. H., Bulte, E. and Zhang, X., 'Positional spending and status seeking in rural China', *Journal of Development Economics* 2011; 96 (1): 139–49.
258 Huberman, B. A., Loch, C. H. and Önçüler, A., 'Status as a valued resource', *Social Psychology Quarterly* 2004; 67 (1): 103–14.
259 Frey, B. S., 'Knight fever–towards an economics of awards', CESifo Working Paper No. 1468, IEW Working Paper No. 239, May 2005, https://ssrn.com/abstract=717302.
260 Runciman, W. G., *Relative Deprivation and Social Justice: A Study of Attitudes to Social Inequality in 20th Century England*. Berkeley, Calif.: University of California Press, 1966.
261 Sapolsky, R. M., *A Primate's Memoir: A Neuroscientist's Unconventional Life Among The Baboons*. New York: Simon and Schuster, 2007.
262 Gilligan, J., *Preventing Violence*. New York: Thames and Hudson, 2001.
263 Dawes, C. T., Fowler, J. H., Johnson, T., McElreath, R. and Smirnov, O., 'Egalitarian motives in humans', *Nature* 2007; 446 (7137): 794–6 .
264 Keyes, C. L. M. and Waterman, M. B., 'Dimensions of well-being and mental health in adulthood', in M. H. Bornstein, L. Davidson, C. L. M. Keyes and K. A. Moore (eds.), *Crosscurrents in Contemporary Psychology. WellBeing: Positive Development Across the Life Course*. Mahwah, NJ: Lawrence Erlbaum Associates, 2003, pp. 477–97.
265 Russ, T. C., Stamatakis, E., Hamer, M., et al., 'Association between psychological distress and mortality: individual participant pooled analysis of 10 prospective cohort studies', *British Medical Journal* 2012; 345: e4933.
266 Johnson, B., The Third Margaret Thatcher Lecture, Centre for Policy Studies, 2013, http://www.cps.org.uk/events/q/date/2013/11/27/the-2013-margaret-thatcher-lecture-boris-johnson/.
267 Stiglitz, J. E., *The Price of Inequality: How Today's Divided Society Endangers Our Future*. New York: W. W. Norton & Co., 2012.
268 Krugman, P., 'Why inequality matters', *New York Times* 15 December 2013.
269 Cingano, F., 'Trends in income inequality and its impact on economic growth', OECD Social, Employment and Migration Working Papers, No. 163, OECD Publishing, 2014, http://dx.doi.org/10.1787/5jxrjncwxv6j-en.

270 Ostry, M. J. D., Berg, M. A. and Tsangarides, M. C. G., *Redistribution, Inequality, and Growth*. Washington, DC: International Monetary Fund, 2014.

271 Smith, G. D., 'Epidemiology, epigenetics and the "Gloomy Prospect": embracing randomness in population health research and practice', *International Journal of Epidemiology* 2011; 40 (3): 537–62.

272 Plato, *The Republic*. London: Penguin Classics, 3rd edition, 2007.

273 Holtzman, N. A., 'Genetics and social class', *Journal of Epidemiology and Community Health* 2002; 56 (7): 529–35.

274 Flynn, J. R., *Are We Getting Smarter? Rising IQ in the TwentyFirst Century*. New York: Cambridge University Press, 2012.

275 Dhuey, E. and Lipscomb, S., 'What makes a leader? Relative age and high school leadership', *Economics of Education Review* 2008; 27 (2): 173–83.

276 Sprietsma, M., 'Effect of relative age in the first grade of primary school on long-term scholastic results: international comparative evidence using PISA 2003', *Education Economics* 2010; 18 (1): 1–32.

277 Baker, J. and Logan, A. J., 'Developmental contexts and sporting success: birth date and birthplace effects in national hockey league draftees 2000–2005', *British Journal of Sports Medicine* 2007; 41 (8): 515–17.

278 Cobley, S., Baker, J., Wattie, N. and McKenna, J., 'Annual age-grouping and athlete development', *Sports Medicine* 2009; 39 (3): 235–56.

279 Helsen, W. F., Van Winckel, J. and Williams, A. M., 'The relative age effect in youth soccer across Europe', *Journal of Sports Sciences* 2005; 23 (6): 629–36.

280 Vestberg, T., Gustafson, R., Maurex, L., Ingvar, M. and Petrovic, P., 'Executive functions predict the success of top-soccer players', *PLoS One* 2012; 7 (4): e34731.

281 Plomin, R., Asbury, K. and Dunn, J., 'Why are children in the same family so different? Nonshared environment a decade later', *The Canadian Journal of Psychiatry* 2001; 46 (3): 225–33.

282 Woollett, K. and Maguire, E. A., 'Acquiring "the Knowledge" of London's layout drives structural brain changes', *Current Biology* 2011; 21 (24–2): 2109–14.

283 Gaser, C. and Schlaug, G., 'Gray matter differences between musicians and nonmusicians', *Annals of the New York Academy of Sciences* 2003; 999: 514–17.

284 Draganski, B., Gaser, C., Kempermann, G., et al., 'Temporal and spatial dynamics of brain structure changes during extensive learning', *Journal of Neuroscience* 2006; 26 (23): 6314–17.

285 Mora, F., Segovia, G. and del Arco, A., 'Aging, plasticity and environmental enrichment: structural changes and neurotransmitter dynamics in several areas of the brain', *Brain Research Reviews* 2007; 55 (1): 78–88.

286 Boyke, J., Driemeyer, J., Gaser, C., Büchel, C. and May, A., 'Training-induced brain structure changes in the elderly', *Journal of Neuroscience* 2008; 28 (28): 7031–5.

287 Mahncke, H. W., Bronstone, A. and Merzenich, M. M., 'Brain plasticity and functional losses in the aged: scientific bases for a novel intervention', *Progress in Brain Research* 2006; 157: 81–109.

288 Hanson, J. L., Hair, N., Shen, D. G., et al., 'Family poverty affects the rate of human infant brain growth', *PLoS One* 2013; 8 (12): e80954.

289 Dickerson, A. and Popli, G. K., 'Persistent poverty and children's cognitive development: evidence from the UK Millennium Cohort Study', *Journal of the Royal Statistical Society: Series A (Statistics in Society)* 2016; 179 (2): 535–58.

290 Brooks-Gunn, J. and Duncan, G. J., 'The effects of poverty on children', *The Future of Children* 1997; 7 (2): 55–71.

291 Korenman, S., Miller, J. E. and Sjaastad, J. E., 'Long-term poverty and child development in the United States: Results from the NLSY', *Children and Youth Services Review* 1995; 17 (1–2): 127–55.

292 Kiernan, K. E. and Mensah, F. K., 'Poverty, maternal depression, family status and children's cognitive and behavioural development in early childhood: a longitudinal study', *Journal of Social Policy* 2009; 38 (4): 569–88.

293 Blair, C., Granger, D. A., Willoughby, M., et al., 'Salivary cortisol mediates effects of poverty and parenting on executive functions in early childhood', *Child Development* 2011; 82 (6): 1970–84.

294 Guo, G. and Harris, K. M., 'The mechanisms mediating the effects of poverty on children's intellectual development', *Demography* 2000; 37 (4): 431–47.

295 Ayoub, C., O'Connor, E., R appolt-Schlictmann, G., et al., 'Cognitive skill performance among young children living in poverty: risk, change, and the promotive effects of Early Head Start', *Early Childhood Research Quarterly* 2009; 24 (3): 289–305.

296 Hart, B. and Risley, T. R., *Meaningful Differences in the Everyday Experience of Young American Children*. Baltimore, Md: Paul H. Brookes Publishing, 1995.

297 Heckman, J. J., 'Creating a more equal and productive Britain', Young Foundation Lecture, 2011, www.youngfoundation.org/files/images/Heckman_Lecture_19_May_2011. pdf.

298 Crawford, C., Macmillan, L. and Vignoles, A., 'When and why do initially high-achieving poor children fall behind?' *Oxford Review of Education* 2017; 43 (1): 88–108.

299 OECD, *Equity and Quality in Education Supporting Disadvantaged Students and Schools*. Paris: OECD Publishing, 2012, http://dx.doi.org/10.1787/9789264130852-en.

300 Burgess, S. and Greaves, E., 'Test scores, subjective assessment, and stereotyping of ethnic minorities', *Journal of Labor Economics* 2013; 31 (3): 535–76.

301 Ferguson, R. F., 'Teachers' perceptions and expectations and the Black–White test score gap', *Urban Education* 2003; 38 (4): 460–507.

302 Rosenthal, R. and Jacobson, L., 'Pygmalion in the classroom', *The Urban Review* 1968; 3 (1): 16–20.

303 Hanna, R. N. and Linden, L. L., 'Discrimination in grading', *American Economic Journal: Economic Policy* 2012; 4 (4): 146–68.

304 Reay, D., 'The zombie stalking English schools: social class and educational inequality', *British Journal of Educational Studies* 2006; 54 (3): 288–307.

305 Blanden, J., 'Essays on intergenerational mobility and its variation over time' [PhD Thesis], University of London, 2005.

306 Reay, D., *Miseducation: Inequality, Education and the Working Classes*. Bristol: Policy Press, 2017.

307 Bradley, R. H. and Corwyn, R. F., 'Socioeconomic status and child development', *Annual Review of Psychology* 2002; 53: 371–99.

308 Barnett, W. S., Jung, K., Yarosz, D. J., et al., 'Educational effects of the Tools of the Mind curriculum: a randomized trial', *Early Childhood Research Quarterly* 2008; 23 (3): 299–313.

309 Barnett, W. S. and Masse, L. N., 'Comparative benefit-cost analysis of the Abecedarian program and its policy implications', *Economics of Education Review* 2007; 26 (1): 113–25.

310 Heckman, J. J., 'Skill formation and the economics of investing in disadvantaged children', *Science* 2006; 312 (5782): 1900–902.

311 Heckman, J. J., 'The economics, technology, and neuroscience of human capability formation', *Proceedings of the National Academy of Sciences* 2007; 104 (33): 13250–55.

312 Magnuson, K. A., Ruhm, C. and Waldfogel, J., 'Does prekindergarten improve school preparation and performance?' *Economics of Education Review* 2007; 26 (1): 33–51.

313 Magnuson, K. A., Ruhm, C. and Waldfogel, J., 'The persistence of preschool effects: Do subsequent classroom experiences matter?' *Early Childhood Research Quarterly* 2007; 22 (1): 18–38.

314 Hoff, K. and Pandey, P., 'Belief systems and durable inequalities: an experimental investigation of Indian caste', Policy Research Working Paper. Washington, DC: World Bank, 2004.

315 Stroessner, S. and Good, C., 'Stereotype threat: an overview', www.diversity.arizona.edu/sites/diversity/files/stereotype_threat_overview.pdf.

316 Nguyen, H.-H. D. and Ryan, A. M., 'Does stereotype threat affect test performance of minorities and women? A meta-analysis of experimental evidence', *Journal of Applied Psychology* 2008; 93 (6); 1314–34.

317 Croizet, J.-C. and Dutrévis, M., 'Socioeconomic status and intelligence: why test scores do not equal merit', *Journal of Poverty* 2004; 8 (3): 91–107.

318 Steele, C. M. and Aronson, J., 'Stereotype threat and the intellectual test performance of African-Americans', *Journal of Personality and Social Psychology* 1995; 69: 797–811.

319 Davies, P. G., Spencer, S. J., Quinn, D. M. and Gerhardstein, R., 'Consuming images: how television commercials that elicit stereotype threat can restrain women academically

and professionally', *Personality and Social Psychology Bulletin* 2002; 28 (12): 1615–28.
320 Hess, T. M., Auman, C., Colcombe, S. J. and Rahhal, T. A., 'The impact of stereotype threat on age differences in memory performance', *The Journals of Gerontology Series B: Psychological Sciences and Social Sciences* 2003; 58 (1): P3–P11.
321 Aronson, J., Lustina, M. J., Good, C., et al., 'When white men can't do math: necessary and sufficient factors in stereotype threat', *Journal of Experimental Social Psychology* 1999; 35 (1): 29–46.
322 Brown, R. P. and Pinel, E. C., 'Stigma on my mind: individual differences in the experience of stereotype threat', *Journal of Experimental Social Psychology* 2003; 39 (6): 626–33.
323 Blascovich, J., Spencer, S. J., Quinn, D. and Steele, C., 'African Americans and high blood pressure: the role of stereotype threat', *Psychological Science* 2001; 12 (3): 225–9.
324 Schmader, T., Johns, M. and Forbes, C., 'An integrated process model of stereotype threat effects on performance', *Psychological Review* 2008; 115 (2): 336.
325 Schmader, T. and Johns, M., 'Converging evidence that stereotype threat reduces working memory capacity', *Journal of Personality and Social Psychology* 2003; 85 (3): 440.
326 Damme, D. V., 'How closely is the distribution of skills related to countries' overall level of social inequality and economic prosperity?' *OECD Education Working Papers* 2014; 105.
327 OECD and Statistics Canada, *Literacy in the Information Age: Final Report of the International Adult Literacy Survey*. Paris: Organization for Economic Co-operation and Development, 2000.
328 Wilkinson, R. and Pickett, K. E., 'Health inequalities and the UK presidency of the EU', *Lancet* 2006; 367 (9517): 1126–8.
329 OECD, *OECD Skills Outlook 2013: First Results from the Survey of Adult Skills*. Paris: OECD Publishing, 2013.
330 OECD, *PISA 2009 Results, Volume V. Learning Trends: Changes in Student Performance Since 2000*. Paris: OECD, 2010.
331 Bird, P. K., 'Social gradients in child health and development in relation to income inequality. Who benefits from greater income equality?' [PhD Thesis], University of York, 2014.
332 Bradbury, B., Corak, M., Waldfogel, J. and Washbrook, E., 'Inequality during the early years: child outcomes and readiness to learn in Australia, Canada, United Kingdom, and United States', IZA [Institute for the Study of Labor] Discussion Paper No. 6120, 2011.
333 UNICEF Innocenti Research Centre, *Child Wellbeing in Rich Countries: A Comparative Overview*. Florence: Innocenti Report Card 11, 2013.
334 Elgar, F. J., Pickett, K. E., Pickett, W., et al., 'School bullying, homicide and income inequality: a cross-national pooled time series analysis', *International Journal of Public Health* 2013; 58 (2): 237–45.

335 Pickett, K. E., Mookherjee, J. and Wilkinson, R. G., 'Adolescent birth rates, total homicides, and income inequality in rich countries', *American Journal of Public Health* 2005; 95 (7): 1181–3.

336 UNICEF Innocenti Research Centre, *Fairness for Children. A League Table of Inequality in Child Wellbeing in Rich Countries*. Florence: UNICEF Innocenti Centre, 2016.

337 Corak, M., 'Income inequality, equality of opportunity, and intergenerational mobility', *Journal of Economic Perspectives* 2013; 27 (3): 79–102.

338 Krueger, A., 'The rise and consequences of inequality'. Presentation made to the Center for American Progress, 12 January 2012. Available at http://www.americanprogress.org/events/2012/01/12/17181/the-rise-and-consequences-of-inequality.

339 Aaronson, D. and Mazumder, B., 'Intergenerational economic mobility in the United States, 1940 to 2000', *Journal of Human Resources* 2008; 43 (1): 139–72.

340 Blanden, J., Goodman, A., Gregg, P. and Machin, S., *Changes in Intergenerational Mobility in Britain*. Bristol: University of Bristol, Centre for Market and Public Organisation, 2001.

341 Corak, M., 'Inequality from generation to generation: the United States in comparison', IZA [Institute for the Study of Labor] Discussion Paper No. 9929, 2016.

342 Evans, G. W. and English, K., 'The environment of poverty: multiple stressor exposure, psychophysiological stress, and socioemotional adjustment', *Child Development* 2002; 73 (4): 1238–48.

343 McLoyd, V. C., 'The impact of economic hardship on black families and children: psychological distress, parenting, and socioemotional development', *Child Development* 1990; 61 (2): 311–46.

344 McLoyd, V. C. and Wilson, L., 'Maternal behavior, social support, and economic conditions as predictors of distress in children', *New Directions for Child Development* 1990 (46): 49–69.

345 Garrett, P., Ng'andu, N. and Ferron, J., 'Poverty experiences of young children and the quality of their home environments', *Child Development* 1994; 65 (2 Spec No): 331–45.

346 Levine, A. S., Frank, R. H. and Dijk, O., 'Expenditure cascades', *SSRN Electronic Journal* Sept 2010; 1.

347 Bowles, S. and Park Y., 'Emulation, inequality, and work hours: was Thorstein Veblen right?' *The Economic Journal* 2005; 115: F397–F412.

348 Simmons, R. G. and Rosenberg, M., 'Functions of children's perceptions of the stratification system', *American Sociological Review* 1971; 36: 235–49.

349 Tudor, J. F., 'The development of class awareness in children', *Social Forces* 1971; 49: 470–76.

350 Dorling, D., 'Danny Dorling on education and inequality', *Times Higher Education* 25 September 2014.

351 Popham, F., 'Deprivation is a relative concept? Absolutely!', *Journal of Epidemiology and*

Community Health 2015; 69 (3): 199–200.
352 Joseph Rowntree Foundation, *UK Poverty 2017: A Comprehensive Analysis of Poverty Trends and Figures*. York: Joseph Rowntree Foundation, 2017.
353 Child Poverty Action Group, 'Child poverty facts and figures', 2014. Retrieved from http://www.cpag.org.uk/child-poverty-facts-and-figures.
354 Rank, M. R. and Hirschl, T. A., 'The likelihood of experiencing relative poverty over the life course', *PLoS One* 2015; 10 (7): e0133513.
355 US Census Bureau, *Current Population Survey Annual Social and Economic Supplement*. Washington, DC: US Census Bureau, 2016.
356 Siddiqi, A., Kawachi, I., Berkman, L., Hertzman, C. and Subramanian, S. V., 'Education determines a nation's health, but what determines educational outcomes? A cross-national comparative analysis', *Journal of Public Health Policy* 2012; 33 (1): 1–15.
357 Benn, M. and Millar, F., *A Comprehensive Future: Quality and Equality For All Our Children*. London: Compass, 2006.
358 OECD, *Improving Schools in Sweden: An OECD Perspective*. Paris: OECD, 2015, http://www.oecd.org/edu/school/improving-schools-in-sweden-an-oecd-perspective.htm.
359 Elias, N. and Jephcott, E., *The Civilizing Process*. Oxford: Blackwell, 1982.
360 Erickson, C., *To the Scaffold: The Life of Marie Antoinette*. London: Macmillan, 2004.
361 Ashenburg, K., *The Dirt on Clean: An Unsanitized History*. Toronto: Vintage Canada, 2010.
362 Szreter, S., 'Rapid economic growth and "the four Ds" of disruption, deprivation, disease and death: public health lessons from nineteenth-century Britain for twenty-first-century China?' *Tropical Medicine & International Health* 1999; 4 (2): 146–52.
363 Hanley, L., *Respectable: Crossing the Class Divide*. London: Allen Lane, 2016.
364 Hanson, W., *The Bluffer's Guide to Etiquette*. London: Bluffer's, 2014.
365 Crompton, R., 'Consumption and class analysis', *The Sociological Review* 1997; 44 (1 suppl): 113–32.
366 Deutsch, N. L. and Theodorou, E., 'Aspiring, consuming, becoming: youth identity in a culture of consumption', *Youth & Society* 2010; 42 (2): 229–54.
367 Institute for Public Policy Research, 'Modern women marrying men of the same or lower social class', IPPR, 5 April 2012.
368 Merrill, D. M., *Mothersinlaw and Daughtersinlaw: Understanding the Relationship and What Makes Them Friends or Foe*. Westport, Conn.: Greenwood Publishing Group, 2007.
369 Neumann, J., *Poor Kids*, BBC1, 7 June 2011.
370 Tippett, N. and Wolke, D., Socioeconomic status and bullying: a meta-analysis', *American Journal of Public Health* 2014; 104 (6): e48–e59.
371 Odgers, C. L., Donley, S., Caspi, A., Bates, C. J. and Moffitt, T. E., 'Living alongside more affluent neighbors predicts greater involvement in antisocial behavior among low-income boys', *Journal of Child Psychology & Psychiatry* 2015; 56 (10): 1055–64.

372 Goldstein, R., Almenberg, J., Dreber, A., et al., 'Do more expensive wines taste better? Evidence from a large sample of blind tastings', *Journal of Wine Economics* 2008; 3 (1): 1–9.

373 Atkinson, W., 'The context and genesis of musical tastes: omnivorousness debunked, Bourdieu buttressed', *Poetics* 2011; 39 (3): 169–86.

374 Savage, M., *Social Class in the 21st Century*. London: Penguin, 2015.

375 Hobsbawm, E., *Fractured Times: Culture and Society in the Twentieth Century*. London: Little, Brown, 2013.

376 Toronyi-Lalic, I., 'Sceptic's Sistema', *Classical Music* June 2012.

377 Szlendak, T. and Karwacki, A., 'Do the Swedes really aspire to sense and the Portuguese to status? Cultural activity and income gap in the member states of the European Union', *International Sociology* 2012; 27 (6): 807–26.

378 Brown, R., *Prejudice: Its Social Psychology*. Chichester: John Wiley & Sons, 2011.

379 Prandy, K., 'The revised Cambridge scale of occupations', *Sociology* 1990; 24 (4): 629–55.

380 Sayer, A., *The Moral Significance of Class*. Cambridge: Cambridge University Press, 2005.

381 de Tocqueville, A., *Democracy in America*. London: Penguin, 2003.

382 Child Rights International Network, *Minimum Ages of Criminal Responsibility Around the World*, 2017, https://www.crin.org/en/home/ages.

383 Rifkin, J., *The Empathic Civilization: The Race to Global Consciousness in a World in Crisis*. New York: Penguin, 2009.

384 Major, J., *Today*, 24 November 1990.

385 Ross, L., 'The intuitive psychologist and his shortcomings: distortions in the attribution process', *Advances in Experimental Social Psychology* 1977; 10: 173–220.

386 Jones, O., *Chavs: The Demonization of the Working Class*. London: Verso Books, 2012.

387 Jayaratne, T. E., Gelman, S. A., Feldbaum, M., et al., 'The perennial debate: nature, nurture, or choice? Black and white Americans' explanations for individual differences', *Review of General Psychology* 2009; 13 (1): 24–33.

388 Christensen, K. D., Jayaratne, T., Roberts, J., Kardia, S. and Petty, E., 'Understandings of basic genetics in the United States: results from a national survey of black and white men and women', *Public Health Genomics* 2010; 13 (7–8): 467–76.

389 Jorde, L. B. and Wooding, S. P., 'Genetic variation, classification and "race"', *Nature Genetics* 2004; 36: S28–S33.

390 Olalde, I., Allentoft, M. E., Sanchez-Quinto, F., et al., 'Derived immune and ancestral pigmentation alleles in a 7,000-year-old Mesolithic European', *Nature* 2014; 507 (7491): 225-8.

391 Montagu, A., *Man's Most Dangerous Myth: The Fallacy of Race*. Lanham, Md: AltaMira Press, 2001.

392 Kubiszewski, I., Costanza, R., Franco, C., et al., 'Beyond GDP: measuring and achieving global genuine progress', *Ecological Economics* 2013; 93: 57–68.

393 Cutler, D., Deaton, A. and L leras- Muney, A., 'The determinants of mortality', *Journal of Economic Perspectives* 2006; 20 (3): 97–120.

394 Jackson, T., *Prosperity Without Growth. Economics for a Finite Planet*. Abingdon: Earthscan, 2009.

395 Hansen, J., Sato, M., Kharecha, P., et al., 'Target atmospheric CO2: where should humanity aim?' *Open Atmospheric Science Journal* 2008; 2: 217–31.

396 World Health Organization. *Quantitative Risk Assessment of the Effects of Climate Change on Selected Causes of Death, 2030s and 2050s*. Geneva: World Health Organization, 2014.

397 Rahmstorf, S., 'Modeling sea level rise', *Nature Education Knowledge* 2012; 3 (10): 4.

398 Parry, M., Palutikof, J., Hanson, C. and Lowe, J., 'Squaring up to reality', *Nature Reports Climate Change* 2008; 2: 68–70.

399 Osterreichisches Institut fur Wirtschaftsforschung, *Economics, Reality and the Myths of Growth*. Vienna, 2013.

400 Jolly, A., *Lucy's Legacy: Sex and Intelligence in Human Evolution*. Cambridge, Mass.: Harvard University Press, 2001.

401 Bird-David, N., Abramson, A., Altman, J., et al., 'Beyond "The Original Affluent Society": a culturalist reformulation [and Comments and Reply]', *Current Anthropology* 1992; 33 (1): 25–47.

402 Sahlins, M., 'The original affluent society', in J. Gowdy (ed.), *Limited Wants, Unlimited Means: A HunterGatherer Reader on Economics and the Environment*. Washington, DC: Island Press, 1998, pp. 5–41.

403 Wilkinson, R. G., *Poverty and Progress: An Ecological Model of Economic Development*. London: Methuen, 1973.

404 Lee, R. B. and DeVore, I., *Man the Hunter*: Piscataway, NJ: Transaction Publishers, 1968.

405 Larsen, C. S., 'The agricultural revolution as environmental catastrophe: implications for health and lifestyle in the Holocene', *Quaternary International* 2006; 150 (1): 12–20.

406 Mummert, A., Esche, E., Robinson, J. and Armelagos, G. J., 'Stature and robusticity during the agricultural transition: evidence from the bioarchaeological record', *Economics & Human Biology* 2011; 9 (3): 284–301.

407 Dittmar, H., Bond, R., Hurst, M. and Kasser, T., 'The relationship between materialism and personal well-being: a meta-analysis', *Journal of Personality and Social Psychology* 2014; 107 (5): 879–924.

408 Meltzer, H., Bebbington, P., Brugha, T., Farrell, M. and Jenkins, R., 'The relationship between personal debt and specific common mental disorders', *European Journal of Public Health* 2013; 23 (1): 108–13.

409 Kwon, R. and Cabrera, J. F., 'Socioeconomic factors and mass shootings in the United States', *Critical Public Health* 2017: 1–8.

410 Rufrancos, H., Power, M., Pickett, K. E. and Wilkinson, R., 'Income inequality and crime: a review and explanation of the time-series evidence', *Sociology and Criminology*

2013; 1: 103.
411 Jayadev, A. and Bowles, S., 'Guard labor', *Journal of Development Economics* 2006; 79 (2): 328–48.
412 Bowles, S. and Jayadev, A., 'Garrison America', Economists' *Voice* 2007; 4 (2): 1–7.
413 World Economic Forum, *The Global Competitiveness Report*, 2000–2001. New York: Oxford University Press, 2002.
414 Wilkinson, R. G., Pickett, K. E. and De Vogli, R., 'Equality, sustainability, and quality of life', *British Medical Journal* 2010; 341: c5816.
415 Motesharrei, S., Rivas, J. and Kalnay, E., 'Human and nature dynamics (HANDY): modeling inequality and use of resources in the collapse or sustainability of societies', *Ecological Economics* 2014; 101: 90–102.
416 Wilkinson, R. G. and Pickett, K. E., 'Income inequality and socioeconomic gradients in mortality', *American Journal of Public Health* 2008; 98 (4): 699–704.
417 Jutz, R., 'The role of income inequality and social policies on income-related health inequalities in Europe', *International Journal for Equity in Health* 2015; 14: 117.
418 Lobmayer, P. and Wilkinson, R. G., 'Inequality, residential segregation by income, and mortality in US cities', *Journal of Epidemiology & Community Health* 2002; 56 (3): 183–7.
419 Andersen, R. and Curtis, J., 'The polarizing effect of economic inequality on class identification: evidence from 44 countries', *Research in Social Stratification and Mobility* 2012; 30 (1): 129–41.
420 Jaikumar, S. and Sarin, A., 'Conspicuous consumption and income inequality in an emerging economy: evidence from India', *Marketing Letters* 2015; 26 (3): 279–92.
421 Walasek, L. and Brown, G. D., 'Income inequality, income, and internet searches for status goods: a cross-national study of the association between inequality and well-being', *Social Indicators Research* 2015; doi:10.1007/s11205-015-1158-4 .
422 Walasek, L. and Brown, G. D., 'Income inequality and status seeking, searching for positional goods in unequal US states', *Psychological Science* 2015; 26 (4): 527–33.
423 Neville, L., 'Do economic equality and generalized trust inhibit academic dishonesty? Evidence from state-level search-engine queries', *Psychological Science* 2012; 23 (4): 339–45.
424 Gustafsson, B. and Johansson, M., 'In search of smoking guns: what makes income inequality vary over time in different countries?' *American Sociological Review* 1999: 585–605.
425 Eisenbrey, R. G. and Gordon, C., 'As unions decline, inequality rises'. *Economic Policy Institute* 2012, http://www.epi.org/publication/unions-decline-inequality-rises/.
426 Piketty, T., Saez, E. and Stantcheva, S., 'Optimal taxation of top labor incomes: a tale of three elasticities', National Bureau of Economic Research, 2011.
427 World Bank, *The East Asian Miracle*. Oxford: Oxford University Press, 1993.
428 Krugman, P., *The Conscience of a Liberal*. New York: W. W. Norton & Co., 2009.

429 Obama, B., State of the Union address, 2014, http://www.whitehouse.gov/the-press-office/2014/01/28/president-barack-obamas-state-union-address.

430 Pope Francis, *Evangelii Gaudium*. Vatican City: Vatican Press, 2013.

431 Lagarde, C., Speech at World Economic Forum, Davos, 2013, https://www.imf.org/external/np/speeches/2013/012313.htm.

432 Ban K.-m., Remarks at Informal General Assembly Thematic Debate on Inequality, United Nations, 2013, http://www.un.org/apps/news/story.asp?NewsID=45361#.WdNCPFu3zcs.

433 Norton, M. I. and Ariely, D., 'Building a better America – one wealth quintile at a time', *Perspectives on Psychological Science* 2011; 6 (1): 9–12.

434 Living Wage Commission, *Work That Pays*. London, 2014.

435 Bunyan, P. and Diamond, J., *Approaches to Reducing Poverty and Inequality in the UK. A Study of Civil Society Initiatives and Fairness Commissions*. Edge Hill University/Webb Memorial Trust, 2014.

436 Houlder, V., 'Switzerland pledges to lift veil on tax secrecy', *Financial Times* 6 May 2014.

437 Gibbons, K., 'Extra home help gives Britain that Downton feeling', *The Times* 31 January 2014.

438 Mount, H., 'Are you being served?' *Daily Telegraph* 28 April 2013.

439 Mishel, L. and Sabadish, N., 'Pay and the top 1%: how executive compensation and financial-sector pay have fuelled income inequality', *Issue Brief*, Economic Policy Institute, 2012.

440 Tosi, H. L., Werner, S., Katz, J. P. and Gomez-Mejia, L. R., 'How much does performance matter? A meta-analysis of CEO pay studies', *Journal of Management* 2000; 26 (2): 301–39.

441 Marshall, L., 'Are CEOs paid for performance?' MSCI Inc., 2016.

442 Breza, E., Kaur, S. and Shamdasani, Y., 'The morale effects of pay inequality', National Bureau of Economic Research, 2016.

443 Chang, H.-J., 23 *Things They Don't Tell You About Capitalism*. New York: Bloomsbury Publishing, 2012.

444 Conchon, A. K., Kluge, N. and Stollt, M., 'Worker board-level participation in the 31 European Economic Area countries', European Trade Union Institute, 2013, http://www.worker-participation.eu/National-Industrial-Relations/Across-Europe/Board-level-Representation2/TABLE-Worker-board-level-participation-in-the-31-European-Economic-Area-countries:

445 Schulten, T. and Zagelmeyer, S., 'Board-level employee representation in Europe', *EIRObserver* 1998; 5: 1–4, https://www.eurofound.europa.eu/sites/default/files/ef_files/eiro/pdf/eo98-5.pdf.

446 Survation, Employment Survey II, 6 February 2013, http://survation.com/wp-content/uploads/2014/04/Employment-II-Full-Tables.pdf.

447 Freeman, R. B. and Rogers, J., *What Workers Want*. Ithaca, NY: Cornell University Press, 2006.

448 Vitols, S., 'Board level employee representation, executive remuneration and firm performance in large European companies', European Corporate Governance Institute and European Trade Union Institute, 2010.

449 Fauver, L. and Fuerst, M. E., 'Does good corporate governance include employee representation? Evidence from German corporate boards', *Journal of Financial Economics* 2006; 82 (3): 673–710.

450 Piketty, T., trans. A. Goldhammer, *Capital in the Twentyfirst Century*. Cambridge, Mass.: Harvard University Press, 2014.

451 Oakeshott, R., *Jobs and Fairness: The Logic and Experience of Employee Ownership*. Norwich: Michael Russell, 2000.

452 Azevedo, A. and Gitahy, L., 'The cooperative movement, self-management, and competitiveness: the case of Mondragon Corporacion Cooperativa', *Working USA* 2010; 13 (1): 5–29.

453 Zeuli, K. and Radel, J., 'Cooperatives as a community development strategy: linking theory and practice', *Journal of Regional Analysis and Policy* 2005; 35 (1): 43–54.

454 Blasi, J., Kruse, D., Sesil, J. and Kroumova, M., 'Broad-based stock options and company performance: what the research tells us', *Journal of Employee Ownership, Law, and Finance* 2000; 12 (3): 69–102.

455 Kardas, P. A., Scharf, A. L., Keogh, J. and Rodrick, S. S., *Wealth and Income Consequences of Employee Ownership: A Comparative Study for Washington State*. Oakland, Calif.: National Center for Employee Ownership, 1998.

456 Lampel, J., Bhalla, A. and Jha, P., *Model Growth: Do Employeeowned Businesses Deliver Sustainable Performance?* London: Cass Business School, City University, 2010.

457 NCEO, *Employee Ownership and Corporate Performance: A Comprehensive Review of the Evidence*. Oakland, Calif.: National Center for Employee Ownership, 2004.

458 Kruse, D., 'Does employee ownership improve performance?' *IZA World of Labor* 2016; 311.

459 Blasi, J., Kruse, D. and Bernstein, A., *In the Company of Owners*. New York: Basic Books, 2003.

460 Nuttall, G., 'Sharing success: the Nuttall review of employee ownership', Department of Business, Innovation and Skills, BIS/12/933, 4 July 2012.

461 Matrix Knowledge Group, *The Employee Ownership Effect: A Review of the Evidence*. London: Matrix Evidence, a division of Matrix Knowledge Group, 2010.

462 Martins, P. S., 'Dispersion in wage premiums and firm performance', *Economics Letters* 2008; 101 (1): 63–5.

463 Bookchin, M., *Remaking Society: Pathways to a Green Future*. Cambridge, Mass.: South End Press, 1990.

464 Kelly, M., 'The next step for CSR: building economic democracy', *Business Ethics* 2002; 16: 2–7.
465 Verdorfer, A. P., Weber, W. G., Unterrainer, C. and Seyr, S., 'The relationship between organizational democracy and socio-moral climate: exploring effects of the ethical context in organizations', *Economic and Industrial Democracy* 2012: 0143831X12450054.
466 Weber, W. G., Unterrainer, C. and Schmid, B. E., 'The influence of organizational democracy on employees' socio-m oral climate and prosocial behavioral orientations', *Journal of Organizational Behavior* 2009; 30 (8): 1127–49.
467 Ruiz, J. I., Nuhu, K., McDaniel, J. T., et al., 'Inequality as a powerful predictor of infant and maternal mortality around the world', *PLoS One* 2015; 10 (10): e0140796.
468 Bosma, H., Marmot, M. G., Hemingway, H., et al., 'Low job control and risk of coronary heart disease in Whitehall II (prospective cohort) study', *British Medical Journal* 1997; 314 (7080): 558–65.
469 Theorell, T., 'Democracy at work and its relationship to health', *Research in Occupational Stress and Wellbeing* 2003; 3: 323–57.
470 De Vogli, R., Brunner, E. and Marmot, M. G., 'Unfairness and the social gradient of metabolic syndrome in the Whitehall II study', *Journal of Psychosomatic Research* 2007; 63 (4): 413–19.
471 De Vogli, R., Ferrie, J. E., Chandola, T., Kivimaki, M. and Marmot, M. G., 'Unfairness and health: evidence from the Whitehall II study', *Journal of Epidemiology & Community Health* 2007; 61 (6): 513–18.
472 Elovainio, M., Singh-Manoux, A., Ferrie, J. E., et al., 'Organisational justice and cognitive function in middle-aged employees: the Whitehall II study', *Journal of Epidemiology & Community Health* 2012; 66 (6): 552–6.
473 Williamson, J. and the TUC, *Workers on Board: The Case For Workers' Voice in Corporate Governance*. London: Trades Union Congress, 2013.
474 Freudenberg, N., *Lethal But Legal: Corporations, Consumption, and Protecting Public Health*. New York: Oxford University Press, 2014.
475 The Equality Trust, *The Cost of Inequality*. London: The Equality Trust, 2014.
476 Bregman R., *Utopia for Realists: The Case for a Universal Basic Income, Open Borders, and a 15hour Workweek*. Originally published in Dutch online on De Correspondent, 2016; English edition published 2017 by Bloomsbury.
477 Dye, R. F. and England, R. W., 'Assessing the theory and practice of land value taxation', Lincoln Institute of Land Policy, 2010.
478 Gilroy, B. M., Heimann, A. and Schopf, M., 'Basic income and labour supply: the German case', *Basic Income Studies* 2012; 8 (1): 43–70.
479 Widerquist, K. and Sheahen, A., 'The United States: the basic income guarantee – past experience, current proposals', *Basic Income Worldwide: Horizons of Reform* 2012: 11.
480 Dickens, R., Gregg, P., Machin, S., Manning, A. and Wadsworth, J., 'Wages councils: was

there a case for abolition?' *British Journal of Industrial Relations* 1993; 31 (4): 515–29.
481 Burkitt, B. and Whyman, P., 'Employee investment funds in Sweden: their past, present and future', *European Business Review* 1994; 94 (4): 22–9.
482 Coote, A., Franklin, J., Simms, A. and Murphy, M., 21 *Hours: Why a Shorter Working Week Can Help Us All to Flourish in the 21st Century*. London: New Economics Foundation, 2010.
483 Frey, C. B. and Osborne, M., *The Future of Employment: How Susceptible Are Jobs to Computerisation?* Oxford Martin School, University of Oxford, 2013.
484 Babones, S. J., 'Income inequality and population health: correlation and causality', *Social Science & Medicine* 2008; 66 (7): 1614–26.
485 Clarkwest, A., ' Neo-materialist theory and the temporal relationship between income inequality and longevity change', *Social Science & Medicine* 2008; 66 (9): 1871–81.
486 Zheng, H., 'Do people die from income inequality of a decade ago?' *Social Science & Medicine* 2012; 75 (1): 36–45.
487 Kim, D. and Saada, A., 'The social determinants of infant mortality and birth outcomes in western developed nations: a cross-country systematic review', *International Journal of Environmental Research & Public Health* 2013; 10 (6): 2296.
488 Ram, R., 'Further examination of the cross-country association between income inequality and population health', *Social Science & Medicine* 2006; 62 (3): 779–91.
489 Torre, R. and Myrskyla, M., 'Income inequality and population health: an analysis of panel data for 21 developed countries, 1975–2006', *Population Studies* 2014; 68 (1): 1–13.
490 Ram, R., 'Income inequality, poverty, and population health: evidence from recent data for the United States', *Social Science & Medicine* 2005; 61 (12): 2568–76.
491 Pickett, K. E. and Wilkinson, R. G., 'Income inequality and psychosocial pathways to obesity', in A. Offer, R. Pechey and S. Ulijaszek (eds.), *Insecurity, Inequality, and Obesity in Affluent Societies*. Oxford: British Academy, 2012.
492 Drain, P. K., Smith, J. S., Hughes, J. P., Halperin, D. T. and Holmes, K. K., 'Correlates of national HIV seroprevalence: an ecologic analysis of 122 developing countries', *Journal of Acquired Immune Deficiency Syndrome* 2004; 35 (4): 407–20.
493 Buot, M.-L. G., Docena, J. P., Ratemo, B. K., et al., 'Beyond race and place: distal sociological determinants of HIV disparities', *PLoS One* 2014; 9 (4): e91711.
494 Wilkinson, R. G. and Pickett, K. E., 'Income inequality and social dysfunction', *Annual Review of Sociology* 2009; 35: 493–512.
495 Gray, N., 'Income inequality, alcoholism and high blood pressure prevalence in the U.S.', posted at the 6th Biennial Conference of the American Society of Health Economists, University of Pennsylvania, June 2016.
496 Wilkinson, R. G. and Pickett, K. E., 'The problems of relative deprivation: why some societies do better than others', *Social Science & Medicine* 2007; 65 (9): 1965–78.
497 Freitag, M. and Bühlmann, M., 'Crafting trust: the role of political institutions in a

comparative perspective', *Comparative Political Studies* 2009; 42 (12): 1537–66.
498 Kawachi, I. and Kennedy, B. P., 'The relationship of income inequality to mortality: does the choice of indicator matter?' *Social Science & Medicine* 1997; 45 (7): 1121–7.
499 Cheung, F. and Lucas, R. E., 'Income inequality is associated with stronger social comparison effects: the effect of relative income on life satisfaction', *Journal of Personality & Social Psychology* 2016; 110 (2): 332–41.
500 Ouimet, M., 'A world of homicides: the effect of economic development, income inequality, and excess infant mortality on the homicide rate for 165 countries in 2010', *Homicide Studies* 2012; 16 (3): 238–58.
501 Glaeser, E. L., Resseger, M. G. and Tobio, K., 'Urban inequality', National Bureau of Economic Research, 2008.
502 Kawachi, I. and Kennedy, B. P., 'Income inequality and health: pathways and mechanisms', *Health Services Research* 1999; 34 (1 Pt 2): 215–27.
503 Chetty, R., Hendren, N., Kline, P. and Saez, E., 'Where is the land of opportunity? The geography of intergenerational mobility in the United States', National Bureau of Economic Research, 2014.
504 Kearney, M. S. and Levine, P. B., 'Why is the teen birth rate in the United States so high and why does it matter?' *Journal of Economic Perspectives* 2012; 26 (2): 141–66.
505 Boyce, J. K., 'Inequality as a cause of environmental degradation', *Ecological Economics* 1994; 11 (3): 169–78.
506 Cushing, L., Morello-Frosch, R., Wander, M. and Pastor, M., 'The haves, the have-nots, and the health of everyone: the relationship between social inequality and environmental quality', *Annual Review of Public Health* 2015; 36 (1): 193–209.
507 Holland, T. G., Peterson, G. D. and Gonzalez, A., 'A cross-national analysis of how economic inequality predicts biodiversity loss', *Conservation Biology* 2009; 23 (5): 1304–13.
508 Mikkelson, G. M., Gonzalez, A. and Peterson, G. D., 'Economic inequality predicts biodiversity loss', *PLoS One* 2007; 2 (5): e444.
509 Stotesbury, N. and Dorling, D., 'Understanding income inequality and its implications: why better statistics are needed', *Statistics Views* 2015; 21.
510 Drabo, A., 'Impact of income inequality on health: does environment quality matter?' *Environment and Planning* Part A 2011; 43 (1): 146.
511 Jorgenson, A., Schor, J., Huang, X. and Fitzgerald, J., 'Income inequality and residential carbon emissions in the United States: a preliminary analysis', *Human Ecology Review* 2015; 22 (1): 93–105.
512 Patel, V., Burns, J. K., Dhingra, M., et al., 'Income inequality and depression: a systematic review and meta-analysis of the association and a scoping review of mechanisms', *World Psychiatry* 2018; 17: 76–89.

찾아보기

ㄱ

가계부채_185, 186, 289
〈가디언Guardian〉_41
가정생활_180, 287, 315
개인주의_118, 138, 363
〈거울아, 거울아Mirror, Mirror〉_139
건강문제_18, 19, 23, 84, 370, 417
건강 및 사회문제 지수Index of Health and Social Problems_18, 374
경멸_149, 153
경쟁심_150
경제 민주주의_10, 139, 386, 392, 405, 407
경제발전_150, 347, 353, 358
경제성장_13, 38, 252, 317, 345, 350, 354
경제협력개발기구(OECD)_252
경험 프로젝트Experience Project_33
계층_30, 60, 108, 144, 173, 195, 230, 305
계층 간 결혼_314
《계층 경계를 넘어서Respectable: Crossing the Class Divide》_309
《계층의 도덕적 의의The Moral Significance of Class》_326
계층 구분_410, 411
고용_75, 126, 385
고정관념_150, 272, 274, 321
고정관념 위협_9
고프먼, 어빙Goffman, Erving_196

공감_123, 147, 153, 182, 228, 329
《공감 제로Zero Degrees of Empathy》_148
공동체 생활_16, 44, 111, 193, 214, 338, 363, 413
공산주의 중앙집중계획_379
공정위원회Fairness Commission_385
과대망상_105, 115
과세제도_213
과시적 소비_61, 358, 373, 410, 413
관용_223
광고_130, 131, 170, 179, 275
교육 성취도_16, 59, 261, 271, 279, 283, 369
《구별짓기Distinction》_59
국가임금협의회_401
국제관계_383
세계성인역량조사(Programme for the International Assessment of Adult Competencies)_280
국제통화기금(IMF)_252
국제학업성취도평가PISA_279, 281, 294
궁정생활_303
그릴스, 베어Grylls, Bear_41
극단적 자본주의_177
금융위기(2008)_9, 10, 171
기대수명_13, 44, 111, 254, 347, 361
기본소득_400, 401
기본적 귀인 오류_337
〈기업The Corporation〉_138
기업실적_138
기후변화_350, 353, 354, 383, 413

기후변화에 관한 정부 간 협의체Intergovernmental Panel on Climate Change (IPCC)_351
길버트, 폴Gilbert, Paul_94
《꿈의 해석The Interpretation of Dreams》_194

ㄴ

《나는 왜 나를 사랑하는가The Narcissism Epidemic》_126
난민_23, 383
내적통제 소재_106, 107
〈네 기사The Four Horsemen〉_139
〈네이처Nature〉_239
네켄, 크레이그Nakken, Craig_162
노동생활의 질_412
노동운동_377, 385
노동조합_10, 377, 401
농업_63, 213, 355, 398
뇌 유연성_67, 266
뇌 발달_266, 287
뉴딜정책_379
능력주의_10, 57, 252, 267, 383
니트족Not in Education, Employment or Training (NEET)_282, 284

ㄷ

다 리바, 본비치노da Riva, Bonvicino_301
다국적 기업_62, 129, 178, 186, 398
당혹감_303, 305, 306

대공황_379
대인관계_153, 303
대처, 마거릿Thatcher, Margaret_251, 331, 380
던랩, 앨Dunlap, Al_135, 136, 137
던바, 로빈Dunbar, Robin_198
델라 카사, 지오반니della Casa, Giovanni_302
도금시대_61
도박_60, 166, 168
돌링, 대니Dorling, Danny_116, 290
동정심_147, 149
《동정심The Compassionate Mind》_94
두다멜, 구스타보Dudamel, Gustavo_322, 324
두란테, 페데리카Durante, Federica_150, 151
드윌드, 캐롤린Dewilde, Caroline_151, 152
디커슨, 샐리Dickerson, Sally_78

ㄹ

라가르드, 크리스틴Lagarde, Christine_384
라곰lagom_184, 187
〈랜싯Lancet〉_279
러프넌, 스티브Loughnan, Steve_117, 118
레이어드, 리처드Layard, Richard_48
레이트, 리처드Layte, Richard_75
로슨, 닐Lawson, Neal_170, 171
로젠버그 지수Rosenberg scale_121
록펠러, 존Rockefeller, John D._61
론슨, 존Ronson, Jon_135, 136
루스벨트, 프랭클린Roosevelt, Franklin_379
루이14세Louis XIV_303
루이스, 헬렌Lewis, Helen_196, 197

르완다 대학살_337
리더십_99, 134, 145, 147
리처드 세넷Sennett, Richard_196
린드, 로버트Lynd, Robert_196

ㅁ

마르크스, 칼Marx, Karl_331, 379, 383
마틴, 션Martin, Sean_128
말론, 개러스Malone, Gareth_322, 324
맹수 사냥_210, 211
메이, 테레사May, Theresa_251
메이저, 존Major, John_331
모성애_94
몬드라곤 협동조합Mondragon cooperatives_391, 406
몬비오, 조지Monbiot, George_184
문명화_301, 302, 304
《문명화 과정The Civilizing Process》_302
문해력 점수_279, 281
문화 전파_313
문화참여_323
《물건의 제국Empire of Things》_173
물질만능주의_99
미국국립해양대기청National Oceanic and Atmospheric Administration_352
미국미용성형외과학회American Society for Aesthetic Plastic Surgery_131
미국병존질환조사 청소년 보충판National Comorbidity Survey Adolescent Supplement_32
미국병존질환조사National Comorbidity Survey Replication_32, 35
미국심리학회American Psychological Association_37
미국정신의학협회American Psychiatric Association_35
미국항공우주국(NASA)_351
미국회계감사원Government Accountability Office_398
미주개발은행Inter-American Development Bank_103
민주주의_210, 331, 386, 394, 412
밀러, 피오나Miller, Fiona_296
밀레니엄 코호트 연구_268

ㅂ

바비악, 폴Babiak, Paul_134, 138
바우마이스터, 로이Baumeister, Roy_160, 161
바칸, 조엘Bakan, Joel_138
반기문_384
반지배 전략_212, 214
발, 프란스 드Waal, Frans de_148, 215
배런코언, 사이먼Baron-Cohen, Simon_148, 215
번, 존Byrne, John_137
〈벌거벗은 임금님〉_194
범죄율_328
베르사유 궁전_303
베블런, 소스타인Veblen, Thorstein_60, 61
베크, 마사Beck, Martha_27, 41
벤, 멜리사Benn, Melissa_296

보드, 벨린다Board, Belinda_137
보엠, 크리스토퍼Boehm, Christopher_207
복종_88, 91, 96, 99, 214
복종 반응_214
부르디외, 피에르Bourdieu, Pierre_59, 173
북친, 머레이Bookchin, Murray_394
불안정한 정신건강_185
불안정한 분투_96
불공평_31, 151, 225, 396
불평등 혐오_239
브래드쇼, 조너선Bradshaw, Jonathan_183
브로드무어 정신병원_137
브리스, 로버트 드Vries, Robert de_108
브릭스, 대니얼Briggs, Daniel_175
블랙번, 사이먼Blackburn, Simon_139, 153
비만_16, 38, 111, 370, 398

ㅅ

사망률_16, 80, 115, 209, 318, 370
사이코패스 성향_138, 152
사이코패스 진단도구_135
《사이코패스 테스트The Psychopath Test》_135
사전음주_163
사치품_178, 181, 311
사회계급_54, 93, 230, 296, 313
사회계층_19, 57, 102, 213, 256, 361
사회적 이동성_16, 57, 286, 371
사회문제_18, 65, 158, 374
사회보장 혜택_388, 400
사회적 불안 장애_33, 35, 38, 94

사회적 비교_39, 49, 58, 93, 101, 105, 132, 158, 303
사회전략_222, 328, 409
사회적 평가 위협_31, 50, 103, 274
사회관계_16, 147, 200, 245, 408
사회적 결속력_108, 120, 159
사회적 위치_22, 57, 102, 256, 285, 306
사회적 고통_31, 98, 184, 222
사회적 기울기_19, 20, 21, 84, 85, 281, 370
사회적 위협_99, 108
사회적 지배 지향성(Social Dominance Orientation)척도_182
사회적 지위_20, 57, 75, 127, 229, 333, 374
사회적 차별_301, 320
산업혁명_259, 358
살린스, 마셜Sahlins, Marshall_200, 215, 232, 409
살인율_21, 283, 362
상냥함 척도Agreeableness scale_108, 109
상대적 빈곤_234, 268, 277, 293, 330
상호성_410
상호의존_201, 338, 355, 358, 389
새비지, 마이크Savage, Mike_321
새폴스키, 로버트Sapolsky, Robert_230, 237, 243
샌더스, 버니Sanders, Bernie_382
생산성_10, 350, 387, 393, 411, 412
생태 경제_350
생활 만족도_102
생활임금운동_384
생활수준_39, 232, 347, 354, 412
서열체계_51, 59, 86, 218, 222, 360
선물교환_201, 214, 215
선행인류_220, 234
섭식 장애_38, 81

성격 기질_125, 137
성격 장애_134
성형수술_130, 131, 132, 160
세계금융위기_22, 139, 171, 185
세계 인도주의 포럼Global Humanitarian Forum_352
세계보건기구World Health Organization (WHO)_37, 79, 95, 104
세계은행World Bank_275, 381
세계정신건강조사협회World Mental Health Survey Consortium_79
세계화_329, 355, 381
세대 간 이동성_313
세율_380
세이어, 앤드루Sayer, Andrew_326
세전 소득_380, 386
센, 아마르티아Sen, Amartya_232
셰프, 토머스Scheff, Thomas_195, 242
소득 격차_13, 16, 20, 193, 279, 386
소득 불평등_12, 58, 104, 149, 164, 328
소득 순위_100, 101, 102
소득 재분배_8, 13, 69, 385, 388
《소비Consumed》_172
소비주의_62, 67, 170, 176, 193, 236
《소비주의All Consuming》_170
소셜 미디어_146, 160, 161
소외_210, 333
쇼어, 줄리엣Schor, Juliet_187
《쇼퍼홀릭Shopaholic》_170
수감률_16, 21, 370, 400
수렵·채집인_52, 206, 228, 242
수줍음_27, 30, 32, 128, 163, 195

수직적 불평등_30
수치심_27, 88, 97, 195, 231, 307
수평적 불평등_31
순위_53, 75, 100, 205, 219, 235, 295, 394
슈어 스타트 프로그램Sure Start programme_291
《슈퍼 브랜드의 불편한 진실No Logo》_186
스키델스키, 로버트Skidelsky, Robert_187
스키델스키, 에드워드Skidelsky, Edward_187
스트레스_15, 33, 35, 47, 227, 318, 396
스트레스 호르몬_65, 100
스패너, 클린트Spanner, Clint_173
시몬 볼리바르 오케스트라Simon Bolivar Youth Orchestra_322
시민 참여_110
식민주의_333
신뢰_9, 49, 82, 83, 152, 165, 228, 325
신자유주의_380, 414
신체적 고통_98, 223
신피질_198, 199
쌍둥이 연구_259, 261

ㅇ

아난, 코피Annan, Kofi_352
아동 학대 비율_229
아동 행복_19, 179, 180, 283, 370
아동행복지수Index of Child Well-being_179, 183, 288, 375
아동권리국제네트워크Child Rights International Network_329
아들러, 알프레드Adler, Alfred_28, 66

안데르센, 한스 크리스티안Andersen, Hans Christian_194, 319
알렉산더, 브루스Alexander, Bruce_158
알코올 소비_165, 166
암수의 몸집 크기의 차이_204
약물 사용 및 중독_166
양극성 장애_38, 90, 104, 129
어그 부츠_174
《어플루엔자Affluenza》_178
《얼마나 있어야 충분한가How Much is Enough》_187
에라스무스, 데시데리우스Erasmus, Desiderius_302
엘 시스테마티 Sistema_322
엘가, 프랭크Elgar, Frank_283
엘리아스, 노베르트Elias, Norbert_196, 302
여가_10, 51, 348, 350, 357, 411
역학_18, 20
연대_151, 152, 289
열등 콤플렉스_28
열망 지수Aspiration Index_182
영국노동조합회의Trades Union Congress_396
《영국인 관찰Watching the English》_173
〈영국정신의학저널British Journal of Psychiatry〉_78
영국종업원소유조합Employee Ownership Association (UK)_406
영국협동조합연맹Co-operatives UK_406
예의_301, 308, 311
예절_303, 309
〈오매거진!O Magazine〉_27
오바마, 버락Obama, Barack_41

《50가지 식사 예절Fifty Table Courtesies》_301
오크쇼트, 로버트Oakeshott, Robert_391
외적통제 소재_107
우드, 알렉스Wood, Alex_100
우드번, 제임스Woodburn, James_209
우울증_37, 79, 80, 104, 193, 372
우정_44, 49, 222, 409
우호_137, 245
워비곤 호수_117
월러스, 미아Wallace, Mia_173
월롭, 해리Wallop, Harry_172, 173
웰런, 크리스토퍼Whelan, Christopher_75
위계_10, 50, 53, 183, 214, 267, 369
위생_303, 308
윈프리, 오프라Winfrey, Oprah_27
유니세프UNICEF_179, 283, 375
유럽인 가치 조사European Values Survey_151
유럽연합European Union_75, 231, 389
유럽인 삶의 질 조사European Quality of Life Survey (2007)_75
유병률_35, 80, 103, 168, 373
유산_98, 213, 235, 312
유인원_147, 204
유전자 발현_230
유전학_334
음식공유_214, 215
〈이사회의 노동자Workers on Board〉_396
이산화탄소_351, 353, 361, 384
《21세기 자본Capital》_391
이주_355, 383
이직률_396
〈이코노미스트The Economist〉_111

찾아보기 459

이퀄러티 트러스트The Equality Trust_317, 399, 415
이타주의_192
이탈 (영혼의 빈곤)_159
인간과 자연의 역학_364
〈인사이드 잡Inside Job〉_139
인터솔트 연구_63
《일과 공정성Jobs and Fairness》_391

ㅈ

자극_184, 225, 267, 358
자기고양 편향_373
자기집착_129
자기도취증_123, 125, 129, 373
자기애성 성격 검사Narcissistic Personality Inventory (NPI)_124, 125, 143
자기애성 성격장애Narcissistic Personality Disorder_38
자살_80, 101, 233, 310, 361
자아상_56, 97, 116, 160
《자아 탈출Escaping the Self》_160
자의식_30, 88, 197
자존감_223, 283, 317, 372, 411
자존심_122, 123
자해_81, 97, 105, 132
재산 분배_381, 384
재활용_364
잭슨, 팀Jackson, Tim_350
적대_137, 215, 396
전염병_40, 75, 126

정서적 장애_15, 37, 226
정신질환_15, 21, 35, 82, 86, 360
정신질환 분류_82
정신병_90, 373
정착 공동체_55, 56, 375
정치의 양극화_23, 382
제임스, 올리버James, Oliver_178
조세 피난처_383, 398, 400
조세회피_385, 400, 404
조세정의 네트워크_383, 398
조현병schizophrenia_90, 105, 373
존슨, 보리스Johnson, Boris_251, 255
존슨, 셰리Johnson, Sheri_86, 89, 103
종교_30, 129, 152, 186, 223, 315, 409
종업원 대표_140, 389, 404
종업원 소유 주가지수Employee Ownership Share Index_393
종업원 소유회사_139, 391, 393, 403, 406
종업원 투자기금_405
주식거래_397
주주_136, 139, 387, 391, 395, 402
중독_9, 159, 162, 318
《중독The Fix》_162
《중독의 세계화》_158
쥐 공원 연구_158
지능_67, 139, 195, 251, 257, 258
지능검사_257, 258, 275
지리적 이동성_56
지배_31, 52, 85, 214, 235, 333
지배행동체계Dominance Behavioural System (DBS)_86, 94, 105, 218, 373
지위 경쟁_20, 62, 108, 134, 235, 361, 410

지위 불안_9, 62, 76, 168, 360, 413
진단학적 면접기준_82, 83
진단 및 통계편람Diagnostic and Statistical Manual (DMS)_35
질투_119, 149, 153, 251, 369
《질투와 경멸Envy Up, Scorn Down》_149
집단 따돌림_218, 283
집단주의_118
집착_157, 244, 252

ㅊ

차별_58, 121, 274, 301, 305, 330
《차브Chav! A User's Guide to Britain's New Ruling Class》_173
참진보지수_348
총기 난사_361
최저임금_401
최후통첩 게임_216, 239
출세 지향_128, 410
《치명적이나 합법적인Lethal But Legal》_398
친사회적 가치_224, 241
친사회적 행동_141, 222, 225

ㅋ

카네기, 앤드루Carnegie, Andrew_61
카버Carver, C. S._105
카이저 가족재단Kaiser Family Foundation_122
캐나다 통계청Statistics Canada_280

캐서, 팀Kasser, Tim_182, 183
캠벨, 키스Campbell, Keith_126, 128, 133
케네디, 나이젤Kennedy, Nigel_322
케리, 빌Kerry, Bill_415
케메니, 마거릿Kemeny, Margaret_78
케일러, 개리슨Keillor, Garrison_117
코난 도일, 아서Conan Doyle_312
코르티솔_77, 100, 268
쿨리, 찰스Cooley, Charles_27, 195, 197
크루그먼, 폴Krugman, Paul_382
클라크, 메리Clark, Mary_148
클라인, 나오미Klein, Naomi_186
키어넌, 캐슬린Kiernan, Kathleen_289
킨셀라, 소피Kinsella, Sophie_170

ㅌ

태넌봄, 리어라Tanenbaum, Leora_130
태아의 발달_226
토크빌, 알렉시스 드Tocqueville, Alexis de_328
톰슨, 데이미언Thompson, Damian_162
트럼프, 도널드Trump, Donald_111, 146, 382, 402
트렌트만, 프랭크Trentmann, Frank_173
트웬지, 진Twenge, Jean_107, 126, 128, 171
특권 의식_133, 140, 153, 170

ㅍ

파스코프, 마리이Paskov, Marii_109, 151, 152
파티 불안_27, 41

《패스트컴퍼니Fast Company》_137
팬, 에이미Fan, Amy_104
페르, 에른스트Fehr, Ernst_210
평등사회_203, 208, 222, 223
《평등이 답이다The Spirit Level》_15
평등주의_51, 68, 144, 153, 183, 374
평준화_295
〈포용적 미래A Comprehensive Future〉_296
포퍼, 칼Popper, Karl_19
폭력_19, 49, 227, 238, 304
폭스, 케이트Fox, Kate_173, 345
프랑스 혁명_49, 305
프랭크, 로버트Frank, Robert_217
프레우덴버그, 니콜라스Freudenberg, Nicholas_398
프로이트, 지그문트Freud, Sigmund_194
프릿즌, 카타리나Fritzon, Katarina_137
플라톤Plato_256
피르호, 루돌프Virchow, Rudolf_31
피브리노겐_92, 220, 221
피스크, 수잔Fiske, Susan_149
피케티, 토마Piketty, Thomas_391
피프, 폴Piff, Paul_141, 145, 325

ㅎ

학령기 아동의 건강과 행동 연구_218
학습된 문화_241
한손, 페르 알빈Hansson, Per Albin_332
해던 홀Haddon Hall_54
핸리, 린지Hanley, Lynsey_309

핸슨, 제임스Hansen, James_352
행동규칙_310
행동의 비활성화_94
행복_10, 16, 48, 102, 169, 179
행복경제동맹Wellbeing Economy Alliance (WE-All)_415
《행복의 함정Happiness: Lessons From a New Science》_48
행운_254, 274
허영심_126, 133
허풍쟁이 지침서_309
헤드 스타트 프로그램Head Start programme_269
헤어, 로버트Hare, Robert_134, 135
혈압_63, 101, 276
협동조합_139, 391, 394, 407, 412
협력_67, 91, 140, 200, 322, 409
형사처분 대상 연령_329, 331
호랑이 경제_381
호레이스, 월폴Walpole, Horace_302
홀로코스트_229
홉스, 토머스Hobbes, Thomas_134, 202
홉스봄, 에릭Hobsbawm, Eric_321
환경의 지속가능성_10, 345, 362
환경협약_364
회복력_271, 282, 294
후생유전학_225, 228
흡연_38, 165, 267, 284

소득 격차와 사회적 지위의
심리적 영향력과 그 이유

불평등
트라우마

초판 1쇄 발행 2019년 3월 20일
초판 3쇄 발행 2021년 5월 25일

지은이 | 리처드 윌킨슨·케이트 피킷
옮긴이 | 이은경
감수 | 이강국

펴낸곳 | 도서출판 생각이음
펴낸이 | 김종희
디자인 | 김서영

출판등록 | 2017년 10월 27일(제2019-000031)
주소 | (04045) 서울시 마포구 양화로 64, 8층 LS-837호(서교동, 서교제일빌딩)
전화 | (02)337-1673 팩스 | (02)337-1674
전자우편 | thinklink37@naver.com

ISBN 979-11-965525-0-3   03330

이 도서의 국립중앙도서관 출판도서목록(CIP)은 서지정보유통지원시스템 홈페이지(http://seoji.nl.go.kr)와
국가자료공동목록시스템(http://nl.go.kr/kolisnet)에서 이용하실 수 있습니다.(CIP제어번호: CIP2019006940)

잘못된 책은 구입하신 곳에서 바꾸어 드립니다.